Sommaire

Avec ce guide, voici les cartes Michelin qu'il vous faut :

F.A.P. 1

W9-APB-473

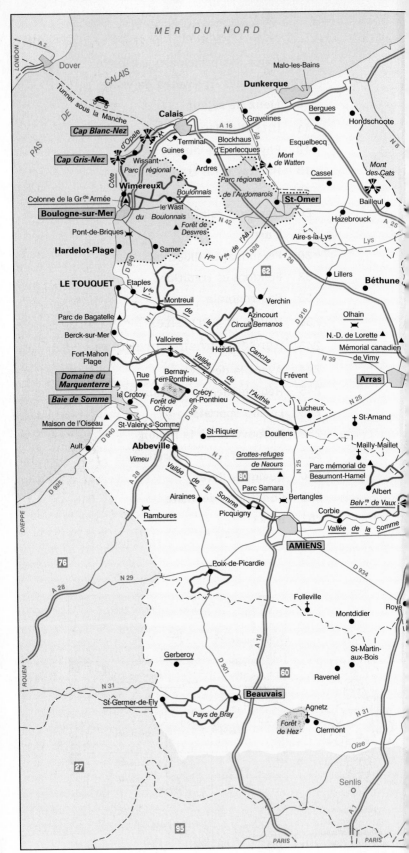

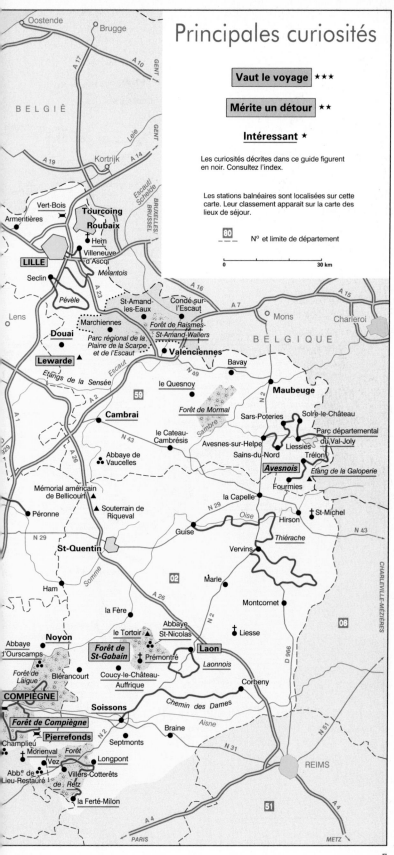

Principales curiosités

Vaut le voyage ★★★

Mérite un détour ★★

Intéressant ★

Les curiosités décrites dans ce guide figurent
en noir. Consultez l'index.

Les stations balnéaires sont localisées sur cette
carte. Leur classement apparait sur la carte des
lieux de séjour.

80 Nº et limite de département

0   30 km

Oostende

Brugge

BELGIË

Kortrijk

Lele

GENT

A 17

A 10

A 19

A 14

Escaut/Schelde

BRUXELLES/BRUSSEL

Vert-Bois

Armentières

Tourcoing

Roubaix

Hem

Villeneuve-
d'Ascq

LILLE

Seclin

Mélantois

Pévèle

Lens

Marchiennes

St-Amand-
les-Eaux

Condé-sur-
l'Escaut

A 16

A 7

A 15

Mons

Charleroi

Douai

*Parc régional de la
Plaine de la Scarpe
et de l'Escaut*

*Forêt de Raismes-
St-Amand-Wallers*

BELGIQUE

Lewarde ▲

Étangs de la Sensée

Escaut

Valenciennes

Bavay

A 2

59

le Quesnoy

Maubeuge

Cambrai

Forêt de Mormal

Sars-Poteries

Solre-le-Château

N 43

le Cateau-
Cambrésis

Sambre

Avesnes-sur-Helpe

Liessies

*Parc départemental
du Val-Joly*

A 26

Abbaye de
Vaucelles

Sains-du-Nord

Trélon

Avesnois

Étang de la Galoperie

Mémorial américain
de Bellicourt ▲

la Capelle

Fourmies

▲

Péronne

▲ Souterrain de
Riqueval

N 29

Oise

Hirson

✝ St-Michel

N 43

Guise

Thiérache

N 29

St-Quentin

Vervins

Somme

02

Marle

Ham

A 26

Montcornet

08

la Fère

Abbaye
St-Nicolas

✝ Liesse

le Tortoir ▲

Abbaye
d'Ourscamps

Noyon

*Forêt de
St-Gobain*

✝ Prémontré

Laon

Laonnois

*Forêt de
Laigue*

Blérancourt

Coucy-le-Château-
Auffrique

Corbeny

D 966

COMPIÈGNE

Soissons

Chemin des Dames

Aisne

REIMS

Forêt de Compiègne

Pierrefonds

Champlieu

✝ Morienval

Forêt

Septmonts

Braine

N 31

N 51

Vez

Longpont

Abb.ᵉ de
Lieu-Restauré

Villers-Cotterêts
de Retz

la Ferté-Milon

A 4

CHARLEVILLE-MÉZIÈRES

51

A 4

PARIS

METZ

5

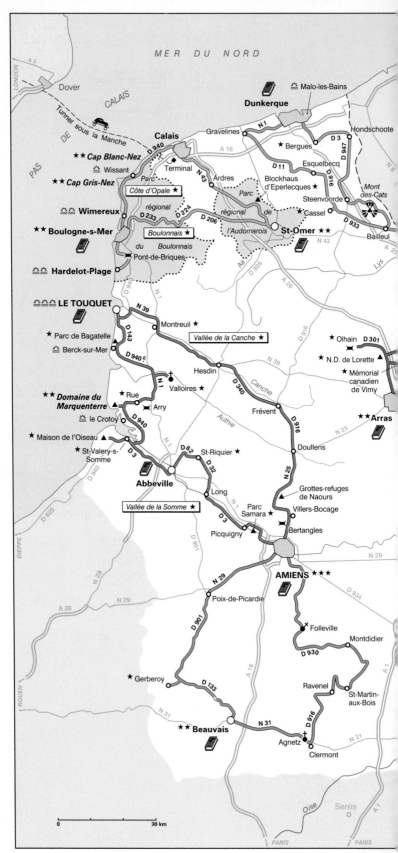

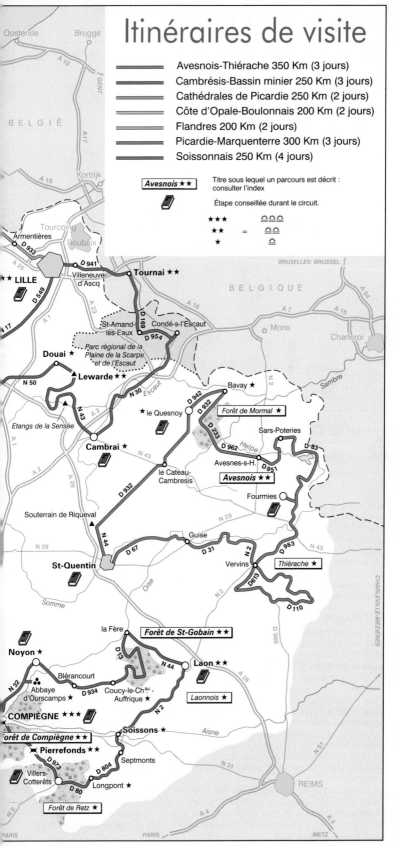

Itinéraires de visite

- Avesnois-Thiérache 350 Km (3 jours)
- Cambrésis-Bassin minier 250 Km (3 jours)
- Cathédrales de Picardie 250 Km (2 jours)
- Côte d'Opale-Boulonnais 200 Km (2 jours)
- Flandres 200 Km (2 jours)
- Picardie-Marquenterre 300 Km (3 jours)
- Soissonnais 250 Km (4 jours)

Avesnois ★★ Titre sous lequel un parcours est décrit : consulter l'index

Étape conseillée durant le circuit.

★★★
★★ =
★

Lieux de séjour

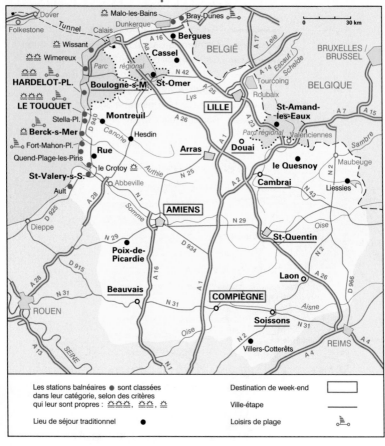

Les stations balnéaires ● sont classées
dans leur catégorie, selon des critères
qui leur sont propres : 🏖🏖🏖, 🏖🏖, 🏖

Lieu de séjour traditionnel ●

Destination de week-end ▭

Ville-étape ▬

Loisirs de plage 🏄

Sur la carte ci-dessus ont été sélectionnées quelques localités particulièrement adaptées à la villégiature en raison de leurs possibilités d'hébergement et de l'agrément de leur site.

Les régions décrites dans ce guide présentent une grande variété de lieux de séjour : villes, stations balnéaires, villages paisibles de campagne.

Les **cartes Michelin** au 1/200 000 *(assemblage p. 3)* permettent d'un simple coup d'œil d'apprécier le site de la localité. Elles donnent, outre les caractéristiques des routes, les emplacements des baignades en rivière ou en étang, des bases de loisirs, des piscines, des golfs, des terrains de vol à voile, des aérodromes...

Choisir son lieu de séjour

En plus des **stations balnéaires**, la carte signale des **lieux de séjour traditionnels** sélectionnés pour leurs possibilités d'accueil et l'agrément de leur site, ainsi que des **villes-étape**, centres urbains de quelque importance qu'il faut visiter et qui offrent de bonnes capacités d'hébergement. Amiens, Compiègne et Lille, par leur rayonnement culturel et leurs richesses artistiques, méritent d'être distinguées comme **destinations de week-end.**

Pour l'ensemble de ces localités, il existe, outre les hôtels et campings sélectionnés dans le **guide Rouge annuel Michelin** et dans le **guide Michelin Camping Caravaning**, diverses possibilités d'hébergement (meublés, gîtes ruraux...) ; les Offices de tourisme et Syndicats d'initiative en communiquent la liste. De même ces organismes renseignent sur les activités locales de plein air et sur les manifestations culturelles de la région (l'adresse et le numéro de téléphone des plus importants d'entre eux figurent dans la dernière partie de ce volume, au chapitre des Renseignements pratiques).

Les longues plages de sable blanc qui s'étirent de la baie de Somme à la frontière belge sont l'un des grands attraits du Nord. Elles se révèlent très propices à la pratique des sports et jeux de plage : char à voile, « speed sail », etc. Les stations où ces activités sont notablement développées sont signalées sur la carte comme centres de **loisirs de plage.**

Quelques visites insolites

Les hortillonnages à Amiens p. 54

La manufacture nationale de la tapisserie à Beauvais p. 77

La criée à Boulogne-sur-Mer *(le mercredi à partir de 5 h)* p. 84

Le jardin de sculptures du musée d'Art contemporain à Dunkerque p. 131

Le blockhaus d'Éperlecques p. 134

La forteresse de Mimoyecques p. 142

Le familistère Godin à Guise p. 143

Les Moëres aux environs d'Hondschoote p. 148

Le centre historique minier de Lewarde p. 154

Les grottes-refuges de Naours p. 180

Le touage des péniches à l'entrée du souterrain de Riqueval p. 194

Les morceaux de bravoure du Paris-Roubaix sur les 22 secteurs pavés p. 196

Le marais audomarois p. 206

L'ascenseur à bateaux des Fontinettes p. 206

Les églises fortifiées de la Thiérache p. 224

Le centre d'information du tunnel sous la Manche p. 229

Les corons de Denain p. 234

L'Association régionale des amis des moulins (ARAM), centre régional de molinologie à Villeneuve-d'Ascq p. 238 et 254

St-Valery-sur-Somme : maison de pêcheur.

Introduction
au voyage

Physionomie du pays

LA FORMATION DU SOL

Ère primaire - Début, il y a environ 570 millions d'années. A la fin de cette ère se produit un bouleversement de l'écorce terrestre, le plissement hercynien, dont la forme en V apparaît en tireté sur la carte ci-dessous. Il fait surgir un certain nombre de hautes montagnes parmi lesquelles les Ardennes, massif de roches schisteuses que l'érosion nivellera peu à peu. Le bassin houiller, constitué de matières végétales en décomposition, remonte à cette époque.

Zones plissées à l'ère tertiaire.

Régions immergées à l'ère secondaire.

Massifs primaires (plissement hercynien).

Ère secondaire - Début, il y a environ 260 millions d'années. Au milieu de l'ère secondaire, le socle ancien se ploie et la mer envahit la région, des sédiments calcaires s'accumulent, formant notamment la grande auréole crétacée (de craie) dont la Picardie et la Champagne dessinent le rebord, mais aussi les assises de la plaine flamande, les bombements crayeux du Hainaut, du Cambrésis et de l'Artois, les craies de la Thiérache décomposées superficiellement en limons.

Ère tertiaire - Début, il y a environ 65 millions d'années. A l'époque tertiaire, par deux fois, mer et lacs occupent le Bassin parisien, y déposant des sédiments calcaires et des sables. Sous l'effet du plissement alpin, l'anticlinal de l'Artois apparaît, du Cambrésis au Boulonnais, se présentant sous l'aspect d'une ride qui s'incline en pente douce vers le Bassin parisien, en pente raide vers la plaine de Flandre. La plaine ou « fosse » flamande s'est façonnée à la fin du tertiaire par l'accumulation de sables et d'argiles venus combler les golfes calcaires, puis par l'érosion de ces dernières roches sous l'action des eaux courantes. Les buttes des monts de Flandre témoignent du niveau des terrains avant l'action de l'érosion.

Ère quaternaire - Début, il y a environ 2 millions d'années.
Les effets de l'érosion achèvent de donner à la région sa physionomie d'aujourd'hui. Les rivières, issues du château d'eau que constituent les collines de l'Artois, creusent des vallées, au demeurant assez peu marquées, cependant que plateaux et plaines se revêtent d'un limon fertile. Enfin, à une époque récente, durant le Moyen Âge, la Flandre maritime est colmatée et conquise sur la mer alors que les estuaires de rivières (Somme, Canche, Authie) se comblent peu à peu.

LES PAYSAGES

La Picardie et l'Artois sont le prolongement du Bassin parisien avec leurs vastes plateaux de craie qui s'achèvent au Nord-Ouest par l'escarpement de l'Artois dominant la plaine flamande, tandis qu'à l'Est ils butent contre le massif ardennais.

Picardie - Pays de plateaux et de vallées, la Picardie présente aussi une importante façade maritime.

Les plateaux - Amples et presque plats, ils sont recouverts d'un épais limon qui les rend extrêmement fertiles et très propices aux cultures de la betterave à sucre et des céréales dont les champs s'étendent à perte de vue sans barrière d'aucune sorte. Dans la partie Est, le **Santerre** (Sana terra : bonne terre) et le **Vermandois** sont le domaine des grandes exploitations agricoles souvent complétées d'une sucrerie ou d'une distillerie. La principale ville est St-Quentin, centre administratif et industriel de l'Aisne.
A l'Est et au Sud, le **Laonnois**, le **Soissonnais** et le **Noyonnais** font la transition avec l'Ile-de-France et plus particulièrement avec le prestigieux Valois et sa parure de forêts.
La Picardie occidentale est coupée de larges vallées. Sur le plateau, le limon a été parfois balayé, rendant le sol plus pauvre comme dans le **Ponthieu**, où les villages présentent de longs murs aveugles en torchis. Dans le **Vimeu**, où la craie s'est décomposée en argile à silex, le sol froid et humide a donné naissance à un paysage bocager avec des vergers de pommiers à cidre et de petits villages à habitat dispersé. Près de Beauvais, le plateau de craie couvert de limon est incisé par la « boutonnière » du **Pays de Bray** aux fonds argileux, pays bocager vivant de l'élevage.

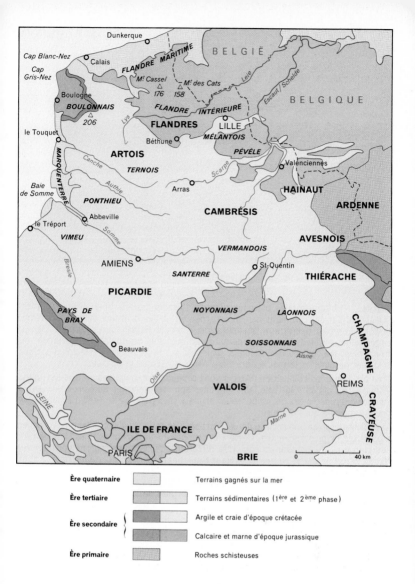

Ère quaternaire		Terrains gagnés sur la mer
Ère tertiaire		Terrains sédimentaires (1ère et 2ème phase)
Ère secondaire		Argile et craie d'époque crétacée
		Calcaire et marne d'époque jurassique
Ère primaire		Roches schisteuses

Les vallées – Verdoyantes et largement évasées, elles sont parcourues par les rivières de la Somme, de l'Authie, de la Canche, au débit si lent qu'elles ont du mal à se frayer leur chemin et se dispersent en étangs ou marais où abondent poissons et gibiers aquatiques. Dans les fonds alternent d'anciennes tourbières, des rideaux de peupliers, des prairies d'élevage et aux environs des villes (Abbeville, Amiens, Péronne, Montdidier) les hortillonnages, jardins maraîchers délimités par des canaux.

Les villes se sont développées le long de ces vallées : Péronne, Amiens, Abbeville sur la Somme, Doullens sur l'Authie, Montreuil sur la Canche.

Amiens est la capitale de cette région, grand centre industriel avec ses usines de pneumatiques, d'électronique (jeux vidéo), d'électroménager, de matériel automobile et de produits chimiques.

Le littoral – Au Sud, près d'Ault, le plateau picard s'achève dans la mer en une falaise vive de craie blanche striée de silex. Au Nord de la baie de Somme, une plaine maritime, le **Marquenterre** (mer qui est en terre), a été conquise sur la mer à la suite de la formation d'un cordon littoral par les débris arrachés à la côte normande et poussés vers le Nord par les courants. Seules la Somme, l'Authie et la Canche réussissent à se frayer un passage. Cette situation explique l'absence de ports importants alors que se multiplient à proximité des dunes les stations balnéaires sur lesquelles règne le Touquet.

Entre les dunes et le littoral primitif dont une falaise morte, très visible, indique le tracé, la plaine littorale drainée et asséchée juxtapose cultures de blé, d'avoine et élevage de moutons (prés-salés) sur les grèves appelées « mollières ».

Les ports, St-Valery-sur-Somme, Le Crotoy, Étaples, eurent une certaine importance autrefois, mais aujourd'hui ils n'abritent plus que des bateaux de pêche et de plaisance.

13

Quend-Plage-les-Pins.

Artois – Prolongeant les plateaux picards, l'Artois dessine un renflement Nord-Ouest-Sud-Est se terminant par un escarpement d'une centaine de mètres (Vimy, N.-D.-de-Lorette) délimitant la séparation entre le Bassin parisien et le Bassin anglo-belge. Au pied de cet escarpement commence la grande plaine flamande. Au Nord-Ouest les collines de l'Artois s'abaissent sur le Boulonnais et au Sud-Est sur la plaine de Lens et la plaine agricole d'Arras qu'arrose la Scarpe.

Très arrosées, les collines de l'Artois sont cependant dépouillées au Sud-Est, dans le **Ternois**, où affleure la craie, alors qu'elles sont verdoyantes au Nord-Ouest où la surface crayeuse s'est décomposée en argile à silex portant la forêt d'Hesdin et le bocage mouillé qui l'entoure.

Le **Boulonnais** forme une enclave dans la carapace de craie, laissant affleurer les roches plus dures et plus anciennes. Cette « boutonnière » se ferme sous la Manche.

Les paysages du Boulonnais sont très différents de ceux des régions voisines. Au Nord, là où l'Artois se redresse, le Haut Boulonnais forme un plateau crayeux dont l'altitude dépasse parfois 200 m.

Dans la fosse boulonnaise ou Bas Boulonnais, le bocage s'accompagne d'un habitat dispersé de fermes blanchies à la chaux. Les argiles donnent des zones de prairies où l'on pratique entre autres l'élevage du cheval dit « boulonnais », puissant animal de trait gris pommelé, et portent les forêts de Desvres et de Boulogne tandis que les sables portent la forêt d'Hardelot.

A l'embouchure de la Liane, Boulogne reste le premier port de pêche français ; au Nord, le rebord du plateau calcaire forme la falaise de la côte d'Opale *(p. 119)*.

Hainaut et Cambrésis – Le Hainaut (capitale Valenciennes) et le Cambrésis (capitale Cambrai) prolongent les plateaux crayeux de l'Artois et de la Picardie recouverts aussi d'un épais limon favorable à la betterave et au blé ; ils atteignent d'excellents rendements à l'hectare. Entre ces plateaux s'étalent de larges vallées, comme celles de la Scarpe, de la Sambre, de la Selle et de l'Escaut, auxquelles les prairies fourragères et d'élevage confèrent souvent un aspect bocager. Sur les argiles à silex, issues d'une décomposition de la craie, apparaissent les profondes forêts de Saint-Amand et de Mormal.

Thiérache et Avesnois – Relativement accidentées, ces deux régions constituent l'extrémité du massif ardennais, revêtu à l'Ouest par des marnes et des craies marneuses.

La **Thiérache** est une région arrosée, au visage forestier et bocager. Les terres, froides et imperméables, sont favorables aux prairies, soigneusement drainées, que paissent les vaches. Les laiteries produisent beurre, fromage, lait concentré.

L'**Avesnois**, qui a pour axes l'Helpe-Majeure et l'Helpe-Mineure, affluents de la Sambre, s'apparente à la Thiérache, mais le relief est plus marqué avec des sommets qui dépassent 250 m. C'est aussi une région herbagère connue pour son élevage laitier et ses fromages dont le Maroilles.

Les Flandres – La plaine flamande qui se poursuit en Belgique est limitée au Sud par les collines d'Artois, à l'Est par les plateaux du Hainaut et du Cambrésis.

La Flandre maritime – Le Blooteland (pays nu), humide, venté, a été gagné sur les eaux à partir du Moyen Âge sous la protection du bourrelet de dunes qui le sépare de la mer. Des ingénieurs, venus généralement des Pays-Bas, tel le célèbre Coebergher, l'asséchèrent à grand renfort de digues, de canaux et de pompes, créant les Moëres. C'est aujourd'hui une région basse, dont les argiles grises portent des cultures de betteraves, de céréales, de lin, de chicorée à café, associées à des prés que paissent moutons, porcs, chevaux et bovins. Les grosses fermes isolées à cour carrée se dispersent dans le plat pays que jalonnent beffrois, clochers, moulins et, sur la côte, cheminées d'usines et grues des ports de Dunkerque et Calais.

La Flandre intérieure – Dite Houtland (pays au bois) par contraste avec la Flandre maritime nue, la « fosse flamande » offre un paysage mouillé, que coupent des files de peupliers, de saules ou d'ormes. Sur ce fond verdoyant se détachent les « censes », fermes flamandes avec murs blancs et toits de tuiles rouges.

Se prolongeant en Belgique, un chapelet de buttes, détachées les unes des autres, constitue la **chaîne des monts de Flandre.** Des cultures très diverses, de céréales, de plantes industrielles (houblon près de Bailleul, lin dans la vallée de la Lys, chicorée, betteraves) et maraîchères dans les watergangs (canaux) de St-Omer, attestent la richesse des sols qui portent aussi de belles prairies où prospèrent vaches, chevaux et porcs.

Entre Lille et Douai, deux petits pays font preuve d'une certaine originalité par leur aspect de plateau dénudé : ce sont le **Mélantois** et le **Pévèle.**

Le bassin minier *(voir p. 18)* s'étire de Béthune à Valenciennes, « pays noir » jalonné par les terrils, les corons de briques et les chevalements des puits de mine.

Enfin, entre la Lys et l'Escaut s'est développée l'agglomération industrielle de Lille-Roubaix-Tourcoing, traditionnellement à prédominance textile.

Habitat rural traditionnel

NORD – PAS DE CALAIS

Artois et Flandres – Répondant au souci commun de se défendre des vents d'Ouest souvent chargés de pluie, les maisons de la Flandre maritime sont basses et allongées, encapuchonnées sous un haut toit couvert d'une tuile en S appelée la « **panne flamande** ». Les murs blanchis au lait de chaux, égayés par les couleurs vives des portes et des volets, reposent sur un soubassement goudronné pour assurer l'étanchéité.

Reine en Flandre, la **brique** s'est imposée en Artois où elle tend à remplacer le torchis. De couleur sable dans la Flandre maritime, là où elle n'est pas peinte, elle prend des tonalités allant du rose au violacé ou au brun en Flandre intérieure.

Montreuil. – Rue du Clape-en-Bas.

Les « **censes** », grandes fermes de la région lilloise et de l'Artois, s'ordonnent autour d'une cour à laquelle donne accès une porte charretière fréquemment surmontée d'un pigeonnier.

Dans les collines du Boulonnais, certaines grosses fermes, anciennes demeures seigneuriales, construites en partie en pierre, arborent une tourelle et quelques défenses leur conférant des allures de manoirs.

Hainaut et Avesnois – Dans le Hainaut et l'Avesnois, les maisons sont massives. Construites en briques, avec un soubassement et des parements en pierre bleue de la région, elle comprennent en général au moins un étage, sous un toit d'ardoise rappelant la proximité des Ardennes.

Les moulins à vent – Parcourus de grands vents, les pays du Nord étaient parsemés de moulins. Au début du 19e s., on en comptait 830 dans le

Liessies. – Château de la Motte.

département du Nord, 630 dans le Pas-de-Calais, 800 dans la Somme. Il n'en subsiste plus que quelques dizaines aujourd'hui recensés, protégés et restaurés par l'Association Régionale des Amis des Moulins du Nord-Pas-de-Calais (ARAM).

En Flandre, les **moulins sur pivot** sont les plus répandus. Ce sont des moulins en bois dont le corps tourne autour d'un axe vertical. A l'extérieur, du côté opposé aux ailes, une poutre nommée « la queue », manœuvrée manuellement ou par un treuil, permet de faire pivoter le moulin sur lui-même et de le positionner en fonction du vent. Il en reste une douzaine dans le Nord de la France. Nous décrivons ceux de Boeschepe *(p. 175)*, de Cassel, de Gravelines, de Hondschoote, de Steenvoorde *(p. 101)*, de Villeneuve-d'Ascq dans le Nord et celui de St-Maxent *(p. 240)* dans la Somme.

Dans les **moulins-tours**, seule la toiture, d'où émergent les ailes, tourne. Plus massifs, ces moulins sont construits en briques ou en pierres. Celui de

Moulin de Terdeghem.

Terdeghem près de Steenvoorde est le plus célèbre, mais on en compte une dizaine d'autres dont ceux de Leers, Templeuve et Halluin près de Lille.

Il subsiste de encore quelques **moulins à eau** situés surtout dans l'Avesnois et le Valenciennois.

PICARDIE

Thiérache et Soissonnais – En Thiérache, pays d'argile et de bois, les constructions en torchis s'allient à la brique sous les toits d'ardoise. Cette région a conservé de nombreux pigeonniers, au-dessus de la porte charretière ou isolés dans la cour. Les villages, assez proches les uns des autres, se resserrent autour de leur église fortifiée *(voir p. 224)*.

Dans le Soissonnais, les maisons sont plutôt du type Ile-de-France. Les belles pierres de taille de calcaire blanc composent les murs et les pignons à redans appelés « pas de moineaux ». Les toits en tuile plates rose se patinent au fil des ans.

Amiénois – Sur le plateau picard couvert de grandes cultures céréalières ou betteravières se trouve le village-type : « **village-tas** » centré sur l'église et entouré d'arbres et de pommiers jalonnant assez souvent un « chemin de ronde » ou « tour de ville », menant au cimetière. Les fermes, jamais isolées, se retrouvent derrière leurs vastes « **courtils** » (jardin-potager). L'accès à la cour fermée qui précède toujours la maison d'habitation, passe par la « **carterie** » : à la fois portail et abri sous toit des charrettes à foin, elle s'inscrit dans la continuité d'une longue façade continue côté rue. Dans le portail, une porte ménagée pour les piétons est ajourée en sa partie supérieure de motifs géométriques en charpente (arbres de vie, croix de Saint-André, losanges, soleils) qui avaient jadis une fonction magique et protectrice. La cour est bordée de bâtiments mitoyens en torchis jaune beige, abritant le pigeonnier, les écuries et les étables toujours perpendiculaires à la rue. Au-dessus d'un soubassement en dur, laissé apparent, le « **seulin** » (en brique généralement), le torchis recouvre les murs.

Santerre et Vermandois – Dans le Santerre, ravagé par la Première Guerre mondiale, les villages ont été entièrement reconstruits en brique dans les années vingt. Les fermes ont plus d'ampleur et presque des allures de forteresses avec leur hautes murailles animées de fins pilastres et de frises.

Semblables d'allure, les fermes du Vermandois, également en brique, se distinguent par leur toit d'ardoise parfois coupé d'un pan au pignon comme en Thiérache, et par l'absence de porche qui laisse apparaître la cour entre deux bâtiments non contigus.

Picardie maritime : Vimeu, Ponthieu et Marquenterre – Le village du Vimeu est moins austère que celui du plateau. Il s'égaie d'éclatants murs enduits au lait de chaux et de boiseries aux couleurs vives. Le Ponthieu et le Marquenterre sensibles aux influences de l'Artois et du Boulonnais présentent un habitat plus ouvert : la grange sur rue n'est pas indispensable et les étables ne sont plus nécessairement soudées à la maison. Plus on se rapproche de la côte (Marquenterre), plus l'habitat se disperse. Les fermes sont simplement isolées d'une haie percée d'un portillon en bois, le péthuis, la maison se fait longue et ample. Les murs de torchis sont recouverts de lait de chaux chaque année. Le rognon de silex noir est également employé pour ses qualités d'étanchéité, en soubassements ou pour constituer, en damier avec de la brique ou de la craie, de magnifiques murs-pignons voire même des églises entières (région de St-Valery).

Économie

NORD – PAS DE CALAIS

Par son relief, sa situation géographique, son climat tempéré, ses ressources agricoles, le Nord-Pas-de-Calais est, depuis le Moyen Age, une région d'échanges, à la forte densité de population. Très tôt, les villes, enrichies par le textile et le commerce, ont affirmé leur autonomie, symbolisée par les beffrois.

La région possède aussi une façade maritime dont Boulogne est le premier port de pêche français. Le Pas de Calais, point le plus étroit entre le continent européen et la Grande-Bretagne, est sur la voie maritime de desserte du Nord de l'Europe, la plus fréquentée du monde.

La révolution industrielle et la reconversion – La découverte puis l'extraction du charbon au 19e s. ont conduit à l'implantation d'une industrie lourde, minière et métallurgique dans la région entre Auchel et Condé-sur-Escaut, ainsi que dans le bassin de la Sambre. L'exploitation a cessé en 1990, laissant des traces profondes. La reconversion est en cours *(voir p. 18)*.

L'industrie métallurgique a connu de nombreux bouleversements au cours des dernières décennies. Son principal critère de localisation était autrefois la proximité des matières premières. Depuis les années 60, la mondialisation de l'économie et la réduction des coûts de transport, permettant l'importation de matières premières plus riche en teneur, ont déplacé la métallurgie vers les sites portuaires : de nombreuses unités fermaient dans les bassins industriels traditionnels, tandis que Dunkerque se dotait d'un des complexes sidérurgiques les plus performants d'Europe, et qu'à Gravelines s'installait la plus moderne des usines d'aluminium (Pechiney).

Le matériel ferroviaire français (dont notamment le VAL, métro automatique lancé à Lille en 1983 et exporté dans le monde entier) est construit en grande partie dans les régions de Valenciennes et de Douai. L'industrie automobile s'est installée à Douai (Renault), Maubeuge (M.C.A, filiale de Renault), Douvrain (Française de mécanique) et Hourdain (Peugeot-Fiat).

Activité traditionnelle depuis le Moyen Age, l'industrie du textile et de l'habillement est désormais touchée par la concurrence internationale (pays du Tiers-Monde à bas salaires notamment), qui rend nécessaire d'importants gains de productivité

Roubaix : Eurotéléport.

alors que le marché est soumis aux aléas de la mode. Les importants efforts de modernisation technique et commerciale et de formation des salariés ne peuvent empêcher une réduction constante des effectifs employés (50 000 actuellement).

Malgré ces difficultés, le Nord-Pas de Calais fournit 100 % de la production nationale de lin (vallée de la Lys), 95 % des peignages et 22 % du tissage de laine, 38 % du fil et 20 % du tissage de coton, ainsi que la célèbre dentelle à Calais et Caudry. L'industrie chimique (9 000 salariés) s'est développée avec la chimie organique utilisant les goudrons et autres dérivés du charbon.

L'industrie de la verrerie et de la cristallerie comprend les usines de P.P.G. à Boussois, Sicover à Aniche et surtout la verrerie et la cristallerie d'Arques qui a connu un essor remarquable et exporte dans 140 pays.

Les orientations du renouveau économique – L'industrie de la région du Nord-Pas de Calais reste la deuxième de France. Si l'emploi industriel global diminue, les PMI se modernisent et se développent, surtout à l'exportation, grâce à la proximité de vastes marchés européens, proximité renforcée par la TGV Nord-Europe, le tunnel sous la Manche et la densité du réseau routier.

Cette situation a attiré les investissements étrangers (première région française avec Coca-Cola, Mac Cain, IBM, Rank Xerox, 3M…). Elle concourt au développement de l'industrie agro-alimentaire qui est aujourd'hui le 1er secteur industriel de la région. Les productions régionales sont à l'origine des minoteries et biscuiteries de la région lilloise, des féculeries, des brasseries… Les raffineries de chicorée sont de réputation mondiale. La betterave a engendré une industrie active : râperies, sucreries, raffineries, distilleries impriment une marque typique à la plaine, dans le Cambrésis et à Thumeries. Les conserveries produisent 30 % du total national pour les légumes et les plats cuisinés, et 50 % pour les poissons (port de Boulogne). Sa position géographique permet le développement de différents services (62 % de l'emploi total) : logistique, distribution, tourisme, services aux entreprises. L'activité la plus originale est la **vente par correspondance** : avec un effectif en hausse à 18 000 salariés, elle offre de nombreux débouchés aux entreprises régionales. Parmi les dix plus importantes entreprises françaises, cinq sont situées dans la région, La Redoute et les Trois Suisses occupant les deux premières places.

Le bassin minier

Les débuts de l'extraction du charbon dans le bassin houiller du Nord et du Pas-de-Calais datent du 18e s. Ce gisement constitue l'extrémité occidentale de la grande dépression carbonifère qui se prolonge en Belgique (Borinage de Mons, bassin de Charleroi) et en Allemagne (bassin de la Ruhr). Après 270 ans d'exploitation, toute activité a aujourd'hui cessé.

Le gisement – D'une longueur de 120 km environ, d'une largeur de 4 à 12 km, le bassin minier s'étend des collines de l'Artois, à l'Ouest, à la frontière belge, à l'Est. Le gisement houiller a été exploité jusqu'à une profondeur de 1 000 m. Toutefois, l'irrégularité des veines, leur faible ouverture (parfois inférieure à 0,80 m), la présence de nombreux accidents géologiques rendaient l'exploitation de plus en plus difficile et occasionnaient un déficit croissant.

L'extraction et le traitement de la houille – Les puits, que recouvrent des « chevalements » ou des tours d'extraction, donnent accès

J. Dupont/EXPLORER

Chevalement.

aux galeries du fond. Ces galeries horizontales, dites bowettes ou petites boves, coupent les veines de houille. A partir de ces veines, on creusait des « voies » qui « limitaient » les panneaux de houille à extraire. Le chantier d'abattage compris entre deux voies s'appelle une taille. Le soutènement marchant, composé de vérins hydrauliques actionnés à distance, se déplaçait en même temps que le front de taille qu'exploitait le rabot ou la haveuse, énorme machine comportant un bras équipé de pics, qui s'engageait dans le charbon.

La houille abattue, évacuée vers les puits par bandes transporteuses ou en berlines, était remontée au jour dans les « cages » qui circulaient dans le puits à la manière de véritables ascenseurs jumelés (une cage montait tandis que l'autre descendait). En surface, la houille brute était traitée dans des lavoirs : les déchets (cailloux et pierres) étaient évacués sur les **terrils**. Les produits nobles étaient ensuite calibrés avant expédition. Certaines « fines » étaient dirigées vers les usines d'agglomération d'où sortaient les « boulets ». A partir de boulets défumés et non cendreux, on obtenait l'anthracine. La houille grasse, traitée dans les cokeries, assurait la production de cokes sidérurgiques ou de fonderie.

La fermeture des mines – Le déficit d'exploitation des Houillères du Bassin du Nord et du Pas-de-Calais est apparu à la fin des années cinquante. Dès 1959, année où la production atteignait encore 29 millions de tonnes, il a été décidé d'engager une récession progressive qui a trouvé son achèvement le 21 décembre 1990 avec la fermeture définitive du dernier puits d'extraction, le 10 d'Oignies.

Le recyclage industriel – Les Houillères, qui comptèrent jusqu'à 220 000 salariés en 1947, ont ainsi vu, peu à peu, se fermer leurs établissements.
Autour de l'exploitation de la houille s'étaient créées diverses activités : confection de boulets de charbon aggloméré, cokes de fonderie et cokes spéciaux, fabrication de briques de parement, commercialisation du gaz de mine, production d'énergie électrique dans des centrales thermiques alimentées en particulier par des produits combustibles récupérés sur les terrils, utilisation des schistes pour le soubassement des routes et les remblais des voies ferrées, provenant également des terrils. Plats ou coniques, nombre de terrils noirs ou rouges sont aujourd'hui disparus. Le bassin minier en a compté 329 ; environ 70 sont encore exploitables. Les Houillères ont créé, dans la perspective de leur disparition prochaine, des sociétés filiales destinées à prendre leur relais et qui constituent le groupe industriel régional Filianor.

La vie de la mine a non seulement marqué le paysage avec ses terrils, ses chevalements et ses corons autour du carreau, mais a aussi façonné le caractère des hommes, rudes et fiers. Malgré le dur travail et les risques qu'il comportait (maladie de la silicose, éboulement des galeries, coups de grisou comme celui de 1906 à Courrières qui fit près de 1 100 victimes), ces « gueules noires » possédaient une réelle chaleur humaine et un profond esprit de solidarité. Aujourd'hui, quelques musées évoquent leurs conditions de vie et de travail :
- le musée Théophile-Jouglet à Anzin (☎ 27 29 00 45).
- l'économusée de la Mine à Bruay-la-Bussière (☎ 21 62 25 45).
- le musée de l'École et de la Mine à l'école Diderot à Harnes (☎ 21 20 46 70).
- le centre historique minier de Lewarde (p. 154).
- le musée de la mine à Nœux-les-Mines (☎ 21 26 34 64).
- le centre Denis-Papin : centre historique de la mine et du chemin de fer à Oignies (☎ 21 69 60 46).

PICARDIE

La Picardie est une région de tradition industrielle, même si les paysages témoignent d'une activité agricole intense et moderne.
La région se situe au 2e rang pour l'emploi de salariés dans l'industrie (30,5 % de l'emploi total). Terre de passage entre le pôle parisien et l'agglomération lilloise, la Picardie, favorisée par sa position géographique, a bénéficié de l'implantation de grandes entreprises à capitaux étrangers. Celles-ci emploient 47 000 salariés, plaçant la région au 2e rang après l'Alsace. Les pays représentés sont les États-Unis, l'Allemagne, le Royaume-Uni et l'Italie.
Le développement des moyens de communications autoroutier (A1, A26...), ferroviaire (TGV) et fluvial, la présence d'une population jeune disposant d'un équipement de formation contribuent également au développement des activités en Picardie.
Héritage du Moyen Âge, l'**industrie textile**, bien qu'elle ait beaucoup régressé, reste encore vivace à Amiens et à St-Quentin ainsi que dans le Santerre (bonneterie) et dans la vallée de la Nièvre et la moyenne vallée de la Somme avec le groupe Boussac-St-Frères.
La **métallurgie** est, à l'heure actuelle, la principale activité industrielle, répartie non seulement dans les grandes villes, mais aussi dans les vallées (brosserie dans la vallée du Thérain), et dans la campagne (robinetterie-serrurerie du Vimeu).
Mais la caractéristique de l'industrie picarde, qu'elle soit ancienne ou récente, est sa diversité : verre de St-Gobain, équipement automobile (Valéo, Bendix, Jaeger-Véglia), chimie (Rhône-Poulenc, Hoescht), cosmétiques (Bourgeois, L'Oréal, Givenchy), parachimie (Procter & Gamble, Colgate-Palmolive), plastique-caoutchouc (GoodYear, Dunlop, Uniroyal).
La Picardie manque de grande spécialisation régionale, mais se classe néanmoins première pour la conserverie de légumes (Bonduelle à Estrées-en-Chaussée), les légumes surgelés, le sucre et ses dérivés, et deuxième pour les plats cuisinés, la parachimie, le verre.

Le guide Vert Michelin France,
destiné à faciliter la pratique du grand tourisme en France,
il vous propose des programmes de traversée tout prêts, en cinq jours,
et vous offre un grand choix de combinaisons et de variantes possibles,
auxquelles il est facile d'apporter une adaptation personnelle.

Quelques faits historiques

Celtes et Romains

Avant J.-C. **vers 300**	Des Celto-Germains, les Belges, s'emparent du Nord de la Gaule. Les diverses tribus s'appellent : les Nerviens (Bavay), les Atrébates (Arras), les Ambiens (Amiens), les Morins (Thérouanne), les Ménapes (Cassel), les Bellovaques (Beauvais).
57	César soumet les tribus de la Gaule Belgique. Bavay, Boulogne et Amiens deviennent des centres romains importants.
Après J.-C. **1er au 3e s.**	Paix romaine. Le Nord de la France fait partie de la province de la Belgique Seconde dont la capitale est Reims.
406	Invasion des Francs.

Mérovingiens et Carolingiens

486	Clovis bat l'armée romaine à Soissons.
561	Division du Royaume des Francs en trois parties. Le Nord de la France se rattache à la Neustrie.
6e et 7e s.	Constitution des évêchés et fondation de plusieurs abbayes : St-Vaast à Arras, St-Bertin à St-Omer, St-Winoc à Bergues, St-Amand, St-Riquier, St-Médard à Soissons et St-Pierre à Corbie.
768	Charlemagne est couronné roi de Neustrie à Noyon.
800	Charlemagne, empereur d'Occident.
9e et 10e s.	Invasions des Normands, des Hongrois et des Vandales. Les abbayes se replient dans les villes.

Moyen Âge

11e et 12e s.	Période de prospérité. L'industrie du drap se développe en Flandre, Artois et Picardie (Lille, Arras, Douai, Abbeville). Les villes obtiennent des chartes de franchises et construisent des beffrois.
1185	L'Amiénois et le Vermandois sont annexés au domaine royal.
1191	Philippe Auguste rattache l'Artois à la Couronne par le traité d'Arras.
13e s.	Édification des cathédrales d'Amiens et de Beauvais.
1213	Prise de Lille par Philippe Auguste.
1214	Bataille de Bouvines : victoire de Philippe Auguste sur le comte de Flandre et ses alliés : le roi d'Angleterre Jean sans Terre, l'empereur germanique Otton IV, les comtes de Boulogne et du Hainaut.
1272	Le Ponthieu passe sous l'autorité des rois d'Angleterre.
1314	Philippe le Bel annexe la Flandre.
1337	Début de la guerre de Cent Ans. Après la mort de Philippe le Bel et de ses trois fils (les rois maudits) se pose un problème de succession. Les barons français préfèrent Philippe de Valois, neveu de Philippe le Bel, à son petit-fils Édouard III roi d'Angleterre. Le siècle qui suit est jalonné de batailles entre les Français et les Anglais qui revendiquent la Couronne française, ainsi qu'entre les Armagnacs, partisans de la famille d'Orléans, et les Bourguignons, partisans des ducs de Bourgogne.
1346	Bataille de Crécy. Édouard III en sort victorieux.
1347	Calais capitule devant les Anglais : c'est le fameux épisode des Bourgeois de Calais (p. 91).
1369	Le mariage de Philippe le Hardi, duc de Bourgogne, et de Marguerite, fille du comte de Flandre, fait passer la Flandre dans les terres des Bourguignons.
1415	Bataille d'Azincourt, victoire d'Henri V (p. 69).
1430	Jeanne d'Arc est faite prisonnière à Compiègne.
1435	Le traité d'Arras cède la Picardie et le Boulonnais au duché de Bourgogne.
1454	Vœu du Faisan à Lille (détails p. 157).
1468	L'entrevue de Péronne réunit Charles le Téméraire, duc de Bourgogne, et Louis XI qui se retrouve séquestré par son rival.
1472	Beauvais est assiégée par Charles le Téméraire (épisode de Jeanne Hachette) (détails p. 72).
1477	La mort de Charles le Téméraire permet à Louis XI d'envahir la Picardie, l'Artois, le Boulonnais et le Hainaut (prise du Quesnoy et de Valenciennes). Il ne conserva que la Picardie. Marie de Bourgogne, fille de Charles le Téméraire, épouse Maximilien d'Autriche. La Flandre passe alors à la maison des Habsbourg.
15e s.-16e s.	Période brillante pour les arts. Les ducs de Bourgogne et les échevins des grandes villes font élever de nombreux beffrois et hôtels de ville (Douai, Arras, Calais, Hondschoote, Noyon...).

Des Bourbons à la Révolution

16e s.	Le Nord échappe de plus en plus à l'influence française. La Flandre, par l'intermédiaire des Habsbourg, fait partie de l'Empire de Charles Quint.
1520	Camp du Drap d'Or à Guînes : rencontre de François Ier avec Henri VIII d'Angleterre, qui vient de prendre Thérouanne *(p. 141)*.
1529	Paix des Dames à Cambrai : François Ier renonce à l'Artois et à la Flandre.
1539	Promulgation de l'Ordonnance de Villers-Cotterêts *(p. 239)*.
1557	Prise de St-Quentin par les Espagnols.
1558	Le duc de Guise arrache Calais aux Anglais.
1559	Le traité du Cateau-Cambrésis entre Henri II de France et Philippe II d'Espagne met fin aux guerres d'Italie et donne à la France les trois évêchés de Metz, Toul et Verdun.
1562	Début des guerres de Religion. Calvin, né à Noyon en 1509, est un des propagateurs du protestantisme. Quatre foyers se développent : Amiens, Douai, Valenciennes et Béthune.
1598	Édit de Nantes.
1659	Le traité des Pyrénées, entre la France et l'Espagne, fait passer l'Artois sous la souveraineté française et décide du mariage de Louis XIV et Marie-Thérèse.
1663	Mariage de Louis XIV avec Marie-Thérèse d'Espagne qui d'après une coutume du Brabant devrait hériter par sa mère de toute cette région. L'héritage étant revenu à un autre héritier, Louis XIV déclare la guerre « de Dévolution » aux Pays-Bas espagnols.
1665	Fondation à Abbeville de la manufacture de draps fins des Rames par les Van Robais.
1667	En trois mois, Louis XIV conquiert Charleroi, Tournai, Douai et Lille.
1668	Le traité d'Aix-la-Chapelle donne la Flandre wallonne à Louis XIV.
1677	Prise de Cambrai par Louis XIV.
1678	Le traité de Nimègue permet à Louis XIV d'annexer les autres villes du Nord.
1713	Le traité d'Utrecht fixe la frontière définitive du Nord de la France.

De la Révolution à nos jours

1792	Siège de Lille par les Autrichiens *(p. 157)*.
1793	Victoires de Hondschoote et de Wattignies.
1803	Bonaparte rassemble son armée au camp de Boulogne pour une tentative d'invasion de l'Angleterre.
1810	Première fabrique de sucre de betterave à Arras.
1837	Premier haut fourneau à coke à Ferrière-la-Grande.
1840	Louis-Napoléon (futur Napoléon III) tente un soulèvement à Boulogne contre Louis-Philippe. Sa tentative échoue et il est enfermé au fort de Ham.
1870-71	Guerre franco-allemande : batailles de Bapaume et de St-Quentin.
	Guerre de 1914-1918
1915	Offensive française en Artois (Neuville-St-Vaast, Vimy) où s'illustre le 33e corps sous le général Pétain *(p. 180)*.
1916	Offensive franco-anglaise sur la Somme, menée conjointement par Foch et Douglas Haig.
1917	Offensive française sur l'Aisne au Chemin des Dames, anglaise sur Vimy.
1918	21 mars : l'armée allemande passe à l'attaque entre Arras et La Fère à la charnière des forces franco-britanniques, et d'emblée perce à St-Quentin, vers Amiens. La bataille de Picardie fait rage. 26 mars : à Doullens, les Alliés confient le commandement unique à Foch. La progression allemande est enrayée. Juillet-novembre : Foch remporte la seconde bataille de la Marne. Les Allemands se replient sur la ligne Hindenburg. 11 novembre : armistice signé à Rethondes dans la forêt de Compiègne.
	Guerre de 1939-1945
1940	Après la drôle de guerre et l'offensive des Ardennes, la Campagne de France se poursuit par la bataille de Dunkerque du 25 mai au 4 juin, puis par la bataille de la Somme. 22 juin : l'armistice franco-allemand est signé à Rethondes.
1945	Mai : la « poche de Dunkerque » est reprise par les Alliés.
	L'après-guerre et l'époque contemporaine
1968	Création du 1er parc naturel régional en France, connu aujourd'hui sous le nom de Plaine de la Scarpe et de l'Escaut.
1980	Mise en service de la centrale nucléaire de Gravelines (réacteur no 1).
1984	Fonctionnement de la première ligne du métro, le VAL, à Lille.
1987	Début des travaux du tunnel sous la Manche.
6 mai 1994	Inauguration du tunnel sous la Manche.

L'art

ABC D'ARCHITECTURE

A l'intention des lecteurs peu familiarisés avec la terminologie employée en architecture, nous donnons ci-après quelques indications générales sur l'architecture religieuse et militaire, suivies d'une liste alphabétique des termes d'art employés pour la description des monuments dans ce guide.

Architecture religieuse

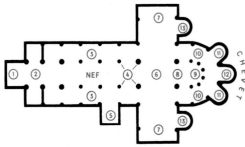

◄ illustration I ►

Plan-type d'une église : il est en forme de croix latine, les deux bras de la croix formant le transept.
① Porche – ② Narthex – ③ Collatéraux ou bas-côtés (parfois doubles) – ④ Travée (division transversale de la nef comprise entre deux piliers) – ⑤ Chapelle latérale (souvent postérieure à l'ensemble de l'édifice) – ⑥ Croisée du transept – ⑦ Croisillons ou bras du transept, saillants ou non, comportant souvent un portail latéral – ⑧ Chœur, presque toujours « orienté » c'est-à-dire tourné vers l'Est ; très vaste et réservé aux moines dans les églises abbatiales – ⑨ Rond-point du chœur – ⑩ Déambulatoire : prolongement des bas-côtés autour du chœur permettant de défiler devant les reliques dans les églises de pèlerinage – ⑪ Chapelles rayonnantes ou absidioles – ⑫ Chapelle absidale ou axiale. Dans les églises non dédiées à la Vierge, cette chapelle, dans l'axe du monument, lui est souvent consacrée – ⑬ Chapelle orientée.

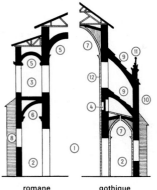

◄ illustration II

Coupe d'une église : ① Nef – ② Bas-côté – ③ Tribune – ④ Triforium – ⑤ Voûte en berceau – ⑥ Voûte en demi-berceau – ⑦ Voûte d'ogive – ⑧ Contrefort étayant la base du mur – ⑨ Arc-boutant – ⑩ Culée d'arc-boutant – ⑪ Pinacle équilibrant la culée – ⑫ Fenêtre haute.

romane   gothique

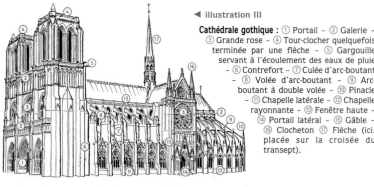

◄ illustration III

Cathédrale gothique : ① Portail – ② Galerie – ③ Grande rose – ④ Tour-clocher quelquefois terminée par une flèche – ⑤ Gargouille servant à l'écoulement des eaux de pluie – ⑥ Contrefort – ⑦ Culée d'arc-boutant – ⑧ Volée d'arc-boutant – ⑨ Arc-boutant à double volée – ⑩ Pinacle – ⑪ Chapelle latérale – ⑫ Chapelle rayonnante – ⑬ Fenêtre haute – ⑭ Portail latéral – ⑮ Gâble – ⑯ Clocheton ⑰ Flèche (ici, placée sur la croisée du transept).

◄ illustration IV
Voûte d'arêtes :
① Grande arcade
② Arête – ③ Doubleau.

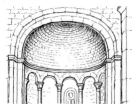

illustration V ►
Voûte en cul-de-four :
elle termine les
absides des nefs
voûtées en berceau.

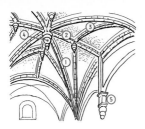

illustration VI

Voûte à clef pendante : ① Ogive – ② Lierne – ③ Tierceron – ④ Clef pendante – ⑤ Cul-de-lampe.

illustration VII

Voûte sur croisée d'ogives ① Arc diagonal – ② Doubleau – ③ Formeret – ④ Arc-boutant – ⑤ Clef de voûte.

▼ **illustration VIII**

Portail : ① Archivolte ; elle peut être en plein cintre, en arc brisé, en anse de panier, en accolade, quelquefois ornée d'un gâble – ② Voussures (en cordons, moulurées, sculptées ou ornées de statues) formant l'archivolte – ③ Tympan – ④ Linteau – ⑤ Piédroit ou jambage – ⑥ Ébrasements, quelquefois ornés de statues – ⑦ Trumeau (auquel est généralement adossée une statue) – ⑧ Pentures.

illustration IX ▶

Arcs et piliers : ① Nervures – ② Tailloir ou abaque – ③ Chapiteau – ④ Fût ou colonne – ⑤ Base – ⑥ Colonne engagée – ⑦ Dosseret – ⑧ Linteau – ⑨ Arc de décharge – ⑩ Frise.

Architecture militaire

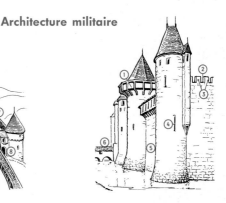

illustration X

Enceinte fortifiée : ① Hourd (galerie en bois) – ② Mâchicoulis (créneaux en encorbellement) – ③ Bretèche – ④ Donjon – ⑤ Chemin de ronde couvert – ⑥ Courtine – ⑦ Enceinte extérieure – ⑧ Poterne.

illustration XI

Tours et courtines : ① Hourd – ② Créneau – ③ Merlon – ④ Meurtrière ou archère – ⑤ Courtine – ⑥ Pont dit « dormant » (fixe) par opposition au pont-levis (mobile).

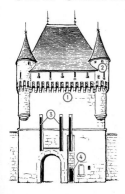

◀ **illustration XII**

Porte fortifiée : ① Mâchicoulis – ② Échauguette (pour le guet) – ③ Logement des bras du pont-levis – ④ Poterne : petite porte dérobée, facile à défendre en cas de siège.

illustration XIII ▶

Fortifications classiques : ① Entrée – ② Pont-levis – ③ Glacis – ④ Demi-lune – ⑤ Fossé – ⑥ Bastion – ⑦ Tourelle de guet – ⑧ Ville – ⑨ Place d'Armes.

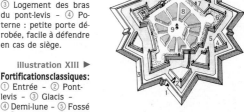

TERMES D'ART EMPLOYÉS DANS CE GUIDE

Absidiole : illustration I.
Anse de panier : arc aplati, très utilisé à la fin du Moyen Âge et à la Renaissance.
Arcature : suite de petites arcades couvertes d'un arc.
Archère : illustration XI.
Archivolte : illustration VIII.
Bas-côté : illustration I.
Bas-relief : sculpture en faible saillie sur un fond.
Bastion : illustration XIII.
Berceau (voûte en) : illustration II.
Buffet d'orgues : illustration XIV.

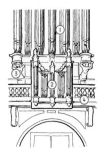

◀ illustration XIV

Orgues :
① Grand buffet – ② Petit buffet – ③ Cariatide – ④ Tribune.

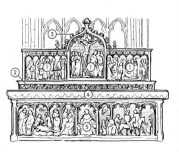

illustration XV ▶

Autel avec retable :
① Retable – ② Prédelle – ③ Couronne – ④ Table d'autel – ⑤ Devant d'autel.

Caisson : compartiment creux aménagé comme motif de décoration (plafond ou voûte).
Cariatide : statue féminine servant de support.
Carillon : ensemble de cloches accordées à différents tons.
Cénotaphe : tombeau élevé à la mémoire d'un mort mais qui ne contient pas son corps.
Chapelle absidale ou axiale : dans l'axe de l'église ; illustration I.
Chapiteau : illustration IX.
Chemin de ronde : illustration X.
Chevet : illustration I.
Clef de voûte : illustration VII.
Clôture : dans une église, enceinte fermant le chœur.
Collatéral : illustration I.
Colombage : charpente de mur apparente.
Contrefort : illustration II.

◀ illustration XVI

Coupole sur trompes :
① Coupole octogonale – ② Trompe – ③ Arcade du carré du transept.

illustration XVII ▶

Coupole sur pendentifs :
① Coupole circulaire – ② Pendentif – ③ Arcade du carré du transept.

Corbeau : pierre ou pièce de bois partiellement engagée dans le mur et portant sur sa partie saillante une poutre ou une corniche.
Coupole : illustrations XVI et XVII.
Courtine : illustration X.
Crédence : dans une église, niche aménagée dans le mur.
Croisée d'ogives : illustration VII.
Crypte : église souterraine.
Cul-de-four : illustration V.
Cul-de-lampe : illustration VI.
Déambulatoire : illustration I.
Demi-lune : illustration XIII.
Donjon : illustration X.
Douve : fossé, généralement rempli d'eau, protégeant un château fort.
Encorbellement : construction en porte à faux.
Enfeu : niche funéraire à fond plat.
Flamboyant : style décoratif de la fin de l'époque gothique (15e s.), ainsi nommé pour ses découpures en forme de flammèches aux remplages des baies.
Flèche : illustration III.
Fresque : peinture murale appliquée sur l'enduit frais.

Gâble : illustration III.
Gargouille : illustration III.
Géminé : groupé par deux (arcs géminés, colonnes géminées).
Glacis : illustration XIII.
Haut-relief : sculpture au relief très saillant, sans toutefois se détacher du fond (intermédiaire entre le bas-relief et la ronde-bosse).
Jubé : illustration XVIII.
Linteau : illustration VIII.
Mâchicoulis : illustration X.
Mascaron : masque sculpté de caractère fantastique ou grotesque.
Meneau : croisillon de pierre divisant une baie.
Merlon : illustration XI.
Meurtrière : illustration XI.
Miséricorde : illustration XX.

◄ illustration XIX

Poutre de gloire, ou tref : elle tend l'arc triomphal à l'entrée du chœur. Elle porte le Christ en croix, la Vierge, saint Jean et, parfois, d'autres personnages du calvaire.

illustration XX ▼

Stalles : ① Dossier haut – ② Pareclose – ③ Jouée – ④ Miséricorde.

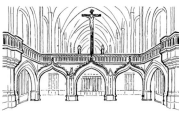

illustration XVIII

Jubé : remplaçant la poutre de gloire dans les églises importantes, il servait à la lecture de l'épître et de l'évangile. La plupart ont disparu à partir du 17e s. : ils cachaient l'autel.

Modillon : petite console soutenant une corniche.
Ogive : arc diagonal soutenant une voûte ; illustrations VI et VII.
Péristyle : colonnes disposées autour ou en façade d'un édifice.
Pignon : partie supérieure, en forme de triangle, du mur qui soutient les deux pentes du toit.
Pilastre : pilier plat engagé dans un mur.
Pinacle : illustrations II et III.
Piscine : dans une église, cuve baptismale ou fontaine d'ablutions à l'usage du prêtre qui célèbre la messe.
Plein cintre : en demi-circonférence, en demi-cercle.
En poivrière : à toiture conique.
Porche : lieu couvert en avant de la porte d'entrée d'un édifice.
Polyptyque : ouvrage de peinture ou de sculpture composé de plusieurs panneaux articulés.
Poterne : illustrations X et XII.
Poutre de gloire : illustration XIX.
Putti : petits amours ou angelots nus représentés en peinture ou en sculpture.
Remplage : réseau léger de pierre découpée garnissant tout ou partie d'une baie, une rose ou la partie haute d'une fenêtre.
Retable : illustration XV.
Rose : illustration III.
Stalle : illustration XX.
Transept : illustration I.
Travée : illustration I.
Tribune : illustration II.
Triptyque : ouvrage de peinture ou de sculpture composé de trois panneaux articulés pouvant se refermer.
Trumeau : illustration VIII.
Vantail : partie mobile d'une porte.
Voussures : illustration VIII.
Voûte d'arêtes : illustration IV.
Voûte en carène : voûte ayant la forme d'une carène de bateau renversée.

ART EN FLANDRE-ARTOIS-PICARDIE

Pour la définition des termes d'art employés dans ce guide, voir p. 24 et 25.

Malgré les révolutions, les guerres, les invasions, le Nord de la France a conservé nombre de témoignages artistiques du passé. Certes l'art gallo-romain et l'art roman sont peu représentés sauf à Bavay pour le premier et à Lillers pour le second, mais les grandes cathédrales, joyaux de l'art gothique, rivalisent par l'audace de l'élévation et la beauté du décor sculpté, tandis que le gothique flamboyant s'est pleinement épanoui en Picardie et l'art baroque dans les Flandres.

Art gothique (12ᵉ-16ᵉ s.)

Architecture gothique : généralités – La voûte sur croisée d'ogives et l'emploi de l'arc brisé sont les caractéristiques de l'art gothique. La voûte gothique a bouleversé la construction des églises. Désormais, l'architecte, maître des poussées de l'édifice, les dirige sur les quatre piliers par les ogives, les formerets et les doubleaux, et les reçoit extérieurement sur les arcs-boutants qui retombent sur des hauts piliers dont la tête est souvent lestée d'un pinacle. Les murs sont amincis et font place sur de plus grandes surfaces à des baies garnies de vitraux. Le triforium situé au-dessous, à l'origine aveugle, est aussi percé de baies puis finalement disparaît au profit d'immenses fenêtres hautes. Les colonnes qui, à l'intérieur, suffisent à soutenir l'église, se transforment également. D'abord cylindriques et coiffées de chapiteaux, elles sont ensuite cantonnées de colonnes engagées, puis formées de faisceaux de colonnettes de même diamètre que les arcs reposant sur les chapiteaux. Finalement les piliers sans chapiteau ne sont plus que le prolongement des arcs. C'est le cas du style flamboyant dont les arcs purement décoratifs, dits liernes et tiercerons, s'ajoutent aux ogives.

L'architecture religieuse gothique dans le Nord de la France – Si l'art gothique fut créé en Ile-de-France, il s'est développé parallèlement dans le Nord de la France, riche en hommes et en capitaux, et, plus particulièrement, dans la région limitrophe : la Picardie.

Les architectes – C'est seulement à l'époque gothique que l'on commence à connaître les noms des architectes des grands édifices religieux, soit par des textes, soit par des inscriptions gravées autour des « labyrinthes » tracés sur le sol des cathédrales. On sait ainsi que Robert de Luzarches donna les plans de celle d'Amiens. Mais le plus illustre maître d'œuvre du Nord de la France est sans doute **Villard de Honnécourt**, né dans un bourg proche de Cambrai. On lui attribue l'abbaye de Vaucelles, les tours de Laon, les chœurs de Cambrai (aujourd'hui disparu) et de St-Quentin. C'était un grand voyageur qui a laissé un curieux carnet de notes, de recettes, de croquis, connu sous le nom d'Album de Villard de Honnécourt.

La naissance (12ᵉ-13ᵉ s.) – Alors que le premier emploi de la croisée d'ogives en France apparaît en 1125 dans l'abbatiale romane (voûte qui couvre le déambulatoire) de Morienval, des réminiscences romanes (arcs en plein cintre) subsistent dans le style gothique primitif marqué par des monuments d'une grande sobriété de structure et de décor. En Picardie, la cathédrale de Laon fournit un exemple typique de gothique primitif avec sa façade à arcatures imperceptiblement brisées, son chœur à chevet plat et ses sept tours analogues à celles de la cathédrale de Tournai. Des souvenirs de l'art roman tournaisien se retrouvent aussi à Soissons et à Noyon, l'évêché de Noyon étant d'ailleurs uni à celui de Tournai. L'élévation sur quatre étages (arcades, tribunes, triforium et fenêtres hautes) caractérise les édifices de cette période ainsi que les transepts se terminant par des hémicycles comme le fameux croisillon Sud de Soissons.

S. Chirol

Cathédrale d'Amiens – La croisée du transept.

Transition (12ᵉ s.)
Laon - Cathédrale.

Rayonnant (fin 13ᵉ-14ᵉ s.)
Beauvais - Cathédrale.

Flamboyant (15ᵉ-16ᵉ s.)
Beauvais - St-Étienne.

L'apogée (13ᵉ-14ᵉ s.) – C'est l'âge d'or des grandes cathédrales éclairées par de vastes baies ou des roses garnies de vitraux scintillants. L'élévation sur trois étages (grandes arcades, triforium, fenêtres hautes) allège les nefs. Amiens en est l'exemple le plus remarquable, tandis que Beauvais qui voulut la surpasser est devenue le symbole de la démesure. A Beauvais la technique gothique atteint son apogée : les murs se réduisent au minimum, les fenêtres hautes ne laissent plus de place à la maçonnerie et le mur du fond du triforium est percé et garni de vitraux.
Dans le Nord, les maîtres d'œuvre mettent l'accent sur l'équilibre et l'harmonie du plan et des élévations, comme en témoignent les deux admirables chœurs à déambulatoire et chapelles rayonnantes de St-Omer et St-Quentin.

Le déclin (15ᵉ-16ᵉ s.) – La décadence de l'architecture gothique s'amorce avec l'apparition du style flamboyant. La surabondance du décor sculpté tend alors à masquer les lignes essentielles des monuments. Ce style, qui doit son nom à la forme de flammes tourmentées des meneaux des fenêtres, se caractérise par une décoration exubérante qui a trouvé un matériau de choix avec la craie picarde. Les portails sont coiffés de gâbles ajourés, les balustrades surmontées de pinacles, les voûtes aux dessins compliqués convergent sur d'énormes clefs de voûte pendantes extrêmement ouvragées.
Cette période offre des réalisations spectaculaires, notamment en Picardie où l'église St-Vulfran d'Abbeville rivalise avec l'abbatiale de St-Riquier, les églises de la Neuville, Mailly-Maillet et Poix et la chapelle du St-Esprit à Rue, véritable dentelle de pierre.
En Flandre s'entrecroisent les courants germaniques discernables dans les « **Halle-kerk** », églises-halles à trois ou cinq nefs d'égale hauteur (St-Maurice à Lille, églises de Hondschoote, Esquelbecq et Hesdin) et les influences anglaises, que l'on reconnaît dans les hautes tours carrées de St-Omer et d'Aire, formant clochers-porches, couvertes d'un réseau d'arcatures et terminées par des plates-formes que cantonnent des pinacles.
Le style gothique se prolonge durant les époques Renaissance et classique, comme le prouvent les voûtes en ogive de St-Pierre de Corbie et de St-André du Cateau, le plan à déambulatoire et les arcs des baies de la chapelle des Jésuites à St-Omer.

La sculpture – Servis par une pierre calcaire au grain très fin et facile à tailler, les sculpteurs du Nord et surtout ceux de Picardie ont exercé leur habileté et leur imagination tant dans la sculpture d'ornements que dans la représentation des « images », figures en ronde bosse.
Au 13ᵉ s., les « tailleurs d'ymaiges » d'Amiens et d'Arras détiennent déjà les qualités picardes spécifiques que l'on retrouve au cours des siècles : leurs figures, d'une exécution poussée, sont empreintes d'un charme et d'une bonhomie que relève un accent de vie familière. La Vierge de St-Amand *(p. 198)* et le calendrier d'Amiens sont les meilleurs exemples de cet art séduisant.
La fin du 15ᵉ s. et le début du 16ᵉ s. sont aussi des époques favorables pour la sculpture picarde qui s'enorgueillit alors de « huchiers » (sculpteurs sur bois) renommés, auteurs notamment des remarquables stalles de la cathédrale

d'Amiens et des vantaux des portes de la collégiale St-Vulfran à Abbeville. Ces mêmes sculpteurs ciselèrent les cadres de bois finement ouvragés qui rehaussent les célèbres peintures du « Puy-Notre-Dame » en l'honneur de la Vierge, exposées aujourd'hui au musée de Picardie à Amiens.

Architecture civile flamande – Dès la fin du 13e s., l'originalité de l'architecture gothique flamande se manifeste dans les édifices communaux, beffrois et hôtels de ville, élevés par les cités qui ont obtenu une charte urbaine garantissant leur indépendance.

Abbeville – Vantail de St-Vulfran.

Beffrois – Symbole de la puissance communale, le beffroi se dresse isolé (à Bergues, Béthune) ou englobé dans l'hôtel de ville (à Douai, Arras et Calais). Il est conçu comme un donjon avec échauguettes et mâchicoulis. Au-dessus des fondations qui abritent la prison, des salles superposées avaient diverses fonctions comme la salle des gardes. Au sommet la salle des cloches renferme le **carillon**. A l'origine le carillon ne comportait que quatre cloches d'où son nom, aujourd'hui il en compte au moins 30 qui égrènent leurs airs guillerets toutes les heures, les quarts d'heure et les demi-heures. La salle des cloches est entourée d'échauguettes d'où les guetteurs surveillaient les ennemis et les incendies. Enfin, couronnant l'ensemble, la girouette symbolise la cité : lion des Flandres à Arras, Bergues et Douai.

Hôtels de ville – Souvent imposants, ils frappent par la richesse de la décoration de leur façade couverte de niches, de statues, de gâbles, de pinacles.
A l'intérieur, la grande salle du conseil ou des fêtes présente des murs couverts de fresques illustrant l'histoire de la ville.
Les plus beaux hôtels de ville, Douai, Arras, St-Quentin, Hondschoote, Compiègne, furent construits aux 15e et 16e s. La plupart subirent des dommages et des modifications au cours des siècles et furent parfois complètement reconstruits dans leur style d'origine comme à Arras.

Art renaissance (16e s.)

Architecture – Sous l'influence de l'Italie, l'architecture Renaissance suit une orientation nouvelle marquée par le retour aux formes antiques : colonnes et galeries superposées donnent de la grandeur aux monuments. Les façades sont sculptées de niches, de statues, de médaillons ; des pilastres encadrent les baies.
Dans le Nord l'architecture religieuse Renaissance ne trouva que peu de résonance et se manifeste seulement dans le portail de Notre-Dame d'Hesdin. Par contre, plus nombreux sont les édifices civils, parmi lesquels on peut citer le bailliage d'Aire, la Maison du Sagittaire à Amiens, l'hôtel de la Noble Cour à Cassel, l'hôtel de ville d'Hesdin.

Art classique et baroque (17e-18e s.)

Architecture – Au cours des 17e et 18e s., l'architecture présente deux visages, l'un baroque, dominé par l'irrégularité des contours et l'abondance des formes, l'autre classique, placé sous le signe de la sobriété et l'observance des règles antiques.
On trouve plutôt le style baroque dans la Flandre, le Hainaut et l'Artois qui ont subi l'influence espagnole et le style classique en Picardie.
Sous l'influence de la Contre-Réforme et de ses principaux artisans, les jésuites, quantité d'édifices religieux sont bâtis au 17e s., telles les églises du Cateau-Cambrésis et d'Aire, les chapelles de St-Omer et de Cambrai.
Appareillés de briques et de pierres blanches, nombre de bâtiments civils baroques subsistent. Caractérisée par des bossages

Cambrai – Chapelle du Grand séminaire.

et un riche décor sculpté, la Bourse de Lille a donné naissance au **baroque flamand,** que l'on retrouve dans la demeure de Gilles de la Boé à Lille, à l'hôpital de Seclin et au mont de piété de Bergues. Plus au sud, le baroque s'atténue et comporte des éléments classiques dans l'admirable ensemble des maisons à arcades et volutes des places d'Arras.

En Picardie, baroque et classique s'allient au 18e s., tant dans les abbayes de Valloires et de Prémontré que dans les châteaux de Bertangles, d'Arry, de Long, de Cercamp et la délicieuse « folie de Bagatelle ».

L'Artois et le Hainaut sont aussi riches en châteaux du 18e s., aux façades classiques décorées de frontons et presque « mangées » par les fenêtres : Colembert, Flers, Pont-de-Briques, Souverain-Moulin. Le fleuron de cette architecture du 18e s. dans le Nord est l'extraordinaire château de l'Hermitage construit par le duc de Croÿ près de Condé-sur-l'Escaut.

Sculpture – Avec l'art baroque, la sculpture décorative est à l'honneur, et les façades des édifices civils et religieux se couvrent d'une trame d'éléments ornementaux où se pressent les fruits, les fleurs, les feuilles, les cornes d'abondance, mêlés aux chutes d'objets religieux ou profanes, aux cœurs, aux putti, aux soleils, aux niches garnies de statues et de vases.

Architecture militaire

Dans le Nord subsistent relativement peu d'ensembles défensifs du Moyen Âge, hormis les enceintes de Boulogne et de Laon, et les châteaux de Rambures, de Picquigny, de Lucheux, de Septmonts, de Pierrefonds et de Coucy. En revanche, nombre de fortifications classiques, qui couvraient notre frontière du Nord-Est, sont encore conservées, totalement comme à Bergues, Le Quesnoy, ou partiellement comme à Avesnes, Maubeuge, Cambrai, Douai, St-Omer, Péronne.

Avant Vauban – C'est avec les derniers Valois que les ingénieurs militaires, instruits par l'exemple italien, adoptent le système des courtines défendues aux angles par des bastions dessinant un saillant ; certains de ces bastions, en forme d'as de pique, sont dits « à orillons » en raison de leurs renflements latéraux qui protègent le feu des assaillants les batteries chargées de couvrir la courtine : on peut voir ce genre d'ouvrages au Quesnoy. Bastions et courtines, habituellement appareillés en pierres, sont couronnés de plates-formes portant les canons ; des tourelles suspendues permettent de surveiller fossés et alentours. Au début du 17e s., Henri IV dispose d'un ingénieur spécialiste de la « castramétation », comme on dit alors : il s'agit

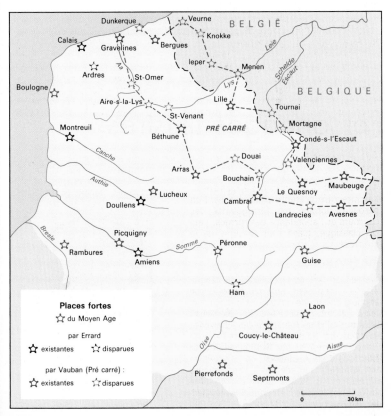

de **Jean Errard** (1554-1610), de Bar-le-Duc, surnommé « le père de la fortification française ». Dans le Nord, Errard fortifie Ham et Montreuil, construit les citadelles de Calais, Laon, Doullens et Amiens, toujours existantes ; en 1600, il publie un Traité de la fortification qui, jusqu'à Vauban, fera autorité.

Au temps de Vauban - **Sébastien Le Prestre de Vauban** (1633-1707) s'inspire de ses prédécesseurs pour établir son système *(schéma p. 19)* caractérisé par des bastions que complètent des demi-lunes, le tout étant environné de profonds fossés. Profitant des obstacles naturels, utilisant les matériaux du pays (dans le Nord : la brique), il s'attache en outre à donner aux ouvrages qu'il conçoit une valeur esthétique, en les agrémentant d'entrées monumentales en pierre, souvent sculptées, comme à Bergues, à Lille et à Maubeuge.

Sur la côte et sur la frontière de Flandre et du Hainaut, Vauban met en place le « **Pré carré** ». Il s'agit de 2 lignes de places fortes assez rapprochées les unes des autres pour empêcher le passage de l'ennemi et pour se secourir entre elles en cas d'attaque.

La première ligne comporte 15 places : Dunkerque, Bergues, Furnes, Knocke, Ypres, Menin, Lille, Tournai, Mortagne, Condé-sur-l'Escaut, Valenciennes, le Quesnoy, Maubeuge, Philippeville et Dinant.

La deuxième, un peu en arrière, en comprend 13 : Gravelines, St-Omer, Aire-sur-la-Lys, Béthune (puis St-Venant), Arras, Douai, Bouchain, Cambrai, Landrecies, Avesnes, Marienbourg, Rocroi et Mézières.

Certaines de ces places fortes étaient des créations de Vauban comme la citadelle de Lille, qu'il baptisait lui-même la reine des citadelles, et les fortifications de Maubeuge. De nombreuses autres existaient déjà et furent remaniées par le génial architecte, comme le Quesnoy, Gravelines, Bergues...

L'ensemble de ces fortifications du Nord remplirent longtemps leur mission de défense jusqu'aux invasions de 1814 et 1815.

Durant la campagne de France en 1940, elles constituèrent au Quesnoy, à Lille, à Bergues, à Dunkerque, à Gravelines, à Calais de solides points d'appui protégeant la retraite des armées franco-britanniques.

Mur de l'Atlantique – Témoignages d'une architecture militaire récente, les blockhaus du Mur de l'Atlantique, mis en place par l'Organisation Todt à partir de 1940, jalonnent le littoral. En 1944 on dénombrait environ 10 000 ouvrages sur l'ensemble de la côte française. Le territoire du Nord-Pas-de-Calais était considéré comme zone de guerre contre l'Angleterre.

Dans les profondes forêts d'Éperlecques et de Clairmarais furent édifiées d'énormes installations de béton pour le lancement des fusées V1 et V2 sur Londres. Le blockhaus d'Éperlecques *(voir p. 107)* est l'un des plus impressionnants exemples de gigantisme de cette architecture de béton, avec la forteresse de Mimoyecques *(voir p. 000)* et l'étonnante coupole d'Helfaut-Wizernes *(5 km au Sud de St-Omer ; musée en cours d'aménagement).*

Personnages illustres

Les habitants du Nord sont des hommes d'action comme en témoignèrent jadis ces forceurs du destin que furent les grands révolutionnaires Condorcet, Daunou, Robespierre, Camille Desmoulins, Fouquier-Tinville et Saint-Just et, plus près de nous, Blériot, Pétain, de Gaulle et Leclerc de Hauteclocque. Mais ils peuvent aussi être des artistes sensibles, délicats et malicieux, reflétant l'atmosphère de ces paysages aux vastes étendues et la vivacité de leurs habitants.

Les écrivains

Dès le 13e s., les trouvères de langue picarde s'opposent aux troubadours de langue d'oc par une verve caustique et drue. Cette alacrité, on la relève chez **Jacquemart Gielée**, auteur d'un *Renard le Novel*, et chez les premiers hommes de théâtre que la France ait connus, **Jean Bodel** et **Adam de La Halle**, tous deux Arrageois.

Aux conteurs succèdent les chroniqueurs qui peignent le monde féodal d'une plume souvent malicieuse : ce sont le Valenciennois **Froissart** (vers 1337-après 1404), qui

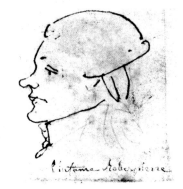

Robespierre par Antoine Gros.

s'attache à décrire la guerre de Cent Ans dans ses chroniques vivantes comme des reportages (les Bourgeois de Calais, la Bataille de Crécy), et **Philippe de Commynes** (1447-1511), Flamand des bords de la Lys, dont les Mémoires évoquent les règnes de Louis XI et de Charles VIII.

A la même époque se développent des associations à la fois religieuses, poétiques et dramatiques. Il s'agit en Picardie des «puys» en l'honneur de la Vierge Marie, actifs à Amiens, à Abbeville, à Doullens, qui organisent des concours littéraires annuels sur un thème mystique. En Flandre, les **chambres de rhétorique** jouent un rôle analogue, contribuant à la naissance de l'humanisme septentrional qu'illustreront **Lemaire de Belges** (Bavay, 1473-apr. 1520) dont la poésie marque la transition entre les rhétoriqueurs et la Pléiade, le théologien **Lefèvre d'Étaples** (1450-1537) et le réformateur **Calvin** né à Noyon (1509-1564).

Traditionnellement frondeuses, la Picardie et la région de l'Artois connaissent leur période faste au 18e s. des libertins, avec le séduisant **abbé Prévost** (1697-1763), né à Hesdin, qui évoque dans *Manon Lescaut* ses amours pour une aventurière, avec **Vadé**, écrivain poissard *(La Pipe cassée)*, natif de Ham, avec surtout les Amiénois **Jean-Baptiste Gresset** (1709-1777), qui conte les excentricités d'un perroquet incongru, Vert-Vert, et **Choderlos de Laclos** (1741-1803), sulfureux auteur du roman *Les Liaisons dangereuses*.

A Arras, quelques beaux esprits fondent en 1778 la société littéraire des **Rosati** (anagramme d'Artois) qui compta parmi ses membres Robespierre et Lazare Carnot.

Au 19e s. fleurissent quelques mélancoliques poètes : le Boulonnais **Sainte-Beuve** (1804-1869), aussi critique et romancier, qui se confesse dans les Poésies de Joseph Delorme, **Marceline Desbordes-Valmore** (1786-1859) qui a évoqué sa ville natale, Douai, dans des *Élégies éplorées*, le Lillois **Albert Samain** (1859-1900), symboliste connu pour ses poèmes délicats et sensibles *(Au jardin de l'Infante)*, **Jules Mousseron** (1868-1943), né à Denain, poète des mineurs, auteur des aventures de Cafougnette.

Plus récemment l'Amiénois **Roland Dorgelès** (1885-1973) retrouve le style des chroniqueurs d'antan pour raconter la vie des poilus pendant la Première Guerre mondiale. En Flandre, le Roubaisien **Maxence Van der Meersch** (1907-1951) dépeint dans ses romans la beauté grave des paysages de la région de Lille et s'attache surtout à décrire la vie sociale dans les cités industrielles tandis que **Marguerite Yourcenar** (1903-1987), première femme élue à l'Académie française, évoque son enfance flamande près de Bailleul *(voir à ce nom)*.

Originaire de Roubaix, **Pierre Pierrard** est un historien de grande diffusion avec notamment *La vie quotidienne dans le Nord au 19e s.* Au lillois **Alain Decaux**, académicien, on doit de nombreux ouvrages historiques et la création d'émissions radiophoniques et télévisées consacrées à l'histoire. Citons encore le journaliste et écrivain **Jacques Duquesne** né à Dunkerque.

Les peintres

Au 15e s., âge d'or de la peinture flamande, le Douaisien **Jean Bellegambe** (1470-1534) exécute surtout des retables dont le polyptyque d'Anchin *(p. 125)*. Son style montre la double influence flamande (souci du détail, choix de coloris qui l'avait fait surnommer le Maître des couleurs) et française (décor architectural annonçant déjà la Renaissance).

Au 17e s., les trois frères **Le Nain**, élevés à Laon, se signalent par un style différent des grands peintres de l'époque. Le plus célèbre, **Louis** (1593-1648), fut un des maîtres du réalisme français avec ses scènes paysannes *(La Charrette, Repas des paysans)* évoquant la vie des villageois du Laonnois, leurs maisons, la douce campagne environnante. **Antoine** (1588-1648) subit encore l'influence flamande dans ses scènes de genre, tandis que **Mathieu** (1607-1677) s'attache à peindre la bourgeoisie *(Le Joueur de trictrac)* ou des scènes mythologiques.

Au 18e s., le Nord voit une floraison de peintres : le Valenciennois **Antoine Watteau** (1684-1721) met tout son art de dessinateur et de coloriste à peindre ces fêtes galantes et ces scènes campagnardes qui caractérisent le siècle libertin. Il est suivi dans ce style par son concitoyen et élève **Jean-Baptiste Pater** (1695-1736).

Le Picard **Quentin de La Tour** (1704-1788), merveilleux pastelliste, ressuscite toute une époque à travers ses portraits très expressifs représentant un échantillonnage de la société du 18e s. (famille royale, aristocrates, artistes, comédiens, femmes du monde, prêtres, etc.). Sa ville natale, St-Quentin, possède une riche collection de ses œuvres dans le musée Antoine-Lécuyer *(p. 207)*.

Pendant la période mouvementée de la Révolution, du Consulat et de l'Empire, le peintre **Louis Léopold Boilly** (1761-1845), né à La Bassée dans le Nord, peint d'un pinceau alerte et vif des scènes de genre, parfois galantes, et des portraits de ses contemporains *(voir illustration p. 229)*.

Au 20e s., citons le Catésien **Matisse** (1869-1954), à qui sa ville natale a consacré un musée *(p. 102)*, et **Marcel Gromaire** (1892-1971), né à Noyelles-sur-Sambre, dont le tableau le plus célèbre est *La Guerre (p. 103)*.

Avec votre guide Michelin
il vous faut des cartes Michelin.

Folklore et traditions

Pour les dates des fêtes et autres manifestations, voir le chapitre des manifestations touristiques en fin de guide.

Les gens du Nord et de Picardie appartenaient à cette « nation picarde » qui s'étendait de Beauvais à Lille et de Calais à Laon, se prolongeant même jusqu'à Tournai et Mons. La langue picarde cimentait les liens entre les habitants de cette région, laborieux mais bons vivants, qui aimaient la bonne chère et les grandes fêtes. Aujourd'hui encore tout est prétexte à organiser un banquet ou à se retrouver à l'estaminet (mot wallon pour désigner un café) autour d'une bière dans une chaleureuse ambiance. Les Flamands, les Artésiens, les Lillois, les Picards ont ce même goût des réunions. Les jeux collectifs y sont très nombreux, les associations (chaque village a son harmonie municipale), les carnavals, les fêtes, les ducasses, les kermesses ne se comptent plus.

La ducasse ou kermesse – Les noms de ducasse (qui vient du mot dédicace : fête catholique) et de kermesse (foire de l'église en flamand) désignent tous deux la fête patronale de la ville ou du village. Cette fête a conservé quelques aspects de son origine religieuse : messe, processions... mais aujourd'hui s'y ajoutent les stands de forains, les concours, les jeux traditionnels, parfois une braderie.

Les carnavals – Occasion de se déguiser, d'assister à des défilés de chars et de géants, le carnaval se déroule traditionnellement au moment de Mardi gras, comme à Dunkerque où il dure trois jours. En réalité, dans le Nord de la France, des défilés carnavalesques ont lieu tout au long de l'année.

Les géants – *Voir le chapitre des manifestations touristiques en fin de volume.* Les géants sont issus d'histoires ou de légendes très variées et l'on trouve parmi eux :
- des guerriers fameux comme les Reuzes de Dunkerque et de Cassel qui seraient originaires de Scandinavie ;
- les fondateurs légendaires comme ceux de Lille : Lydéric et Phinaert *(voir p. 156)* ;
- des personnages historiques comme Jeanne Maillotte à Lille, la cabaretière qui repoussa les « Hurlus » ; la belle Roze à Ardres qui sauva la cité des dragonnades ; l'Électeur de Bergues représentant Lamartine ; Roland d'Hazebrouck, croisé de Baudouin de Flandre qui se signala lors de la prise de Constantinople, Guillaume le Conquérant de St-Valery-sur-Somme ;
- des couples célèbres dont Martin et Martine, les deux jaquemarts de Cambrai, Colas et Jacqueline, les maraîchers d'Arras, Arlequin et Colombine à Bruay-la-Bussière, Manon et Des Grieux à Hesdin ;
- des personnages populaires comme Gédéon, le carillonneur de Bourbourg qui sauva les cloches du beffroi lors d'un pillage ; le colporteur Tisje Tasje d'Hazebrouck, symbole de l'esprit flamand avec sa femme Toria et sa fille Babe Tisje ; Pierrot Bimberlot du Quesnoy ; Ko Pierre, le tambour major, à Aniche ;
- des héros légendaires : Gargantua à Bailleul, Gambrinus, le roi de la Bière, à Armentières, Yan der Houtkapper, le bûcheron qui tailla des bottes pour Charlemagne, à Steenvoorde, et Gayant de Douai qui aurait délivré sa ville des brigands ;
- des représentants de corps de métiers comme le maraîcher Baptistin à St-Omer, le mineur Cafougnette de Denain et le pêcheur Batisse de Boulogne-sur-Mer ;
- ou simplement un enfant comme le fameux Binbin de Valenciennes.

Les géants sont souvent accompagnés de leur famille – car ils se marient et donnent naissance à une progéniture parfois nombreuse – et entourés de chevaux-jupons, de diables, de gardes du corps, de la roue de la fortune. Parfois un hymne leur est attaché comme les Reuzelieds à Dunkerque et à Cassel.

Leur fabrication – Traditionnellement, les corps des géants sont constitués d'une structure d'osier sur laquelle repose la tête réalisée en carton-pâte et peinte. Une fois revêtus de leur costume, ces géants sont portés par une ou plusieurs personnes qui les font danser. Le plus haut est Gayant de Douai avec ses 8,40 m.
Aujourd'hui, des matériaux plus lourds sont souvent utilisés (tubes d'acier, rotin, plastiques...), les géants sont alors posés sur un char ou sur des roulettes.

Les carillons – Égrenant leurs notes mélodieuses, les carillons, enclos dans le beffroi ou le clocher, rythment la vie des villes du Nord. Depuis le Moyen Âge, où les carillons comportaient 4 cloches frappées à la main avec un marteau, les ajouts, au cours des siècles, d'un mécanisme, du clavier manuel et du pédalier ont permis d'augmenter le nombre de cloches (62 à Douai) et d'enrichir la variété de leurs sons.
Des concerts de carillons sont organisés à Douai, St-Amand-les-Eaux, Maubeuge et Avesnes-sur-Helpe.

Les jeux traditionnels – La vogue des jeux et des sports traditionnels se maintient aussi : marionnettes, jeux de balle, jeux de paume, de quilles et de fléchettes où l'on s'affronte sur le « pas de tir », jeu de crosse (ancêtre du golf), archerie, combats de coqs, colombophilie, etc.

Géants du Nord

Jean le Bûcheron
Steenvoorde

Martin
et Martine
Cambrai

Gayant et
sa femme
Douai

La Matelote
*Grand-Fort
Philippe*

Reuze-maman *Cassel*

Illustrations : R. Corbel

33

Le tir à l'arc – Au Moyen Âge les archers faisaient déjà l'orgueil des comtes de Flandre qu'ils accompagnaient dans toutes leurs expéditions. Dès que les communes furent fondées, les archers se regroupèrent en confréries ou ghildes. Vêtus de costumes de drap colorés, brandissant le grand étendard de leur confrérie, ils apparaissaient dans toutes les cérémonies publiques.

Aujourd'hui le tir à l'arc se pratique de plusieurs façons, la plus spécifique au Nord étant le tir à la verticale ou tir à la perche qui consiste à abattre des oiseaux fixés sur des grilles, elles-mêmes attachées à une perche. Au sommet de celle-ci, à une trentaine de mètres du sol, se trouve la cible la plus difficile à atteindre, le « **papegaï** ». Les archers doivent abattre cet oiseau à l'aide d'une longue flèche emboulée et le vainqueur est proclamé « roi de la perche ».

En hiver, ce sport se pratiquant à l'intérieur, on tire à l'horizontale sur une grille légèrement oblique.

Toujours groupés en confréries, les archers se réunissent tous les ans pour fêter leur patron, saint Sébastien.

Tir à l'arbalète – Autre tradition remontant au Moyen Âge, le tir à l'arbalète a conservé ses adeptes regroupés en confréries d'arbalétriers. Les manifestations où ils se retrouvent, avec leurs curieux instruments d'une autre époque, sont hautement colorées et portent des noms évocateurs comme le Tir du Roy.

Le javelot – Flèche empennée de 50 à 60 cm, le javelot se lance sur un faisceau de paille très serrée qui fait office de cible. C'est le même principe que pour le jeu de fléchettes que l'on trouve dans de nombreux estaminets.

Le jeu de billon – Le billon désigne une « bille de bois » longue d'1 m environ et pesant 2 ou 3 kg. Il faut placer la partie effilée du billon le plus près possible d'un poteau situé à 9 m, ou faire passer le billon à travers un râteau (3 trous) ou un arceau (1 trou).

Jeu de quilles.

Le bouchon – Dans les cafés, les équipes s'affrontent, abattant avec leurs palets de métal les bouchons de liège et de bois. Les meilleurs joueurs participent à des concours dans les fêtes locales.

Les combats de coqs – Dans le « parc » ou « gallodrome » autour duquel s'amassent des parieurs passionnés, les coqs orgueilleux et vindicatifs, aux ergots munis de lames d'acier tranchant, bataillent jusqu'à ce que mort s'ensuive sous l'œil inquiet de leurs éleveurs, les « coqueleux ».

La colombophilie – Plus pacifiques, les concours de vitesse et de précision pour les pigeons voyageurs connaissent un grand succès. Les « coulonneux » dressent leurs pigeons à revenir au nid le plus vite possible. Convoyés dans des paniers spéciaux jusqu'à une distance pouvant atteindre 500 km, les pigeons doivent rejoindre leur colombier à une vitesse record. Un pigeon peut voler à plus de 100 km/h de moyenne.

Les concours de pinsons – Autres volatiles entrant dans le folklore du Nord, les pinsons sont l'objet de concours de trilles. Certains en poussent jusqu'à 800 à l'heure.

Les chiens ratiers – Autre jeu cruel mettant en piste des animaux, les concours de chiens ratiers connaissent toujours un certain succès. Trois rats sont introduits dans une cage, puis le chien. On chronomètre alors le temps que ce dernier met pour tuer ses adversaires. Le chien le plus rapide est proclamé vainqueur.

Cartes et guides Michelin dans votre voiture : bon voyage !

Gastronomie

Bon vivant, l'homme du Nord apprécie les mérites d'une table bien garnie et les cuisines flamande et picarde lui offrent des plats riches et savoureux.

Cuisine picarde

Les potages sont à l'honneur avec les soupes à la tripe, aux grenouilles des étangs, au potiron, aux carottes (potage Crécy) et la fameuse « soupe des hortillons » composée de légumes. En effet, Picards comme d'ailleurs Artésiens sont amateurs de légumes, haricots de Soissons, artichauts de Laon, carottes de St-Valery, petits-pois du Vermandois ; quant aux poireaux, ils sont utilisés dans la « tarte aux porions » ou la flamiche.

Parmi les entrées, citons les pâtés de canard, en croûte, confectionnés à Amiens dès le 17e s., le pâté de bécassines d'Abbeville, le pâté d'anguilles de Péronne, le « bisteux », croustillant aux pommes de terre et lardons.

La **ficelle picarde** est une crêpe au jambon avec sauce béchamel aux champignons. Canards, bécassines et vanneaux, anguilles, carpes et brochets de la Somme composent de nombreux menus.

Aux fruits de mer (crevettes dites « sauterelles », coques appelées « hemons ») sont associés les soles, les turbots, les harengs frais et cabillauds, souvent accommodés à la crème.

Cuisine flamande

Arrosée de bière et s'achevant par un verre de genièvre ou par une « bistouille » (café additionné d'alcool), la cuisine flamande comprend quelques plats typiques :
- le lapin aux pruneaux ou aux raisins et le pigeon aux cerises ;
- le **potjevleesch**, une terrine maison comprenant veau, porc, lapin et parfois poulet ;
- le **hochepot**, potée de morceaux de veau, de mouton, d'abats de porc, au lard et aux légumes ;
- la **carbonade**, bœuf braisé avec une sauce à la bière aromatisée d'oignons et d'épices ;
- l'**anguille au vert**, revenue au beurre et mijotée dans une sauce au vin et aux herbes.
- les **craquelots**, petits harengs fumés, spécialité dunkerquoise.
- le **Waterzoï**, plat à base de poissons cuits avec des légumes ou encore à base de volaille.

Parmi les autres spécialités de la région du Nord, citons les pâtés de bécassines de Montreuil, les andouillettes d'Arras et de Cambrai, la volaille de Licques, les truites de la Canche et de la Course et les choux-fleurs de St-Omer.

Le long de la côte, on trouve la caudière étaploise (soupe de poisson), la courquinoise calaisienne, préparée avec des crabes, le maquereau à la boulonnaise, et le hareng saur (gendarme, kipper ou bouffi) ou frais.

Crème de chou-fleur aux moules – Dans une grande casserole d'eau salée, verser le jus de 3 citrons. Porter à ébullition et y jeter le chou-fleur (600 g) détaillé en bouquets. Quand les bouquets sont bien cuits, les plonger dans de l'eau glacée. Égoutter soigneusement. Faire bouillir 4 dl de fond de volaille et 150 g de crème fraîche. Saler et poivrer. Ajouter le chou-fleur et laisser cuire jusqu'à ce qu'il se désagrège. Mixer puis ajouter un peu de curry et 2 gouttes de tabasco. Faire revenir l'oignon émincé dans l'huile. Ajouter 1 dl de vin blanc sec, 1 bouquet de queues de persil et les moules nettoyées. Couvrir et laisser cuire quelques minutes. Retirer du feu lorsque les moules sont ouvertes et les décortiquer. Répartir la crème de chou-fleur dans 6 assiettes creuses et les garnir de moules. Décorer de cerfeuil. Laisser au frais jusqu'au moment de servir.

Crème de chou-fleur aux moules.

Les fromages du Nord

A l'exception du **Mont des Cats**, les fromages sont forts. La plupart proviennent de la Thiérache et de l'Avesnois, pays riches en herbages dont le fleuron est le **Maroilles** créé au 10e s. par les moines de l'abbaye du même nom, fromage à pâte molle et croûte lavée à la bière dont la fabrication s'apparente à celle du Munster. Les autres fromages de la région en sont des dérivés : le **Vieux Lille** appelé aussi « Maroilles gris », le **Dauphin** (Maroilles agrémenté d'épices et d'herbes), le **Cœur d'Avesnes** ou Rollot et enfin la délicieuse **Boulette d'Avesnes** (Maroilles aux épices enrobé de paprika). La **flamiche au Maroilles,** tarte onctueuse et très parfumée, est l'une des recettes les plus fameuses du Nord.

Flamiche au Maroilles - Mélanger 250 g de farine, 20 g de levure délayée dans un peu de lait, 100 g de beurre fondu, 1 œuf entier, une pincée de sel. Laisser la pâte monter pendant une heure ou deux. Quand la pâte est levée, la garnir de tranches de Maroilles et arroser le tout avec un peu de lait et un œuf battu. Cuire à four chaud 25 mn environ.

Les gâteaux

Les crêpes, les gaufres, le pain sucré appelé « tartine », les brioches font l'objet de repas entiers. Renflées au milieu, les brioches sont nommées « coquilles » et la maman du p'tit quinquin lui chante :

> « J'vas faire eun'prière à P'tit Jésus,
> Pour qu'y t'apporte eun'coquille. »

Des tartes sont souvent servies pour le dessert, dont les délicieuses « tartes au sucre » couvertes de cassonade. Le café léger et additionné de chicorée, que les gens du Nord consomment à toute heure, accompagne ces sucreries.

Tarte à la cassonade - Travailler ensemble 375 g de farine, 90 g de sucre, 20 g de levure délayée dans de l'eau tiède, 1 jaune d'œuf et 60 g de beurre. Pétrir le tout et laisser reposer la pâte jusqu'à ce qu'elle ait doublé de volume. Garnir un moule à tarte beurré et laisser lever la pâte pendant 1/2 h. Ajouter 100 g de cassonade et disposer dessus quelques noisettes de beurre. Cuire 1/2 h à four chaud (220° – thermostat 7).

La bière

Le Nord de la France vit sous le sceptre joyeux de Gambrinus, roi de la bière, et sous l'auréole débonnaire de saint Arnould, patron des brasseurs. La bière est connue dans l'Antiquité puis chez les Gaulois qui la nomment cervoise. Au Moyen Âge cette activité est le privilège des monastères. Elle se répand beaucoup dans les Flandres avec Jean sans Peur, duc de Bourgogne et comte de Flandre, qui développe l'emploi du houblon.

Fabrication - La bière est obtenue par brassage et fermentation d'une décoction d'eau et de malt qu'aromatise le houblon. Les grains d'orge sont trempés dans l'eau (maltage), ce qui provoque leur germination. L'orge germée est séchée, touraillée : le **malt**. Réduit en farine et mélangé d'eau très pure et de houblon, celui-ci est mis à cuire selon un procédé propre à chaque fabricant et tenu secret. Cette opération nommée brassage transforme l'amidon contenu dans le malt en sucre et permet d'obtenir le **moût**. Grâce à une levure le moût entre en fermentation. Fabriquée jadis de façon artisanale par le seul brasseur assisté de son garçon maniant le « fourquet », sorte de pelle à pointe, la bière est aujourd'hui l'objet d'une puissante branche industrielle.

Lille - Les Brasseurs.

Une part importante des bières françaises sont produites dans la région du Nord-Pas-de-Calais riche en eau, en orge, et en houblon. Celui-ci, cultivé en Flandre, possède une grande richesse d'arôme. Les brasseries les plus actives sont groupées dans la région de Lille-Roubaix et d'Armentières, les vallées de la Scarpe et de l'Escaut. 2 600 brasseries avaient été recensées à la veille de la Première Guerre mondiale. Aujourd'hui, elles ne sont plus que 17. Les micro-brasseries se développent dans la région.

Les différents types de bières sont très nuancés : bière du Nord traditionnelle blonde avec une légère amertume, bière brune régionale à la saveur relativement douce et fruitée, bière ambrée et rousse. La consommation diminue depuis une dizaine d'années et atteint 39,3 l par an et par habitant.

Le genièvre

Il est fabriqué à partir de céréales (avoine, blé, orge malté, seigle) transformées en farines qui, après cuisson, vont fermenter grâce à l'action des levures.

Le « vin de céréales » obtenu est distillé en alambics dans lesquels sont ajoutées des baies de genévrier. Le genièvre ainsi distillé présente, à cette étape, ses arômes caractéristiques.

La fabrication de cette eau-de-vie se perpétue dans le Nord-Pas-de-Calais, notamment à Houlle, à Wambrechies et à Loos où l'on fabrique également le chuche-mourette, apéritif composé de crème de cassis et de genièvre.

Le vivat flamand

Rituellement jeux et fêtes se terminent par des banquets au cours desquels les convives entonnent le vivat flamand. Se plaçant derrière la personne que l'on veut honorer, quelques participants tendent une serviette au-dessus de sa tête et versent de la bière ou du champagne tandis que l'assemblée reprend :

    « Vivat, vivat semper in æternum
    Qu'il vive (ter) à jamais
    Répétons sans cesse, qu'il vive à jamais
    En santé, en paix, ce sont nos souhaits... »

Lille : détail de la façade de la Vieille Bourse.

Villes
et curiosités

Haute vallée de l'AA

Cartes Michelin nᵒˢ 51 plis 12, 13 ou 236 pli 13.

Entre Wicquinghem et Remilly-Wirquin, l'Aa a creusé une vallée très bucolique ; l'élevage y est activement pratiqué. Les eaux pures de la rivière, bordée de peupliers ou de saules, sont souvent coupées de moulins et d'établissements de pisciculture.

Renty – Joli **site** formé par un vieux moulin et le plan d'eau de la retenue.

Fauquembergues – Ce gros bourg étagé sur les pentes de la vallée possède une **église** du 13ᵉ s. de proportions harmonieuses, avec une tour fortifiée portant bretèche sur mâchicoulis.

Merck-St-Liévin – L'**église** (16ᵉ-17ᵉ s.) est dominée par une puissante tour, renforcée de contreforts à ressauts, qui se détache en clair sur le versant verdoyant : à l'intérieur, sous le porche formant narthex, remarquer les fonts baptismaux (16ᵉ s.) protégés par un couvercle en bois sculpté (18ᵉ s.) pivotant autour d'une potence ; la châsse de saint Liévin est exposée à l'extrémité du bas-côté droit ; chœur à voûte en étoile.

ABBEVILLE

23 787 habitants
Cartes Michelin nᵒˢ 52 plis 6, 7 ou 236 pli 22.

Capitale du Ponthieu, Abbeville est établie sur la Somme, à une vingtaine de kilomètres de la mer. Au 19ᵉ s., ses rues bordées de pignons médiévaux et dominées par les hautes tours de l'église St-Vulfran furent croquées à l'envi par les dessinateurs romantiques. Après les destructions de 1940, elle est devenue une cité d'aspect moderne, largement tracée.

UN PEU D'HISTOIRE

« Abbatis Villa », maison de campagne de l'abbé, telle est l'origine d'Abbeville qui dépendait de l'abbaye toute proche de St-Riquier. Du 13ᵉ au 15ᵉ s., Abbeville passe de mains en mains, anglaises, bourguignonnes, françaises, suivant les aléas de combats qui visent la possession de la vallée de la Somme.
Rendue définitivement à la France sous Louis XI, elle voit, en 1514, le mariage de la jeune et ravissante Marie d'Angleterre avec le roi Louis XII, âgé de 52 ans ; il mourut de consomption l'année suivante.

Des capitalistes éclairés : les Van Robais – A l'origine de l'installation de cette famille hollandaise à Abbeville, il y eut le désir de Colbert de libérer l'économie nationale de la tutelle étrangère en faisant fabriquer sur le sol français des produits jusqu'alors importés.
Josse Van Robais débarqua à Abbeville en 1665, pour y fonder une manufacture de draps fins, dotée de privilèges parmi lesquels une clause de non-concurrence n'était pas le moindre. Van Robais amenait sa famille, son aumônier protestant, une cinquantaine d'ouvriers et ses métiers à tisser qu'il installa au faubourg Hocquet.
Alors naquit la Manufacture Royale des Rames qui fut une des premières entreprises « intégrées », procédant à toutes les opérations non seulement de fabrication du drap (filage et tissage), mais aussi de finissage (apprêt, foulage, teinture...).
Petit-fils de Josse, Abraham Van Robais (1698-1779) maintint la prospérité de la manufacture qui comptait, au 18ᵉ s., environ 2 500 employés dont 250 tisserands.
De l'usine qui avait été édifiée de 1709 à 1713, on peut encore voir au nᵒ 264, chaussée d'Hocquet (**AY**), la porte principale ainsi qu'un pigeonnier (1712).

Le père de la préhistoire : Boucher de Perthes (1788-1868) – Jacques Boucher de Perthes est né à Rethel. Bel homme et esprit distingué, il fut un touche-à-tout de talent, auteur d'un petit chef-d'œuvre, des « Portraits » dans la manière de La Bruyère. Après une jeunesse mondaine et mouvementée, il succéda, en 1825, à son père comme directeur des Douanes d'Abbeville, en ce temps-là actif port de mer. C'est alors que Boucher de Perthes commence à se passionner pour la préhistoire, interrogeant les bancs d'alluvions de la Somme que les dragues découpent pour élargir le canal, et cherchant les silex taillés qui, selon lui, doivent accompagner les ossements de l'homme antédiluvien. A partir de 1830, il est épaulé par le docteur **Casimir Picard.**
Casimir Picard mort en 1841, Boucher de Perthes ne se décourage pas : il continue à explorer les tourbes bocagères de la Portelette (près de l'actuelle gare d'Abbeville), puis les carrières de St-Acheul, près d'Amiens. De l'exploitation de ces gisements, il extrait la matière d'un ouvrage sur les *Antiquités celtiques et antédiluviennes* dans lequel il affirme l'existence d'un homme paléolithique contemporain des grands pachydermes disparus.

Ces découvertes furent accueillies avec scepticisme. Boucher de Perthes payait dix centimes chaque caillou de forme un peu curieuse, et l'une de ses cousines racontait qu'ayant rencontré un paysan tapant sur des silex elle lui avait demandé ce qu'il faisait : « Des haches préhistoriques pour Monsieur Boucher de Perthes », aurait répondu le bonhomme.

Les jours tragiques de mai-juin 1940 – Après la percée allemande à Sedan et la ruée des Panzers vers la mer, Abbeville devint un point névralgique de la résistance française.

Dès le 20 mai, un terrible bombardement par Stukas atteint le centre urbain, qui brûle presque entièrement, détruisant 2 000 maisons et causant des centaines de victimes. Le soir, les troupes allemandes pénètrent dans la ville et jettent une large tête de pont sur la rive gauche de la Somme, s'étendant jusqu'à Huppy et Bray-lès-Mareuil avec, comme point d'appui, les monts de Caubert, qu'ils fortifient puissamment.

C'est alors que la 4ᵉ Division cuirassée, sous le commandement du **colonel de Gaulle**, reçoit l'ordre d'attaquer l'adversaire. Les Français réduisent la poche allemande sans parvenir à enlever les monts de Caubert âprement défendus. Aux différents éléments en place vient s'ajouter la 51ᵉ division écossaise. Ces forces réunies composées en grande partie de français conjuguent leurs efforts pour tenter de reconquérir le mont.

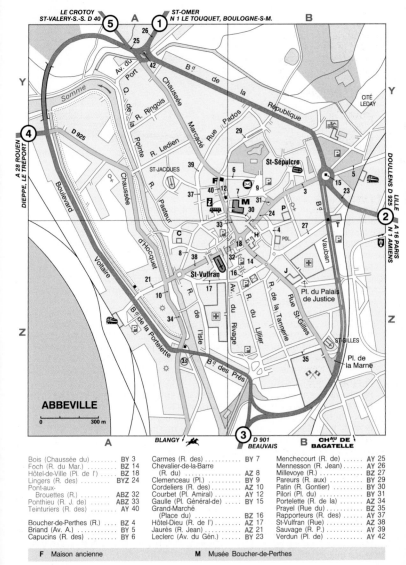

Bois (Chaussée du) .... BY 3	Carmes (R. des) .... BY 7	Menchecourt (R. de) ...... AY 25
Foch (R. du Mar.) .... BZ 14	Chevalier-de-la-Barre	Mennesson (R. Jean) ...... AY 26
Hôtel-de-Ville (Pl. de l') ..... BZ 18	(R. du) .... AZ 8	Millevoye (R.) .... BZ 27
Lingers (R. des) .... BYZ 24	Clemenceau (Pl.) .... BY 9	Pareurs (R. aux) .... BY 29
Pont-aux-	Cordeliers (R. des) .... AZ 10	Patin (R. Gontier) .... BY 30
Brouettes (R.) .... ABZ 32	Courbet (Pl. Amiral) ...... AY 12	Pilori (Pl. du) .... BY 31
Ponthieu (R. J. de) ..... ABZ 33	Gaulle (Pl. Général-de) .... BY 15	Portelette (R. de la) ...... AZ 34
Teinturiers (R. des) .... AY 40	Grand-Marché	Prayel (Rue du) .... BZ 35
	(Place du) .... BZ 16	Rapporteurs (R. des) ...... AY 37
Boucher-de-Perthes (R.) ... BZ 4	Hôtel-Dieu (R. de l') ...... AZ 17	St-Vulfran (Rue) .... AZ 38
Briand (Av. A.) .... BY 5	Jaurès (R. Jean) .... AZ 21	Sauvage (R. P.) .... AY 39
Capucins (R. des) .... BY 6	Leclerc (Av. du Gén.) ..... BY 23	Verdun (Pl. de) .... AY 42

F Maison ancienne	**M** Musée Boucher-de-Perthes

CURIOSITÉS *visite : 2 h*

Collégiale St-Vulfran (**AZ**) – Cet édifice aux allures de cathédrale fut bâti à partir de 1488. On commença par la façade, mais la construction de la nef dut être interrompue en 1539, en raison du manque d'argent, et c'est seulement au 17e s. que le chœur fut achevé dans un style gothique bâtard. Au cours des bombardements de 1940, les voûtes de la nef et du chœur s'effondrèrent. L'édifice, très endommagé, est en cours de restauration.

Se placer sur le côté Ouest du parvis pour avoir une belle vue d'ensemble de la façade.

C'est sur cette place que se déroula, en 1766, le supplice du chevalier de La Barre, jeune homme de 19 ans, condamné à la hache et au bûcher pour avoir mutilé un Crucifix érigé sur l'un des ponts d'Abbeville ; Voltaire s'efforça en vain d'obtenir sa réhabilitation.

Collégiale St-Vulfran.

★ **Façade** – La façade flamboyante de St-Vulfran illustre la formule suivant laquelle l'architecture, à la fin du 15e s., devient un simple support de la sculpture. Flanquées de tourelles de guet, les deux tours s'élèvent à 55 m ; entre elles, le pignon à jour porte une grande statue de la Vierge qu'accompagnent saint Vulfran et saint Nicolas. Dans l'angle du gâble aigu qui surmonte le portail central est placé un groupe de la Trinité.

Portail central – Les piédroits sont garnis de statues d'évêques dont l'un, à gauche, est saint Nicolas et un autre, à droite, tenant un livre ouvert, est saint Firmin d'Amiens, debout sur un socle sculpté où figurent son martyre et l'écu des tonneliers dont il était le patron.

La porte conserve ses vantaux Renaissance, chef-d'œuvre des « huchiers » picards. On remarque, au centre, les Évangélistes avec leurs symboles qu'enca-drent à gauche saint Pierre, à droite saint Paul ; au-dessus une frise de cavaliers ; en haut ce sont des scènes de la Vie de la Vierge. Les vantaux ont été offerts par le maître de la Confrérie du Puy Notre-Dame d'Abbeville *(voir p. 31)*, Jehan Mourette, comme le confirme une inscription-calembour : « Vierge aux humains la porte d'Amour estes (d'à Mourette) 1550. »

Portail gauche – Il évoque la légende de saint Eustache. Au tympan, Eustache, le pied posé sur l'écu des drapiers-chaussetiers, voit ses enfants ravis l'un par un lion, l'autre par un loup ; au-dessous à gauche, un haut-relief le montre jeté à la mer, en présence de sa femme, par un marin du navire sur lequel il s'était embarqué sans payer.

Portail droit – Il fut pris en charge par la confrérie des merciers dont l'écusson frappé de la bourse et de la balance se retrouve sous les trois célèbres statues ciselées par Pierre Lheureux en 1501-1502. Ces statues représentent, au tympan, la Vierge en Assomption et, dans les piédroits, les sœurs de la Vierge : à gauche, Marie (mère de Cléophas, l'un des deux pèlerins d'Emmaüs) le sein nu, avec ses quatre enfants ; à droite, Marie Salomé et ses deux enfants, Jean l'Évangéliste et Jacques le Majeur.

Contreforts – Voir au 2e contrefort gauche saint Pierre et surtout saint André portant la croix de son martyre tandis qu'à ses pieds est placé l'écu à tête de bœuf des bouchers.

Intérieur – La hauteur de la nef qui ne mesure que 31,70 m par rapport à la largeur (37 m) est accentuée par l'allure élancée des piliers dépourvus de chapiteaux. Remarquer les clefs de voûte peintes dans leur couleur d'origine, représentant des armoiries et, dans le chœur, les vitraux non figuratifs de William Einstein, d'inspiration religieuse ou biblique.

★ **Musée Boucher-de-Perthes** (BY M) ⊙ – A la lisière de la place où se dresse la statue de l'illustre marin abbevillois Courbet (1827-1885) s'ouvre le musée, installé partie dans le beffroi du 13e s. et un petit bâtiment du 15e s. (l'Argenterie), partie dans un bâtiment neuf construit en retrait.

Au rez-de-chaussée, la grande salle propose des peintures : des œuvres du 16e s. provenant de la Confrérie du Puy Notre-Dame (portrait de Jehan Mourette et de sa femme), une Descente de Croix du 17e s. par le Flamand Van Mol et, du 18e., quatre toiles mythologiques de François le Moine, des portraits par Largillière, un autoportrait de Lépicié et des scènes de genre du peintre abbevillois Choquet.

L'Argenterie et le grand escalier abritent des sculptures médiévales (frises et corbeaux de maisons abbevilloises, le retable de la Chartreuse de Thuison du 15e s.), des céramiques locales (faïences de Vron, terres vernissées de Sorrus) et des tapisseries (fragment de la suite d'Artémise).

Dans l'ancien beffroi, les salles voûtées offrent un cadre idéal aux statues et ivoires médiévaux. Remarquer une superbe Vierge à l'Enfant en argent (1568). Au 2e étage sont réunies les collections préhistoriques consacrées à Boucher de Perthes et aux découvertes archéologiques faites dans la vallée de la Somme et à St-Acheul.

Une section d'histoire naturelle complète cet ensemble en présentant des oiseaux.

Église du St-Sépulcre (BY) – Cette église du 15e s., profondément remaniée à la fin du 19e s. dans le style gothique flamboyant, n'a conservé de l'édifice primitif que la tour du clocher, les piliers et archivoltes de la nef, les deux collatéraux et la chapelle du Saint Sépulcre. Gravement endommagés lors de la dernière guerre, le pavage et la voûte ont été refaits. Les **vitraux**★★ contemporains aux harmonieuses couleurs, représentation très personnelle de la Passion et la Résurrection du Christ, forment un ensemble homogène dû à Alfred Manessier.

Maison ancienne – *No 29, rue des Capucins au coin de la rue des Teinturiers.* Cette maison en encorbellement (AY F) témoigne de l'habitat urbain des 15e-16e s.

★ **Château de Bagatelle** ⊙ – *Au Sud-Est de la ville, no 133, route de Paris* (BZ). Abraham Van Robais fit construire Bagatelle vers 1740 comme maison des champs où il pouvait se détendre et recevoir ses relations d'affaires. Elle ne comportait alors qu'un rez-de-chaussée auquel s'ajouta, une quinzaine d'années plus tard, un étage d'habitation en attique percé d'œils-de-bœuf puis, vers 1790, un comble à la Mansart. Malgré les campagnes successives, une unité harmonieuse caractérise cette charmante demeure. Sedaine disait en 1770 : « Cette retraite ferait plaisir aux dieux ; l'art moderne y paraît si beau qu'il semble sortir des mains de la nature. »

Château de Bagatelle.

Au rez-de-chaussée, l'ornementation rocaille des pièces de réception, garnies d'un mobilier d'époque, apparaît d'une légèreté raffinée. Du vestibule on passe dans le salon d'été, dépourvu de cheminée et dont les dessus de portes sont peints d'Amours évoquant le Matin, le Midi et le Soir, alors que les lambris sont ornés d'arabesques dans le goût pompéien. Le salon d'hiver présente des panneaux et une cheminée en bois aux sculptures soulignées de réchampis (ornement ressortant du fond) bleus ; le lustre à fleurs de porcelaine de la manufacture royale de Vincennes, les appliques, les boiseries et les consoles de la salle à manger ont appartenu aux Van Robais. Le reste du mobilier est également du 18e s.

Un gracieux escalier à double volée et rampe de fer forgé fut ingénieusement adapté au vestibule pour donner accès à l'étage d'habitation dont les pièces, basses de plafond, ont de délicates boiseries aux lignes Louis XV mais aux motifs Louis XVI ornés de guirlandes et de rubans.

Dans le jardin on découvre les parterres à la française ornés de statues et la « butte de Mme Roland » où celle-ci vint faire collation à l'époque où son mari, le futur ministre, était inspecteur des Manufactures de Picardie.

Le parc botanique est planté d'essences variées et rares.

Musée d'histoire de France 1940 ⊙ – Dioramas, photos, armements, chars, canons de marine, uniformes évoquent les combats menés sur la Somme.

ENVIRONS

Monts de Caubert – *5 km. Quitter Abbeville par ④ du plan.*
Au premier virage accentué annonçant un carrefour, prendre à gauche la petite route qui, suivant la crête, mène en 1,5 km à un calvaire d'où l'on découvre une ample **vue** sur la vallée de la Somme, Abbeville et, au-delà, sur les plaines du Ponthieu.

Le Vimeu – *Voir à ce nom.*

Vous trouverez, en début de guide,
un choix d'itinéraires de visite régionaux.

Pour organiser vous-même votre voyage,
consultez la carte des principales curiosités.

AIRAINES

2 175 habitants
Cartes Michelin nᵒˢ 52 pli 7 ou 236 pli 23.

Petit centre industriel, Airaines a été très endommagée en juin 1940, lors de la bataille de la Somme. Les ducs de Luynes y avaient un château dont les vestiges, précédés par la porte de la Châtellenie (début 17e s.), subsistent sur la colline.

Église Notre-Dame et Prieuré ⊙ – Sise à flanc de coteau, l'église des 12e et 13e s. était jadis chapelle d'un prieuré clunisien dépendant de l'abbaye St-Martin-des-Champs à Paris. Sa sobre façade romane est percée d'un portail sans tympan et d'une baie plein cintre au dessin très pur. La nef est couverte de voûtes à grosses ogives primitives. En entrant, à gauche, on voit une grande **cuve baptismale** romane conçue pour le baptême par immer-

Cuve baptismale de Notre-Dame.

sion, dont les flancs sont sculptés de frustes personnages accroupis représentant, semble-t-il, des catéchumènes. L'un d'entre eux est tenté par le diable sous l'apparence d'un dragon.

Le prieuré du 16e s. abrite un **centre d'Art et de Culture** qui organise des expositions.

Église St-Denis ⊙ – Précédée par un clocher-porche, l'église paroissiale (15e-16e s.) recèle quelques œuvres d'art du 16e s. : Mise au tombeau (bas-côté gauche), crucifix (entrée du chœur) et statue de saint Denis portant sa tête dans ses mains (bas-côté droit). Dans le chœur, clés pendantes historiées et vitraux Renaissance datés de 1541.

ENVIRONS

Tailly – *4 km au Sud par la D 901 en direction de Poix.*
Situé à droite de la D 901, au lieu-dit Tailly l'Arbre à Mouches, le château de Tailly, du début du 18e s., fut la propriété du maréchal **Leclerc de Hauteclocque** (1902-1947). Celui-ci aimait à y résider, surtout à l'époque de la chasse ; son char de commandement de la 2e D.B. et son avion se nommaient « Tailly ». Le maréchal est né au **château de Belloy-St-Léonard** *(5 km au Sud-Ouest).*

AIRE-SUR-LA-LYS

9 529 habitants (les Airois)
Cartes Michelin nos 51 Nord-Ouest du pli 14 ou 236 pli 14.

Aire-sur-la-Lys, marché agricole, ancienne place forte, a gardé en grande partie son aspect et son plan d'avant la Révolution : les tours du beffroi et de la collégiale se détachent sur le ciel comme dans une vue panoramique de Van der Meulen. Elle connut une grande prospérité sous la domination espagnole durant les 16e et 17e s.

CURIOSITÉS

Grand'Place – Très vaste, elle constitue un ensemble édifié entre 1720 et 1840. L'**hôtel de ville (H)**, à pilastres d'ordre colossal, présente un balcon de proclamations et un fronton aux armes d'Aire qu'encadrent les statues de la Force et de la Justice.

En retrait, le **beffroi**, réédifié au 18e s., rappelle ceux du Cateau et de Cambrai. Dans l'angle Sud de la place, le **bailliage★ (B)**, qui servit aussi de garde, a été élevé au début du 17e s., dans le style de la Renaissance finissante, grâce au produit d'un impôt sur le vin et la bière. Bâti en briques et pierres, il est bordé par une galerie à arcades au-dessus de laquelle court une frise, sculptée d'emblèmes. L'étage est percé de baies qu'encadrent des pilastres cannelés ; sur la façade regardant la Grand'Place, deux fenêtres ont été rétrécies afin de faire place à une bretèche. L'attique, enfin, est orné d'une seconde frise dont les figures représentent les Vertus et les Quatre Éléments. Ces sculptures étaient, à l'origine, dorées ou peintes.

G. Guittot/DIAF

Le Bailliage.

★ Collégiale St-Pierre (E) – C'est un des plus importants édifices de style flamboyant et Renaissance subsistant en Flandre. L'église fut reconstruite à partir de la fin du 15e s. sous l'impulsion du chapitre de chanoines, un des plus riches de Flandre et d'Artois, mais le narthex et la tour ne furent achevés qu'au début du 17e s.
Imposante, sa **tour★**, culminant à 62 m de hauteur, est sœur de celle de Notre-Dame de St-Omer par ses contreforts massifs, son réseau d'arcatures et sa plate-forme cantonnée de pinacles, à l'anglaise. Un décor Renaissance à base de pilastres revêt les parties hautes.

B Bailliage   **H** Hôtel de ville   **E** Collégiale St-Pierre

L'**intérieur** développe 104 m de long (St-Omer : 100 m) ; ses voûtes ont été refaites au 18e s. Le dessin de leurs nervures est reproduit sur le sol. Un jubé ciselé par Boileau de Paris ferme l'entrée du chœur. A sa gauche remarquer la statue dorée de N.-D. Panetière qui est promenée en procession chaque année *(voir le chapitre des Manifestations touristiques en fin de guide)* pour rappeler que la Vierge exauça les prières de la population affamée, au cours du siège de 1213, en permettant l'entrée d'un convoi de vivres. En se retournant on admire le majestueux buffet d'orgues du 17e s. qui provient de l'abbatiale de Clairmarais. Sculpté dans du chêne, il est orné de statues représentant des musiciens.

Le chœur et l'abside ont terriblement souffert d'un bombardement en août 1944. Au fond de l'église, dans la « chapelle de semaine », une Vierge à l'Enfant du 15e s., de facture flamande, rayonne de joie et de force.

Église St-Jacques ⊙ – Fin du 17e s. C'est l'ancienne chapelle des jésuites qui faisait partie du collège Ste-Marie où Bernanos fut élève. Sa façade constitue un exemple du style dit « jésuite » : colonnes et pilastres annelés, frontons brisés, ailerons terminés en volutes, décor sculpté abondant et gras dans la tradition flamande.

ENVIRONS

Isbergues – *5 km au Sud-Est par la D 187.*
Isbergues possède une **église** de pèlerinage du 15e s., dont l'imposante tour présente des analogies avec celle de St-Pierre d'Aire ; à l'intérieur, châsse de sainte Isbergues, sœur de Charlemagne, qui mourut ici et donna son nom à la localité.

Thérouanne – *10 km à l'Ouest. Quitter Aire par ③, D 157.*
Capitale de la Morinie romaine, puis riche évêché et ville fortifiée formant, au 16e s., enclave française dans les territoires d'Empire, Thérouanne fut rasée par Charles Quint en 1553.
Sur la colline située au Nord du bourg actuel subsistent quelques vestiges de la cathédrale dont on croit qu'elle fut, avec St-Denis et Morienval, le premier témoignage de l'architecture gothique en France. Le célèbre « Grand Dieu de Thérouanne » qui décorait un de ses portails se trouve aujourd'hui dans la cathédrale de St-Omer *(p. 203)*.

ALBERT

10 010 habitants
Cartes Michelin nos 52 pli 9 ou 236 pli 25.

Jadis nommée Ancre, du nom de la rivière qui l'arrose, la ville fut le siège d'un marquisat acquis en 1610 par le favori de Marie de Médicis, Concino Concini. Après la mort tragique de celui-ci en 1617, qui marqua la disgrâce de la reine mère, Louis XIII offrit Ancre à Charles d'Albert, duc de Luynes, qui lui donna son nom. Proche de la ligne de feu à l'époque de la bataille de la Somme en 1916 et de la bataille de Picardie *(p. 21)*, Albert fut presque entièrement détruite. C'est aujourd'hui une cité d'aspect moderne et aéré. Dans la banlieue Sud, à Méaulte, on note les usines d'aviation implantées par l'industriel Potez et désormais exploitées par la SNIAS.

Basilique N.-D. de Brébières – Lieu de pèlerinage très fréquenté *(voir le chapitre des Manifestations touristiques en fin de guide).* La tour de 70 m de haut est surmontée par la statue d'une émouvante Vierge à l'Enfant. A l'intérieur est vénérée la Vierge miraculeuse, du 11e s.

En contrebas de la place d'Armes, agréable **jardin public** traversé par un bras de l'Ancre.

LES CHAMPS DE BATAILLE *Circuit de 34 km – environ 3/4 h*

Un circuit à l'Est et au Nord d'Albert permet d'évoquer les soldats britanniques et sud-africains de l'armée Douglas Haig tombés au cours de l'offensive alliée de l'été 1916 (bataille de la Somme).

Prendre la route de Bapaume, D 929.

Sur la droite, on aperçoit le premier cimetière britannique.

La Boisselle – Des traces d'explosions témoignent de la violence des combats qui eurent lieu dans ce village.

Prendre à droite la D 20.

Traverser Bazentin et Longueval entourés de plusieurs cimetières britanniques, puis tourner à gauche.

Mémorial sud-africain et musée commémoratif du bois de Delville ⊙ – Particulièrement meurtrière, la bataille de Delville en juillet 1916 resta gravée dans les annales de l'histoire sud-africaine. Un mémorial et un musée, élevés en souvenir des nombreux soldats sud-africains tombés lors des deux guerres mondiales, ont été inaugurés le 11 novembre 1986. Une pelouse bordée de chênes, produits de glands cueillis dans la province du Cap, mène à l'arc du mémorial et au musée installé dans une réplique réduite du château de Capetown. A l'intérieur peintures, panneaux de bronze, vitrines abritant des uniformes et reliques évoquent ces soldats venus de si loin pour combattre sur le sol français.

Revenir sur la D 20 et tourner à droite dans la D 107 qui rejoint la D 929 que l'on prend à gauche.

Pozières – Ce cimetière britannique est clôturé par une série de colonnes qui lui donnent un aspect grandiose. Les noms de 14 690 disparus au cours des batailles sont inscrits sur le mémorial.

Tourner à droite dans la D 73.

Mémorial britannique de Thiepval – Entouré d'un gazon, ce mémorial forme un arc de triomphe en briques, dominant la vallée de l'Ancre et visible de très loin. Il porte les noms de 73 367 soldats anglais tombés dans le secteur.

Continuer la D 73.

A droite, la **tour d'Ulster**, réplique d'une tour située près de Belfast, a été érigée en souvenir des morts de la 36e division irlandaise. La route franchit ensuite la vallée de l'Ancre.

★ **Parc-mémorial de Beaumont-Hamel** – Sur un plateau battu des vents, le champ de bataille, où combattit, en juillet 1916, la division canadienne de Terre-Neuve, a été conservé et aménagé : tranchées, avant-postes, parapets de tir, tiges de fer tordues pour suggérer les arbustes décapités par la mitraille...

Le monument, surmonté du Caribou de Terre-Neuve, comporte un balcon d'orientation : **vue** sur le champ de bataille.

Redescendre dans la vallée de l'Ancre et prendre à droite la D 50 vers Albert.

AMIENS★★★

Agglomération 156 120 habitants
Cartes Michelin n°s 52 pli 8 ou 236 pli 24.

Important nœud de communications, Amiens, capitale de la Picardie, possède une admirable cathédrale. Meurtrie lors des deux derniers conflits, la ville présente aujourd'hui un visage moderne que rehaussent de précieux vestiges de son passé. L'axe commerçant et animé s'étend de la gare du Nord à la Maison de la Culture ; des boulevards circulaires ont remplacé les remparts au 18e s.

De tout temps centre économique, artistique, intellectuel, Amiens est devenue, depuis 1964, le siège d'une Université.

Les spécialités gastronomiques sont à l'honneur avec les tuiles au chocolat, les macarons, les « ficelles picardes », crêpes fourrées de jambon et de champignons, et les célèbres pâtés de canard en croûte.

UN PEU D'HISTOIRE ET DE GÉOGRAPHIE

Le manteau de saint Martin – Capitale d'une peuplade belge, les Ambiens, à l'époque gallo-romaine, Amiens fut évangélisée au 4e s. par Firmin et ses compagnons. **Saint Martin**, cavalier de la légion romaine, y tient garnison : c'est alors qu'il rencontre un mendiant que mord la bise. Il coupe son manteau avec son épée et en donne la moitié au pauvre homme. Un bas-relief sculpté par J. Samson (1830) rappelle ce fait, sur le mur Nord du palais de justice, place d'Aguesseau.

Naissance d'une industrie : le textile – Affiliée à la Hanse de Londres, Amiens connaît au Moyen Âge la prospérité. La draperie, le trafic des vins, le port, l'afflux des pèlerins venus vénérer le chef de saint Jean-Baptiste en font un lieu très fréquenté. On y traite la « guède » ou pastel, précieuse plante tinctoriale tirée de l'Amiénois ou du Santerre et qu'on nomme localement « **waide** » ; broyée dans des moulins, cette plante produit un beau bleu ; elle est exportée en Angleterre. A la fin du 15e s. apparaît la fabrication des « sayettes », serges de laine mêlées de soie, qui porteront au loin la réputation des « articles d'Amiens ». Le règne de Louis XIV voit l'introduction des célèbres **velours d'Amiens**.

Orages d'acier – La vallée de la Somme étant, avec celle de l'Aisne, un obstacle majeur à l'envahisseur venu du Nord, Amiens, tête de pont, n'a pas échappé aux assauts. En 1918, lors de la bataille de Picardie *(p. 21)*, la ville sera l'objectif de Ludendorff et recevra quelque 12 000 obus et « marmites ». Elle est incendiée en 1940 lors de la bataille de la Somme *(p. 21)*. En 1944, sa prison est l'objet d'une périlleuse attaque aérienne destinée à faciliter l'évasion de résistants incarcérés.

Les mutations d'après-guerre – Sinistrée à 60 %, Amiens dut procéder à sa reconstruction dont les ensembles les plus marquants se situent place Alphonse-Fiquet, avec la gare et la tour Perret, dans le quartier de la Maison de la Culture, le centre sportif Pierre-de-Coubertin et l'îlot Faidherbe (**BY**). De nouveaux ensembles s'étendent à la périphérie.

Les industries traditionnelles conservent droit de cité : célèbres velours, laines à tricoter. Cependant la zone industrielle de Longpré s'étend de plus en plus, la métallurgie dominant les textiles, les produits chimiques les égalant. Des usines de pneumatiques, de matériel automobile ou électronique se sont installées.

Quelques célébrités amiénoises – Amiens a vu naître les écrivains **Choderlos de Laclos** (1741-1803) célèbre pour ses « Liaisons dangereuses », Paul Bourget (1852-1925) et **Roland Dorgelès** (1885-1973) auteur des « Croix de Bois », ainsi que le physicien **Édouard Branly** (1844-1940) qui participa à l'invention de la T.S.F.

Un monument, place René-Goblet, commémore un autre héros amiénois : le maréchal Leclerc de Hauteclocque *(voir p. 45)* qui s'illustra au cours de la Seconde Guerre mondiale.

★★★ CATHÉDRALE NOTRE-DAME (CY) *visite : 1 h 1/2*

Avec ses 145 m de longueur et sa hauteur sous voûte de 42,50 m, la cathédrale d'Amiens est le plus vaste des édifices gothiques en France.

En 1218, l'église romane qui se trouvait à cet emplacement fut détruite par un incendie. Aussitôt l'évêque Evrard de Fouilloy et le peuple d'Amiens décidèrent la construction d'un édifice exceptionnel digne d'abriter « la face de saint Jean-Baptiste », précieuse relique rapportée en 1206 de la quatrième croisade par Wallon de Sarton, chanoine de Picquigny. Les plans furent confiés à **Robert de Luzarches** auquel succédèrent Thomas de Cormont puis son fils Renaud. Commencée en 1220, la cathédrale s'éleva avec une rapidité qui explique la remarquable homogénéité de son architecture. Seul le couronnement des tours n'a pu être achevé qu'au tout début du 15e s. Restaurée par Viollet-le-Duc, elle fut miraculeusement épargnée en 1940.

Un spectacle « son et lumière » ⊙ a lieu chaque année, proposant en cinq tableaux l'histoire de la cathédrale, sa construction, son rôle à travers les siècles.

E. Baret

Vitrail de la cathédrale.

Extérieur

La façade est rythmée par l'étagement que forment les trois porches, les deux galeries dont celle des rois aux effigies colossales, la grande rose flamboyante refaite au 16e s., encadrée de baies géminées ouvertes sur le ciel, la petite galerie des sonneurs surmontée d'une arcature légère entre les tours. Elle est animée par des sculptures élégantes, parfois dégradées par la pollution.

Au **portail principal**, les Vierges sages et les Vierges folles sur le chambranle, les Apôtres et les Prophètes sur les piédroits escortent, à distance respectueuse, le célèbre **Beau Dieu**, Christ au visage noble et serein foulant l'aspic et le basilic. Il est le point central de cette immense Bible sculptée. Le tympan représente le Jugement dernier présidé par un Dieu plus sévère et plus archaïque sous des voussures où se succèdent vierges, martyrs, anges ou damnés. Les soubassements comportent des bas-reliefs en quatre-feuilles, encadrant les vertus (femmes portant un écusson) et les vices.

Le **portail de gauche** est dédié à **saint Firmin**, évangélisateur d'Amiens, et à la Picardie. Les quatre-feuilles des soubassements reproduisent avec beaucoup de verve le **Calendrier** symbolisé par les signes du zodiaque et les travaux des mois correspondants.

Au-dessus s'alignent sainte Ulphe, vierge ermite, des évêques et martyrs locaux dont saint Acheul et saint Ache, décapités, tenant leur tête dans les mains.

Le **portail de droite** est sous le vocable de la **Mère Dieu**. Au trumeau, la Vierge couronnée domine des scènes de la Genèse. Dans les ébrasements, les grandes statues évoquent, à droite, l'Annonciation, la Visitation, la Présentation au temple ; à gauche se trouvent les Mages et Hérode, Salomon et la reine de Saba. Les quatre-feuilles à hauteur des yeux ont pour thème la vie de la Vierge et de Jésus ; le tympan célèbre l'Assomption.

Contourner la cathédrale par la droite en passant devant un saint Christophe géant (1), une Annonciation (2) et, entre les 3e et 4e chapelles, un couple de marchands de « waide » _(voir p. 48)_ avec leur sac (3).

Le **portail Sud**, appelé portail de la Vierge dorée à cause de la statue qui ornait autrefois le trumeau, est consacré à saint Honoré, évêque de la ville.

Technologie de pointe

Une nouvelle méthode vient d'être mise au point pour nettoyer la pierre. Le procédé au laser YAD à impulsion est testé pour la première fois à Amiens. Le laser fonctionne par impulsions très courtes émettant une lumière de faible intensité, qui ne provoque pas d'action mécanique, mais un effritement de la couche de surface. Cette technique de désincrustation photonique permet de nettoyer la couche de saleté sans dégrader les traces de peintures. Les cathédrales étaient en effet au Moyen Âge très colorées. On a relevé jusqu'à 13 couches de peinture. Un débat s'instaure sur la restitution du décor polychrome.

Il faut environ 3 jours pour nettoyer une console, 10 jours pour une statue. La restauration de la façade est prévue jusqu'à l'an 2000.

Suivre la rue Cormont jusqu'à la place St-Michel.

De là admirer l'élévation du chevet aux arcs-boutants ajourés, et l'envolée de la **flèche** en châtaignier, recouverte de plomb, haute de 112,70 m.

Revenir sur le parvis.

Avant de pénétrer dans la cathédrale par le portail de gauche, jeter un regard sur le côté Nord qui offre moins d'intérêt ; remarquer toutefois, au contrefort du 14e s, qui épaule la tour, une statue de Charles V (**4**).

Intérieur

Dès l'entrée, on est saisi par la luminosité et l'ampleur des proportions.

La **nef**, culminant à 42,50 m, est la plus haute de France. Son élévation sur trois niveaux comporte des grandes arcades, d'une hauteur exceptionnelle, surmontées d'un cordon de feuillage très fouillé, un triforium aveugle et des fenêtres hautes.

Au niveau de la 3e travée sont disposés les gisants en bronze (13e s.) des évêques fondateurs de la cathédrale : Evrard de Fouilloy (**5**) et Geoffroy d'Eu (**6**) ; ce dernier fait face à la chapelle St-Saulve qui abrite un Christ en longue robe d'or.

Sur le dallage refait au 19e s., le labyrinthe (**7**), dessinant des méandres, a été reconstitué. Autrefois les fidèles le parcouraient à genoux comme un chemin de croix. Au centre les maîtres d'œuvre de l'édifice y ont inscrit leurs noms : Robert de Luzarches, Thomas et Renaud de Cormont (la pierre originale se trouve au musée de Picardie).

Le **transept Nord** est percé d'une rose du 14e s. à remplage central en forme d'étoile. La cuve baptismale (**8**), à gauche de la porte, est une « pierre à laver les morts » de 1180. Sur le mur Ouest se trouve une sculpture polychromée en quatre tableaux : Jésus et les vendeurs du temple (**9**) (1520).

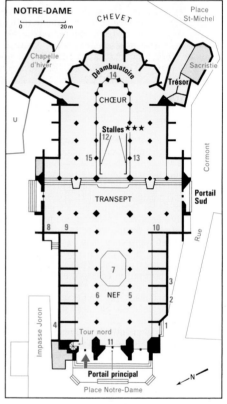

Le **transept Sud** à rose flamboyante porte sur le mur Ouest quatre scènes en relief relatant la conversion du magicien Hermogène par saint Jacques le Majeur (1511) (**10**).

En tournant le dos au chœur, on peut apprécier l'élégance du vaisseau et la hardiesse de la tribune soutenant le **grand orgue** (**11**) (1442) aux délicates arabesques d'or, couronné de la majestueuse rose occidentale.

L'entrée du **chœur** est fermée par une belle grille du 18e s., forgée par Jean Veyren. Les **110 stalles** ★★★ ⊘ flamboyantes, en chêne, conception prodigieuse des maîtres huchiers Arnould Boulin, Antoine Avernier et Alexandre Huet, ont été exécutées de 1508 à 1519. Disposées sur deux rangs, surmontées d'une dentelle de bois, elles sont commandées par deux stalles maîtresses destinées au roi et au doyen du chapitre. Plus de 4 000 figures, réparties sur les miséricordes, les jouées, les dais, les pendentifs, les culs-de-lampe, évoquent avec un réalisme savoureux la Genèse et l'Exode, la Vie de la Vierge, des scènes familières inspirées par la vie amiénoise du 16e s., comme les artisans au travail ; ou des historiettes cocasses tirées de fabliaux. Un ouvrier s'est représenté maniant le maillet (**12**) et a gravé son nom : Jehan Turpin.

Dans le **déambulatoire** à droite, sur la clôture du chœur, au-dessus de deux gisants, huit groupes remarquables, taillés dans la pierre et polychromés (1488), sous de fins dais gothiques, évoquent la **vie de saint Firmin** (**13**), son martyre et son exhumation par saint Saulve, trois siècles plus tard. Les personnages, très expressifs, portent les costumes du 15e s. : les notables en somptueux atours, les humbles pauvrement mis et le bourreau en curieux haut-de-chausses.

Au revers du maître-autel, face à la chapelle axiale qui abrite une Vierge dorée du 19e s., le tombeau du cardinal de la Grange (1402) est dominé par le monument du chanoine Lucas, rendu célèbre par son **Ange pleureur** (14), dû au ciseau de Nicolas Blasset (1628). Dans les chapelles de l'abside se remarquent quelques vestiges de verrières du 13e s.

La clôture Nord du chœur est sculptée de scènes relatant la **vie de saint Jean** (15) (1531) – *à examiner de droite à gauche.* Exécutées avec moins de brio que la vie de saint Firmin, elles étonnent toutefois par la minutie des détails et l'imagination de l'artiste : le désert est représenté étrangement par une forêt. Un quatre-feuilles illustre la réception à Amiens, en 1206, du chef de saint Jean-Baptiste *(visible au Trésor).*

Trésor ⊙ – Aménagé dans le cloître et une salle à côté de la sacristie, il a été réuni au cours des 19e et 20e s. L'ancien trésor a disparu à la Révolution, à l'exception de la « face de saint Jean-Baptiste » présentée dans un plat reliquaire en vermeil exécuté en 1876 pour remplacer celui qui fut confisqué à la Révolution. Parmi les autres richesses, remarquer les trois pièces provenant de l'abbaye du Paraclet, près d'Amiens : la croix ornée de filigranes et de pierres gravées (13e s.), la couronne votive et le vase reliquaire (14e s.), ainsi que la châsse de saint Firmin, belle œuvre mosane du 13e s.

••••••••••••• **OÙ SORTIR A AMIENS** •••••••••••••

Principales salles :

La Maison de la Culture, place Léon-Gontier

La Comédie de Picardie, 62, rue des Jacobins

Maison du Théâtre, 18, rue des Majots

Cirque municipal, place de Longueville.

Quelques bonnes adresses :

rue Amiral-Courbet : « L'Alvis Club (pub billard) et le « Cadillac » (piano-bar américain).

rue Cauvin : allée piétonne bordée de plusieurs terrasses dont « Chez Marius » (grand choix de bières dans une ambiance étudiante).

place Gambetta : « Le forum », « Le Cambridge », autour d'un amphithéâtre en plein air.

rue du Don : « Vents et Marées » (exposition de BD) au bord de l'eau.

place du Don : nombreuses terrasses dont « Couleur Café » (rhumerie), « Riverside ».

quartier St-Leu : l'ambiance cabaret est au rendez-vous avec « La Lune des Pirates » (bar, concert-rock et terrasse) ou le « Nelson Pub » (bar musical, blues et variété française) ; le pub « Au XVIe siècle », est le lieu couru des étudiants.

AUTRES CURIOSITÉS

★★ **Musée de Picardie** (BZ) ⊙ – Ce bâtiment construit entre 1855 et 1867 à l'initiative de la Société des antiquaires de Picardie est un témoin imposant de l'architecture Napoléon III.

Sous-sol : archéologie

Outre les antiquités égyptiennes (statuette en serpentine d'Imenhotep) et grecques (tête de Kouros) sont exposées les collections archéologiques provenant des fouilles effectuées dans la région.

Le site de St-Acheul, faubourg d'Amiens, qui a donné son nom à une période paléolithique, l'**Acheuléen**, a révélé de nombreux bifaces taillés.

Parmi les objets de la période néolithique, remarquer le vase en terre cuite de Belloy-sur-Somme qui servait de mortier à céréales, et une remarquable hache bipenne de Renancourt. L'industrie métallurgique (âge du bronze) se développe surtout le long de la vallée de la Somme, témoin le dépôt du Plainseau, quartier d'Amiens (armes, haches, parures). L'âge du fer, qui fait suite, est évoqué par la reconstitution du sanctuaire de Ribemont-sur-Ancre (ossuaires, armes).

L'antique **Samarobriva**, qui s'étend sur 200 ha et compte près de 20 000 habitants au 2e s., est évoquée par les vestiges des thermes, du forum, de l'amphithéâtre, et une grande quantité d'objets de la vie quotidienne (verrerie, céramiques).

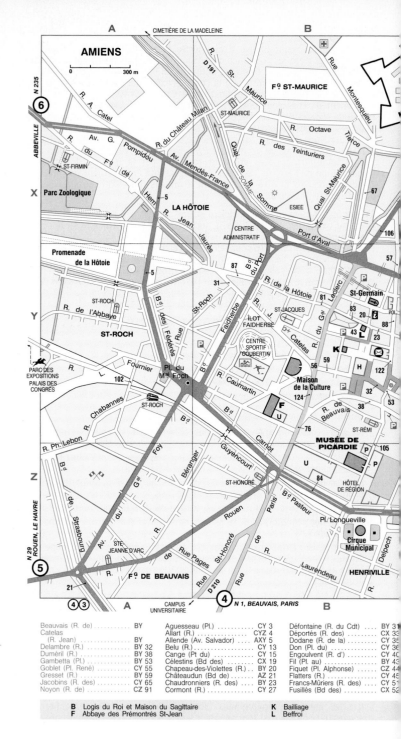

AMIENS

0 ___ 300 m

Rez-de-chaussée

Parmi les nombreux objets d'**art médiéval**, remarquer une plaque de reliure en ivoire représentant des scènes de la vie de saint Remi (9e s.), une statuette de cavalier en os de cétacé (12e s.), et une importante collection de pièces d'orfèvrerie. Les sculptures proviennent soit de la cathédrale, soit des églises et abbayes détruites dans la région : marmouset très réaliste, Marie-Madeleine, élément du jubé disparu, et pierre centrale du labyrinthe de la cathédrale d'Amiens, chapiteau d'Adam et Ève de l'ancienne abbaye de Corbie, cuve baptismale de l'abbaye de Selincourt, gisant de Robert de Bouberch des Cordeliers d'Abbeville, retable de la Passion, aux personnages frustes, de l'église de Méharicourt.

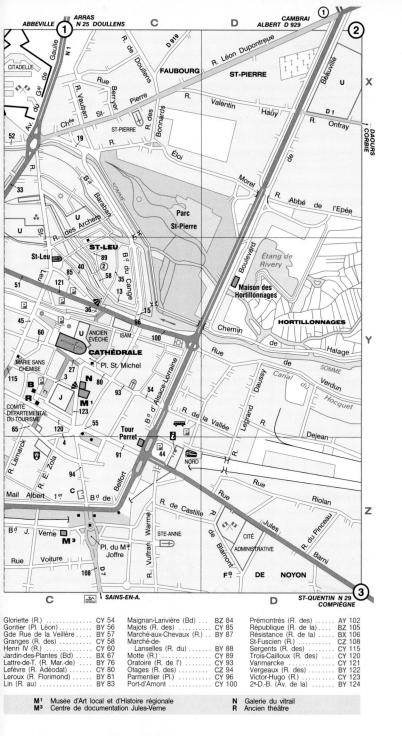

Dans la rotonde, l'artiste américain Sol Le Witt a réalisé un dessin mural selon la technique du lavis d'encres de Chine *(voir illustration p. 263).*

A part les œuvres du sculpteur amiénois Nicolas Blasset *(Ecce Homo),* la sculpture, symbolisée par le romantisme et le réalisme, est surtout représentative du 19e s. avec les bronzes animaliers de Barye et de Monard, les bustes d'Elshœcht *(Marguerite),* Falguière *(Gambetta),* Dalou *(La lecture),* et Rodin *(Puvis de Chavannes),* les statues de Nanteuil *(Eurydice),* et Dumont *(L'amour).*

Dans le grand salon, sont réunies les toiles historiques de grandes dimensions des 18e et 19e s. (Van Loo, Vernet).

Premier étage

De vastes compositions murales de Puvis de Chavannes ornent l'escalier d'honneur et les galeries du 1er étage. Le salon Notre-Dame du Puy et une partie de la galerie suivante rassemblent les chefs-d'œuvre de la confrérie du Puy Notre-Dame d'Amiens. Certaines de ces peintures sur bois ont conservé leur somptueux cadre sculpté par les artistes des stalles de la cathédrale. Au panneau à dais Renaissance (1518) intitulé « Au juste pois, véritable balance », on reconnaît François Ier ; sous le dais gothique portant le palinod « Terre d'où prit la vérité naissance » (1601) apparaît Henri IV. La remarquable Vierge au palmier (1520) dans son haut cadre de bois ajouré est entourée de saints, des donateurs et de leur famille avec, à l'arrière-plan, la cathédrale d'Amiens.

Confrérie du Puy Notre-Dame

Cette association, à la fois littéraire et religieuse, vouée à la glorification de la Vierge, fut fondée à Amiens en 1389. Le maître de la confrérie, élu chaque année, récitait son « chant royal » sur un podium, le puy. Le refrain ou « palinod » avait la particularité de former un jeu de mot avec le nom du donateur. A partir de 1450, il devait offrir à la cathédrale un tableau votif sur le thème du palinod.

Dans la galerie de Nieuwerkerke figure également la peinture du 17e s. à travers l'école espagnole avec Ribera *(Miracle de Saint Donat d'Arezzo)* et le Greco (portrait d'homme), l'école hollandaise avec Frans Hals *(portrait du pasteur Langelius),* et l'école française avec Simon Vouet *(Madeleine repentante).*

Les salles suivantes abritent la peinture française du 18e s. avec Oudry, Chardin, Fragonard, Quentin de La Tour qui s'est représenté lui-même avec une certaine acuité, ainsi que les neuf Chasses en pays étrangers exécutées par Parrocel, Pater, Boucher, Lancret, Van Loo et De Troy pour les petits appartements de Louis XV à Versailles.

Quelques maîtres italiens tels Guardi et Tiepolo témoignent du charme de la peinture vénitienne.

La galerie Charles-Dufour est consacrée aux paysagistes français du 19e s. et en particulier à l'école de Barbizon (Millet, Isabey, Corot, Rousseau).

L'art moderne est représenté par Balthus, Masson, Fautrier, Dubuffet, Picabia.

★ Hortillonnages (DY) ⊙

– Ces petits jardins maraîchers appelés **aires** sont cultivés depuis le Moyen Âge par les hortillons (hortus = jardin) qui fournissaient aux Amiénois primeurs, fruits et légumes. Ils s'étendent sur 300 ha dans un lacis de canaux ou **rieux,** alimentés par les multiples bras de la Somme et de l'Arve. Lors du curage, le limon extrait renouvelle les sols menacés de retourner à l'état de marécage. Actuellement, arbres fruitiers et fleurs tendent à remplacer les légumes et les cabanes des maraîchers deviennent maisons de week-end.

Les longues barques noires, à fond plat, ont l'avant incliné, nommé cornet, pour pouvoir accoster. Elles servaient au transport des légumes jusqu'à l'ancien « marché sur l'eau ». Aujourd'hui elles permettent, au cours d'une promenade, de dé-

A. Limoisin/DIAPHOR

Barque d'hortillon.

couvrir ces « jardins flottants », au milieu d'une flore (nymphéa, roseau, vulpin, sagittaire) et d'une faune (poule d'eau, foulque, grèbe huppé) de milieux humides, tout en appréciant le calme et la sérénité du lieu.

Le chemin de halage constitue une promenade agréable pour découvrir à pied l'étang de Rivery et les hortillonnages. De là, il est possible de gagner le quartier St-Leu par le parc St-Pierre.

Musée d'Art local et d'Histoire régionale (CY M') ⊙ – Édifié en 1634 pour abriter les réunions des trésoriers de France, l'**hôtel de Berny**★ offre un bon exemple de style Louis XIII avec son appareil de briques roses à chaînage de pierres.

Il doit son nom à son dernier propriétaire, Gérard de Berny (1880-1957), qui, après l'avoir acquis, s'appliqua à le décorer pour obtenir l'intérieur raffiné que l'on peut admirer aujourd'hui, puis le légua à la ville d'Amiens comme musée d'Art local.

Le mobilier et les boiseries proviennent des demeures de la région. On admirera l'immense cheminée de la salle à manger attribuée à Jean Goujon et les gracieuses boiseries du 18e s. qui décoraient le vestibule du château de la Grange-Bléneau, propriété du marquis de La Fayette. A l'étage, remarquer la chambre dorée Louis XVI qui appartenait à un hôtel amiénois avec du mobilier provenant d'un hôtel à Abbeville, et les boiseries de la bibliothèque de l'ancienne abbaye de Corbie.

Des tableaux représentent Amiens autrefois, tandis que de nombreux portraits évoquent les célébrités picardes : M. et Mme Choderlos de Laclos, Jules Verne, Branly et Parmentier, l'« inventeur » de la pomme de terre.

Tour Perret (CZ) – Sur la place Alphonse-Fiquet se dresse ce « signal » en béton armé de l'Amiens moderne, haut de 104 m avec 26 étages. Son architecte, **Auguste Perret** (1874-1954), reconstructeur du Havre, est également l'auteur de la gare.

Les marionnettes

Amiens est la capitale de la marionnette à tringle et à fils dont l'origine remonte vers 1785. Appelée **cabotan** en picard, la marionnette, de 50 cm de long environ, est taillée dans un morceau de bois et manipulée par le haut. Le personnage, **Lafleur**, « ch'Roé d'San-Leu », roi de St-Leu (quartier médiéval d'Amiens), chef de file des cabotans, est, sans conteste, la plus expressive incarnation de l'esprit et du caractère picards. Depuis le 19e s., mais probablement bien plus tôt, ce héros mythique, narquois, hardi, irrévencieux, courageux, redoutable dans sa colère, exprime dans la langue de ses tayons (ancêtres) le bon sens populaire, la noblesse et la fierté de la province. Où qu'il soit, d'où qu'il vienne, du plus loin qu'on l'aperçoive, on le reconnaît à sa stature imposante, à sa démarche caractéristique, mais surtout à sa livrée ordinaire de valet du 18e s., taillée dans le beau velours rouge d'Amiens. Il est souvent accompagné de sa femme Sandrine et de son ami Tchot Blaise. Sa devise est : « bien boère, bien matcher et ne rien fouère ».

Office Culturel, Amiens

Au 19e s., chaque quartier possédait son théâtre de marionnettes, il y en avait une vingtaine dans la capitale picarde. Mais au début du siècle, avec l'apparition du cinéma et les manifestations sportives, les représentations disparurent peu à peu.

Après bien des vicissitudes, la compagnie professionnelle du théâtre d'animation picard, gestionnaire de « **chés cabotans d'Amiens** », théâtre fondé en 1933 par

Lafleur et Sandrine.

Maurice Domon et dirigé depuis 1969 par Françoise Rose *(24, rue St-Leu,* ☏ *22 92 42 06)*, qui se charge de maintenir la tradition, va s'installer dans une ancienne usine de velours *(ouverture prévue été 1996)*, située rue Édouard-David, dans le quartier St-Leu.

Chaque année en août a lieu la saison touristique et culturelle comprenant exposition et spectacle de marionnettes.

Un atelier de marionnettes *(67, rue du Don, quartier St-Leu)* permet de voir le sculpteur au travail.

Quartier St-Leu.

Centre de documentation Jules-Verne (CZ M³) – Jules Verne (1828-1905) naquit à Nantes mais passa une grande partie de sa vie à Amiens où il écrivit ses « Voyages extraordinaires ». Il a pris une part active à la cité dont il fut conseiller municipal. Une de ses nouvelles est même intitulée *Une ville idéale, Amiens en l'an 2000*. Il est enterré dans le cimetière de la Madeleine sous les frondaisons et parmi les mausolées. Sa demeure, dite « maison à la tour » rassemble une somme d'informations (plus de 18 000 documents) sur l'écrivain et son œuvre. On peut voir également une reconstitution de son bureau, des objets personnels, une maquette du *Nautilus*, son portrait en hologramme.

Quelques titres des Voyages extraordinaires :
1873 Le Tour du Monde en 80 jours
1874 L'Île mystérieuse
1876 Michel Strogoff
1877 Les Indes Noires
1879 Les Tribulations d'un Chinois en Chine
1886 Robur le Conquérant
1892 Le Château des Carpathes
1895 L'Île à hélice

Cirque municipal (BZ) – Caractéristique de l'architecture officielle du 19e s., il fut construit d'après les plans de l'architecte Émile Ricquier, sur le modèle de celui des Champs-Elysées à Paris, dû à Hittorff. Inauguré en juin 1889 par Jules Verne alors conseiller municipal, il peut accueillir 3 000 spectateurs.

Logis du Roi et Maison du Sagittaire (CY B) – Le Logis du Roi (1565), dont la porte en accolade est ornée d'une Vierge à la Rose, est le siège des **Rosati** picards, société ayant pour devise : Tradition, Art et Littérature. Accolée à ce logis, la façade Renaissance de la **Maison du Sagittaire** (1593) doit son nom au signe du zodiaque ornant les deux arches.

Ancien théâtre (CY R) – Cette façade Louis XVI, œuvre de Rousseau en 1780, abrite une banque. Trois immenses baies sont encadrées d'élégants bas-reliefs : guirlandes, médaillons, muses et lyres.

Galerie du vitrail (CY N) – Un maître verrier que l'on peut voir au travail présente sa collection de vitraux dont le plus ancien date du 13e s.

Maison de la Culture (BY) – Cette construction de Sonrel et Dutilleul, épaulée d'une tour aveugle, étend ses larges façades vitrées montées sur pilotis. Elle abrite : le grand et petit théâtre (1 050 et 300 places), un cinéma de 200 places, deux salles d'exposition d'art contemporain, un centre de documentation, un restaurant et les studios du centre de Musiques vivantes.

Abbaye des Prémontrés St-Jean (BY F) – Les beaux bâtiments classiques des 17e et 18e s., restaurés, abritent l'université d'Amiens. La cour d'honneur est délimitée par deux ailes en équerre construites en pierre et en brique. L'avant-corps en craie est décoré d'un balcon de fer forgé et de quelques sculptures.

E. Reyault/PIX

Bailliage (BY K) – Seul témoin de l'édifice construit sous François Ier, en 1541, la **façade** restaurée montre des fenêtres à meneaux, des gâbles flamboyants et des médaillons Renaissance. A droite, remarquer un « fol » affublé d'un chaperon à grelots.

Beffroi (BY L) – Massif, il présente, sur la place au Fil, une base carrée du 15e s. et un clocher du 18e s. surmonté d'un dôme.

Église St-Germain (BY) – Édifiée au 15e s., en style gothique flamboyant, elle possède une tour légèrement penchée.

★ **Quartier St-Leu** (CY) – Traversé par plusieurs bras de la Somme, ce quartier a fait l'objet d'une rénovation importante qui s'applique à lui conserver son cachet.

Les tisserands, teinturiers, tanneurs et meuniers ont laissé la place aux artisans, antiquaires, cafés et restaurants.

Du pont de la Dodane, belle **vue** sur la cathédrale.

Il faut flâner le long des rues (rue Bélu, rue des Majots, rue Motte, rue d'Engoulvent), bordées de petites maisons colorées à colombage ou à ossature de bois pour en apprécier le charme discret.

L'Église St-Leu du 15e s., église-halle à trois nefs, possède un clocher flamboyant du 16e s.

Le **pont du Cange** (CY 15), construit sous Louis-Phi-

Le picard amiénois
– Ch'bédouf : le beffroi
– Ch'Tchot Bréyou : l'ange pleureur de la cathédrale
– Hortillon-naches : hortillonnages
– Martché-su-ieu : marché sur l'eau
– Nasu : enfant du peuple
– Réd'rie : brocante *(en avril et octobre)*
– Boins à mier : bons à manger
– Aindimalle : crêpe, quelquefois appelée raton
– Watieu batu : gâteau battu, brioche légère
– Boin à boère : bon à boire
– Gho nn'est d'assez : çà suffit
– Adé : adieu

lippe, mène à la **place Parmentier** où se tient chaque samedi matin un marché « au bord de l'eau ».

Le « **marché sur l'eau** » où les hortillons viennent en barque pour vendre leurs primeurs, subsiste chaque année le 3e dimanche de juin. En septembre, a lieu la Fête au bord de l'eau.

En empruntant la passerelle Baraban, on peut gagner le nouveau **parc St-Pierre**, aménagé en parc paysager.

Parc zoologique (AX) ⊙ – Situé au bord de la **promenade de la Hôtoie**, tracée au 18e s., et de son plan d'eau, le zoo est aménagé dans un cadre agréable. Les pelouses sont encerclées par les ramifications de la Selle où évoluent cygnes, pélicans, grues, flamants roses. Très nombreux animaux : girafes, lions, panthères, éléphants, etc.

EXCURSIONS

Circuit de 24 km – *1 h. Quitter Amiens au Sud par la D 7.*

Sains-en-Amiénois – Dans l'**église**, tombeau du 13e s. et gisants de saint Fuscien et de ses compagnons, Victoric et Gentien, martyrisés au 4e s. ; au-dessous, un bas-relief retrace la scène de leur décapitation.

A la sortie de Sains prendre à gauche la route de Boves (D 167).

Boves – Les **ruines** d'un château du 12e s. dominent la petite ville, siège, à partir de 1630, d'un marquisat. De la D 167 on accède à la basse-cour herbue et de là à la « motte » portant les deux imposants pans de murs d'un fier donjon. Du sommet, **vue** étendue, au Sud : étangs de Fouencamps, au Nord, vers Amiens.

Conty – *22 km au Sud d'Amiens par la D 210 puis à droite la D 920.*
L'**église St-Antoine** ⊙, monument de style flamboyant homogène des 15e et 16e s., aligne sur son côté droit une curieuse perspective de gargouilles très saillantes. Coiffée d'un comble pyramidal, comme la collégiale de Picquigny, la tour porte des traces d'éclats de boulets datant du siège de Conty par la Ligue (1589) ; à l'angle, statue de saint Antoine ermite. A gauche de la façade, un escalier descend à la fontaine St-Antoine.

ARDRES

3 936 habitants
Cartes Michelin n⁰ˢ 51 pli 2 ou 236 pli 3.

Accueillante et tranquille petite ville jadis fortifiée, Ardres joue un rôle de marché agricole à la rencontre de la plaine maritime et des collines de l'Artois. Bourgade prospère à l'époque gallo-romaine, elle a tenu un rôle important dans l'histoire de France, notamment aux 15e et 16e s. : cette ville-frontière, convoitée par les Anglais et les Espagnols, accueillit en 1520 François Ier lors de l'**entrevue du camp du Drap d'Or** *(voir p. 141)*.
C'est aussi un lieu de villégiature grâce à la proximité d'un lac aménagé sur d'anciennes tourbières exploitées depuis l'Antiquité jusqu'au 19e s. (baignade, pêche, planche à voile...).

Grand-Place – Pavée et de forme triangulaire, la Grand-Place, ou place d'Armes, est bordée de maisons anciennes aux pittoresques toits aigus. L'ancienne chapelle des Carmes, du 17e s., y fait face au chevet de l'église des 14e-15e s.

Allée des Tilleuls – *Située à la lisière d'Ardres, au Sud, entre la N 43 et la D 224.* Agréable promenade ombragée par quatre rangées de tilleuls séculaires.

ARMENTIÈRES

Agglomération 57 738 habitants
Cartes Michelin n⁰ˢ 51 Nord du pli 15 ou 236 pli 16.
Plan dans le guide Rouge Michelin France.

La simple traversée d'Armentières d'Ouest en Est évoque les malheurs de la guerre : à l'entrée, au Pont-de-Nieppe, apparaît l'un des plus imposants monuments à la Résistance élevés dans le Nord de la France ; à la sortie, vers Lille, les enclos des cimetières britanniques de la Première Guerre mondiale s'essaiment en plein champ. D'octobre 1914 à août 1917, Armentières, pivot Sud des lignes britanniques du secteur d'Ypres, eut le statut militaire d'une place de guerre anglaise.

Hôtel de ville – Produit caractéristique de la « Reconstruction » des années vingt dans les Flandres, il symbolise la renaissance de la ville, que les tirs d'artillerie allemands avaient écrasée en 1917 et 1918, détruisant ses vieilles maisons de l'époque espagnole et son beffroi. Il évoque la puissance de la ville de la bière et de la « cité de la toile », où le travail des fibres synthétiques va de pair avec le tissage des articles de lin.
De son balcon, chaque année a lieu le jeter de gâteaux lors de la fête des Nieulles *(voir le chapitre des Manifestations touristiques en fin de guide).* Celle-ci rappelle le geste du duc Charles de Luxembourg lançant à des enfants les biscuits qui restaient sur sa table à la fin d'un banquet en 1510.

Les sites les plus importants sélectionnés dans ce guide sont mis en évidence :
– sur la carte des principales curiosités ;
– par le descriptif des villes et curiosités ;
Mais l'examen des cartes, plans et schémas, le dépouillement du chapitre
Manifestations touristiques, la consultation de l'index et la lecture de l'introduction
donneront un surcroît d'intérêt à votre voyage.

ARRAS★★

Agglomération 79 607 habitants (les Arrageois)
Cartes Michelin nᵒˢ 53 pli 2 ou 236 pli 15.

Capitale de l'Artois, Arras, sous son aspect sérieux et réservé, cache des beautés artistiques trop peu connues. Centre religieux, militaire, administratif, la ville est ceinturée de boulevards qui ont remplacé les anciennes fortifications à la Vauban.

Les spécialités d'Arras sont l'andouillette et les cœurs en chocolat.

UN PEU D'HISTOIRE

Le rayonnement d'Arras au Moyen Âge – Née sur les pentes de la colline Baudimont, encore appelée la Cité, l'antique Nemetacum, capitale des Atrébates, se développa, au Moyen Âge, autour de l'abbaye bénédictine St-Vaast, formant le quartier nommé la Ville. Dès lors, ce marché de grains doublé d'un centre de tissages d'étoffes de laine devient un foyer d'art, alimenté par les capitaux des banquiers et des riches bourgeois arrageois.

Dans le domaine littéraire, on note des trouvères, tels Gautier d'Arras, **Jean Bodel**, auteur du Jeu de saint Nicolas, et surtout **Adam de la Halle** qui, dans le courant du 13ᵉ s., fait naître à Arras l'art dramatique français avec sa pièce : le Jeu de la Feuillée. Avec le mécénat, à partir de 1384, des ducs de Bourgogne, la fabrication des tapisseries de haute lice porte au loin la renommée d'Arras, si bien qu'en Italie le terme « arazzi » s'applique à toutes les tapisseries anciennes.

C'est alors que les ateliers d'Arras, concurremment avec ceux de Tournai, fabriquent ces tentures, d'un savoureux réalisme, telle l'Histoire de saint Piat et de saint Eleuthère (1402), aujourd'hui à la cathédrale de Tournai.

La jeunesse de « l'Incorruptible » – **Maximilien de Robespierre**, dont le père était avocat au Conseil d'Artois, naît à Arras en 1758. Orphelin de bonne heure, le jeune homme fait ses études au collège d'Arras de 1765 à 1769 ; protégé par l'évêque, il obtient une bourse pour le collège Louis-le-Grand à Paris. Revenu à Arras, Robespierre embrasse la carrière d'avocat, plaidant notamment pour un habitant de St-Omer auquel on reproche d'avoir planté un paratonnerre sur le faîte de sa maison.

Reçu à l'Académie d'Arras et affilié par surcroît à la société poétique des **Rosati** (anagramme d'Artois), il rencontre Carnot, alors en garnison à Arras, et Fouché, professeur au collège. Le pâle Maximilien fait alors sa cour aux dames pour lesquelles il madrigalise :

« Crois-moi, jeune et belle Ophélie,
Quoi qu'en dise le monde et malgré ton miroir,
Contente d'être belle et de n'en rien savoir,
Garde toujours ta modestie... »

A Arras, Robespierre a connu **Joseph Lebon** (1765-1795), oratorien, maire d'Arras durant la Terreur, qui présida à la destruction des églises arrageoises et alimenta la guillotine, dressée place du Théâtre, en aristocrates ou en « fermiers à grosses bottes ». Mais Lebon périra lui-même sur l'échafaud, à Amiens.

Arras et les batailles d'Artois – Au cours de la Première Guerre mondiale, Arras fut jusqu'en 1917 constamment à proximité de la ligne de feu et souffrit des bombardements. Les plus violents combats eurent pour théâtre les collines situées au Nord d'Arras, d'une grande importance stratégique. Après la bataille de la Marne, les Allemands s'y accrochèrent, le dos au bassin minier, prenant appui sur la crête de Vimy et la colline de N.-D.-de-Lorette *(p. 180 et 240)* ; à l'automne 1914, ils en débouchaient pour attaquer vers Arras mais étaient contenus à l'issue des combats d'Ablain-St-Nazaire, Carency, La Targette. Puis, en mai-juin 1915, le général Foch, commandant les armées du Nord, tentait une percée et la progression de nos troupes leur permettait de s'emparer de Neuville-St-Vaast et de N.-D.-de-Lorette. Cependant, l'attaque échouait devant Vimy qui devait être emportée seulement en 1917 par les Canadiens *(p. 240)*.

★★ LES PLACES visite : 1 h

Se dressant comme un décor de théâtre, la Grand'Place et la place des Héros reliées par la courte rue de la Taillerie forment un ensemble monumental exceptionnel. Elles existaient déjà au 11ᵉ s., mais subirent de nombreuses transformations au cours des siècles. Les façades que l'on admire aujourd'hui sont de remarquables exemples du style flamand des 17ᵉ et 18ᵉ s. Leur unité et leur harmonie sont l'œuvre d'un échevinage soucieux d'urbanisme qui ordonnait à ses administrés de construire « en pierres ou briques et sans aucune saillie ». Aussi toutes ces maisons à arcades, de dimensions et de décors différents, s'accordent-elles par leur appareil de briques et pierres, leurs pilastres et chaînages, leurs pignons à volutes et frontons curvilignes. Jadis ornées d'enseignes sculptées dont quelques-unes subsistent, les façades

ARRAS

reposent sur des arcades à colonnes monolithes qui protégeaient des intempéries marchands et chalands fréquentant les marchés.

Sur ces places se tient le samedi un marché coloré.

A la nuit tombée, elles acquièrent un charme différent lorsque les pignons, légèrement éclairés, se détachent sur le ciel. Très endommagées pendant la guerre de 1914-18, les deux places ont fait l'objet de restaurations très importantes dont le résultat est impressionnant.

★★ **Place des Héros** (CY) – Plus petite et plus animée que la Grand'Place, elle est bordée de magasins et dominée par le beffroi. Remarquer les enseignes aux no 9 « Aux trois coquelets », no 11 « À la sirène », no 15 « À l'amiral », au no 17 « La salamandre », au no 23 « La licorne », au no 62 « La baleine ».

★ **Hôtel de ville et beffroi** (BY **H**) ⊙ – Détruit en 1914 et reconstruit dans le style flamboyant, il dresse sa belle façade aux arches inégales à l'Ouest de la place des Héros. Son élégant **beffroi** de 75 m domine les ailes Renaissance plus sévères. On peut accéder au sommet (326 marches), mais la vue est intéressante dès le premier balcon *(accès par ascenseur)* sur les places et le chevet de la cathédrale. On découvre également le carillon de 40 cloches.

Au rez-de-chaussée, dans la salle basse aux voûtes gothiques, dite **salle des Gardes**, sont exposés les géants de la ville, Colas et Jacqueline, ainsi que des photos saisissantes d'Arras en ruine en 1918.

A l'étage, la **salle des fêtes** ouvre sur la place par huit baies flamboyantes ; au-dessus du lambris sculpté court une fresque de **Hoffbauer** décrivant, à la manière de Breughel, la vie arrageoise au 16e s. (remarquer la cathédrale du 12e s., démolie en 1799, d'où sort une procession).

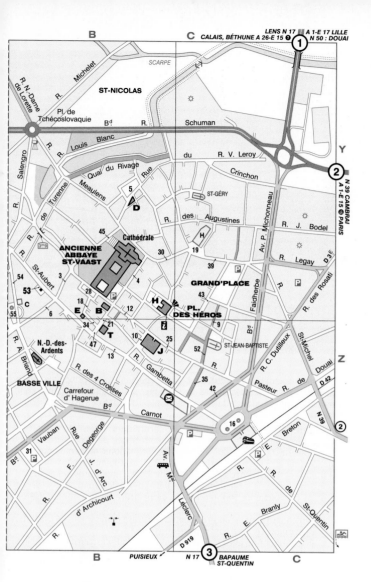

Au sous-sol, un spectacle audiovisuel intitulé « Histoire d'Arras » est une très bonne introduction à la visite de la ville. De là part le « Circuit des souterrains ».

Circuit des souterrains ⊘ – *Entrée dans le sous-sol de l'hôtel de ville.* Dès le 10e s. des galeries avaient été creusées dans le banc de calcaire sur lequel repose la ville d'Arras. Depuis, un véritable réseau s'est constitué comprenant de vastes salles soutenues par des piliers de grès, des escaliers à redans menant d'un niveau à l'autre (jusqu'à 13 m), des couloirs, etc. Cette « cité souterraine » servit de refuge pendant des périodes de troubles, d'abri durant les guerres (pendant celle de 1914-1918 les Anglais y avaient installé un hôpital de campagne) et surtout de caves, ces fameuses **boves** qui ont la température idéale pour la conservation des vins.

★★ **Grand'Place** (CY) – Elle couvre une superficie de 2 ha ; son ampleur est mise en valeur par la hauteur mesurée des maisons qui entourent ce vaste espace laissé vide en dehors des jours de marché *(le parking est souterrain).*
La maison la plus ancienne, datant du 15e s. (no 49 au Nord), présente au-dessus de ses trois arches gothiques un grand pignon à pas de moineaux.

★★ **ANCIENNE ABBAYE ST-VAAST** (BY) *visite : 1 h*

Fondée au 7e s. par saint Aubert, sur la colline dominant un affluent de la Scarpe, elle reçut les reliques du premier évêque d'Arras, saint Vaast. A partir de 1746, le **cardinal de Rohan**, abbé commendataire, fit reconstruire les bâtiments dans un style d'une sobre beauté, mélange d'équilibre et de distinction. Désaffectés à la Révolution, restaurés après 1918, ils s'ordonnent à droite de la cathédrale.

Grand'Place.

Des jardins, vue sur l'austère façade Ouest. Le porche de l'entrée principale (place de la Madeleine), surmonté des armes de l'abbaye, s'ouvre sur l'élégante cour d'honneur dont les ailes sont attribuées à des administrations et à la bibliothèque. Le corps central abrite le musée.

★ **Musée des Beaux-Arts** ⊘ – Le **salon italien** (1), décoré du premier lion du beffroi d'Arras (1554) sert de hall d'accueil. La visite commence par les petites salles contiguës, à gauche (2 et 3), qui abritent les collections archéologiques de l'époque gallo-romaine : buste en bronze de Jupiter, statue en porphyre d'Attis, provenant d'un sanctuaire d'Attis et de Cybèle du 2e-3e s. qui marque la diffusion des cultes orientaux par l'intermédiaire de l'armée et des marchands, urnes cinéraires de la nécropole de Baralle, restes de peinture, trésor monétaire de Beaurains.

Des maquettes reconstituent le fanum (sanctuaire rural à plan centré) de Duisans, un sanctuaire germanique, une caserne théodosienne.

Les galeries périphériques du petit cloître, appelé cour du Puits, abritent de belles sculptures et peintures médiévales : les triptyques de Bellegambe *(Le Christ aux Bourreaux, Adoration de l'enfant)* et de Nicaise Ladam, la *Mise au tombeau* de Vermeyen, les statues en bois de saint Georges et de saint Sébastien datant du 15e s., le gisant squelette de Guillaume Lefranchois (1446) et la dalle funéraire de l'évêque Frumauld (12e s.), d'inspiration romane, le **masque funéraire** *(illustration p. 64)* de femme du 14e s., au modelé délicat, et les ravissants **anges de Saudémont★**, témoins de l'art du 13e s. dont les yeux malicieux en amande, la bouche étirée en un léger sourire dénotent l'intervention d'un maître.

Trois salles sont consacrées à l'histoire d'Arras (4) : plan-relief de la ville (1716), tableaux des portes fortifiées de Charles Desavary, et *Miracle de la sainte Chandelle* (16e s.) qui raconte en quinze panneaux l'histoire de la guérison d'une épidémie de mal des Ardents survenue à Arras au début du 12e s.

Le **réfectoire**, à l'Est, séduit par l'harmonie de ses proportions. Les deux globes, une sphère terrestre et une sphère céleste, sont ornés de très belles gravures. Une tapisserie aux armes du cardinal de Rohan surmonte la grande cheminée de marbre.

Le grand cloître, qui autrefois communiquait avec l'abbatiale par un péristyle, agrémenté de chapiteaux à guirlandes et de rosaces sculptées, séduit par son ampleur.

La cage d'escalier est ornée d'une belle série de tableaux de Giovanni Baglioni (1571-1644) : *Apollon et les Muses*, autrefois dans la galerie du Palais du Luxembourg *(voir guide Vert Paris)* avant que Rubens n'y officie.

Le **1er étage** est consacré aux peintures du 16e au 18e s. Les petites salles de façade exposent l'école française des 17e et 18e s. On y trouve *Le martyre de saint Mathieu* (1617) de Claude Vignon, premier tableau de l'artiste exécuté à Rome qui dénote l'influence du Caravage, le *Portrait de P. de Montesquiou* de Nicolas de Largillière, *Chiens disputant leur proie* (1632) et *La mort des enfants de Béthel* (1653) de Laurent de La Hyre.

R. Decottignies/DIAPHOR

Les autres salles abritent des toiles du 18e s., œuvres de Boullongne, Vien, une belle *Aspasie* néoclassique de Marie Geneviève Bouliar et les tableaux du peintre arrageois Dominique Doncre.

Une toile d'un atelier de Pierre Brueghel le Jeune (original à Bruxelles) représente le *Dénombrement de Bethléem*. Dans la **galerie**, au Sud du petit cloître, sont exposés *La marchande de fruits* de P. Van Boucle, *Ara, geai, bouvreuil et pinson* d'Adriaen Van Utrecht, *Les trois anges chez Abraham* de Barent Fabritius, élève de Rembrandt dont on retrouve les tons mordorés, et *saint François d'Assise* recevant les stigmates du jeune Rubens.

La galerie Est présente des sculptures des 17e et 18e s.

Elle mène à la salle des Mays de Notre-Dame, appelée ainsi parce qu'elle abrite de grandes toiles religieuses de La Hyre, Sébastien Bourdon, Philippe de Champaigne *(La naissance de la Vierge)*, Jouvenet, offertes chaque printemps entre 1603 et 1707 à Notre-Dame de Paris par la corporation des orfèvres *(ouverture prévue 1998-99)*.

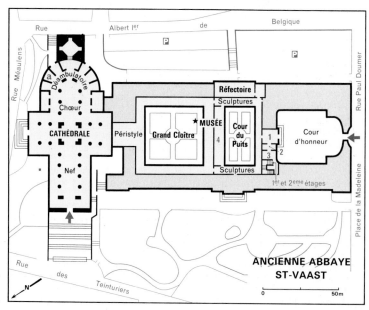

63

Au **2e étage**, les salles de façade sont consacrées aux collections de céramiques : majoliques italiennes du 16e s., poteries vernissées du milieu du 17e s., porcelaine d'Arras (1770-1790) et surtout porcelaine de Tournai (18e-19e s.) aux délicats motifs décoratifs (*service aux oiseaux de Buffon* commandé par le duc d'Orléans en 1787).

Sur le pourtour du petit cloître sont représentées les diverses écoles paysagistes du début du 19e s. : Barbizon, Lyon et surtout Arras avec les œuvres de Corot (*Les bûcheronnes, Mortefontaine*) et de Constant Dutilleux (*Chemin sous bois*). Une vaste salle présente les grands formats du 19e s. ; Remarquer les *Disciples et saintes femmes relevant le corps de saint*

Masque funéraire de femme (14e s.).

Étienne de Delacroix et le *Jeune pâtre* de Chassériau. A côté, la salle Louise-Weiss possède de belles verreries de Bohême.

Cathédrale (BY) ⊙ – L'ancienne abbatiale St-Vaast, construite sur les plans de Contant d'Ivry au 18e s., fut terminée en 1833 et érigée alors en cathédrale pour remplacer Notre-Dame-de-la-Cité (*voir p. 65*).
Elle présente une façade classique précédée d'un escalier monumental. L'intérieur très lumineux est d'une majesté antique. Une file de hautes colonnes à chapiteaux corinthiens délimite la nef, le transept et le chœur. Dans les bas-côtés, de gigantesques statues de saints (19e s.) proviennent du Panthéon de Paris. Au transept gauche, dans la 2e chapelle du déambulatoire, beau **Christ aux liens** du 17e s (α), dans la 4e chapelle, les priants de Philippe de Torcy (1652) et de sa femme. Le transept droit est décoré de grandes fresques où l'on remarque saint Vaast apprivoisant un ours ; de chaque côté de l'autel, *Nativité et Résurrection* de Desvallières.

AUTRES CURIOSITÉS

Place du Théâtre (BZ 47) – C'est sur cette place très animée qu'était dressée la guillotine aux heures sombres de la Révolution. La façade du **théâtre** (1784) (BZ T), érigé à l'emplacement du marché aux poissons, y fait face à l'**Ostel des Poissonniers** (1710), étroite maison baroque sculptée de dieux marins et de sirènes. Rue des Jongleurs, remarquer le majestueux **hôtel de Guines**, du 18e s. (BY B).
Au no 9 (BY E) de la rue Robespierre : demeure du célèbre révolutionnaire.

Palais de Justice (BZ J) – Ancien palais des États d'Artois (1701) à pilastres corinthiens, avec entrée latérale (1724) ornée de coquilles Régence.

Place du Wetz-d'Amain (BY 53) – Sur cette place s'élève une jolie demeure Renaissance à laquelle fut ajouté un portail de pierre d'architecture classique. C'était le refuge des moines du Mont St-Éloi.

Place de l'Ancien-Rivage (BY 5) – La maison à tourelle carrée (D) était l'ancien hospice St-Éloi fondé en 1635 par un orfèvre de la ville.

Basse-ville (BZ) – Ce quartier, un peu déchu, qui unit la ville à la citadelle, s'ordonne autour de la belle **place Victor-Hugo** (AZ 51) construite en 1756 sur un plan octogonal.
L'**église N.-D.-des-Ardents** abrite des parcelles de la Sainte-Chandelle, cierge miraculeux remis par la Vierge à deux ménestrels pour guérir le Mal des Ardents, au 12e s. Le reliquaire d'argent est placé à gauche du maître-autel, dans une niche grillagée (*éclairage en bas, à droite*).
Sur la **promenade des Allées** (AZ), une **stèle**, sous un péristyle fleuri de rosiers, est élevée à la gloire des **Rosati** : un marquis et un homme du 20e s. regardent un défilé de muses.

Citadelle (AZ) ⊙ – Créée sur les plans de Vauban entre 1668 et 1672, la citadelle, de forme pentagonale irrégulière, est entourée de douves herbeuses. Construite moins pour protéger la cité contre les troupes espagnoles que pour en surveiller les habitants, elle fut appelée la « Belle Inutile ». Elle est occupée aujourd'hui par un régiment de l'armée de terre.
A l'entrée, dans l'ancienne « salle des familles », maquette de la citadelle. Au cours de la visite, on découvre notamment l'arsenal et la chapelle St-Louis, de style baroque.
Dans un des bastions a été érigé le Mur des fusillés, à la mémoire de 212 Résistants.

Musée des Beaux-Arts, Arras

Mémorial britannique (AZ) – *Accès par le boulevard Charles-de-Gaulle.* Élevé en souvenir de nombreux soldats britanniques disparus dans les batailles d'Artois (1914-1918).

Mur des fusillés – *Accès par route entre le mémorial et la citadelle.* Au Sud-Est du fort, dans les douves, s'alignent les plaques des martyrs de la Résistance.

Place de la Préfecture (AY) – Sur la hauteur, elle marquait le cœur de la cité médiévale. La préfecture occupe l'ancien palais épiscopal, terminé en 1780.

L'**église St-Nicolas-en-Cité** (AY) ⊙, du 19e s., s'élève à l'emplacement de la cathédrale N.-D.-de-la-Cité, détruite par la « bande noire » après la Révolution. A l'intérieur, triptyque du Brugeois P. Claessens, la Montée au calvaire, peint en 1577.

AULT

2 054 habitants
Cartes Michelin nos 52 pli 5 ou 236 pli 21.

Station balnéaire familiale, Ault s'étire au creux d'une **valleuse** (sorte de vallée sèche) à l'extrémité de laquelle une terrasse permet de jouir d'une belle perspective en direction de la falaise du Tréport, à gauche.
Sur la place, l'église des 14e et 15e s. présente un intéressant appareil en damier de pierre et de silex.
Une voie en forte montée atteint **Onival** qui est situé à la jonction de la falaise de craie et des vastes étendues planes du Hâble d'Ault, ancienne baie devenue marais où se pratique la chasse à l'affût à la « hutte » *(sur ce terme, voir p. 221).*

Le Bois-de-Cise – *4 km au Sud-Ouest. De la D 940 se détache la route d'accès au Bois-de-Cise.* A environ 500 m, prendre à droite la « Route panoramique » sinueuse qui suit le versant Nord d'une valleuse dont les pentes sont boisées de chênes verts. L'itinéraire passe près d'une chapelle puis du relais de télévision (**vue** sur la côte) avant de descendre au fond de l'échancrure où sont disséminées les villas de cette tranquille station. En contrebas, la plage de galets se prolonge par un « platin » (récif) rocheux.

Vallée de l'AUTHIE★

Cartes Michelin nos 51 plis 11, 12 et 52 plis 7, 8 ou 236 plis 12, 13, 23, 24.

Dans le crayeux plateau picard, l'Authie, riche en truites, a modelé une vallée verdoyante qu'échancrent de multiples vallons latéraux à la naissance desquels jaillissent des sources. Le regard se pose sur des sites bucoliques faisant alterner fonds marécageux, prairies, versants cultivés ou boisés que parsèment des maisons basses, souvent chaulées.
La « Route du Val d'Authie », parfois au pied du coteau, parfois à mi-pente, offre de jolis points de vue, au long d'un parcours peu fréquenté.

DE DOULLENS A FORT-MAHON-PLAGE *73 km - environ 1 h 1/2*

Doullens – *Voir à ce nom.*

Quitter Doullens par la D 925 puis la D 938.

Auxi-le-Château – Tapi au creux de la vallée de l'Authie, Auxi a conservé de minces vestiges de son château. Cependant, à mi-côte, son imposante **église** gothique flamboyante (16e s.) présente un chœur portant des voûtes à liernes et tiercerons dont les nervures et les clés, sculptées, sont remarquables : voir surtout les clés de voûtes de la chapelle de la Vierge, à droite, représentant des scènes de la Vie de la Vierge et des Anges musiciens ; près de l'entrée, une ancienne mesure à sel sert de bénitier.

Gennes-Ivergny – A gauche de la route se dresse la tourelle du manoir construit au 16e s.

Le Boisle – Village de vanniers. L'intérieur de l'**église** est décoré par une grande verrière moderne de Joseph Archepel (la Trinité).

Abbaye de Dommartin – La D 119 passe devant la monumentale porte d'entrée (17e s.) à pilastres ioniques et fronton triangulaire d'une abbaye de prémontrés fondée au 12e s., aujourd'hui en ruine.

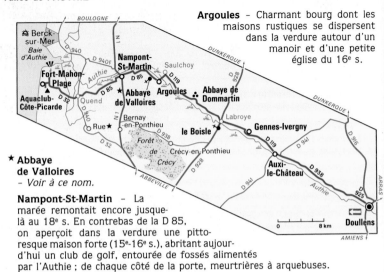

Argoules – Charmant bourg dont les maisons rustiques se dispersent dans la verdure autour d'un manoir et d'une petite église du 16e s.

★ **Abbaye
de Valloires**
– *Voir à ce nom.*

Nampont-St-Martin – La marée remontait encore jusque-là au 18e s. En contrebas de la D 85, on aperçoit dans la verdure une pittoresque maison forte (15e-16e s.), abritant aujourd'hui un club de golf, entourée de fossés alimentés par l'Authie ; de chaque côté de la porte, meurtrières à arquebuses.

Fort-Mahon-Plage – Longue plage de sable, que domine une digue-promenade.

Aquaclub-Côte Picarde ⊘ – Situé sur la commune de **Fort-Mahon-Plage**, dans un beau site de dunes, cet aquaclub réunit piscine à vagues, toboggan géant, jeux d'eau, bain turc, bassins et toboggans extérieurs, etc.
A 4 km au Nord de Fort-Mahon s'offre une vue étendue sur la **baie d'Authie**.

AVESNES-SUR-HELPE

5 108 habitants
Cartes Michelin nos 53 pli 6 ou 236 pli 29 – Schéma p. 67.
Plan dans le guide Rouge Michelin France.

Accrochée à la pente abrupte de la rive gauche de l'Helpe-Majeure, Avesnes est une calme petite ville ancienne qui a conservé une partie de ses fortifications à la Vauban. C'est aussi un centre d'excursions dans l'Avesnois *(voir p. 67)* et une cité gastronomique qu'illustrent des « relais de gueule » réputés et un fromage à la saveur accentuée, la « boulette d'Avesnes ».

Au 17e s., un protestant avesnois, **Jessé de Forest**, s'exila en Amérique, s'installant dans Long Island, près de New York, où le quartier de Forest Hill rappelle son souvenir.

L'année 1918 – De mars à septembre 1918, **Hindenburg**, chef de l'état-major général de l'armée allemande, eut son G.Q.G. à Avesnes, à la sous-préfecture. Assisté de son adjoint, Ludendorff, il y dirigea les dernières offensives allemandes sur le front français, dans les Flandres, en Picardie et sur la Marne, qui devaient échouer. Le 15 juin, le Kaiser Guillaume II passa en revue les troupes sur le Grand'Place ; dans le défilé figurait la fameuse Jenny, une éléphante mobilisée par les Allemands et qui tirait, en gare d'Avesnes, les troncs d'arbres destinés à la consolidation des abris de tranchées. Finalement, devant l'avance alliée, le Q.G. se replia à Spa : il faisait trop froid à Avesnes.

CURIOSITÉS

Grand'Place – Place du Général-Leclerc. Étroite et irrégulière, elle est bordée de maisons anciennes à hauts toits d'ardoises. Sur le côté Nord s'élèvent l'hôtel de ville et l'église.

L'**église St-Nicolas**, érigée en collégiale par Louise d'Albret en 1534, possède un clocher-porche dont l'altière silhouette se termine par un bulbe culminant à 60 m d'altitude.

A l'intérieur, du type « halle » *(voir p. 27)*, remarquer les voûtes à croisées d'ogives de la nef et le chœur pourvu d'une abside à trois pans ; les chapelles qui le flanquent abritent deux monumentaux retables Louis XV enrichis de peintures de Louis Watteau.

Un escalier à double volée que soulignent des rampes de fer forgé précède l'étage noble de l'**hôtel de ville** classique (18e s.) en pierre bleue de Tournai.

Square de la Madeleine – *Passer derrière l'église St-Nicolas et prendre la rue d'Albert.* Il couronne un bastion des remparts de Vauban : vues plongeantes sur la vallée de l'Helpe.

ENVIRONS

Pont-de-Sains – *10 km au Sud-Est. Quitter Avesnes par la D 951.*
Joli site. Le château appartint à Talleyrand, puis à sa nièce, la duchesse de Dino.

Maroilles – *12 km à l'Ouest. Quitter Avesnes par la D 962.*
Sur les pentes de la vallée de l'Helpe-Mineure, Maroilles est connue pour ses célèbres fromages, le Maroilles et le Dauphin *(p. 36)*, fabriqués jadis à l'abbaye bénédictine dont subsistent quelques bâtiments du 17ᵉ s.

L'AVESNOIS★★

Cartes Michelin nᵒˢ 53 plis 6, 7 ou 236 pli 29.

Au Sud de Maubeuge, le long de la frontière belge, s'étend une région connue pour ses paysages vallonnés, son bocage, ses vergers, ses vaches pie noir frisonnes et ses villages, heureux mélange de briques, de pierres et d'ardoises. Cette région est drainée par l'**Helpe-Majeure,** longue de 58 km, qui déroule son sillon verdoyant sur les schistes précurseurs de l'Ardenne. Ceux-ci affleurent en aval d'Eppe-Sauvage.
Les vastes forêts et les chapelets d'étangs autour de Liessies et de Trélon sont les vestiges d'une époque où les grandes abbayes de Maroilles, Liessies et St-Michel dominaient la région, créant moulins et forges sur chaque cours d'eau. Quelques églises dans les villages possèdent des œuvres d'art provenant de ces abbayes. De nombreuses petites industries se développèrent ici aux 18ᵉ et 19ᵉ s. : verreries à Sars-Poteries, Trélon et Anor, bois tournés à Felleries, filatures à Fourmies, marbre de Cousolre...
Aujourd'hui, les musées de Sars-Poteries, Felleries, Trélon et Fourmies évoquent le temps où cette région était très peuplée et active.

D'AVESNES A FOURMIES *70 km – environ 4 h*

Il est préférable de suivre cet itinéraire l'après-midi, afin de bénéficier de l'ouverture des musées.

Avesnes – *Voir à ce nom.*

Quitter Avesnes par la D 133 en direction de Liessies.

A la sortie de la ville, perspective à droite sur son site et ses remparts.

A Sémeries, prendre à droite la D 123 vers Étrœung puis tourner à gauche dans la D 951.

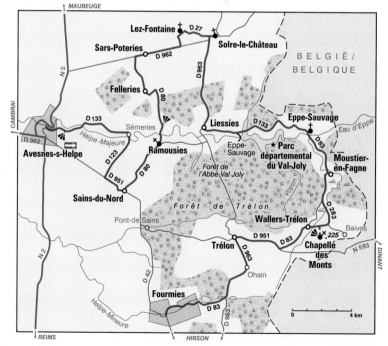

Sains-du-Nord – La **maison du Bocage** , antenne de l'Écomusée de la région Fourmies-Trélon, installée dans une ferme, propose aux visiteurs une exposition sur la vie et les activités dans le bocage de l'Avesnois (élevage, fabrication des fromages...).

Prendre la D 80 vers Ramousies.

Ramousies – L'**église** ⊘ du 16ᵉ s. abrite deux beaux retables de la Renaissance, œuvres des ateliers d'Anvers, qui appartenaient à l'abbaye de Liessies. L'un représente la vie de saint Sulpice, l'autre la Passion.

Remarquer aussi le Christ du 13ᵉ s. provenant du plus ancien calvaire du Nord de la France.

De Ramousies, poursuivre la D 80 en direction de Felleries.

A la sortie de Ramousies, belle **vue** sur la région.

Felleries – Depuis le 17ᵉ s., les habitants de Felleries se sont spécialisés dans l'industrie du Bois-Joli : bois tournés et boissellerie. Des ateliers s'étaient développés parallèlement à l'industrie textile avec la fabrication des bobines et des fuseaux.

Le **musée des Bois-Jolis** ⊘, installé dans un ancien moulin à eau (16ᵉ s.), regroupe divers objets en bois fabriqués à Felleries : moules à beurre, fuseaux, jeux de boules, boîtes à sel, toupies...

Sars-Poteries – *Voir à ce nom.*

Prendre à l'Est la D 962, puis tourner à gauche.

Lez-Fontaine – Dans l'**église** du 15ᵉ s., la voûte en bois est couverte de peintures datées de 1531.

Solre-le-Château – *Voir à ce nom.*

De Solre-le-Château, prendre la D 963 vers Liessies.

Liessies – *Voir à ce nom.*

De Liessies, suivre la D 133 et le val d'Helpe qui devient plus sinueux, plus étroit et plus sauvage tandis que les pentes se couvrent de bois épais.

L'Helpe, dont le nom primitif était Eppe, faisait mouvoir jadis de petites forges au fil de l'eau.

★ **Parc départemental du Val-Joly** – La construction du barrage-voûte d'Eppe-Sauvage sur l'Helpe-Majeure a déterminé une magnifique retenue d'eau de 180 ha qui s'enchâsse entre les pentes boisées de la vallée de l'Helpe et de son affluent le Voyon. Une passerelle enjambe le lac sur une portée de plus de 50 m.

Le parc de 200 ha comprend de nombreuses activités : baignade, tennis, voile, pêche, équitation, sentiers pédestres et cyclotouristiques, jeux traditionnels (tir à l'arc, javelot), location de barques et pédalos. On trouve aussi un arboretum, un aquarium et un centre d'alevinage de brochets.

Camping et restauration sur place. Une ferme ancienne a été aménagée pour servir de cadre à des expositions sur la région.

Eppe-Sauvage – Ce village proche de la frontière belge occupe un site agréable au creux d'un bassin constitué par le confluent de l'Helpe et de l'Eau d'Eppe. Dans l'**église St-Ursmar**, dont le chœur et le transept sont du 16ᵉ s., remarquer deux triptyques du 16ᵉ s., peints sur bois, l'un consacré à la Vierge, l'autre à saint Ursmar de Lobbes, patron du Hainaut.

Après Eppe-Sauvage, la vallée s'évase et devient moins boisée ; les fonds sont souvent occupés par des marais appelés « **fagnes** ». On peut voir un beau manoir-ferme.

Moustier-en-Fagne – Le village est ainsi nommé à cause d'un **prieuré** ou moustier (16ᵉ s.), dépendant de l'abbaye

Moustier-en-Fagne – Porte du manoir.

R. Brillion/MICHELIN

de Lobbes. Les bâtiments des moines sont occupés par des bénédictines olivétaines qui se livrent à la peinture d'icônes ; ils avoisinent l'**église** dédiée à saint Dodon, ermite invoqué pour les maladies du dos, originaire de ce village. A l'entrée du village à gauche, un joli **manoir** en briques et pierres de style gothique (1560), dite Maison Espagnole, présente des pignons à pas de moineaux et au-dessus de sa porte un arc en accolade et deux anges soutenant une couronne.

A 2 km de Moustier, prendre à gauche la D 283 puis une route à droite.

Au sommet du mamelon (225 m d'alt.) se dégage une **vue** sur la haute vallée de l'Helpe et la **forêt de Trélon** (environ 4 000 ha).

Chapelle des Monts - *1/4 h à pied AR dans une lande sauvage.*
Au milieu d'une esplanade gazonnée et de tilleuls centenaires se trouve la chapelle du 18e s. ; carrières et four à chaux du 19e s.

Wallers-Trélon - Construit complètement en pierres bleues, ce beau village doit cette particularité à la proximité de nombreuses carrières.
Dans l'ancien presbytère, la **Maison de la Fagne** ⊙, antenne de l'Écomusée de la région Fourmies-Trélon *(voir p. 138),* présente des expositions sur l'extraction de la pierre bleue, l'architecture rurale, la taille de la pierre et les richesses de l'environnement naturel.
A proximité de la Maison de la Fagne, des sentiers aménagés font découvrir l'originalité de la flore des **Monts de Baives**, due aux affleurements calcaires.

Prendre la D 83 puis tourner à droite dans la D 951 vers Trélon.

Trélon - Autrefois connue pour l'industrie du verre, Trélon est aujourd'hui le siège de l'**Atelier-musée du verre** ⊙, antenne de l'Écomusée de la région de Fourmies-Trélon.
Dans une verrerie du siècle dernier, des démonstrateurs soufflent et façonnent le verre au cœur de l'ancienne halle, qui abrite encore deux fours de 1850 et de 1920, et leurs équipements de fabrication. Des expositions y présentent à partir de nombreux objets et de photographies l'histoire régionale de cette industrie, mais aussi les techniques d'aujourd'hui du verre plat et du verre creux. Quelques étangs jalonnent le parcours et l'on suit à partir d'Ohain la vallée de l'Helpe-Mineure.

Fourmies - *Voir à ce nom.*

AZINCOURT

250 habitants
Cartes Michelin nos 51 pli 13 ou 236 pli 13.

Situé au cœur des collines de l'Artois, ce village fleuri évoque l'une des plus célèbres batailles de la guerre de Cent Ans.
La **bataille d'Azincourt**, le 25 octobre 1415, est l'une des plus sanglantes défaites subies par la noblesse française qui perdit 10 000 des siens et eut 1 500 prisonniers dont le poète Charles d'Orléans. Le terrain choisi n'offrait pas aux escadrons, massés en profondeur, de possibilité de manœuvres, mais un sol détrempé où les chevaux s'enlisaient ; desservis en outre par une conception de combat du haut Moyen Âge, les chevaliers, obligés de lutter à pied dans leur pesante armure et en dépit de leur supériorité numérique, furent livrés aux archers des Anglais abrités derrière une palissade et à leur piétaille armée de haches et de massues plombées. Cet échec devait favoriser les prétentions de Henri V d'Angleterre à la couronne de France. Jusqu'en 1734, ce lieu maudit porta le nom de la Carogne.
Un calvaire, élevé en 1963, rappelle cette page d'histoire, ainsi que l'inscription au pied du menhir entouré de sapins érigé au croisement de la D 104 avec le chemin d'accès à Maisoncelle.

Musée de Traditions populaires et d'Histoire locale ⊙ - Des documents, photos, copies d'armes et d'armures, petites figurines montrent l'armement de l'époque. Le déroulement de la bataille est évoqué par un montage vidéo. Une maquette, représente le champ de bataille. Dans une vitrine sont présentés des pavements du 14e s. découverts sur le site de l'ancien château.
Un circuit (plan fourni), au départ du musée, conduit sur le champ de bataille où sont installées une table d'orientation et deux vitrines contenant des plans.

Centre médiéval ⊙ - 1 km à l'Est, sur le site de la bataille. Projection de diapositives et de films sur les moments les plus connus de la bataille et visite guidée sur le champ de bataille.

Quelques faits historiques.
Sous ce chapitre en introduction, le tableau évoque
les principaux événements de l'histoire du pays.

Parc d'attractions de BAGATELLE★

Cartes Michelin nᵒˢ 51 pli 11 ou 236 pli 5.

Bagatelle ⓥ est situé sur la côte d'Opale, à 5 km de la mer, entre Berck et Le Touquet, sur la D 940. Ce sont 26 ha de plaisir en famille, aménagés sous les ombrages avec restaurants, libre-service et pique-nique.
Un zoo rassemble daims, lions, tigres, sangliers, perroquets, kangourous, singes, bisons, lamas et de multiples autres espèces.
De nombreux spectacles et attractions sont proposés : petit train, auto-skooters, aqua-skooters, golf miniature, manège de chevaux de bois, grande roue, monorail, river splatch... la plus spectaculaire étant la mine d'or engloutie.

BAILLEUL

13 847 habitants
Cartes Michelin nᵒˢ 51 pli 5 ou 236 pli 5.

Cité calme et laborieuse (industries textiles et alimentaires), détruite en 1918 lors de la dernière offensive allemande en Flandre, Bailleul a été rebâtie dans le style flamand. Elle offre un agréable aspect avec ses maisons à pignon à pas de moineaux, et ses bâtiments publics en briques de Flandre et grès d'Artois.
Le géant Gargantua y préside le Carnaval du Mardi gras.

Beffroi ⓥ – Accolé à l'hôtel de ville, qui présente une élégante bretèche, il possède une belle salle gothique. Son soubassement remonte au 12ᵉ s.
Du sommet, s'offre un **panorama**★ sur la plaine et les monts de Flandre au Nord, les terrils du bassin minier au Sud ; par temps clair, on distingue Lille.
Les 35 cloches du carillon jouent de vieux airs de Flandre.

Musée Benoît De Puydt ⓥ – Il fut fondé en 1859 grâce à la générosité de Benoît De Puydt qui légua sa maison et ses collections à sa ville natale. Il présente d'intéressantes faïences de Delft et du Nord de la France, des porcelaines de Chine et du Japon, de nombreux meubles et bois sculptés du 16ᵉ au 18ᵉ s.
Parmi les peintures des écoles flamande, française et hollandaise, remarquer celles de Gérard David *(Vierge allaitant)*, Henri de Blès *(L'Extraction de la pierre de folie)*, Pierre Brueghel, dit Brueghel d'Enfer *(L'Adoration des Mages)*, Jacob Savery le Jeune *(La Place de Bailleul un jour de ducasse)*. Le 19ᵉ s. est représenté par plusieurs portraits de Pharaon De Winter.
La grande tapisserie des États de Flandre (18ᵉ s.) se trouvait autrefois au Palais Rihour à Lille.

Rue du Musée – Faire quelques pas dans cette rue pour admirer de belles façades, en particulier celle du nᵒ 3 (centre culturel : salle Marguerite-Yourcenar).

École dentellière ⓥ – *6, rue du Collège.* Dans cette maison de style flamand, l'école accueille plus d'une centaine d'élèves à qui l'on enseigne la dentelle au fuseau dite « torchon ». La visite permet de suivre ce travail.

La dentelle

La dentelle, activité locale depuis le 17ᵉ s., atteignit son apogée au 19ᵉ s. On comptait alors 800 dentellières dans la région. La première école fut fondée en 1664 ; d'autres suivirent jusqu'au 19ᵉ s. A partir de 1900, commença le déclin avec la concurrence de la machine. De nos jours, la tradition est restée vivante avec l'école dentellière. Tous les trois ans a lieu le **week-end international de la dentelle** *(3ᵉ week-end de juillet – le prochain en 1998)* où les dentellières de tous pays viennent présenter et comparer leurs différentes techniques (démonstrations, expositions).

Présidial – Ancien palais de justice, cet harmonieux édifice construit en 1776 est le plus ancien bâtiment de la ville.

ENVIRONS

Mont Noir – *6 km au Nord, prendre la D 23 puis à gauche la D 223.*
On aperçoit à l'horizon le mont Kemmel, en Belgique, couronné par son hostellerie.
A hauteur du poste de douane, tourner de nouveau à gauche dans la D 318.
Le Mont Noir, recouvert d'un manteau sombre de bois, fait partie de la chaîne des monts de Flandre *(p. 15)*. Il atteint 131 m d'altitude et procure des échappées en direction d'Ypres, du Mont Rouge et du Mont des Cats reconnaissable à l'abbaye qui le surmonte.
Née à Bruxelles d'un père français, Michel de Crayencour, et d'une mère belge, **Marguerite Yourcenar** (anagramme de Crayencour) passa au Mont Noir une partie de son enfance qu'elle évoque dans *Archives du Nord*, deuxième volume de son autobiographie familiale, *Le Labyrinthe du monde*.

BAVAY★

3 751 habitants
Cartes Michelin nᵒˢ 53 pli 5 ou 236 plis 18, 19.

L'ancienne capitale des Nerviens est une petite ville aux maisons basses connue pour ses confiseries appelées « chiques de Bavay ».

Bagacum, au temps de la paix romaine – Au temps d'Auguste, Bagacum était une cité importante de la Belgique romaine. Métropole judiciaire et administrative, siège d'une curie, place militaire et centre de ravitaillement, elle constituait le nœud de sept « chaussées », conduisant à Utrecht, Boulogne, Cambrai, Soissons, Reims, Trèves et Cologne, cette dernière étant la plus fréquentée. Ces voies, au tracé rectiligne encore reconnaissable dans le réseau actuel des routes, étaient sillonnées par les piétons et les charrois creusant ces ornières dont on découvre des traces sur le forum. Ravagée à la fin du 3ᵉ s., Bagacum ne retrouva jamais son antique lustre.

CURIOSITÉS

Vestiges de la cité romaine – En 1942 le chanoine Biévelet entama des recherches sur un terrain dégagé par le bombardement du 17 mai 1940 qui endommagea gravement Bavay. Les fouilles ont permis la mise au jour des vestiges d'un vaste ensemble monumental. D'Est en Ouest s'ordonnent sur le même axe une basilique civile, un forum, un portique sur cryptoportique (galerie souterraine) en fer à cheval, une salle sur cave profonde. Au Sud de l'enceinte élevée après les invasions de la seconde moitié du 3ᵉ s., on a retrouvé quelques habitations.

Musée archéologique ⊘ – Dans un vaste bâtiment moderne, sont exposés les objets trouvés au cours des fouilles : nombreuses céramiques (vases à bustes de divinité) rappelant que Bavay était un centre important de fabrication de poterie, ravissantes figurines en bronze de la cachette du bronzier. Un spectacle audiovisuel évoque la vie au temps de Bagacum.

Grande Place – Une colonne cannelée est surmontée d'une statue de Brunehaut, reine d'Austrasie, qui s'intéressa aux voies de communication. Le beffroi du 17ᵉ s contraste par son appareil de briques avec l'hôtel de ville (18ᵉ s.), bâti en granit.

Bellignies – *3 km au Nord par la D 24.* Dans la vallée de l'Hogneau, Bellignies a vu se développer au 19ᵉ s. une industrie marbrière. Plus de 1 000 personnes y travaillaient. Les hommes découpaient, les femmes polissaient. Cette activité fut importante jusqu'à la Seconde Guerre mondiale.

Dans le **musée du Marbre** ⊘ sont réunis les outils utilisés traditionnellement pour découper et polir le marbre, ainsi que des objets représentatifs de la production des ateliers : pendules, socles, etc.

Jupiter.

Archives du musée de Bavay

71

BEAUVAIS★★

Agglomération 57 704 habitants
Cartes Michelin nºˢ 55 plis 9, 10 ou 236 pli 33.

Beauvais, qui fut ravagée par les bombardements de juin 1940, offre la saisissante présence de sa cathédrale, chef-d'œuvre d'architecture défiant les lois de la pesanteur et de l'équilibre.

Évêques et bourgeois – Beauvais, capitale gallo-romaine des Bellovaques, sous le nom des Caesaromagus, fut fondée à proximité d'un oppidum celtique. Au 3ᵉ s., la cité est entourée d'une enceinte de 1 370 m. Très tôt, elle devient siège d'évêché. Dès le 11ᵉ s., elle a pour seigneur un évêque souvent en conflit avec les bourgeois de la ville, jaloux de leurs franchises.

Une triste célébrité s'attache à l'un de ces évêques, Pierre Cauchon. Alors que la ville veut se donner à Charles VII, Cauchon se rallie aux Anglais. Chassé de Beauvais en 1429 par les bourgeois, il se réfugie à Rouen où, le 30 mai 1431, il envoie Jeanne d'Arc au bûcher.

Jeanne Hachette – Le 27 juin 1472, Charles le Téméraire, duc de Bourgogne, marchant sur Paris avec 80 000 hommes, assiège Beauvais. La ville est démunie de troupes. Hommes et femmes courent aux remparts. Jeanne Laîné, fille d'un petit artisan, voit surgir d'une échelle appliquée contre les remparts un assaillant portant une bannière. Elle s'élance, lui arrache sa bannière, le frappe de sa hachette et le fait culbuter dans le fossé. Cet exemple exalte les courages. La résistance s'affirme,

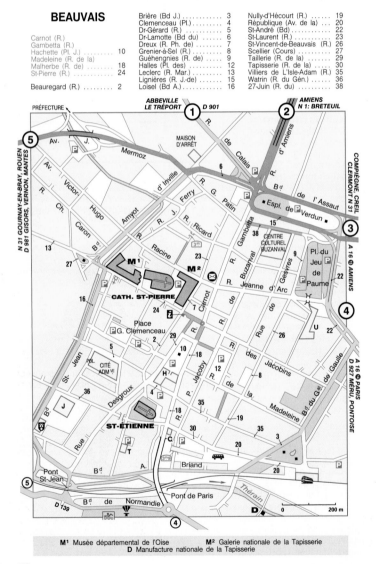

M¹ Musée départemental de l'Oise   M² Galerie nationale de la Tapisserie
D Manufacture nationale de la Tapisserie

laissant aux renforts le temps d'arriver. Le Téméraire lève le siège le 22 juillet. Chaque année, fin juin, Beauvais célèbre Jeanne « Hachette » *(voir le chapitre des Manifestations touristiques en fin de guide).*

Les tapisseries de Beauvais – En 1664, Colbert fonde la Manufacture nationale de Tapisserie. Les artisans travaillent sur des métiers horizontaux (basse lisse). Leurs œuvres, en laine et soie, se distinguent par leur finesse. Elles sont le plus souvent utilisées pour tapisser des sièges. La grande vogue des tapisseries de Beauvais date du temps où le peintre Oudry dirigeait la Manufacture, de 1734 à 1753 ; ce peintre s'était attaché la collaboration de François Boucher. Les ateliers, évacués à Aubusson en 1939, ne purent être réinstallés à Beauvais, à la suite de la destruction des bâtiments en 1940. Les métiers furent regroupés dans l'enclos parisien des Gobelins où ils demeurèrent jusqu'en 1989 date à laquelle ils reprendront le chemin de Beauvais.

Céramiques et vitraux – La poterie est présente dans le **pays de Bray** depuis l'époque gallo-romaine. D'abord utilitaire (récipients, amphores), elle devint un produit de qualité. Les terres vernissées, les grès fabriqués à partir du 15e s. ont fait du Beauvaisis l'un des grands centres céramiques français. Dans la 2e moitié du 19e s., les ateliers de poterie, installés surtout à L'Héraule, Lachapelle-aux-Pots et Savignies, disparaissent pour laisser la place à des faïenceries puis des tuileries. A côté de ces usines, viennent s'installer des potiers d'art tels que Ziegler, Delaherche et plus tard Pissareff. D'autres ont pris la relève et maintiennent la tradition.
Les vitraux beauvaisiens du 16e s., notamment ceux de la famille Leprince, sont célèbres.

★★★ CATHÉDRALE ST-PIERRE *visite : 1 h*

Son histoire est mouvementée. Ce qui lui donne sa physionomie particulière, c'est le drame technique qu'a été la construction de cet édifice et l'effort désespéré des évêques et des chapitres pour rassembler les fonds nécessaires : lutte épuisante, prolongée pendant quatre siècles et qu'ils ont dû abandonner avant que leur gigantesque entreprise eût été menée à bien.

Basse-Œuvre et Nouvel-Œuvre – Une petite cathédrale, Notre-Dame, dite la Basse-Œuvre, est élevée à l'époque carolingienne. Il n'en subsiste que trois travées complètes de la nef, accolée à l'édifice actuel.
Dès 949, une autre cathédrale est mise en chantier. Deux incendies la détruisent. C'est alors, en 1225, que l'évêque et le chapitre décident d'ériger la plus vaste église de l'époque, un « Nouvel Œuvre », dédié à saint Pierre.

Une gageure ruineuse – Si bâtir une grandiose cathédrale est une ambition raisonnable à l'époque gothique, la part du rêve semble avoir été plus forte que celle de la prudence dans l'élaboration des plans de l'édifice. Quand la construction du chœur est commencée, en 1238, le haut clergé et les maîtres d'œuvre veulent en quelque sorte jeter un défi à tous les architectes passés et futurs. La hauteur sous clé de voûte sera légèrement supérieure à 48 m, ce qui donne aux combles une élévation de 68 m, celle des tours de Notre-Dame de Paris à un mètre près.
Il faut vingt-cinq ans pour réaliser cette prouesse. Pour une fois, les architectes ont préjugé de leur habileté. Les piliers sont trop espacés et les culées des contreforts trop légères. En 1284, un éboulement se produit. Il faut d'immenses crédits et quarante années de labeur pour sauver le chœur. Les trois grandes arcades des travées droites du chœur sont dédoublées par l'adjonction d'une pile intermédiaire, les arcs-boutants multipliés, les culées renforcées.
A peine cette tâche est-elle terminée que la guerre de Cent Ans empêche la poursuite des travaux. La cathédrale n'est encore qu'un chœur et ses dépendances.
En 1500, l'évêque décide de reprendre l'œuvre et confie l'érection du transept à Martin Chambiges assisté de Jean Vast. L'essentiel est d'obtenir les fonds nécessaires.
La vente d'exemptions de jeûne en Carême, les dons du clergé, les quêtes, l'abandon par François Ier d'une partie des revenus de la vente du sel en France, monopole royal, ne suffisent pas à couvrir le montant des dépenses. Les Beauvaisiens s'adressent au pape Léon X, le protecteur de Michel-Ange et de Raphaël. Lui aussi connaît les soucis du manque d'argent, mais il a trouvé une solution : la vente d'indulgences, ce qui scandalise le moine allemand Luther et a une part dans le déclenchement de la Réforme. Léon X autorise l'évêque de Beauvais à recourir également à la vente des indulgences et les travaux se poursuivent. En 1550, le transept est enfin achevé.
Malheureusement, au lieu de construire la nef, on décide d'élever à la croisée du transept une tour ajourée surmontée d'une flèche. Sa croix, posée en 1569, domine de 153 m le pavé de la rue (Strasbourg 142 m). Comme il manque la nef qui devrait contrebuter les poussées, en 1573, les piliers cèdent, le jour de l'Ascension, alors que la procession vient de quitter l'église.

Dès lors, tous les efforts et sacrifices du clergé et des Beauvaisiens ne permettent plus que la remise en état du chœur et du transept. La cathédrale inachevée n'aura plus de flèche et jamais de nef.

★ **Chevet** – Le chœur est du 13ᵉ s. Il est contrebuté, comme les croisillons de style flamboyant, par des arcs-boutants portant sur de hautes culées qui s'élèvent jusqu'aux combles. Des tours devaient encadrer chaque croisillon très saillant.

Façade du croisillon Sud – Elle est richement décorée. Flanqué de deux hautes tourelles, le **portail de St-Pierre** a ses ébrasements, son tympan et ses voussures ornés de niches aux dais ajourés. Il est coiffé par un haut gâble traversant une galerie. Une grande rose aux fines et souples nervures les surmonte, dominée par un pignon à colonnettes.

Les **vantaux**★ de la porte sont un bel exemple de la première sculpture Renaissance d'influence italienne. Ils ont été sculptés par Jean le Pot : à gauche, saint Pierre guérissant un boiteux à la porte du Temple ; à droite, conversion de saint Paul (à l'arrière-plan, les murailles de Damas et l'évasion de saint Paul, descendu dans une corbeille).

★★★ **Intérieur** – On ressent une sorte de vertige quand on pénètre sous ces voûtes d'une prodigieuse hardiesse. Elles culminent à plus de 48 m, presque la hauteur de l'Arc de Triomphe de l'Étoile à Paris. C'est là qu'on peut le mieux saisir les immenses possibilités de l'art gothique. Le transept aux amples proportions mesure près de 59 m de longueur. Le chœur est très élégant. Le triforium est à claire-voie. Les fenêtres hautes ont 18 m d'élévation, hauteur des voûtes de l'église St-Germain-des-Prés de Paris. Sept chapelles ouvrent sur le déambulatoire.

Remarquer en s'approchant de la grille de clôture du chœur le dispositif des grandes arcades des travées droites du sanctuaire, dédoublées au 14ᵉ s. après la catastrophe de 1284. La trace des grands arcs brisés primitifs reste visible.

★★ **Vitraux** – Ils embellissent surtout le transept de leurs compositions du 16ᵉ s. La rose Sud, œuvre de Nicolas Leprince (1551), est dédiée à la Création, le Père Éternel occupant le médaillon central. Les verts présentent une délicieuse limpidité. En dessous s'alignent, en deux registres, 10 Prophètes et 10 Apôtres ou Docteurs. En face, dans le croisillon Nord, 10 Sibylles répondent aux Prophètes (1537). La rose et la galerie inférieure (parabole des Vierges sages et des Vierges folles) sont de Max Ingrand (1954). Dans la chapelle du Sacré-Cœur (1), le vitrail « de Roncherolles » (1522), dû à Engrand Leprince permet d'étudier de plus près la technique du vitrail Renaissance.

Déambulatoire et chapelles rayonnantes – Les chapelles rayonnantes, ravagées en 1940, reçoivent, au fur et à mesure de la restauration, des vitraux de maîtres verriers contemporains.

La chapelle absidale conserve trois verrières du 13ᵉ s. : à gauche, vie d'un saint non identifié ; au centre : Arbre de Jessé et Enfance du Christ ; à droite : scènes du « Miracle de Théophile ».

Dans une chapelle latérale a été placé un retable du 16ᵉ s. (3) provenant de l'église de Marissel *(p. 77)*. La scène du Crucifiement surmonte celle de la Mort de la Vierge.

★ **Horloge astronomique** ⊘ – Cette horloge monumentale fut exécutée de 1865 à 1868 par l'ingénieur Louis-Auguste Vérité sur le modèle de l'horloge de Strasbourg. Elle compte 90 000 pièces et fut remise en état à plusieurs reprises. La partie inférieure se présente comme une forteresse aux multiples fenêtres où apparaissent des personnages variés dont A. Vérité, le préfet, l'évêque... Dans les baies vitrées sont disposés les 52 cadrans de l'horloge indiquant la longueur des jours et des nuits, les saisons, l'heure du méridien de Paris...

La scène du Jugement se déroule dans la partie supérieure de l'horloge qui représente la cité céleste : le coq bat des ailes et chante, puis le Christ assis dans sa gloire fait signe aux anges de jouer de la trompette. Alors le jugement a lieu, la Vertu est conduite au ciel tandis que le Vice est entraîné en enfer par le diable. A droite de l'horloge astronomique se trouve une ancienne horloge (2) du 14ᵉ s. dont le carillon joue des cantiques correspondant aux différentes époques de l'année.

Cloître – Deux galeries du début du 15ᵉ s. sont couvertes d'un plafond de bois. L'une d'elles est prolongée par une sorte de préau voûté qui date du 16ᵉ s. et supporte la salle du Chapitre (4).

Revenir dans la cathédrale et sortir par la porte Nord dite de St-Paul.

Façade du croisillon Nord – Elle est moins décorée que la façade Sud, les contreforts n'ayant pas été ornés. Le tympan du portail est garni d'un arbre portant treize écussons. Il devait sans doute représenter la généalogie de François Iᵉʳ, grand bienfaiteur de la cathédrale.
Les vantaux de portes sont également sculptés par Jean le Pot mais dans le style gothique : à droite les quatre Évangélistes, à gauche, les quatre grands Docteurs de l'Église.

Revenir au portail Sud en faisant le tour de la cathédrale par l'Ouest.

Basse-Œuvre – Vestige de l'ancienne cathédrale du 10ᵉ s., bâtie en petits moellons gallo-romains de récupération dits « pastoureaux ». Elle servit d'église paroissiale jusqu'à la Révolution.

AUTRES CURIOSITÉS

★ **Église St-Étienne** - La nef et le transept sont romans. Leur sobriété, atténuée par les corniches à modillons dites « beauvaisiennes », contraste avec la richesse architecturale du chœur, reconstruit peu après 1500 dans un style flamboyant épuré qui fit école. Le chœur, plus élevé que la nef, est entouré de chapelles engagées.
La tour qui flanque la façade, construite de 1583 à 1674, servait de beffroi municipal.
Sur le bas-côté gauche s'ouvre un portail roman au tympan et aux voussures finement ciselés ; le mur, évidé plus haut de trois arcatures, présente un original appareil en mosaïque de pierres et briques. De ce côté, la façade du croisillon Nord offre une belle roue de fortune. C'est une rose surmontée de personnages s'élevant, à droite, et que le destin précipite, à gauche, dès qu'ils sont arrivés au faîte de leur ascension, symbole de l'instabilité des choses humaines.

La nef romane, voûtée d'ogives, comporte des tribunes, bouchées. La croisée du transept offre une bonne vue sur les bas-côtés et le dispositif archaïque de leurs voûtes gothiques : l'arc des doubleaux est légèrement outrepassé ; les nervures des arcs d'ogive, de section prismatique ou en boudin, paraissent, en perspective, irrégulièrement dressées.

★★ **Vitraux** - Les vitraux du chœur, par Angrand Leprince, sont parmi les plus beaux que la Renaissance nous ait légués. Et parmi ceux que nous admirons ici, l'extraordinaire **Arbre de Jessé★★★**, par son dessin, son coloris, sa transparence, témoigne d'une rare maîtrise.
A gauche, au début du déambulatoire, une ancienne chapelle funéraire très basse (fin du 15ᵉ s.), aux voûtes à nervures fine-

Détail du vitrail de l'Arbre de Jessé dans l'église St-Étienne.

Urbano/GEMOB

ment entrelacées, sert de baptistère. Contre le mur du bas-côté droit est suspendue une statue en bois de sainte Wilgeforte (16ᵉ s.). Cette jeune fille portugaise crucifiée porte une barbe qui lui serait poussée après qu'elle eut imploré la Vierge de la préserver d'un mariage païen.

Ancien palais épiscopal – La porte fortifiée est entourée de deux grosses tours couvertes de toits en poivrière. Elle fut construite par l'évêque Simon de Clermont de Nesle, avec les 8 000 livres d'amende que la ville dut payer, suite à l'émeute de 1306 au cours de laquelle l'évêché avait été pillé. Au fond de la cour s'élève le corps principal du palais. Incendié en 1472 par les Bourguignons, il fut rebâti par Louis Villiers de L'Isle-Adam vers 1500 et conserve une élégante façade Renaissance restaurée au 19e s.

★ **Musée départemental de l'Oise (M¹)** ⊘ – Les salles voûtées du corps d'entrée ont reçu les collections de sculpture. Dans la tour de gauche : sculptures sur bois provenant d'églises ou d'abbayes (Sainte Barbe, 16e s. de Jean le Pot) et fragments sculptés de maisons à pans de bois, nombreuses en ville avant 1940 (enseigne de l'épicier moutardier). Dans la tour de droite qui a conservé des fresques représentant des sirènes jouant d'un instrument de musique : sculptures sur pierre du Moyen Âge (tympan de l'église St-Gilles, tête de roi, Saint Jacques).

À l'étage, présentation périodique de la série de tapisseries léguées à la cathédrale par Nicolas d'Argillères, l'Histoire fabuleuse des Gaules (16e s.).

Traverser le jardin. Le sous-sol, les salons et les combles du palais sont affectés à l'archéologie, aux Beaux-Arts, aux Arts décoratifs et à la céramique régionale.

Les caves, du 12e et du 16e s., accueillent les collections archéologiques provenant des fouilles récentes effectuées sur des sites de la région : Chevincourt, Verberie, Tartigny, Bulles. Remarquer le guerrier gaulois de St-Maur, statuette en tôle de laiton du 1er s., et la stèle du Mercure barbu du 3e s.

Au 1er étage sont exposées de remarquables céramiques du Beauvaisis (16e au 18e s.) : grandes pièces de terre vernissée dont le plat dit « de la Passion », épis de faîtage (le joueur de vielle). Les salles de peinture illustrent l'école française du 16e s. avec notamment la résurrection du Christ d'Antoine Caron (1521-1599) et les écoles italienne et française du 17e et du 18e s. Parmi les paysagistes français du 19e s., citons Corot (La vasque de l'Académie de France à Rome et Paris, le vieux pont St-Michel), Paul Huet, Georges Michel, Prosper Marilhat...

L'ancienne salle d'assises du palais de justice donne maintenant asile au monumental tableau, inachevé, de Thomas Couture (1815-1879) : l'Enrôlement des volontaires de 1792, entouré de ses esquisses préparatoires.

Le 2e étage recrée, par une collection de peintures (panneau décoratif d'Édouard Vuillard et spectaculaire décor d'escalier de Maurice Denis, l'Âge d'Or) et surtout par des ensembles mobiliers exceptionnels (deux salles à manger « Art nouveau », salon Les Perroquets en tapisserie de Beauvais), l'ambiance de la « Belle Époque » et des « Années folles ».

Les productions du maître potier beauvaisien Auguste Delaherche (1857-1940) jalonnent, aussi, ces périodes mouvementées.

Sous l'imposante charpente des combles (16e s.) s'étale une collection de quelque 600 pièces de céramique commune du Pays de Bray (19e s. et début 20e s.) : plats, pichets, saloirs, carreaux décoratifs, bonbonnes, fontaines, jusqu'à des monuments funéraires...

Reconstitution d'un atelier de potier en Pays de Bray.

Galerie nationale de la tapisserie (M²) ⊘ – Installée dans un bâtiment bas au chevet de la cathédrale, la galerie abrite des expositions renouvelées périodiquement, offrant un panorama de la tapisserie française du 15e s. à nos jours.

Les travaux ayant amené la mise au jour des murailles du « castrum » gallo-romain, la galerie a été aménagée pour faire découvrir, de l'intérieur, ces importants vestiges et en expliquer l'agencement.

Manufacture nationale de la Tapisserie (D) ⊘ – Après un exil de plus de 40 ans, la manufacture a réintégré la ville en 1989, grâce à l'aménagement des anciens abattoirs par l'architecte beauvaisien Desgroux.

Elle compte aujourd'hui une dizaine de métiers horizontaux (basse lisse). Les lissiers travaillent à la lumière naturelle d'après le carton de l'artiste, sur l'envers de la tapisserie, et surveillent leur ouvrage au moyen d'un miroir. Toute la production est réservée à l'État.

Église de Marissel ⊘ – *1,5 km à l'Est par ③, rue de Clermont et la rue de Marissel, en biais, à droite.*

L'église, restaurée, de ce village devenu un faubourg de Beauvais s'élève sur un terre-plein d'où la masse de la cathédrale apparaît, gigantesque, à 2 km. Une toile de Corot, peinte en 1866, aujourd'hui au Louvre, l'a rendue célèbre.

Les campagnes de construction se sont succédé du 11e au 16e s. La flèche de charpente ne date que du siècle dernier.

La façade du 16e s. au portail de style flamboyant est inspirée des façades de la cathédrale.

Le chevet, partie la plus vénérable et inattendue, présente une absidiole romane coincée entre le chœur à chevet plat et le transept, gothiques. Pour évoquer le premier sanctuaire il faut rétablir l'élévation du minuscule clocher roman, en négligeant le haut comble de la nef auquel il s'appuie.

EXCURSIONS

★ Gerberoy

21 km par ① du plan et la D 901. Voir à ce nom.

Circuit en Pays de Bray – *58 km – environ 2 h*

Le pays de Bray, incisé à la manière d'une « boutonnière » dans la craie du Bassin Parisien, ouvre du haut des « côtes » qui en dessinent l'échancrure d'amples panoramas. Grâce à la proximité de ses fonds argileux et bocagers, Beauvais fut naguère l'un des grands centres français de la poterie domestique et industrielle.

Sortir de Beauvais par ⑤ et bifurquer à gauche vers Gisors. Au carrefour central de la localité industrielle d'Auneuil, tourner à droite ; 2 km plus loin, au carrefour d'accès de Troussures, tourner à gauche dans un chemin rural qui s'élève sur le rebord Sud de l'échancrure du Bray vers le Croquet. Traverser Le Vauroux. Dans Lalandelle, prendre l'itinéraire signalé « table d'orientation ».

Table d'orientation des Neuf-Frênes – Panorama sur la dépression du Bray. Les quartiers neufs de Beauvais sont visibles à 15 km.

Prendre à gauche, au début de la descente, pour rester sur le plateau.

La route traverse le long « village-rue » du Coudray-St-Germer et descend, finalement, vers le fond du Bray : **vue★** très étendue en direction de Gournay, l'église de St-Germer-de-Fly se dressant au premier plan.

★ St-Germer-de-Fly
– Cette petite ville possède une immense **église★**, écrasant de sa masse le bourg groupé à ses pieds. Saint Germer y fonda une abbaye au 7ᵉ s. Cette ancienne abbatiale, construite entre 1150 et 1175, est un des types les plus remarquables du style gothique primitif. Le chœur est la partie la plus intéressante de l'édifice avec ses tribunes à baies en plein cintre et son triforium aux baies rectangulaires. Une chapelle rayonnante abrite un autel roman orné d'arcatures. Un couloir voûté, au bout de l'abside, conduit à une élégante Ste-Chapelle construite au 13ᵉ s. sur le modèle du célèbre sanctuaire parisien.

Faire demi-tour. A la bifurcation de Fla, prendre la D 109 vers Cuigy-en-Bray et Espaubourg.

La petite route longe le pied de l'abrupt du Bray, à travers les labours.

A St-Aubin-en-Bray, tourner à gauche ; traverser la nationale aux Fontainettes.

Les Fontainettes – Fabrication de tuyaux de grès et de poteries de jardin. Cette région pittoresque, très accidentée et boisée, est l'ancien pays de la poterie beauvaisienne.

Lachapelle-aux-Pots – Ancien village de potiers dont l'activité est évoquée par un **musée de la poterie** ⊙. Dans une grande salle sont exposés des grès à usage domestique (bouteilles, pichets, cruches), des grès pour l'industrie chimique (tourie) et des œuvres de deux potiers locaux, Auguste Delaherche et Tristan Klingsor *(voir également le musée de l'Oise à Beauvais)*.

St-Germer-de-Fly – Ancienne abbatiale.

B. Patersonne/CAMPAGNE CAMPAGNE

Savignies – Ce charmant village fut le berceau de la poterie. Au 19e s., il a été supplanté par Lachapelle qui possédait une ligne de chemin de fer. Des maisons montrent encore des traces de cette industrie (cheminée en grès, mur à pots). Aujourd'hui, des artistes prepétuent la tradition.

Forêt du Parc-St-Quentin – Beaux alignements de la route, en futaies de chênes. A la sortie de la forêt, dans un alignement, apparaît la masse de la cathédrale de Beauvais.

Écomusée du Beauvaisis

Son but est de préserver l'environnement et de promouvoir le patrimoine de la région à travers deux antennes faisant revivre les activités rurales.

Auchy-la-Montagne – *15 km au Nord de Beauvais.* **La Maison des Savoir-Faire** ⊙ est installée dans les bâtiments restaurés de l'ancienne forge Delattre située au centre du village. Elle est animée par un forgeron qui reproduit les gestes ancestraux.

Hétomesnil – *23 km au Nord-Ouest de Beauvais.* Une ferme aux dimensions imposantes qui fut l'une des plus modernes de son époque au moment de sa construction (1852) et fit office de ferme-école de 1865 à 1875 a été aménagée pour abriter le **Conservatoire de la vie agricole et rurale** ⊙. Une exposition présente les divers aspects du monde agricole : machines-outils pour la moisson, moyens de transport (brouette, charrette, tombereau, fourragère), appareils pour la fabrication du cidre, cabane mobile de berger. Au 1er étage, sous une belle charpente, sont évoqués d'anciens métiers du bois : menuisier, tonnelier, charron...

Mémorial américain de BELLICOURT

Cartes Michelin nos 53 plis 13, 14 ou 236 pli 27.

A proximité de la N 44, 2 km environ au Nord de Bellicourt et au-dessus du souterrain de Riqueval, s'élève un cénotaphe de pierre blanche, commémorant l'attaque, en 1918, de la ligne Hindenburg *(p. 21)* par le 2e corps d'Armée U.S. Des abords : **vue panoramique** sur le plateau que sillonnaient les tranchées allemandes (cimetière américain à Bony).

EXCURSION

Circuit de 10 km – *Suivre la N 44 vers le Catelet, et, à 2 km à droite, une route qui conduit à Mont-St-Martin.*

Mont-St-Martin – Ruines d'une ancienne abbaye de prémontrés.

Prendre ensuite, à droite de nouveau, la D 71 d'où se détache le sentier qui conduit à la source de l'Escaut (parking).

Source de l'Escaut – Elle se dissimule au creux des arbres dans un site tranquille et mystérieux, qui était jadis un but de pèlerinage. De là, suivre, sur une centaine de mètres, la berge du fleuve dont les eaux limpides coulent au milieu d'un cortège de trembles et de frênes formant voûte de feuillages en été. C'est le début d'une course de 400 km au travers de la France, la Belgique, la Hollande, par Cambrai, Valenciennes, Tournai, Gand et Anvers.

Passer de nouveau devant Mont-St-Martin, continuer jusqu'à Gouy et là, prendre à droite vers Beaurevoir.

Beaurevoir – Ce village conserve une tour du château où Jeanne d'Arc fut tenue captive, d'août à novembre 1430, par le comte de Luxembourg qui la livra aux Anglais.

BERCK-SUR-MER ⚓

14 167 habitants
Cartes Michelin nos 51 pli 11 ou 236 pli 11 – Schéma p. 66.
Plan dans le guide Rouge Michelin France.

Berck est une station à la fois balnéaire, familiale et médicale climatique.
La station balnéaire est appréciée pour son immense plage de sable fin, très sûre, qui se prolonge durant une douzaine de kilomètres, jusqu'à l'embouchure de la Canche. Le centre de cure, totalisant plusieurs milliers de lits, est né du dévouement d'une humble femme, **Marianne Brillard**, dite Marianne « toute seule » parce qu'elle avait perdu son mari et ses quatre enfants ; elle recevait, vers 1850, les petits souffreteux, malingres ou scrofuleux. Devant le succès qu'elle obtint, l'Assistance publique s'intéressa à Berck et créa le premier hôpital maritime qui fut inauguré par l'impératrice Eugénie. La station est aujourd'hui mondialement connue pour le traitement des maladies osseuses et des séquelles des accidents de la route.

Phare 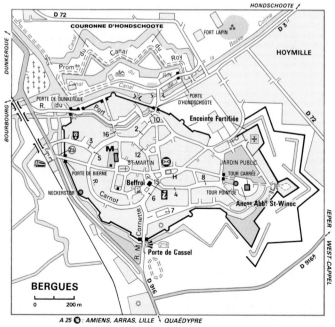 – Au-delà de l'hôpital maritime, le phare, reconstruit après la guerre, culmine à 40 m de hauteur ; il a une portée de 50 km. Par 200 marches, on accède au sommet d'où l'on découvre un **panorama**★ étendu : on suit la ligne du rivage des falaises du Tréport au Sud, jusqu'au Touquet et à Étaples au Nord, en passant par la baie de l'Authie.

Musée ⊙ – *60, rue de l'Impératrice.* Cet agréable petit musée réunit quelques œuvres d'artistes locaux, la reconstitution d'un intérieur berckois traditionnel et des maquettes de bateaux évoquant l'époque où Berck était un port de pêche, ainsi que le résultat des fouilles subaquatiques réalisées dans le Nord de la France.

BERGUES★

4 163 habitants
Cartes Michelin nᵒˢ 51 pli 4 ou 236 pli 4.

Jadis riche de son industrie lainière et rivale de Dunkerque, Bergues est aujourd'hui une bourgeoise petite ville flamande coulant une existence paisible entre ses remparts qui surveillent un « pays » renommé pour ses prés d'embouche, son beurre et son fromage.
La couleur chaude des briques ocre-jaune se reflète dans l'eau des douves qui cernent en partie la ville.
Bien que très endommagée en 1940, Bergues conserve son caractère ancien, les quartiers atteints ayant été reconstruits dans un style sobre et harmonieux. Par ses rues sinueuses, ses vastes places, ses quais silencieux le long de la Colme, elle rappelle Bruges.

CURIOSITÉS *visite : 1 h 1/2*

Enceinte fortifiée – Percée de quatre portes et cernée de profonds fossés en eau, elle comprend d'une part des éléments remontant au Moyen Âge (porte de Bierne, Neckerstor; courtine à l'Est de la porte de Cassel), d'autre part, des éléments du 17ᵉ s. aménagés par Vauban après le traité d'Aix-la-Chapelle (1668) qui donnait Bergues à la France (ouvrage à cornes à l'Est, porte de Cassel, couronne d'Hondschoote au Nord). Ces fortifications furent utilisées par les troupes françaises lors de la défense de Dunkerque en 1940 et les Allemands durent faire intervenir les Stukas et employer des lance-flammes pour y créer une brèche.

BERGUES
0   200 m

A 25 **16** : AMIENS, ARRAS, LILLE · QUAËDYPRE

Nationale (R.) 12
République (Pl. de la) 15

Anglaise (R.) 2

Arsenal (R. de l') 3
Collège (R. du) 4
Faidherbe (R.) 5
Lamartine (R.) 6

Marché-aux-Bestiaux (Pl.) . 7
Marché-aux-Chevaux (R.) . 8
Marché-aux-Poissons (Pl. et R.) . 10
St-Jean (R.) 16

★ **Couronne d'Hondschoote** – Sur le front Nord de l'enceinte, Vauban se servit des bras de la Colme pour édifier un important système de bastions et de demi-lunes entièrement entourés de vastes fossés en eau, peuplés de carpes, de sandres et de tanches : en plan, ce système défensif dessine une sorte de couronne, d'où son nom.

Porte de Cassel – Elle fut édifiée au 17e s. Son fronton triangulaire porte un soleil sculpté, emblème de Louis XIV. De la face externe, perspective à droite sur la courtine médiévale montant en direction des tours St-Winoc.

Ancienne abbaye de St-Winoc – Il ne reste plus que des ruines de ce fameux établissement bénédictin fondé par saint Winoc, sur le Groenberg, éminence entourée de marécages. En effet, les bâtiments ont été détruits à la Révolution sauf la porte d'entrée du 18e s., la tour Pointue (reconstruite en 1815) qui marque l'emplacement de la façade de l'abbatiale, la tour carrée (12e-13e s.) de croisée de transept, consolidée à grand renfort de contreforts.

Beffroi ⊙ – Construit dans la seconde moitié du 16e s., incendié en 1940 et dynamité par les Allemands en 1944, il a été reconstruit sous la direction de Paul Gélis, qui a su conserver les grandes lignes de l'édifice précédent tout en simplifiant le décor extérieur. Ainsi le beffroi de Bergues découpe à nouveau sa silhouette élancée sur le pâle ciel flamand. Son appareil est composé de briques jaunes, dites « briques de sable », sa hauteur atteint 54 m et il est surmonté du lion de Flandre ; le carillon compte 50 cloches. Du sommet, vue sur la plaine de Flandre.

A la façade de l'hôtel de ville (**H**), un buste de **Lamartine** rappelle que celui-ci, beau-frère de M. de Coppens d'Hondschoote, fut élu député de Bergues en 1833, après une première tentative malheureuse deux ans auparavant.

Mont-de-Piété (**M**) – Restauré avec goût après la guerre, comme l'église St-Martin, cet édifice est dû à **Wenceslas Coebergher** (1561-1634), personnage singulier qui fut peintre, architecte, économiste et ingénieur : dans les Flandres, il s'occupa de l'assèchement des Moëres et introduisit les premiers monts-de-piété.

Le mont-de-piété fut inauguré en 1633 et son activité se poursuivit jusqu'en 1848. C'est un élégant bâtiment de briques et pierres blanches avec un pignon baroque présentant une ingénieuse composition d'éléments décoratifs : pilastres, niches, cartouches, frontons.

Musée municipal ⊙ – Parmi les peintures, le joyau est sans aucun doute, à l'étage, le *Joueur de vielle*, vaste toile de **Georges de la Tour** (1593-1652), mais il faut citer aussi un ensemble de peintres flamands des 16e-17e s. avec une esquisse de Rubens, des portraits de Van Dyck, Cossiers et Simon de Vos, la *Chaste Suzanne* par Jan Massys, des natures mortes par Ghysbrecht et Van Son, etc.

Le mont-de-piété.

E. Revault/PIX

Au 2e étage, la section d'histoire naturelle est riche d'oiseaux et de papillons. La collection de dessins des 16e et 17e s. est exposée par roulement.

Les monts-de-piété furent institués au 17e s. par l'archiduc des Pays-Bas pour réprimer les abus commis dans les établissements de prêts tenus par les Lombards. Dans les Flandres, l'Artois et le Hainaut, Wenceslas Coebergher fut chargé de construire une quinzaine d'établissements parmi lesquels Arras (1621), Bergues (1633), Cambrai, Douai, Valenciennes...

EXCURSIONS

Circuit de 12 km – *Environ 3/4 h. Quitter Bergues au Sud par la D 916 et, à 4 km, prendre à gauche la D 37.*

Quaëdypre – Situé sur une légère éminence, ce village possède une **église-halle** ⓥ à trois nefs égales, dont l'intérieur est orné de boiseries sculptées du 17e s. : maître-autel orné d'une peinture de l'Anversois Goubau, le maître de Largillière ; table de communion, chaire et confessionnaux provenant de l'église des Dominicains de Bergues ; buffet d'orgues et stalles jadis à St-Winoc de Bergues.

West-Cappel – Calme village situé sur une élévation de terrain. L'**église St-Sylvestre** ⓥ, reconstruite au 16e s. en « brique de sable », présente un puissant clocher-porche, trois nefs et un chœur plus élevé que celles-ci. A l'intérieur, éclairé par des vitraux, dont certains remontent au 16e s., il faut voir la table de communion du 17e s., la chaire et, au fond de la nef gauche, le gisant de Ludwine Van Cappel (15e s).

Moulin « Den Leew » ⓥ – *8 km au Sud par la D 916, puis à droite la D 110.* Situé sur la commune de **Pitgam**, ce moulin à farine, sur pivot, en bois, date de 1776.

BERNAY-EN-PONTHIEU

194 habitants
Cartes Michelin nᵒˢ 52 Nord du pli 6 ou 236 pli 12.

Sur le versant de la vallée de la Maye, Bernay a conservé son ancienne **maison de poste**, face à l'église. Le relais-auberge a été décrit par Victor Hugo dans une lettre du 5 septembre 1837 : « il est situé au point précis où la diligence qui arrive de Paris a faim pour déjeuner, et la diligence qui arrive de Calais a faim pour dîner... »
Le bâtiment sur rue remonte au 15e s. : un étage en encorbellement a pour base une poutre sculptée de guirlandes et de têtes grotesques.

Château d'Arry – *Après 2 km par la N 1 vers Montreuil, prendre à gauche la D 938.* De la route, on jouit d'une jolie perspective sur cette demeure Louis XV élevée en 1761 sur le coteau dominant la Maye. Son avant-corps arrondi et son appareil de briques roses à chaînages de pierres blanches évoquent le château de Bagatelle.

Château de BERTANGLES

Cartes Michelin nᵒˢ 52 pli 8 ou 236 pli 24 (10 km au Nord d'Amiens).

Incendié et détruit à plusieurs reprises, le **château** ⓥ fut construit au 18e s. par Louis-Joseph de Clermont-Tonnerre, comte de Thoury, famille à laquelle il appartient encore aujourd'hui.
La grille d'honneur, aux trophées cynégétiques, est l'œuvre de Jean Veyren, serrurier à Corbie, qui exécuta également les grilles de la cathédrale d'Amiens et celle de l'église de l'abbaye de Valloires.
L'édifice en pierre de taille, aux ailes saillantes, forme un ensemble harmonieux. Les façades sont décorées de sculptures symbolisant la paix : les Trois Grâces, les Quatre Saisons, les masques de la comédie italienne (Scapin, Colombine), les instruments de musique... A l'intérieur, l'escalier, bel exemple de stéréotomie, est pourvu d'une belle rampe en fer forgé. Les appartements sont revêtus de boiseries en chêne ; dans la salle à manger, tapisserie d'Aubusson représentant le triomphe d'Alexandre.
Dans la cour attenante à la ferme, on peut voir un grand pigeonnier comptant 1 800 boulins, et un tourniquet à eau.

ENVIRONS

Villers-Bocage – *4 km au Nord par D 97 et N 25.*
L'**église** des 13e-16e s. renferme une **Mise au tombeau** du 16e s. que les amateurs de sculpture peuvent comparer avec celle de Doullens *(voir à ce nom)*. L'exécution en est parfois maladroite mais les personnages ne manquent pas d'expression et les vêtements des femmes, aux riches ajustements, sont typiques de la Renaissance.

*Pour voyager, utilisez les **cartes Michelin** à 1/200 000.*
Elles sont constamment tenues à jour.

BÉTHUNE

Agglomération 259 679 habitants
Cartes Michelin nᵒˢ 51 pli 14 ou 236 pli 15.
Plan dans le guide Rouge Michelin France.

Au sein d'une plaine fertile du pays minier, Béthune est une ancienne place forte à la Vauban, port fluvial important, relié à la Lys et à la Deule par le canal d'Aire.

Les « Charitables » – Au 12ᵉ s., la peste dévaste la région et les fossoyeurs manquent. Deux maréchaux-ferrants de Béthune et Beuvry fondent alors une confrérie de « Charitables », sous le vocable de saint Éloi, patron de leur corporation. La confrérie, composée d'un prévôt et de 20 confrères, se charge des sépultures.

Aujourd'hui, les membres de l'association, vêtus d'une redingote noire à rabat bleu ciel, d'un mantelet plissé et d'un bicorne, assurent bénévolement le transport des cercueils à l'église et au cimetière. A la chapelle St-Éloi de Quinty *(1 km à l'Est de Béthune, sur la N 41)* se déroule chaque année, la « procession à Naviaux », où se rencontrent les deux prévôts de Béthune et de Beuvry, en présence des 38 confréries environnantes *(voir le chapitre des Manifestations touristiques en fin de guide)*.

CURIOSITÉ

Grand'Place et Beffroi – La Grand'Place est entourée de maisons reconstruites après la guerre 1914-18 dans un style adapté aux traditions flamandes.

Au centre se dresse, solitaire, un imposant **beffroi** de grès, haut de 30 m, dont la base était, avant 1918, dissimulée par des échoppes. Élevé au 14ᵉ s., avec échauguettes d'angle et campanile surmonté d'une loge de guetteur et d'une girouette représentant un dragon, il comporte trois étages et abrite un joli carillon. Jusqu'au 17ᵉ s. il servait d'entrée à la Halle-aux-Draps. La tour de briques de l'église St-Vaast complète le décor.

ENVIRONS

Hesdigneul-lès-Béthune – *4 km au Sud-Ouest, par la N 41.*
L'**église** ⊙ intéressera l'amateur d'architecture par son clocher-porche et par sa voûte de chœur (15ᵉ s.) en étoile d'un dessin décoratif et original.

P. Dores/Studio des Grands Augustins

Le beffroi et l'église St-Vaast.

BLÉRANCOURT

1 268 habitants
Cartes Michelin n°s 56 pli 3 ou 236 plis 36, 37.

Quelques parties seulement subsistent de l'ancien château des ducs de Gesvres, construit au 17e s. par Salomon de Brosse et abandonné pendant la Révolution. Dans ce qui restait des bâtiments s'installa, en 1917, un groupe d'Américaines qui, sous la direction de Miss Ann Morgan, avait pour mission de secourir les régions dévastées.

Musée national de la coopération franco-américaine ⊙ – Deux portes monumentales donnent accès à la cour d'honneur entourée de douves. Deux pavillons encadrent la deuxième porte. Dans celui de droite ont été installées la bibliothèque, la documentation et les archives ; celui de gauche est consacré aux souvenirs de Miss Morgan. Les deux ailes du musée proprement dit reconstituent partiellement le rez-de-chaussée du château. L'aile gauche *(actuellement fermée)* est consacrée à la guerre d'Indépendance. L'aile droite (pavillon Florence Gould) présente des peintures et des sculptures exé-

Blérancourt. – Coiffure « l'Indépendance ».

cutées entre 1800 et 1945 par des artistes français aux États-Unis et par des artistes américains en France. Un étage est réservé à l'aide humanitaire américaine pendant la Grande Guerre.

Des jardins d'essences américaines et un arboretum complètent la visite.

BOULOGNE-SUR-MER★★

Agglom. 95 930 habitants (les Boulonnais)
Cartes Michelin n°s 51 pli 1 ou 236 pli 1.
Plan d'agglomération dans le guide Rouge Michelin France.

Boulogne, ancienne cité romaine, est située au débouché de la vallée de la Liane qu'enserrent de hautes collines. C'est un port de commerce, de voyageurs et surtout de pêche à l'aspect rude mais attachant, aux rues animées. Sainte-Beuve y naquit en 1804. Également boulonnais, l'ingénieur **Frédéric Sauvage** (1786-1857) est l'inventeur de l'hélice appliquée à la navigation à vapeur (statue sur le pont Marguet face à l'office du tourisme).

L'agglomération est divisée en ville haute, administrative et religieuse, corsetée de remparts et dominée par la silhouette de la basilique, et ville basse, commerçante et maritime, reconstruite après guerre.

Le miracle Notre-Dame – En 636, sous Dagobert, une embarcation sans équipage ni voilure, portant une statue de la Vierge, atterrit sur la grève. Au même moment, des fidèles priant dans la chapelle située à l'emplacement de l'actuelle basilique étaient avertis de l'événement par une apparition de Notre-Dame. Ce miracle suscita le célèbre **pèlerinage** qu'accomplirent quatorze rois de France et cinq rois d'Angleterre. Le prestige de Notre-Dame de Boulogne fut parfois exploité à des fins politiques. Ainsi Louis XI s'attribua le comté qui appartenait aux ducs de Bourgogne en déclarant que la Madone vénérée à Boulogne était la vraie « Dame » de la ville, que lui, Louis XI, était son vassal sur la terre et que, à ce titre, il prenait en main les intérêts boulonnais.

« Boulogne, ville impériale » – Le nom de Boulogne est lié au souvenir de Bonaparte. Dès 1803, il avait rassemblé son armée au **camp de Boulogne** pour une tentative d'invasion de l'Angleterre. Le 26 août 1805, Napoléon Ier, couronné depuis un an, abandonne son projet pour lancer la Grande Armée contre les Autrichiens.

En août 1840, le futur Napoléon III tente de soulever Boulogne contre Louis-Philippe, mais sa tentative échoue et il est enfermé au fort de Ham *(voir à ce nom)*.

Chaque année, en juillet, ont lieu les fêtes napoléoniennes : reconstitution d'une bataille napoléonienne en costume d'époque.

LE PORT

Premier **port de pêche fraîche** d'Europe continentale, Boulogne est aussi le premier centre européen d'échange de produits de la mer et un complexe industriel international pour la transformation du poisson (salé, fumé, surgelé ou en conserve).

Une quinzaine de chalutiers de pêche industrielle, quelque 90 navires de pêche artisanale et une quarantaine de bateaux de pêche côtière contribuent à l'approvisionnement local complété par les importations de l'ensemble des pays producteurs du Nord-Ouest européen.

La **criée** est surtout intéressante le mercredi. Elle a lieu dans le bâtiment couvert qui borde le bassin Loubet dans le quartier Capécure, le matin à 5 h, et dure environ 1 h.

Boulogne est un **port de voyageurs** spécialisé dans les relations avec la Grande-Bretagne. La liaison Boulogne-Folkestone est assurée par Hoverspeed avec un catamaran, transporteur de passagers et voitures.

Boulogne est au 9e rang des **ports de commerce** avec un trafic comportant, à l'entrée : minerai de manganèse, papier et pâte à papier, bois et

Le port.

J. Dupont/EXPLORER

contre-plaqués, produits congelés et, à la sortie, ferro-alliages, ciments, farine. L'activité industrielle s'est développée en dehors de la ville avec une zone industrielle de 55 ha couvrant la vallée de la Liane et deux autres zones au bord des N 42 et N 1.

Complètement détruites par la guerre, les installations portuaires reconstruites ont pris de l'extension et s'étendent au-delà de Boulogne sur la commune du Portel où se trouve le port de commerce *(voir p. 89)*.

Le **port extérieur** est protégé par deux digues, dont l'une, la digue Carnot, atteint 3 250 m de long. L'élément principal en est la darse Sarraz-Bournet avec un môle Ouest affecté aux gros cargos et un môle Est aménagé pour les minéraliers alimentant le complexe métallurgique Paris-Outreau. Le **port intérieur** comprend un avant-port avec un bassin de marée réservé aux voyageurs, aux petits chalutiers et aux plaisanciers, le bassin Napoléon et le bassin Loubet pour les grandes unités de pêche.

La **gare maritime** (Y) est pourvue de 4 postes d'accostage et de 3 passerelles. Dans les halles réfrigérées, le long du bassin Loubet, a lieu, la nuit, le tri de la pêche industrielle et artisanale.

Le **quai Gambetta** (YZ), dominé par de hauts immeubles, est surtout animé quand les chalutiers débarquent leur pêche, en partie vendue sur place.

Plage – Déjà connue au 18e s., cette plage de sable fin fut en vogue dès le Second Empire. Sur la digue-promenade est érigée la statue équestre du général San Martin qui passa les derniers mois de son existence à Boulogne *(voir p. 88)*.

★★ NAUSICAA (Y) ☉

En bordure de la plage, face à la gare maritime, le **Centre national de la Mer** a été construit à l'emplacement de l'ancien casino, par l'architecte Jacques Rougerie, spécialiste des réalisations ayant trait à la mer, et par Christian Le Conte pour la partie muséographique. Ce complexe, le plus grand d'Europe consacré à la connaissance de la mer, a pour but d'en faire découvrir la faune dans les eaux chaudes et froides, sa gestion rationnelle et les métiers qui y sont liés. Il sensibilise le public aux problèmes de la pollution et de l'exploitation excessive qui menacent cette immense réserve commune.

Le visiteur est convié à un voyage au centre de la mer, plongé dans une pénombre bleutée, environné de musiques aquatiques, pour découvrir des aquariums de grandes dimensions et bénéficier d'un enseignement varié. Nausicaa est aussi un centre de recherche scientifique doté d'un bassin d'essais de 40 m de long, conçu par l'IFREMER (Institut Français pour la recherche et l'Exploitation de la Mer) et permettant la simulation du fonctionnement des engins de pêche hydrodynamiques.

Le monde de la mer – Dès l'entrée, le visiteur pénètre dans le monde du plancton. Un aquarium cylindrique contient des méduses.

Le plancton

Sous ce nom se regroupent des organismes qui ne peuvent lutter contre les courants marins. Leur taille est variable : microscopique pour le phytoplancton (plancton végétal), pouvant atteindre la taille d'une tête d'épingle pour le zooplancton (plancton animal) et une dizaine de mètres pour certaines méduses prolongées de leurs filaments. Le plancton joue un rôle fondamental : il est à l'origine de toute vie dans les océans ; il poursuit la matière organique à partir des sels minéraux et de l'énergie lumineuse ; il rejette une grande partie de l'oxygène de la planète.

Des bornes vidéo renseignent sur la chaîne alimentaire, la locomotion à partir de quelques exemples tirés du monde animal. Les aquariums suivants abritent de magnifiques spécimens illustrant différentes techniques de survie : mimétisme (poisson pierre), rassemblement par bancs (poissons chats), occupation et défense d'un territoire de chasse (mérou). Certaines espèces changent de couleur en fonction de l'âge ou de l'environnement (poisson ange). Par trois gros hublots, le regard plonge dans les abysses et la reconstitution de la faune vivant à plus de trois mille mètres à proximité des sources chaudes.

La plupart des espèces vivent dans les cent premiers mètres de profondeur, où la pénétration de la lumière favorise la prolifération du plancton végétal. Le « **lagon coralien** » où, parmi les coraux et les anémones de mer, évoluent de petits poissons tropicaux multicolores, offre un dépaysement total. Dans un autre aquarium évoluent des poissons-anges, poissons-papillons, poissons-ballons, balistes.

A l'inverse des mers chaudes, les mers froides où les espèces sont limitées en nombre mais abondantes (morues), sont propices à la pêche. Les épaves sont le lieu privilégié des congres et des murènes. Enfin, le visiteur fait connaissance avec les poissons et les invertébrés du littoral boulonnais dans le contexte des marées.

La mer des hommes – L'« **espace diamant des thons** », étrange aquarium en forme de pyramide inversée où nage un banc de sérioles (sorte de thon) donne, par un effet visuel tournant, l'illusion d'être, comme les poissons, sous la surface de l'eau. Le thon est un athlète des mers largement exploité. Une projection à l'arrière d'un grand chalutier reconstitué permet ensuite d'assister, sur fond sonore, aux manœuvres nocturnes du chalut en mer du Nord. De nombreux documents exposent les différentes méthodes de capture.

Les nouvelles techniques d'aquaculture sont présentes sous la forme de maquettes figurant les différents sites aquacoles. On y élève des espèces nobles de poissons (saumons, turbots, esturgeons) et des crustacés. Dans le « **bassin tactile** », les enfants peuvent caresser les raies bouclées qui ont été apprivoisées pour prendre la nourriture directement dans la main du soigneur. Les morues, les lieus jaunes, plus farouches, les oursins, les étoiles peuplent également le bassin.

Un espace est réservé à l'Europe bleue, créée en 1983 par les pays de la C.E.E. pour une meilleure exploitation de la mer.

Le voyage se termine par le spectaculaire « **anneau des sélaciens** », bassin panoramique où évoluent des requins.

Le grand hall d'accueil dessert une médiathèque, une salle de projection, une salle de conférences, une boutique de souvenirs, une cafétéria et un restaurant.

★★ LA VILLE HAUTE *visite : 3 h*

Entourée de remparts, la ville haute est située à l'emplacement de l'ancien castrum romain. Elle est dominée par l'énorme dôme de la basilique Notre-Dame.

Très animée en été quand les ferries anglais déversent leurs flots de passagers, cette partie de la ville incite à la flânerie sur ses remparts aménagés pour la promenade ou à l'abri de ses fortifications parmi les rues et les monuments.

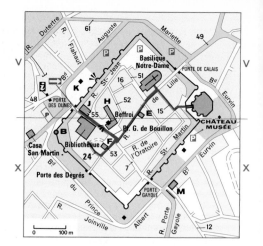

BOULOGNE-SUR-MER
VILLE HAUTE

B Tour Gayette
E Maison ancienne
F Hôtel Desandrouins
H Hôtel de ville
J Palais de Justice
K Monument à Mariette
M Musée d'Histoire naturelle

Les remparts

Édifiés au début du 13ᵉ s. par le comte de Boulogne, Philippe le Hurepel (Le Hérissé), fils de Philippe Auguste, sur les bases de la muraille gallo-romaine, ils ont été consolidés aux 16ᵉ-17ᵉ s. Ils dessinent un rectangle de 325 m sur 410 renforcé à l'Est par le **château** et sont percés de quatre portes flanquées de deux tours : les portes Gayole, des Dunes, de Calais et celle **des Degrés** (X) ouverte seulement aux piétons. Le chemin de ronde accessible par chaque porte offre de belles **perspectives★** sur la ville et l'animation du port.

Au coin Ouest, la **tour Gayette** (X **B**), une ancienne geôle, fut le témoin en 1785 de l'envol en ballon de **Pilâtre de Rozier** et Romain qui tentaient la traversée de la Manche et allèrent malheureusement s'écraser au sol près de Wimille.

Dans le jardin entre le boulevard Auguste-Mariette et les remparts se dresse une pyramide surmontée d'une statue. Ce monument (V **K**) est dédié à un autre Boulonnais : **Mariette,** l'égyptologue, que la statue représente en costume égyptien.

Promenade dans la ville haute (VX)

Y pénétrer par la porte des Dunes qui s'ouvre à l'Ouest sur la place de la Résistance autour de laquelle se dressent :

– La **bibliothèque** installée dans l'ancien couvent des Annonciades. Les bâtiments du 17ᵉ s. et le cloître abritent les salles d'études et d'expositions tandis que la grande salle de lecture occupe la chapelle du 18ᵉ s. remarquable par son superbe plafond à caissons visible à travers les vitres donnant sur la place.

– Le **palais de justice** (**J**) de 1852, à la façade néo-classique où se détachent dans deux niches les statues de Charlemagne et de Napoléon Iᵉʳ.

– Le **beffroi** ⏱ gothique *(accès par l'hôtel de ville)* du 13ᵉ s. dont la base date du 12ᵉ s. (à l'époque c'était le donjon du château des comtes de Boulogne) et la partie octogonale au sommet du 18ᵉ s. Il abrite quelques statues gallo-romaines et meubles anciens provenant de la région ainsi qu'un beau vitrail de Godefroy de Bouillon.

Du haut du beffroi (183 marches) s'offre une **vue★** étendue sur Boulogne et ses environs.

La place de la Résistance donne sur la **place Godefroy-de-Bouillon** située à la croisée des quatre rues principales. Elle doit son nom au chef de la première croisade qui appartenait à la maison de Boulogne.

Sur cette place, l'**hôtel de ville** (**H**) élève une façade en briques roses à parements de pierre du 18ᵉ s. qui contraste avec le rude beffroi gothique.

En sortant de la mairie, à droite, l'**hôtel Desandrouin** (**F**), édifice de style Louis XVI, abrita plusieurs fois Napoléon au cours de ses séjours à Boulogne de 1803 à 1811.

Prendre la rue du Puits-d'Amour le long de l'hôtel Desandrouin et tourner à droite.

Rue Guyale (X **24**) – Elle abritait la halle de la guilde des marchands. Bien restaurée, elle montre l'arrière du couvent des Annonciades et les façades en pierres nues des maisons anciennes dont l'une est occupée par la Direction du développement touristique.

De la place Godefroy-de-Bouillon, prendre la rue de Lille.

Au nᵒ 58, se trouve la plus ancienne **maison** (V **E**) de Boulogne (12ᵉ s.)

Basilique Notre-Dame (V) – *Accès par le transept Sud, rue de Lille.* Siège du pèlerinage de la Vierge *(p. 65)*, la basilique, construite de 1827 à 1866 sur l'emplacement de la cathédrale détruite après la Révolution, a conservé sa crypte romane.

A l'intérieur, une puissante colonnade corinthienne soutient l'édifice. Derrière le chœur on peut admirer la superbe envolée de la **coupole**★ avec sa ronde de grandes statues. Dans la chapelle centrale de la rotonde se trouve la statuette en bois de N.-D. de Boulogne, couronnée de gemmes. Elle est portée en procession chaque année *(voir le chapitre des Manifestations touristiques en fin de guide)* ; dans le cortège on voit encore des Boulonnaises auréolées de la gracieuse coiffe en « soleil » et les Porteloises à strict bonnet et grand châle des Indes.

★ **La crypte et le trésor** ⊙ – Sous la basilique se déploie un véritable labyrinthe de souterrains reliant 14 salles. L'une abrite le trésor qui présente des statues et des objets cultuels (calices, reliquaires) provenant de diverses églises de la région. Remarquer la relique du Saint Sang offerte par Philippe le Bel à N.-D. de Boulogne.

Après avoir traversé plusieurs salles dont la salle St-Luc, ornée de grisailles du 19ᵉ s., puis celle contenant les vestiges d'un temple romain du 3ᵉ s., on parvient à la remarquable **crypte aux piliers peints** du 11ᵉ s., découverte au moment de la construction de la basilique. Non loin de là, vers les fondations du chœur, la sépulture de Mgr Haffreingue, le constructeur de la basilique.

Prendre en face la rue du Château.

Château-Musée.

F. Balloy/DIAPHOR

★ **Château-Musée** (V) ⊙ – Jadis résidence des comtes de Boulogne, cet ouvrage polygonal d'aspect puissant est le premier en France et en Europe occidentale à avoir abandonné le donjon traditionnel. Flanqué de tours rondes, il protégeait la partie la plus vulnérable des remparts vers le plateau. De ce côté, un bastion dit « en pas de cheval » lui fut adjoint au 16ᵉ s. Il est isolé des remparts par un fossé qu'un pont-levis enjambait autrefois.

Réparti sur quatre niveaux, le circuit permet de découvrir la diversité des collections, tout en admirant les dispositions intérieures du château : salle comtale, tours, chapelle, salle des gardes...

L'archéologie du Bassin méditerranéen est représentée par une section égyptienne : sarcophages, nombreux objets funéraires, don de l'égyptologue Mariette, et surtout par une belle série de **vases grecs**★★ dont une amphore à figures noires représentant le suicide d'Ajax.

Suit un ensemble de faïences des principales manufactures françaises (Rouen, Nevers) et étrangères (Delft) ainsi que de remarquables pièces de porcelaine (St-Cloud, Sèvres, Vincennes). Dans l'escalier conduisant au 3ᵉ niveau et sur le palier sont évoqués Napoléon (buste par Canova, bicorne) et le camp de Boulogne. La salle suivante témoigne de l'essor artistique de Boulogne au 19ᵉ s. avec une sélection des peintres de la côte d'Opale.

Parmi les collections d'ethnographie, remarquer les **masques eskimos et aléoutes**★★ rapportés par l'anthropologue Pinart au cours d'un voyage en Amérique du Nord, et les objets océaniens dont une pirogue de guerre maori (Nouvelle-Zélande).

BOULOGNE-SUR-MER

[Map of Boulogne-sur-Mer with street labels including: Plage, CÔTE D'OPALE, D 940 WIMEREUX, Calvaire des Marins, NAUSICAA, FOLKESTONE, GARE MARITIME, PORT, BASSIN, NAPOLÉON, CAPÉCURE, LE PORTEL, VIADUC J-JAURÈS, ST-JEAN-BAPTISTE, LE TOUQUET MONTREUIL, D 940, CENTRALE, LA LIANE, Casa San Martin, St-Nicolas, Pl. F. Sauvage, ST-MICHEL, Pl. Navarin, ST-PIERRE, Basilique, CHÂTEAU MUSÉE, VILLE HAUTE, CALAIS, N42, ST-OMER, ST-FRANÇOIS-DE-SALES, R. E. Branly, LE TOUQUET MONTREUIL, N 1]

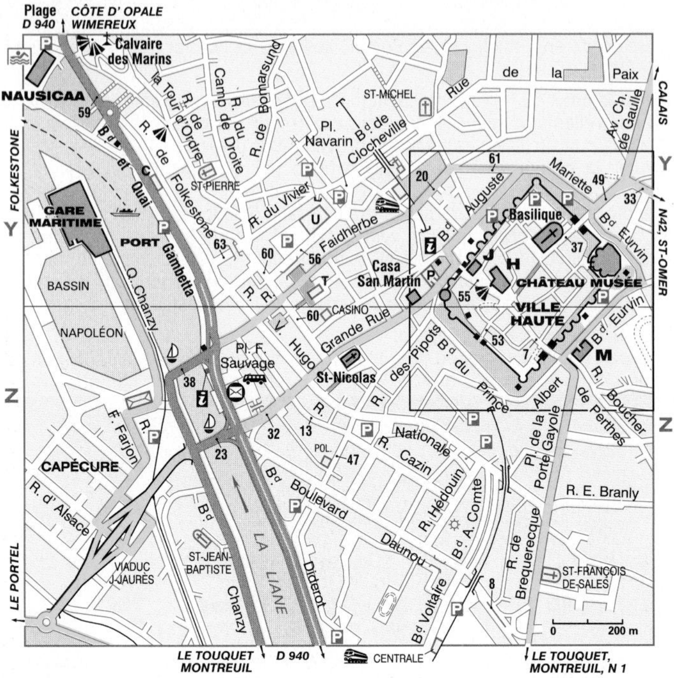

H Hôtel de ville   **J** Palais de justice   **M** Musée d'Histoire naturelle

Trois salles sont consacrées à la peinture des 17e, 18e et surtout du 19e s. avec Corot, Boudin et Fantin-Latour, et ornées de quelques sculptures de Rodin, Pompon, Carpeaux.

L'immense salle des gardes présente les collections du Moyen Âge et de la Renaissance : dinanderie, sculptures en bois et en pierre, mobilier et boiseries gothiques, exceptionnel épi de faîtage en terre vernissée, peintures, monnaies. Les salles souterraines, qui reposent en grande partie sur l'enceinte gallo-romaine des 2e et 3e s. apr. J.C., présentent les collections archéologiques ainsi que la Barbière, superbe salle gothique.

Mariette, le père de l'égyptologie (1821-1881)

En 1850, Auguste Mariette, un jeune Boulonnais attaché au musée du Louvre, est envoyé en mission au Caire pour acquérir des manuscrits coptes. A défaut de manuscrits, il découvre le Sérapeum de Memphis, ancienne capitale des pharaons. Pendant quelque 30 ans, jusqu'à sa mort, au Caire, il sillonne l'Egypte et y organise des fouilles archéologiques. Il crée le musée de Boulaq, ancêtre de l'actuel Musée égyptien du Caire et institue le service des Antiquités de l'Egypte. En 1879, les Egyptiens lui confèrent la dignité de « pacha ».

AUTRES CURIOSITÉS

Église St-Nicolas (z) – Sur la place Dalton où se tient un marché *(mercredi et samedi),* cette église, la plus ancienne de Boulogne, présente une façade classique. Élevée de 1220 à 1250 elle connut de nombreux remaniements au début du 16e s. (abside, transept, voûtes du chœur et chapelles) et au 18e s. quand la nef fut reconstruite. Remarquer le maître-autel à colonnes torses du 17e s. et, à droite de celui-ci, une belle toile de Lehmann, un élève d'Ingres, représentant la Flagellation.

Musée d'Histoire naturelle (z M) ⊘ – En cours d'agrandissement, ce musée présente des collections d'entomologie, de minéralogie, de malacologie (mollusques) et d'animaux naturalisés replacés dans leur milieu. Dans la galerie de paléontologie sont exposés des fossiles stratigraphiques de la région ; une place importante est faite aux reptiles de l'ère secondaire (reptiles marins et dinosaures). Remarquer également le squelette d'un mammouth provenant de la vallée de l'Aa.

Casa San Martin (Y) ⊙ – Cette maison fut habitée de 1848 à 1850 par le général argentin San Martin qui libéra son pays (1816), le Chili (1817) et le Pérou (1821) de la domination espagnole ; il mourut dans une chambre du 2e étage, en 1850. Elle abrite des souvenirs de cet illustre soldat.

Calvaire des marins (Y) – *Du Centre de la mer, accès par les rues des Signaux et de la Baraque-de-l'Empereur.*
Il se dresse à l'emplacement de la tour d'Odre, phare romain détruit au 17e s., près de la chapelle des marins à murs crénelés. Des abords du calvaire et sur la plate-forme du blockaus voisin, une belle **vue★** plongeante s'offre sur la plage, Nausicaa, le Centre national de la Mer, l'entrée du chenal, les ponts sur la Liane, le quartier St-Pierre sur la gauche. Non loin de là, en suivant la falaise, on peut voir une borne situant l'emplacement de la baraque de l'Empereur ainsi que la poudrière napoléonienne.

ENVIRONS

★ **Colonne de la Grande Armée** ⊙ – *3 km par N 1 au Nord et allée à gauche.*
Élevée en commémoration du camp de Boulogne *(p. 83)* par l'architecte **Éloi Labarre** (1764-1833), elle fut commencée en 1804, mais achevée sous Louis-Philippe. En marbre de Marquise, la colonne atteint 54 m de hauteur pour un diamètre de 4 m. Sur le socle, l'un des bas-reliefs en bronze représente le maréchal Soult offrant à l'Empereur les plans de la colonne. Un escalier de 263 marches permet d'atteindre la plate-forme carrée (190 m au-dessus du niveau de la mer) d'où le **panorama★★** s'étend sur le détroit jusqu'aux blanches falaises anglaises par temps clair, et la campagne verdoyante du Boulonnais. On aperçoit au Nord le cap Gris-Nez, à l'Ouest et au Sud les jetées du port de Boulogne, les rochers du Portel, le phare de la pointe d'Alprech, la ville haute et, à l'Est, l'allée triomphale qui mène au pied de la colonne.

Monument de la Légion d'honneur – *2 km par D 940, et chemin à droite.*
Cet obélisque marque l'emplacement du trône où Napoléon Ier se tint le 16 août 1804, lors de la deuxième distribution des décorations de la Légion d'honneur (la première ayant eu lieu le 14 juillet 1804 aux Invalides, à Paris). Parmi les troupes déployées en arc de cercle sur les pentes du vallon de Terlincthun, 2 000 hommes reçurent leurs croix disposées dans les boucliers et les casques de Du Guesclin et Bayard.

Château de Pont de Briques – *5 km par N 1 au Sud. Voir à ce nom.*

Le Portel – *5 km au Sud-Ouest.* Cette commune possède une **plage** de sable entrecoupée de rochers et bordée d'une digue-promenade surélevée, face à l'îlot du **fort de l'Heurt** construit par Napoléon en 1804. Une statue de N.-D. de Boulogne domine la jetée de l'Épi.
Au Sud à la **pointe de l'Alprech**, perché sur la falaise, se dresse le **phare**.

Forêt de Boulogne – *10 km à l'Est par N 42 et D 341.* La route gravit les flancs du **mont Lambert** (189 m) dont le sommet porte un relais de télévision. Cette forêt (2 000 km) est aménagée pour le tourisme : routes forestières, parking, piste cavalière, aires de pique-nique. La verdoyante vallée de la Liane la limite à l'Est et au Sud : le village de **Questrecques** y occupe un site séduisant.

Le BOULONNAIS★

Cartes Michelin nos 51 plis 1, 2 ou 236 plis 1, 2.

Le Boulonnais doit son relief complexe à la juxtaposition de terrains très divers : marbres de Marquise, grès d'Outreau, craie de Desvres ou de Neufchâtel recouverte d'argiles et dépassant par endroits 200 m d'altitude.
Entre Guînes et l'Aa, le plateau tantôt dénudé, tantôt piqueté de boqueteaux, s'ouvre sur des horizons immenses ; de-ci de-là, de grandes fermes, entourées de bosquets et de pâturages, se livrent à la culture des céréales et de la betterave.
Étroites et profondes, les vallées du Wimereux, de la Liane, de la Hem, de la Slack, sont tapissées de vergers (pommes à cidre) et de prairies que paissent vaches de race locale, bleue du Nord ou rouge flamande, moutons et chevaux « boulonnais », puissants animaux de trait de robe grise pouvant atteindre le poids d'une tonne.
Adonnés à l'élevage, de modestes villages, aux maisons basses à murs de pierres chaulées, s'égrènent à l'entour de manoirs qui furent, durant la Révolution, repaires de royalistes.
Le Boulonnais constitue l'un des secteurs du Parc Naturel Régional Nord-Pas de Calais.

B. Brillon/MICHELIN

Paysage du Boulonnais.

CIRCUIT AU DÉPART DE BOULOGNE *75 km - environ 3 h*

★★ **Boulogne** - *Voir à ce nom.*

Quitter Boulogne par la N 42 vers l'Est, et à 3 km de la sortie de la ville, prendre à l'échangeur la D 232.

Cette petite route très pittoresque, bordée de hêtres et de vieux ormeaux, descend fortement vers le frais **vallon de Wimereux** tapissé de prairies et semé de bosquets.

Souverain-Moulin - Le château, ses communs et surtout son cadre de frondaisons composent un agréable tableau.

Prendre la D 233 jusqu'à Belle puis tourner à gauche dans la D 238 ; à droite dans la D 251 et de nouveau à droite dans la D 127.

Le Wast - Ce charmant village est un but de promenade pour de nombreux Boulonnais. L'**église** ⊙ intéresse les amateurs d'art roman par son portail orné de festons à la mode orientale, et à l'intérieur par ses arcades en plein cintre retombant sur des chapiteaux à feuilles d'eau recourbées en volutes ; sainte Ide, mère de Godefroy de Bouillon et fondatrice du prieuré, y fut ensevelie au début du 12e s.
La **maison du Parc naturel régional du Nord-Pas-de-Calais, zone du Boulonnais**, est installée dans le **manoir du Huisbois** ⊙, belle demeure du 17e s. en pierres grises du pays. C'est un centre d'accueil et d'information où l'on trouve de la documentation, une bibliothèque, une vidéothèque et des expositions sur le Boulonnais. Un circuit de découverte du bocage est proposé.

Château de Colembert - *On ne visite pas.* Au pied du mont Dauphin, colline de 201 m de hauteur, ce vaste édifice du 18e s. se détache dans un cadre de verdure.

De la N 42 vers St-Omer, prendre à gauche la D 224 vers Licques.

Licques - De l'ancienne abbaye de prémontrés, fondée au 12e s. et reconstruite au début du 18e s., ont survécu la haute nef (fin 18e s) de l'abbatiale et quelques bâtiments de la même époque occupés par le presbytère, la mairie et l'école. En empruntant la route d'Ardres (D 224) au Nord, on atteint à 2 km un beau **point de vue** sur Licques et le bassin de la Hem.

De Licques, suivre la D 191 vers Sanghem et Hermelinghen.

Après le lieu-dit Le Ventu, la route s'élève, dominant toute la région. Belles **vues★** sur les paysages vallonnés et verdoyants du Boulonnais.

A Hardinghen, prendre la D 127 et la D 127E pour rejoindre Rety.

Rety - La petite **église** ⊙ flamboyante (fin 15e s. ; tour du 12e s.) présente extérieurement un appareil très décoratif dessinant des motifs en chaînages et damiers. A l'intérieur : chœur à clé de voûte sculptée au centre d'une couronne de pierre. Le cimetière a été transformé en un agréable jardin.

A la sortie de Rety, prendre à gauche la D 232 et après la traversée de la D 127E, prendre à droite pour rejoindre Hydrequent.

Hydrequent - **La maison du marbre et de la géologie** ⊙ permet de comprendre le processus de la formation du marbre et du charbon dans le Boulonnais.
Les « marbres » qui sont en réalité des calcaires formés à l'ère primaire (carbonifère) ou à l'ère secondaire (jurassique), sont riches en fossiles, comme on peut le voir sur différents panneaux. Il existe 26 variétés de « marbres » : Napoléon tigré, Lunel fleuri, Notre-Dame-Sauvage...
A l'époque primaire, le Boulonnais était recouvert d'une forêt luxuriante : reconstitution de la forêt montrant des animaux et des végétaux géants dont la décomposition forma le charbon. Dans le bassin carrier de Marquise, on extrait du « marbre » utilisé pour de nombreux édifices dont la cathédrale de Cantorbery, et des granulats, qui ont servi à faire les voussoirs du tunnel sous la Manche.
Un salle présente le moulage du squelette d'un Pliosaure (animal préhistorique) découvert à Uzelot, lors du terrassement de l'autoroute, en juillet 1991. La visite est complétée par un spectacle audiovisuel sur l'extraction des carrières.
Revenir sur ses pas pour reprendre la D 232.
Presque aussitôt, on voit sur la gauche un joli moulin sur la Slack.
A Wierre-Effroy, prendre la D 234 jusqu'à Conteville-lès-Boulogne, puis tourner dans la D 233 qui suit le Wimereux.

Wimille - Le vieux cimetière abrite les tombes des aéronautes Pilâtre de Rozier et Romain *(voir p. 86).*
Rejoindre Boulogne.

BRAINE

2 090 habitants
Cartes Michelin nᵒˢ 56 pli 5 ou 237 pli 9.

Née d'un pont sur la Vesle que commandait un château aujourd'hui en ruine, Braine fut de tout temps une étape sur la route de Soissons à Reims. Au centre de la ville, sur la place du Martroi, subsiste une belle maison à pans de bois du 16e s.

Église St-Yved-et-Notre-Dame - Située en lisière de la localité, non loin de la Vesle, dans un endroit tranquille, cette ancienne abbatiale de prémontrés, fondée par le comte de Braine à la fin du 12e s., ne conserve plus que deux travées de sa nef, son transept et son chœur à chapelles rayonnantes.
Intérieurement, on admire les dimensions imposantes du chœur à triforium et de la tour-lanterne, analogue à celle de la cathédrale de Laon, surmontant la croisée du transept. Au revers de la façade sont exposées deux grandes statues du 13e s. aux attitudes majestueuses, provenant de l'ancien portail occidental, détruit en 1832 : ce sont le Christ et la Vierge couronnée qu'entourent les 24 statues d'un Arbre de Jessé.

ENVIRONS

Mont Notre-Dame - *6 km au Sud-Est par la D 14.*
Une **église** dédiée à sainte Marie-Madeleine couronne le « mont » qui domine la vallée de la Vesle. C'est un édifice dont l'architecture et le décor sont typiques du style « Arts déco ». Il a remplacé une magnifique collégiale des 12e-13e s. que les Allemands firent sauter en août 1918 ; son clocher, haut de 60 m, est surmonté d'une statue de Marie-Madeleine. Près de la basilique sont rassemblés quelques chapiteaux de l'ancienne collégiale.

CALAIS

Agglomération 101 768 habitants (les Calaisiens)
Cartes Michelin nᵒˢ 51 pli 2 ou 236 pli 2.
Plan d'agglomération dans le guide Rouge Michelin France.

La proximité des côtes anglaises (38 km) est le facteur majeur de la destinée de Calais, située sur le « pas » (détroit) auquel elle a donné son nom. La cité est divisé en deux quartiers très distincts : la ville administrative et industrielle, Calais Sud, et la ville maritime, Calais Nord, reconstruite après la dernière guerre.
Une vaste plage de sable et une digue-promenade ont été équipées, à l'Ouest de l'entrée du port : par temps clair, on distingue les falaises et Douvres.

Les Bourgeois de Calais - Après Crécy *(voir à ce nom)*, **Édouard III** d'Angleterre, désireux de s'assurer une base puissante, commence le siège, le 3 septembre 1346, de la place de Calais. Huit mois plus tard, Édouard n'a pu entamer la défense acharnée du gouverneur, mais les assiégés, affamés, se voient obligés de capituler. C'est alors que se déroule l'épisode des six bourgeois conduits par **Eustache de Saint-Pierre** et se sacrifiant pour éviter aux Calaisiens le fil de l'épée. En chemise, « les

CALAIS

B Tour du guet
H Hôtel de ville
M¹ Musée des Beaux-Arts et de la Dentelle
M² Musée de la Guerre

chefs nus, les pieds déchaux, la hart (corde) au col, les clefs de la ville en leurs mains »,
ils se présentent devant le roi, pour être livrés au bourreau. Ils sont épargnés grâce
à la reine Philippine de Hainaut : « Ah, gentil sire… vous prie humblement et requiers
pour le fils de sainte Marie et pour l'amour de moi que veuillez avoir de ces hommes
merci. »

Calais resta plus de deux siècles possession des « goddons ». Le duc de Guise
enleva la place seulement en 1558. Ce fut un coup mortel pour la reine d'Angleterre
Marie Tudor qui disait : « Si l'on ouvrait mon cœur on y trouverait gravé le nom de
Calais. »

Activité portuaire – Premier port de France et du continent européen pour le trafic voyageurs, Calais est depuis toujours le port des relations avec la Grande-Bretagne. En 1994, il a enregistré un trafic de plus de 18 millions de passagers et 24 millions de tonnes de fret ; Calais figure actuellement au 1er rang français pour les échanges de marchandises diverses (hors vracs et liquides).

Pour assurer le trafic, Calais dispose d'un terminal routier donnant directement accès aux passerelles d'embarquement et permet aux deux compagnies (P&O European Ferries et Sealink) d'assurer la liaison avec l'Angleterre sur la ligne Calais-Douvres. Ces installations sont directement reliées à l'autoroute A 26 et à la rocade littorale (A 16) par une voie rapide à deux fois deux voies. Un « hoverport » permet à la compagnie Hoverspeed d'exploiter des aéroglisseurs sur la ligne Calais-Douvres.

Calais est aussi un port de commerce traditionnel important dont les éléments principaux du trafic sont les minerais et les agrégats, les bois, les pâtes à papier et le soufre liquide à l'importation ; les sucres, le coke, l'acide sulfurique et les produits divers à l'exportation.

Un bassin à marée, à l'Est du port, permet la réception simultanée de trois navires de type Panamax (60 000 tonnes de port en lourd). Il accueille également des catamarans géants transportant 450 passagers et 80 véhicules.

La dentelle – Calais est, avec Caudry-en-Cambrésis, le grand centre de la dentelle mécanique, avec une main-d'œuvre d'environ 3 000 salariés et plus de 700 métiers.

Cette industrie a été introduite au début du 19e s. par des Anglais de Nottingham et améliorée vers les années 1830 par l'utilisation des premiers métiers Jacquard.

La dentelle est exportée à 75 % dans plus de 140 pays.

DENTELLE DE CALAIS ®

Les principaux débouchés sont pour 80 % le secteur de la lingerie et 20 % celui de la robe (cocktail, soir, mariée, prêt-à-porter et création). Depuis 1991, l'ensemble des entreprises de Calais et de Caudry se sont constituées en Groupement d'Intérêt Économique (G.I.E.) afin de promouvoir un label de qualité, celui de la dentelle de Calais, symbole du savoir-faire des entreprises.

Textiles, bois, pâte à papier, chimie, alimentation s'ajoutent à la dentelle.

CURIOSITÉS *visite : 3 h*

★★ **Monument des Bourgeois de Calais** (DY) – Œuvre type de Rodin, réalisée en 1895. Frémissant de vie et d'émotion, ce groupe de bronze est situé entre l'hôtel de ville et le parc St-Pierre, très ombragé. Il faut admirer séparément les six effigies grandeur nature, hautaines, tendues, aux veines et aux muscles gonflés, qui expriment la noblesse héroïque de ces hommes obligés de s'humilier devant le roi Édouard III d'Angleterre.

Hôtel de ville (DY H) – Bâti en briques et pierres, dans le style du 15e s. flamand, ce bel édifice du début du siècle présente des lignes élancées. Le beffroi, qu'on aperçoit de loin, culmine à 75 m et est doté d'un joli carillon. Un **vitrail**, évoquant le départ des Anglais, éclaire l'escalier d'honneur.

Le port – Longer le vieux bassin du Paradis où la colonne Louis XVIII rappelle le débarquement du roi en 1814 ; suivre les quais (monument des Sauveteurs) jusqu'au fond de l'avant-port.

A droite, le quartier du Courgain, où demeurent les marins, a été reconstruit après la guerre. En arrière de ce quartier se trouve le phare.

Le phare (DX) – Construit en 1848, pour remplacer la lanterne de la tour du guet, il mesure 53 m *(271 marches)*. Du sommet le **panorama**★★ est splendide sur le Calaisis, le port, les bassins, le stade de la citadelle, la place d'Armes et l'église Notre-Dame dont l'ampleur surprend.

Place d'Armes (CX) – Elle constituait le cœur du Calais médiéval avant les destructions de la guerre. Seule a survécu la **tour du guet** (B) (13e s.). A ses côtés s'élevaient le beffroi et l'hôtel de ville, souvent croqués par les artistes.

★ **Musée des Beaux-Arts et de la Dentelle** (CX M') ⊙ – Le musée permet de suivre l'évolution de la sculpture du 19e et du 20e s. et de la peinture du 16e au 20e s. Il conserve également un important fonds d'aquarelles (marines de Francia, de Bonnington) ainsi qu'une série de dessins liés à la sculpture (Carpeaux, Carrier-Belleuse, Fautrier...).

Rez-de-chaussée – Une salle illustre la **sculpture** à travers des œuvres de Cortot, Carpeaux, Barye, Rodin, Bourdelle, Maillol, Wlerick, Barrias, avec un parcours pédagogique éclairant les inventions figuratives de l'époque.

Les Bourgeois de Calais par Rodin.

Une importante section (préfiguration d'un musée de la dentelle et de la mode dans une ancienne fabrique de tulle) est consacrée à la **dentelle** mécanique de Calais ainsi qu'à la dentelle à la main. L'histoire de la dentelle à travers les techniques de fabrication, les robes de haute couture, les dentelles et lingeries du 17e s. à nos jours (le musée possède plus de 400 000 modèles de dentelles mécaniques) est évoquée dans son contexte économique et social.

1er étage – Il présente d'importantes collections de **peintures** des écoles française, italienne, anglaise et hollandaise des 17e s. et 18e s. De cette dernière, on retient des peintures de fleurs dont l'*Enfant Jésus endormi dans une guirlande de fleurs* par Verbruggen l'Ancien.

On peut voir également des œuvres d'artistes contemporains tels que Picasso *(Fragment de brique, Le vieil homme),* Fautrier *(Nu aux bras levés),* Lipchitz, Arp, Zadkine, Isabelle Walberg *(Fer de feu, Mausolée),* Félix Del Marle *(Construction-couleur),* Dubuffet *(Paysage du Pas-de-Calais).*

Musée de la Guerre (CY M²) ⊘ – En face de l'hôtel de ville, au milieu du parc St-Pierre, se cache un important blockhaus qui servait de central téléphonique aux Allemands au cours de la Seconde Guerre mondiale. Dans quelques salles de ce

Dentelle de Calais – La traversée de la Manche par Blériot.

blockhaus ont été rassemblés des affiches, tracts, souvenirs, lettres évoquant l'occupation de Calais, la Résistance, la bataille d'Angleterre. Ce petit musée est émouvant par sa simplicité et les documents qu'il présente.

Église Notre-Dame (CDX) ⊘ – Commencée à la fin du 13e s., époque à laquelle fut construite la nef, elle a été terminée sous l'occupation anglaise à la fin du 14e s. C'est ainsi que la tour, le chœur et le transept présentent un style original en France ressemblant au gothique perpendiculaire anglais. En 1691, Vauban fit construire sur le côté Nord une grande citerne. Dans cette église fut célébré, en 1921, le mariage du capitaine Charles de Gaulle avec une Calaisienne.

CAMBRAI★

33 092 habitants
Cartes Michelin n⁰ˢ 53 plis 3, 4 ou 236 pli 27.

Au centre d'une riche région céréalière et betteravière, Cambrai, sur la rive droite de l'Escaut, fabriquait traditionnellement la batiste de lin, jadis blanchie sur pré, qu'on utilisait pour la confection des mouchoirs et de la lingerie fine. Dans le domaine de la gourmandise, Cambrai est renommé pour ses andouillettes, ses tripes et ses friandises à la menthe, les « bêtises de Cambrai ».

Dominé par les trois tours du beffroi, de la cathédrale et de l'église St-Géry, Cambrai est bâti en calcaire blanc. Cité militaire et archiépiscopale, elle apparaît paisible à l'intérieur de ses boulevards qui ont pris la place des remparts.

La base nautique de Cantimpré dispose d'une capacité d'accueil de 50 bateaux de plaisance.

Le « Cygne de Cambrai » – En 1695, François de Salignac de La Mothe-Fénelon (1651-1715), grand seigneur, homme d'Église et écrivain déjà célèbre, fut investi de l'archevêché de Cambrai. Vénéré par ses ouailles pour sa douceur et sa charité, **Fénelon** reçut à Cambrai la nouvelle de la condamnation par Rome de ses Maximes des saints, ouvrage défendant le quiétisme, doctrine mise à la mode par Mme Guyon et exaltant le « Pur Amour de Dieu ». L'ancien précepteur du duc de Bourgogne monta alors en chaire, prêchant l'obéissance aux décisions de l'Église, puis se soumit par un mandement d'une admirable humilité.

Lors de la guerre de Succession d'Espagne, la charité du « Cygne de Cambrai » trouva souvent l'occasion de s'exercer. Affamés, beaucoup de paysans du Cambrésis affluent à l'archevêché où Fénelon les accueille : l'un d'eux ayant égaré sa vache en chemin, Fénelon part la rechercher le soir même, à pied, accompagné d'un seul valet, et est assez heureux pour retrouver l'animal et le ramener au pauvre homme.

Fénelon devait mourir à Cambrai des suites d'un accident de carrosse.

Raoul de Cambrai – Cette chanson de geste du 12e s. relate un fait historique : la lutte qui opposa, au 10e s., Raoul de Cambrai, injustement dépossédé du fief de son père, aux descendants d'Herbert de Vermandois à qui il disputait le territoire. Ce récit épique est également une peinture des mœurs féodales.

LA VIEILLE VILLE *visite : 1 h 1/2*

Porte de Paris (AZ) – Vestige des fortifications du Moyen Âge, cette porte, encadrée de deux tours circulaires, date de 1390.

Emprunter l'avenue de la Victoire montant en direction de l'hôtel de ville qu'on aperçoit en fond de perspective. On arrive bientôt à la place du St-Sépulcre.

Cathédrale Notre-Dame (AZ) – Jadis abbatiale du St-Sépulcre, elle a été érigée en cathédrale après la Révolution. C'est un édifice du 18e s., plusieurs fois remanié ; la tour date de 1876. A droite, bâtiment conventuel du 18e s.

Les chapelles arrondies qui terminent les bras du transept présentent de grandes **grisailles** en trompe l'œil, exécutées en 1760 par le peintre anversois Martin Geeraerts. Elles évoquent la Vierge *(chapelle droite)* et le Christ *(chapelle gauche)*.

La chapelle absidale recèle le tombeau de Fénelon, sculpté par David d'Angers en 1826 : le prélat, à demi étendu, se tourne vers les cieux dans un élan romantique ; les mains sont admirablement traitées.

Chapelle du Grand Séminaire (AZ B) – Elle est située en retrait d'un square au centre duquel a été placée, en 1947, la statue de Fénelon, œuvre d'Auricoste. Cette ancienne chapelle du collège des jésuites, terminée en 1692, offre une façade baroque, théâtrale et mouvementée, mais où l'ordonnance des baies, pilastres, ailerons à volutes, pots à feu, reste symétrique *(illustration p. 28)*. Les connaisseurs apprécieront la virtuosité du décor sculpté sur lequel règne un haut-relief représentant l'Assomption ajouté au 19e s., lors de la restauration.

CAMBRAI

B Chapelle du Grand Séminaire	**H** Hôtel de ville	**M** Musée municipal
E Maison espagnole	**K** Beffroi	**R** Château de Selles

Maison espagnole (AZ E) – *Siège de l'Office de Tourisme.* Cette maison de bois à pignon couvert d'ardoises remonte à la fin du 16e s. On détaillera les poutres, sculptées de monstres en bas, de « putti » en haut.

Le long des rues du Grand-Séminaire, de l'Épée et de Vaucelette, remarquer les hôtels des 17e et 18e s., comme celui qui abrite le musée municipal *(voir p. 97)*.

Place Fénelon (AY 16) – Elle a été tracée sur l'emplacement de l'ancienne cathédrale, monument gothique démoli après la Révolution ; du **palais archi-épiscopal**, où vécut Fénelon : portique d'entrée (17e s.).

Église St-Géry (AY) ⊙ – Dominée par une tour de 76 m de hauteur, ancienne abbatiale St-Aubert, cette église occupe le site d'un temple dédié à Jupiter Capitolin. La construction de l'édifice, d'un style classique très sobre, s'est poursuivie de 1698 à 1745, sur un plan étendu, comprenant un chœur à déambulatoire et chapelles rayonnantes précédé d'un monumental baldaquin reposant sur quatre colonnes colossales d'esprit baroque.

Le beau **jubé** (1632) qui clôturait l'entrée du chœur a été transféré en bas de la nef : c'est un exemple de style baroque, par le contraste des marbres rouges et noirs, le décor sculpté, œuvre de Gaspard Marsy, empreint de mouvement : « putti » voletant, hauts-reliefs relatant les miracles du Christ, statues d'albâtre.

La chaire monumentale, édifiée en 1850, est l'œuvre d'artisans cambrésiens.

Un mobilier du 18e s. orne le chœur : autel et surtout boiseries à médaillons contant l'histoire de saint Augustin et celle de saint Aubert.

Dans le bras gauche du transept, on admirera une **Mise au tombeau**★★, immense et dramatique toile de Rubens. A l'opposé, dans le transept droit, la **statue** polychrome du 14e s. représentant un évêque fut découverte en 1982 lors des fouilles de la crypte.

En traversant la place du 9-Octobre, gagner la place Aristide-Briand.

Place Aristide-Briand (**AYZ 6**) – Elle a été entièrement reconstruite après la guerre 1914-18.

MUSÉES NATIONAUX

Église St-Géry – Mise au tombeau par Rubens.

L'**hôtel de ville** (**H**) domine la place de ses lignes majestueuses et froides. Réédifié à la fin du 19e s., il a été incendié au cours de la Première Guerre mondiale. Les travaux de restauration effectués dans les années 20, en même temps que la construction de la place, ont respecté sa façade à péristyle de style Louis XVI, due à l'architecte parisien Antoine. Il est surmonté par un campanile à colonnes qu'encadrent les deux jaquemarts Martin et Martine. Ces deux personnages, qui sont aussi les géants processionnels, étaient, d'après la légende, des forgerons qui au 14e s. auraient assommé d'un coup de maillet le seigneur qui ravageait la région. Les jaquemarts en bronze datent de 1512. Hauts de 2 m, vêtus comme des Maures, avec un turban pour coiffe, ils frappent de leur maillet la cloche communale pour donner l'heure.

De l'angle Sud-Ouest de la place se détache le mail St-Martin, longue esplanade offrant une bonne perspective sur le **beffroi** (**AZ K**), ancienne tour St-Martin (15e-18e s.) haute de 70 m, seul vestige de l'église du même nom.

AUTRES CURIOSITÉS

Musée municipal (**AZ M**) ☉ – Il est installé dans un hôtel construit pour le comte de Francqueville vers 1720, restauré et considérablement agrandi grâce à la construction de deux bâtiments.

Le département **Archéologie** occupe les caves voûtées du 18e s. Trois thèmes évoquent l'époque gallo-romaine : la céramique (maquette de four), l'habitat et l'inhumation (urne funéraire). De l'époque mérovingienne on peut voir des objets à usage funéraire provenant de sites des environs de Cambrai, des Rues-des-Vignes (paires de fibules en argent doré et niellé) et de Busigny, fouillés en 1986. Une section d'ostéo-archéologie permet de mieux comprendre l'homme du haut Moyen Âge (détermination de l'âge de l'individu à son décès, trace des maladies, etc.).

Un spectacle audiovisuel, à partir du plan en relief de Cambrai, sert d'introduction à la visite du département du **Patrimoine de Cambrai**.

Les nombreuses sculptures sont les vestiges de monuments religieux détruits : un ensemble de l'abbaye St-Géry au Monts-des-Bœufs (12e s.) composé de trois statues-colonnes représentant les saisons, un chapiteau et des petits tympans dont l'un évoque la légende de Pyram et Thisbé ; la **clôture de chœur**★, en pierre bleue, de la chapelle de l'hôpital St-Julien, de 1541 ; des statues en albâtre, parmi lesquelles un St-Sébastien de la fin du 16e s. provenant de l'ancienne cathédrale.

Dans la dernière salle, a été placé l'imposant **char de procession des chanoinesses de Ste-Aldegonde de Maubeuge**★ (18e s.), en bois polychrome sculpté ; un tableau de Van der Meulen dépeint avec précision la prise de Cambrai par Louis XIV en 1677.

Le département **Beaux-Arts** offre un panorama de la peinture des Pays-Bas de la fin du 16ᵉ s. et du 17ᵉ s. : natures mortes de Nicolas Van Veerendael, *Portrait d'homme* de Mirevelt, *Mise au tombeau* de Hendrick de Clerck (1690), *L'intérieur de la cathédrale d'Anvers* par Hendrick Van Steenwick (1613), *Enée et Didon à la chasse* par Jan Miel, *Joueurs de cartes* de Rombouts. L'école française du 18ᵉ s. est représentée par Berthelemy (*L'évanouissement d'Esther*), Jacques de Lajoue (*L'astronomie*), P.-A. Wille (*Les derniers moments d'une épouse chérie*). Aux 19ᵉ et 20ᵉ s., le portrait, la peinture religieuse et le paysage prédominent avec Carolus Durand, Boudin, Utrillo, Marquet, Othon Friesz...

La sculpture est également présente avec Rodin, Camille Claudel, Bourdelle, Zadkine et le contemporain Georges Jeanclos (auteur du portail de l'église St-Ayoul à Provins).

La Vierge Marie, fragment d'une Annonciation.

Jardin public (BZ) – Dessiné à la fin du 19ᵉ s. sur des terrains militaires libérés par la destruction des remparts, il se prolonge par un parc bordant la **citadelle** (16ᵉ-17ᵉ s.), édifiée par Charles Quint et agrandie plus tard par Vauban. Il ne reste que la porte royale et une caserne ; et, ensevelie, la totalité des galeries de contre-mines.

Les béguinages

C'étaient de petites maisons, accolées les unes aux autres, formant un enclos, où se rassemblaient des femmes, célibataires ou veuves, désireuses de mener une vie de dévotion et de charité. On comptait onze de ces institutions à Cambrai. Le béguinage St-Vaast, qui date de 1354, fut transféré rue des Anglaises en 1545 : cette cour est la dernière qui subsiste en France.

Porte Notre-Dame (BY) – Vestige des anciennes fortifications, elle a été construite au début du 17ᵉ s. ; elle doit son nom à la statue de la Vierge qui orne sa face extérieure. Elle intéresse par le caractère original de son appareil de pierres en pointes de diamant et ses colonnes cannelées décoratives ; au fronton, le soleil de Louis XIV ajouté après la conquête.

Château de Selles (AY R) ⊙ – Ce château, dont la construction est attribuée à Nicolas de Fontaine, évêque de Cambrai, remonte au 13ᵉ s. Il permettait de contrôler le quartier des artisans et les moulins appartenant à l'évêque ainsi qu'il surveillait la route commerciale vers les Flandres.

Les cinq angles saillants étaient renforcés d'une tour circulaire ; chacune d'entre elles avait à l'origine trois niveaux voûtés d'ogives.

Cette forteresse a la particularité de posséder, sur la totalité de son pourtour, une gaine, c'est-à-dire un couloir voûté aménagé à l'intérieur des murailles et reliant les tours. Cette gaine, qui servit de prison au 16ᵉ s., recèle un grand nombre de graffiti. A partir de 1520, le comblement des fossés permit d'intégrer le château aux fortifications urbaines.

Les casernes construites en briques et pierres au 18ᵉ s. viennent d'être restaurées pour abriter le tribunal.

ENVIRONS

Abbaye de Vaucelles – *Voir à ce nom.*

Les publications Michelin
- *plus de 220 cartes, atlas et plans de ville ;*
- *12 guides Rouges hôtels-restaurants couvrant les pays européens ;*
- *plus de 130 guides Verts pour toutes les destinations (8 langues d'édition).*

Vallée de la CANCHE★

Cartes Michelin nᵒˢ 51 plis 11, 12, 13 ou 236 plis 11, 12, 13, 14.

Comme la Somme et l'Authie, la Canche est une rivière dont le cours paresseux entraîne difficilement les eaux qui sourdent des flancs de sa vallée et s'épanchent en marais.

La vallée, s'évasant en pentes molles, est très verdoyante : prés dans les fonds, bois sur les pentes. Elle est parsemée de maisonnettes basses dont les murs chaulés se détachent en blanc sur la verdure alentour.

DU TOUQUET A HESDIN
54 km - environ 2 h 1/2

⌂⌂⌂ **Le Touquet** - *Voir à ce nom.*
Quitter le Touquet par ①.
On traverse de charmants villages, éparpillés dans un paysage riant : maisons basses et chaulées à toits de tuiles, manoirs nichés sous les frondaisons ou en bordure de pièces d'eau. Avant d'arriver à la Madelaine s'offrent d'intéressantes perspectives sur les remparts de Montreuil.

★ **Montreuil** - *Voir à ce nom.*
Quitter Montreuil par ①, franchir la Canche et, à Neuville, prendre à droite la D 113.

Chartreuse N.-D.-des-Prés - Fondée au 14ᵉ s. et ruinée après la Révolution, elle a été en 1872 reconstruite par les chartreux, puis convertie en hospice en 1903. Entre Neuville et Marles, jolies vues sur les remparts de Montreuil, roses avec un liséré blanc.
Franchir la Canche.
La route passe à côté d'étangs recherchés pour la pêche.

Brimeux - Centre de pêche et de chasse à proximité d'un vaste étang. L'église possède un élégant chœur flamboyant et un clocher à la silhouette étrange.
Suivre la N 39 jusqu'à Aubin-St-Vaast, puis tourner à droite dans la D 136ᴱ, en montée.
Au sommet de la côte se découvre une **vue** étendue vers la vallée que surmonte, en fin de perspective, la masse sombre de la forêt d'Hesdin, interrompue à gauche par le Vallon de la Planquette.
Suivre la D 138 qui offre des vues sur la forêt et la ville d'Hesdin.

Hesdin - *Voir à ce nom.*

DE HESDIN A FRÉVENT
33 km - environ 1 h

Hesdin - *Voir à ce nom.*
Quitter Hesdin à l'Est par la D 110 qui longe la chapelle N.-D.-du-Chêne.

Vieil-Hesdin - L'actuel village rappelle le souvenir de l'ancienne cité d'Hesdin rasée par les troupes de Charles Quint, en 1553.

« Les Merveilles d'Hesdin », un parc de loisirs au 13ᵉ s.

Le château d'Hesdin était au Moyen Âge la résidence favorite des comtes d'Artois. A la fin du 13ᵉ s., Robert d'Artois fit construire un jardin exotique contenant toutes sortes de divertissements extraordinaires, « les merveilles d'Hesdin » : galerie munie de machines et de conduits souterrains ménageant d'étranges surprises (pièges hydrauliques arrosant par surprise le promeneur, engins lui jetant de la suie ou de la farine, mannequins animés le rouant de coups, pont s'effondrant sous ses pas), pavillons truqués, théâtre d'automates, cadran solaire monumental...

L'itinéraire emprunte la rive gauche de la Canche, pour suivre la D 340, « **Route des Villages Fleuris** ». Évasé, le val présente d'agrestes fonds tapissés de prairies et plantés de peupliers.
A Conchy-sur-Canche prendre à gauche la D 102.

Château de Flers - *On ne visite pas.* Il avoisine l'église dans un site reposant. Le château Louis XVI à courtes ailes en retour est construit en briques avec parement de pierres suivant la formule locale. Sur le côté droit de l'église fait saillie la **chapelle seigneuriale** (15ᵉ s.) des barons de Flers, à clés et consoles sculptées, parfois de savoureuse manière.
Revenir à la D 340 qui rejoint, après Boubers, la D 941 conduisant à Frévent.

Frévent - *Voir à ce nom.*

La CAPELLE

2 149 habitants
Cartes Michelin nos 53 pli 16 ou 236 pli 29.

Ce gros bourg de Thiérache est connu pour son champ de courses et pour ses usines de pinceaux.

A La Capelle furent reçus, le 7 novembre 1918, les plénipotentiaires allemands venus de Spa pour demander l'armistice. Après avoir passé les avant-postes français à Haudroy, la délégation, dirigée par le général von Winterfeldt et le secrétaire d'État Erzberger, est conduite à la Villa Pasques (17, rue de l'Armistice) où elle est reçue par le commandant de Bourbon-Busset, qui appartenait à l'état-major de Foch. Elle abandonne alors ses Mercedes, pour monter dans la Delaunay, la de Dion, la Renault et la Panhard, et ainsi rejoindre, près de St-Quentin, le quartier général de Debeney, commandant la 1re Armée. Enfin ce sera Rethondes.

Église – Elle est due à **Garnier**, mais on ne peut affirmer que l'architecte de l'Opéra de Paris ait réalisé là son chef-d'œuvre.

Pierre d'Haudroy – *3 km au Nord-Est par la D 285 en direction de Rocquigny.* Au bord de la route, sur une légère éminence, le **monument de l'Armistice**, nommé « Pierre d'Haudroy », marque l'endroit où les plénipotentiaires allemands se présentèrent devant nos lignes et où le clairon **Sellier**, un Comtois du 171e R.I., sonna le Cessez-le-Feu.

CASSEL★

2 177 habitants
Cartes Michelin nos 51 pli 4 ou 236 pli 4.

De mœurs et d'aspect flamands avec son immense Grande Place aux pavés inégaux, ses rues étroites et tortueuses, ses maisons basses chaulées, Cassel s'allonge dans un **site★** caractéristique au sommet du « mont » Cassel dont les pentes verdoyantes, jadis couvertes de moulins, dominent le plat pays de Flandre.

Les traditions sont encore à l'honneur : ducasse *(voir p. 32)*, tir à l'arc, carnaval, cortège des géants dits Reuzes *(voir le chapitre des Manifestations touristiques en fin de guide).*

On peut apprécier deux spécialités régionales savoureuses : le beurre de Cassel et le fromage du mont des Cats.

Les deux guerres mondiales – D'octobre 1914 à juin 1915, le **général Foch** établit son quartier général à Cassel. De là, il suit la bataille des Flandres qui fait rage sur l'Yser. Il loge à l'hôtel de Schœbecque, au no 32 de l'actuelle rue du Maréchal-Foch. En mai 1940, des éléments du corps expéditionnaire britannique, en retraite vers l'Yser et Dunkerque, soutiennent un farouche combat de retardement à Cassel, et laissent 2 000 tués et 1 000 prisonniers sur le champ de bataille.

Le « mont Cassel » – Point culminant (176 m d'altitude) de la province et maillon de la chaîne des monts de Flandre *(p. 15)*, il surprend par sa masse, au sein de la plaine flamande : bien que situé à une trentaine de kilomètres de la côte, il sert de repère aux marins. Son sommet est constitué par une plaque très dure ferrugineuse.

A l'Est, le **mont des Récollets** (alt. 159 m) doit son nom à un couvent de récollets qui subsista là de 1615 à 1870.

CURIOSITÉS *visite : 1 h*

Jardin public – Au sommet de la butte, un jardin a été dessiné à l'emplacement du château féodal qui englobait une collégiale dont on a retrouvé la crypte. Au centre, se dressent la statue équestre de Foch et un **moulin** ⊙ du 18e s., en bois, provenant d'Arneke et remonté là en lieu et place du Castel Meulen, moulin du château.

En faisant le tour extérieur de l'esplanade, on jouit du **panorama★★** *(balcons d'orientation),* au premier plan sur le fouillis pittoresque des vieux toits de Cassel et, au-delà, sur les monts de Flandre et la plaine jusqu'à la mer du Nord et au beffroi de Bruges : « De Cassel », affirme le dicton, « on voit cinq royaumes, France, Belgique, Hollande, Angleterre et, au-dessus des nuées, le royaume de Dieu. »

Grande Place – Bossuée de pavés et de plan irrégulier, la Grande Place s'étire sur le flanc du « mont », près de la collégiale. Elle a gardé, en lisière Sud, un séduisant ensemble de logis anciens des 16e, 17e et 18e s. dont l'hôtel de la Noble Cour.

Hôtel de la Noble Cour (M) – Sous l'Ancien Régime, cet hôtel des 16e-17e s. fut le siège du tribunal relevant de la châtellenie. Sous le haut toit parsemé de lucarnes aveugles, il faut admirer la façade entièrement en pierre, ce qui est rare dans le Nord, percée de larges baies à frontons alternativement triangulaires et curvilignes ; l'élégant portail Renaissance, qu'encadrent les colonnes de marbre gris, est décoré de Renommées dans les écoinçons, de sirènes et de rinceaux à la frise.

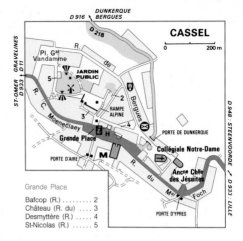

Grande Place

Bafcop (R.) 2
Château (R. du) 3
Desmyttère (R.) 4
St-Nicolas (R.) 5

A l'intérieur, la visite du **musée** permet de parcourir la salle de la Châtellenie, ou salle des Archives, ornée de boiseries Louis XV, la Grande Salle (meubles flamands et objets des 17e-18e s.), la salle du Tribunal (collection de faïences et porcelaines du Nord), le salon de la Châtellenie (boiseries Louis XV, mobilier Louis XVI), le bureau de Foch, conservé dans l'état où il se trouvait en 1915. Au rez-de-chaussée ont été reconstitués un intérieur flamand et un estaminet.

Collégiale Notre-Dame – Église gothique flamande à trois pignons, trois nefs, trois absides, un clocher carré à la croisée du transept. Foch y vint souvent prier et méditer.

Ancienne chapelle des Jésuites – Harmonieuse façade du 17e s., en briques et pierres.

ENVIRONS

Steenvoorde – *8 km par la D 948.*
Petite ville flamande typique avec ses maisons peintes sous leurs toits de tuiles rouges, Steenvoorde fut célèbre pour ses draps alors que son nom évoque aujourd'hui l'une des plus importantes laiteries du pays.
Son géant Yan den Houtkapper représente un bûcheron qui fabriqua des chaussures inusables pour Charlemagne. Celui-ci pour le remercier lui offrit une cuirasse qu'il porte toujours au cours des défilés dont il est le héros.

Les moulins – A la périphérie, on verra trois moulins à vent bien conservés. Le premier, le **Steenmeulen,** moulin tronconique en briques, se trouve au Sud à Terdeghem sur la D 947 *(voir illustration p. 16)*. Les deux autres, le **Drievenmeulen** sur la D 948 à l'Ouest et le **Noordmeulen** (1576) sur la D 18 au Nord-Ouest, sont des moulins sur pivot construits en bois.

Wormhout – *10 km au Nord par les D 218 et 916.*

Moulin de la Briarde – A mi-chemin, se dresse ce moulin sur pivot, en bois, seul survivant des 11 moulins à vent que comptait la commune en 1780.

Musée Jeanne-Devos – Située au fond d'une impasse paisible et entourée d'un beau jardin, cette charmante maison flamande, flanquée d'un pigeonnier, est l'ancien presbytère de Wormhout datant du 18e s. Elle fut habitée par Jeanne Devos qui y rassembla une multitude d'objets de la vie quotidienne jusqu'à sa mort en 1989. Photographe de métier, elle a laissé des milliers de photos, témoignages des événements ordinaires ou extraordinaires des villages alentour.

Le CATEAU-CAMBRÉSIS

7 703 habitants (les Catésiens)
Cartes Michelin nos 53 plis 4, 5, 14 et 15 ou 236 pli 28.

Avenante petite ville étagée sur la rive droite de la Selle, Le Cateau est situé au contact du Cambrésis fertile en cultures et de la Thiérache herbagère.
Au Cateau a été signé en 1559, entre la France et l'Espagne, le traité mettant fin aux guerres d'Italie et donnant à la France les Trois Évêchés, Metz, Toul et Verdun.
Dans la cité naquit **Adolphe Mortier** (1768-1835), fils d'un marchand de toiles, qui fut un des maréchaux les plus estimés de Napoléon et périt victime de la machine infernale de Fieschi, en couvrant le roi Louis-Philippe de sa stature gigantesque.

Grande Place (place Anatole-France) – Statufié par le sculpteur douaisien Bra, le maréchal Mortier inspecte la Grande Place du Cateau, longue et déclive, se terminant par un **hôtel de ville** du 17e s. que surmonte un élégant beffroi.

Ancien palais des archevêques – Dit « palais Fénelon », bien que construit postérieurement au passage du célèbre prélat, il appartenait sous l'Ancien Régime aux princes archevêques de Cambrai, suzerains du Cateau, qui y faisaient de fréquents séjours. Le « cygne de Cambrai » *(voir p. 95)*, cependant, connut le **jardin** où il aimait à se promener et à méditer. Ce jardin classique, bordé par la Selle, montre une harmonieuse perspective composée d'un tapis vert qu'encadrent des mails et s'achève en un « vertugadin » (sorte d'amphithéâtre), transformé en jardin ornemental.

Musée Matisse ⊘ – Il fut créé par Henri Matisse (1869-1954) lui-même. Fils d'un commerçant en grains de Bohain, l'artiste naquit et passa une partie de son enfance chez ses grands-parents au Cateau.

Transféré en 1982 de l'hôtel de ville au premier étage du palais Fénelon, le musée offre un vaste panorama de l'œuvre de Matisse. Remarquer, parmi les peintures, un *Autoportrait* de 1918, *Fenêtre à Tahiti* de 1936, et parmi les sculptures, un *Grand Nu assis* et les quatre bas-reliefs *Nu de dos* où l'on voit le corps se transformer jusqu'à n'être plus qu'une masse essentielle. Une salle est consacrée aux études pour la chapelle du Rosaire à Vence, une autre aux gouaches découpées (*Vigne* de 1953).

Collection Musée Matisse – Le Cateau-Cambrésis © Succession H. Matisse

Henri Matisse – Femme à la gandoura bleue 1951
Huile sur toile.

Le cabinet des dessins présente un choix d'œuvres fait par Matisse lui-même : études à l'encre de Chine, portraits de femmes (Odalisque au fauteuil) *(Le Fiacre)* dessins au trait des années 30 et 40.

Le rez-de-chaussée est consacré au peintre Auguste Herbin (1882-1960), un des maîtres de l'abstraction géométrique, et à son élève Geneviève Claisse, originaires de Quiévy, village proche du Cateau.

Église St-Martin – Ancienne abbatiale bénédictine sous le titre de St-André, elle fut édifiée en 1635, sur les plans du frère jésuite du Blocq avec la collaboration du sculpteur cambraisien Gaspard Marsy. Elle présente un beau clocher bulbeux et une remarquable façade, d'un baroque mesuré, où la rigueur symétrique de l'élévation contraste avec l'exubérance du décor sculpté à base de volutes et de pots à feu, de niches et de cartouches : des motifs de séraphins, de guirlandes y répondent aux emblèmes bourguignons (croix de St-André, briquets) rappelant qu'à l'époque les Espagnols tenaient leurs possessions du Nord de l'héritage bourguignon.
L'intérieur comprend un chœur des moines très développé et un déambulatoire.

CHAMPLIEU

Cartes Michelin n°s 56 pli 2 ou 106 pli 10 ou 237 pli 7.

Les vestiges d'une petite église romane, et, surtout, des ruines gallo-romaines rappellent l'importance passée de ce hameau proche de la forêt de Compiègne.

Ruines gallo-romaines – *1 km au Nord.* Les ruines, dégagées au siècle dernier, sont traversées par l'ancienne voie romaine de Senlis à Soissons, dite « chaussée Bruhenaut ».

Théâtre – Il avait 70 m de diamètre et pouvait contenir environ 3 000 places. Seuls subsistent les trois premiers rangs de gradins. Au-dessus, l'hémicycle est gazonné. En bas, on reconnaît les soubassements de la scène et des coulisses. A la partie supérieure, les six entrées du public sont encore visibles.

Thermes – Ils mesuraient 53 m sur 23, dimensions relativement restreintes pour un bâtiment public. On reconnaît l'emplacement des anciennes salles : l'atrium, cour d'entrée carrée, puis le frigidarium, le tepidarium et le caldarium, au centre duquel une vasque calcaire permettait le jaillissement de l'eau.

Temple – *De l'autre côté de la route.* Au premier sanctuaire, de type fanum, construit au 1er s., a été superposé un deuxième temple plus grand, de forme carrée, ayant 20 m de côté. Son plan est dessiné par un caniveau de pierre.

Le CHEMIN DES DAMES

Cartes Michelin nᵒˢ 56 plis 4, 5 ou 236 plis 37, 38, 39.

Le Chemin des Dames suit la crête d'une falaise séparant la vallée de l'Aisne de celle de l'Ailette. Il tient son nom des filles de Louis XV, Mesdames, qui l'empruntaient pour se rendre au château de la Bove, propriété de leur amie, la duchesse de Narbonne.

L'offensive Nivelle – En 1914, après la bataille de la Marne, les Allemands en retraite s'étaient arrêtés sur cette position défensive de premier ordre qu'ils fortifièrent en utilisant les carrières, « boves » ou « creuttes », creusées dans la falaise.

Le **général Nivelle,** ayant pris le commandement des armées françaises en décembre 1916, cherche la rupture du front sur le Chemin des Dames. Malgré la nature difficile du terrain, truffé de nids de mitrailleuses, il lance, le 16 avril 1917, l'armée Mangin à l'assaut des positions allemandes. Les troupes françaises occupent les crêtes dans un premier élan, mais les Allemands s'accrochent sur le versant de l'Ailette. Des pertes terribles et l'échec de l'entreprise engendrèrent dans le secteur une crise morale provoquant des mutineries qui s'étendirent à une partie de l'armée.

DE SOISSONS A CORBENY
52 km – environ 2 h 1/2

★ **Soissons** – *Voir à ce nom.*

Quitter Soissons par ② et prendre la N 2 en direction de Laon.

Carrefour du Moulin de Laffaux – Sur cette butte (169 m) qui marque l'extrémité Ouest des hauteurs du Chemin des Dames se dresse le Monument aux Morts des Crapouillots (derrière le restaurant). Le moulin de Laffaux s'élevait autrefois à cet emplacement.

Traverser la D 14 et un kilomètre plus loin, tourner à droite dans la D 18 (Chemin des Dames).

Fort de la Malmaison – Enlevé par les coloniaux de la 38ᵉ D.I. sur la Garde prussienne, en 1917. Cimetière de la Malmaison : tombes allemandes (1939-1945).

Au Panthéon, prendre à gauche la D 15 qui descend dans la vallée de l'Ailette.

Lac de Monampteuil – Situé près de Monampteuil, ce plan d'eau, formé par l'Ailette, dans un cadre verdoyant, est aménagé pour le tourisme (plage, voile, pédalo, pêche, piscine).

Revenir au Chemin des Dames.

Cerny-en-Laonnois – Près du carrefour de la D 967, mémorial du Chemin des Dames, chapelle, cimetière militaire français (5 500 tombes) et ossuaire (2 800 morts).

Caverne du Dragon – Le **musée du Chemin des Dames** ⊘, installé dans cette caverne, rappelle des souvenirs de la guerre 1914-1918. On peut parcourir certaines galeries.
S'étendant sur 2 ha 1/2, cette « creutte » franchit l'échine de la colline, sous la D 18 ; elle possède des entrées Sud et Nord. Les Allemands en avaient fait une place d'armes, à la fois abri, arsenal, poste de commandement et de secours ;

La Guerre par Marcel Gromaire.

Musées de la ville de Paris/SPADEM 1994

plus de 6 000 hommes y vivaient. Bien que les troupes françaises aient atteint ses issues, au Sud, dès le 16 avril, la « creutte » ne fut entièrement contrôlée que le 25 juin par le 152ᵉ R.I.

La D 18 suit le sommet de l'étranglement connu sous le nom d' « isthme d'Hurtebise », et qui s'épanouit au Nord-Est sur le plateau de Craonne formé des plateaux de Vauclair et de Californie.

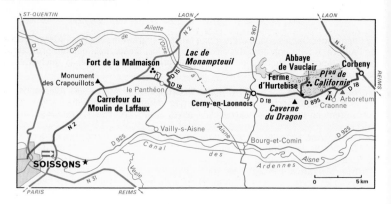

Ferme d'Hurtebise – Déjà en mars 1814, la ferme avait été l'enjeu de la **bataille de Craonne** que Napoléon, venu de Corbeny, remporta sur Blücher. Cent ans plus tard, en septembre 1914, la même ferme fut l'objet de furieux combats où s'illustrèrent les Basques de la 36e D.I. Monument commémoratif des deux batailles.

Prendre à gauche la D 886 qui descend dans la vallée de l'Ailette.

Abbaye de Vauclair ⊙ – Les vestiges de ce monastère cistercien, fondé en 1134 par saint Bernard, ont été dégagés depuis 1966. Les parties de l'abbaye les mieux conservées sont le cellier, le réfectoire des frères convers, la salle capitulaire et la salle des moines. On distingue les bases de l'abbatiale et de l'hostellerie. Depuis 1976 est présenté un intéressant jardin de simples (plantes médicinales). Une galerie d'exposition a été construite à proximité du jardin.
Autour, l'ancienne forêt monastique de Vauclair couvre 1 000 ha.

Revenir au Chemin des Dames et tourner à gauche, suivre la D 895.

Plateau de Californie – A droite se dresse d'abord l'observatoire d'où Napoléon dirigea la bataille de Craonne en 1814 (statue de l'Empereur). Un peu plus loin, en face d'un grand parking une table d'orientation explique l'offensive de 1917. A l'endroit où l'on rejoint la D 18, un arboretum a été implanté sur l'ancien village de Craonne.

Corbeny – Le lendemain du sacre, les rois venaient à l'abbaye de Corbeny vénérer les reliques de saint Marcou, qui donnaient le pouvoir de guérir les écrouelles.

CLERMONT

8 934 habitants
Cartes Michelin nos 56 pli 1 ou 236 pli 34.

Le comté de Clermont fut rattaché à la Couronne de France par Philippe Auguste en 1218. Le sixième fils de Saint Louis, Robert, le reçut en apanage ; il épousa Béatrice de Bourbon, héritière de cette très ancienne famille, et leur descendance prit le nom de Bourbon. Leur lignée s'interrompit lorsque Suzanne de Bourbon et Charles III, connétable de France, moururent sans héritier. Le fameux « connétable de Bourbon » avait été dépouillé de ses biens et possessions, dont Clermont, et de ses titres en 1522, après sa trahison.
Par une branche cadette, la dynastie se perpétua cependant en la personne de Charles de Bourbon. Le fils de celui-ci, Antoine, marié à Jeanne d'Albret, put ceindre la couronne de Navarre qu'il transmit à son fils Henri, le futur Henri IV de France (1589).
A la Révolution, Clermont appartient à la branche collatérale des Bourbon-Condé.

CURIOSITÉS

Laisser la voiture rue du Châtellier et redescendre en ville par la rue de la Porte-de-Nointel passant sous un arc (16e s.), vestige de l'enceinte fortifiée, puis à côté de l'église St-Samson (16e s. en partie).

Rue de la République – De la place de l'Hôtel-de-Ville, perspective attrayante sur cette rue en descente, bordée de demeures assez bien conservées.

Ancien hôtel de ville – Il a perdu sa fonction administrative. Une bibliothèque et diverses collections y sont conservées. L'édifice, au pignon surmonté d'un fluet beffroi, était déjà mentionné, comme halle aux draps, à la fin du 14e s. Lors de la restauration de 1875, trois statues – Saint Louis, Robert de Clermont et Charles IV le Bel – vinrent rappeler le souvenir des attaches royales de la ville.

ENVIRONS

Agnetz – *2 km à l'Ouest par la N 31 puis tourner à gauche.*
L'**église**★ ⊙ dépendait d'un prieuré de l'abbaye de St-Germer-de-Fly *(voir p. 77)* d'où ses dimensions, dépassant les besoins de la paroisse. Le très important clocher (14e s.) est allégé sur chaque face par trois baies gothiques géminées de style rayonnant. L'abside flamboyante fut ajoutée au 16e s.

Forêt de Hez – Située à l'Ouest de Clermont, cette forêt (officiellement : forêt de Hez-Froidmont) occupe, sur près de 3 000 ha, un massif accidenté retombant au Nord sur la plaine de Picardie, au Sud sur la vallée du Thérain. De belles futaies de hêtres et de chênes sont entrecoupées de taillis d'essences variées. Le carrefour du Magasin, sur la D 55, au Sud de la Neuville-en-Hez, constitue la base de promenade du massif.

COMPIÈGNE★★★

Agglomération 67 057 habitants
Cartes Michelin nos 56 pli 2 et 106 pli 10 (cartouche) ou 236 pli 35 –
Schéma p. 114.

Résidence royale avant d'être le témoin des brillantes fêtes et réceptions du Second Empire, Compiègne est bordée par une des plus belles forêts françaises. Vivifiée par l'appoint de l'industrie et de l'université (université de technologie Benjamin-Franklin, Centre de recherche de Royallieu), Compiègne est devenue l'une des villes les plus actives de Picardie.

Origines – Charles le Chauve fait bâtir un palais sur le modèle de celui de Charlemagne à Aix-la-Chapelle, échu à son frère Louis, lors du partage de l'Empire carolingien, au traité de Verdun, en 843. Il fonde aussi une abbaye qui conserve, à partir du 10e s., les reliques de saint Corneille. Compiègne se développe autour de cette abbaye royale St-Corneille (seul son cloître du 14e s. subsiste) qui précède St-Denis comme nécropole royale et foyer de culture. Au 13e s., la ville s'entoure de remparts. Charles V les renforce et leur ajoute, en 1374, un château qui est à l'origine du palais.

Jeanne d'Arc prisonnière – En mai 1430, les Bourguignons et les Anglais campent au Nord de l'Oise, sous les murs de Compiègne. Jeanne d'Arc vient examiner la situation de la place et y revient après quelques jours d'absence, le 23, en pénétrant dans la ville par le Sud. Le soir même elle tente une sortie, franchit la rivière et chasse les avant-gardes bourguignonnes du camp de Margny, mais des réserves accourent de Clairoix et de Coudun. Les Anglais, partis de Venette, se glissent le long de l'Oise et prennent les Français à revers. Ceux-ci se replient précipitamment. La Pucelle, qui a couvert la retraite avec quelques hommes, arrive devant les fossés au moment où le pont-levis vient d'être redressé par le gouverneur qui redoute de voir les ennemis se glisser dans la place avec les derniers combattants. Une courte mêlée s'engage. Un archer picard désarçonne Jeanne d'Arc qui est aussitôt mise hors de combat et faite prisonnière. Sa capture s'est située vers l'actuelle place du 54e-Régiment-d'Infanterie sur laquelle a été érigée une statue équestre de la Pucelle, par Frémiet.

Le château de Louis XV – Tous les rois se plaisent à Compiègne et y viennent souvent. Avec ses quatre corps de logis entourant, de guingois, une cour centrale, le château ne peut passer pour une demeure de plaisance. Louis XIV a ce mot : « A Versailles, je suis logé en roi, à Fontainebleau en prince, à Compiègne en paysan. » Il se fait construire de nouveaux appartements face à la forêt. Ses soixante-quinze séjours s'accompagnent de fêtes fastueuses et surtout de grands camps militaires, le plus important ayant été celui de 1698, dernier séjour du roi à Compiègne.
Quand Louis XV ordonne, en 1738, la reconstruction totale du palais, il désire moins rivaliser avec son prédécesseur qui a tant bâti que disposer d'un logis où il puisse résider avec sa Cour et ses ministres. Jacques Gabriel, puis Jacques-Ange Gabriel, limités par la ville et ses remparts, sont obligés de reconstruire sur les anciennes fondations. De plus, ils ne peuvent détruire un ancien bâtiment que lorsqu'un nouveau est achevé, le roi refusant d'interrompre ses visites durant les travaux. Le « grand plan » de Louis XV, établi en 1751, est arrêté par la guerre de Sept Ans. Louis XVI le reprend et fait exécuter des travaux considérables bien qu'incomplets. En 1785 seulement, il occupe le nouvel appartement royal, qui sera celui de Napoléon Ier. La même année, l'aile Sud est terminée. Marie-Antoinette, qui en avait personnellement dirigé la distribution, le décor et l'ameublement, ne l'a jamais habitée. Devant la façade du palais donnant sur le parc, une grande terrasse est aménagée, reliée aux jardins par un perron central monumental. Elle remplace le fossé de l'enceinte de Charles V.
De 1789 à 1791 l'aménagement se poursuit, au ralenti, le roi ayant un moment nourri le projet de se retirer à Compiègne. En 1795, tout le mobilier est dispersé lors de ventes aux enchères qui dureront 5 mois.

COMPIÈGNE

Aménagements divers – Après la Révolution, le palais est affecté à un prytanée militaire, puis à une école d'Arts et Métiers. En 1806, il devient maison impériale et Napoléon Ier le fait entièrement restaurer par l'architecte Berthaut, les frères Dubois et Redouté, décorateurs, le peintre Girodet.

Le château des mariages – Le 14 mai 1770, c'est en forêt de Compiègne que le dauphin Louis, le futur Louis XVI, est mis pour la première fois en présence de Marie-Antoinette d'Autriche. Le jeune prince est paralysé par la timidité.
Le 27 mars 1810, la petite-nièce de Marie-Antoinette, Marie-Louise d'Autriche, qui a épousé Napoléon Ier par procuration, doit arriver à Compiègne. Cette fois l'époux est impatient. L'Empereur, malgré la pluie battante, se précipite à sa rencontre. Trempé, il saute dans le carrosse princier et couvre Marie-Louise, effarée, de démonstrations d'affection. L'étape de Soissons où devait dîner la princesse est brûlée et l'Empereur et sa compagne soupent à Compiègne. Quelques jours plus tard, les cérémonies nuptiales de St-Cloud et de Paris ne sont que la consécration d'une union imposée à Vienne et fort bien acceptée à Compiègne.
En 1832, Louis-Philippe, qui a transformé le jeu de paume en théâtre, marie sa fille Louise-Marie au premier roi des Belges : Léopold de Saxe-Cobourg.

Les « séries » du Second Empire – Compiègne est la résidence préférée de Napoléon III et de l'impératrice Eugénie. Ils y viennent chaque année un mois à un mois et demi pour les chasses d'automne et reçoivent, outre les rois et princes d'Europe, en cinq « séries » d'environ 80 personnes chacune, les célébrités de l'époque, groupées par affinités. Le logement des invités pose souvent de grands problèmes et bien des personnalités doivent se contenter de chambres situées dans les combles.

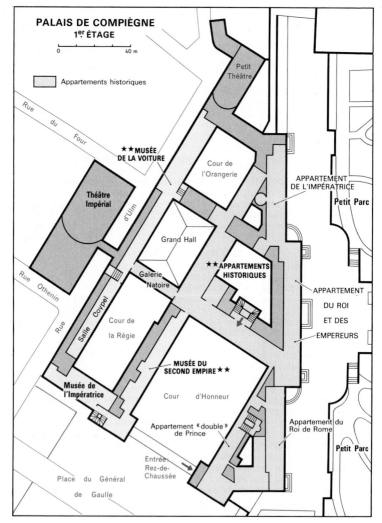

La chasse, les soirées théâtrales, les représentations de proverbes et les tableaux vivants, les bals laissent peu de loisirs aux invités. Les intrigues amoureuses se mêlent aux intrigues politiques. Un après-midi pluvieux, pour distraire le couple impérial et ses invités, Mérimée compose sa fameuse dictée où il accumule les difficultés. L'impératrice commet le maximum de fautes, 62, Pauline Sandoz, belle-fille de Metternich, le minimum, 3. Un luxe et une légèreté sans limite grisent les courtisans avec les valses de Waldteufel et les longues promenades en forêt. 1870 interrompt cette vie joyeuse et les travaux du nouveau théâtre. Conséquence de ces longs séjours : le mobilier du Premier Empire est en grande partie renouvelé.

Les deux guerres mondiales – En 1917-1918, le palais est le quartier général de Nivelle, puis de Pétain. En 1919, un incendie endommage une grande partie des appartements royaux. Les armistices du 11 novembre 1918 et du 22 juin 1940 *(p. 114)* ont été signés dans la forêt. Au cours de la Seconde Guerre mondiale, Compiègne est très éprouvé par les bombardements. **Royallieu**, faubourg Sud de Compiègne, servit, de 1941 à 1944, de centre de triage vers les différents camps de concentration nazis (monument commémoratif devant l'entrée du camp militaire ainsi qu'en gare de Compiègne).

★★★ LE PALAIS *visite : 2 h*

Tel qu'il se présente extérieurement, vu de la place, le palais est, paradoxalement, « un château Louis XV presque totalement élevé de 1751 à 1789 ».
Le château, qui couvre un vaste triangle de plus de 2 ha, est d'une sévérité classique ; son ordonnance régulière est assez monotone. Mais la décoration intérieure, la collection de tapisseries et l'ameublement du 18e s. et du Ier Empire retiendront l'attention des visiteurs. A signaler, parmi les détails décoratifs donnant une certaine unité aux appartements, les trompe-l'œil de Sauvage (1744-1818), en dessus-de-porte.

Les musées du Second Empire et de la Voiture sont installés dans le palais.
Commencé en 1867, le nouveau théâtre, dû à Napoléon III, ne fut jamais achevé, à cause de la guerre de 1870. Une association s'est créée en 1987 dans le but de le réhabiliter et de l'animer. C'est ainsi que le **Théâtre Impérial**, dont l'architecture intérieure est inspirée de celle de l'Opéra de Versailles, est devenu un lieu vivant consacré aux concerts et aux spectacles lyriques.

★★ Les appartements historiques ⊙

Après avoir traversé les salles d'attente consacrées à l'histoire du château et être passé au pied du Grand degré de la Reine ou escalier d'Apollon, qui desservait directement les appartements de la reine, on arrive au vestibule ou galerie des Colonnes qui précède l'escalier d'honneur (**1**). On monte celui-ci qui est orné d'une belle rampe en fer forgé du 18e s. – sur le palier, un grand sarcophage gallo-ro-

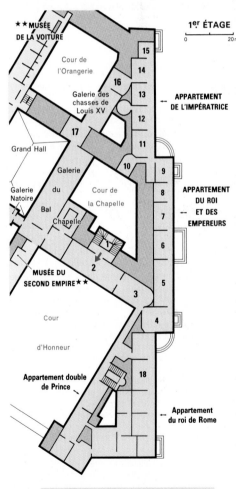

1er ÉTAGE

0   20m

★★ MUSÉE DE LA VOITURE

Cour de l'Orangerie

Galerie des chasses de Louis XV

Grand Hall

Galerie du Bal

Galerie Natoire

Chapelle

Cour de la Chapelle

15
14
16
13
12
17
11
10
9
8
7
6
5
4
3
2
1

← APPARTEMENT DE L'IMPÉRATRICE

APPARTEMENT DU ROI ET DES EMPEREURS

MUSÉE DU SECOND EMPIRE ★★

Cour d'Honneur

Appartement double de Prince

18

← Appartement du roi de Rome

APPARTEMENTS HISTORIQUES

main, qui servit de cuve baptismale dans l'église abbatiale St-Corneille disparue, est une relique du très vieux Compiègne – pour aboutir au 1er étage à la grande salle des Gardes (1785) (**2**). L'antichambre ou salon des Huissiers (**3**) qui fait suite commandait simultanément l'accès de l'appartement du Roi (à gauche) et de l'appartement de la Reine (à droite).

Une grande dénivellation existe entre la cour d'honneur, qui vient d'être contournée, et le grand corps du bâtiment du château. Celui-ci a été érigé sur l'ancien rempart, les appartements des souverains sont donc au rez-de-chaussée côté jardin et donnent de plain-pied sur la terrasse, tandis qu'ils forment un premier étage du côté cour.

Appartement du Roi et des Empereurs

Ensembles, œuvres et souvenirs remarquables.

Salle à manger de l'Empereur (**4**) – Décor et mobilier Ier Empire. Sur les murs en faux onyx rosé se détachent les pilastres et les portes surmontées de grisailles peintes par Sauvage. Du même peintre, remarquer l'extraordinaire trompe-l'œil du grand tableau représentant Anacréon. C'est là que, le 1er mai 1814, Louis XVIII reçut à sa table le tsar Alexandre qui hésitait encore à replacer les Bourbons sur le trône de France. Sous le Second Empire, le théâtre intime y était dressé et les familiers de l'Impératrice y jouaient revues et charades.

Salon des cartes (**5**) – Après avoir été l'Antichambre des Nobles sous Louis XVI, puis le salon des Grands Officiers sous Napoléon Ier, cette pièce fut désignée comme salon des Aides de camp ou salon des cartes sous Napoléon III. Le mobilier mêle les éléments du Premier Empire (chaises couvertes en tapisseries de Beauvais) et des éléments du Second Empire. Remarquer les jeux : palet, billard japonais.

Salon de famille (**6**) – Ancienne chambre à coucher de Louis XVI (l'alcôve est dissimulée par de grandes glaces). La **vue**★ sur le parc s'étend tout au long de la perspective des Beaux Monts.

Le mobilier rappelle les goûts de l'impératrice Eugénie pour les mélanges de styles : fauteuils Louis XV, petits sièges de fantaisie à deux places (« confidents »), à trois places (« indiscrets »), etc.

Salle du Conseil (**7**) – Elle a perdu son mobilier, sauf la table, restituée. Avec Versailles et Fontainebleau, Compiègne était le troisième château où le Roi tenait conseil. Les représentants de la République de Gênes et de la France signèrent, là, deux traités successifs (1756 et 1764) accordant aux troupes françaises le droit de tenir garnison dans les places maritimes de la Corse. Une immense tapisserie illustre le Passage du Rhin par Louis XIV.

Chambre de l'Empereur (**8**) – Elle a été restituée telle qu'elle était sous le Premier Empire, frise représentant des aigles et mobilier de Jacob-Desmalter.

Bibliothèque de l'Empereur (**9**) – Autrefois Grand cabinet du Roi, cette pièce a été aménagée en bibliothèque sous le Premier Empire. Le corps de bibliothèque et le mobilier proviennent de l'atelier de Jacob-Desmalter ; plafond peint par Girodet.

Appartement de l'Impératrice

Le premier appartement de la Reine – le seul dans lequel Marie-Antoinette séjourna – fut surtout le domaine des impératrices Marie-Louise et Eugénie.

Salon du Déjeun (**10**) – Ce ravissant salon « du petit déjeuner », tendu de soieries bleu clair et jonquille, a été installé pour Marie-Louise en 1809.

Salon de musique (**11**) – L'une des pièces préférées de l'impératrice Eugénie qui en assembla le mobilier. Les meubles Louis XVI, provenant de l'appartement de Marie-Antoinette à St-Cloud, rappellent que la dernière souveraine de France entretenait le souvenir de l'infortunée reine.

Chambre de l'Impératrice (**12**) – Des rideaux de soie blanche et de mousseline brodée d'or entourent le lit à baldaquin. Peintures de Girodet représentant les saisons et au centre du plafond l'Étoile du matin. Le boudoir rond qui s'ouvre sur la chambre, construit aussi pour Marie-Louise, servait de salle d'atours et de bains.

Les trois derniers salons de cette enfilade composent un ensemble décoratif du Premier Empire. Dans le **grand salon** (**13**), on a disposé les sièges « à l'étiquette » autour d'un canapé. Le **salon des Fleurs** (**14**) doit son nom à huit panneaux peints de liliacées, d'après Redouté. Dans le **salon bleu** (**15**), contraste entre le bleu des murs et des sièges et les marbres rouges de la cheminée et des consoles. Ces pièces furent à la fin du Second Empire le domaine du prince impérial.

Salle à manger de l'Impératrice (**16**) – Pièce de dimensions modestes, aux murs revêtus de stuc-marbre couleur caramel ou, plus noblement, « jaune antique ». Là eut lieu le premier repas de l'archiduchesse Marie-Louise en compagnie de l'Empereur.

Mage/PIX

Salon bleu.

Galerie des chasses de Louis XV – Exposition de tapisseries tissées aux Gobelins à partir de 1735 d'après les cartons d'Oudry. L'une d'elles représente un épisode de chasse au bord de l'Oise avec les silhouettes de Compiègne et de l'ancienne abbaye de Royallieu.
La série se poursuit dans la **galerie des Cerfs (17)**, ancienne salle des gardes de la Reine, puis de l'Impératrice.

Galerie du Bal – Construite en quelques mois pour l'arrivée de Marie-Louise en éventrant deux étages de petits appartements, elle mesure 39 m de longueur sur 13 m de largeur. Les peintures du plafond glorifient les victoires de l'Empereur. Les scènes mythologiques en bout de salle sont dues à Girodet.
Sous le Second Empire la galerie servit de salle à manger lors des « séries », les souverains présidant au centre d'une immense table dressée pour la circonstance.

Galerie Natoire – Édifiée par Napoléon III pour mener au grand théâtre de la Cour (construit de l'autre côté de la rue d'Ulm mais jamais achevé), elle est décorée par l'« histoire de Don Quichotte », **peintures**★ de Natoire (1700-1777) sur le mode héroïque, qui ont servi à Beauvais pour les tapisseries conservées aujourd'hui au musée des Tapisseries à Aix-en-Provence.

Salle Coypel ⊘ – Présentation d'une seconde suite de l'histoire de Don Quichotte (1714-1734) destinée aussi à être traitée en tapisserie par les Gobelins. L'histoire est illustrée par Coypel, sur le mode badin.

Chapelle – Étonnamment petite pour un si vaste château – la grande chapelle prévue dans le plan de Gabriel n'ayant jamais été construite –, elle est l'œuvre du Premier Empire.
Là eut lieu le 9 août 1832, dans l'émotion d'une famille très unie, le mariage de la princesse Louise-Marie, fille aînée de Louis-Philippe, avec Léopold Ier, roi des Belges. La princesse Marie d'Orléans, deuxième fille du roi des Français, donna le dessin du vitrail.

Appartement double de Prince et appartement du roi de Rome ⊘ :

Appartement double de Prince – Destiné par Napoléon Ier à loger un couple de souverains étrangers, c'est un bel exemple de restitution d'ensembles Empire (mobilier d'origine, papiers peints, soieries) composé d'une salle à manger, de quatre salons, d'une grande chambre à coucher.

Appartement du roi de Rome – Appartement du fils de Napoléon Ier qui y séjourna un mois en 1811 (il avait alors cinq mois), il a été restitué tel qu'il se trouvait à cette époque avec tout son mobilier d'origine (salon-boudoir, salle de bains, boudoir, chambre à coucher, premier salon). Au milieu de l'appartement, une pièce (**18**) a été restituée dans son état de la fin du 18e s. (salon des jeux de la reine Marie-Antoinette).

★★ Musée du Second Empire ⊙

Dans l'ambiance feutrée d'une suite de petits salons, le musée donne de nombreuses images de la Cour, de la vie mondaine et des Arts sous le Second Empire.

A la suite de la première salle, consacrée aux dessins humoristiques de Daumier, les collections font une place aux « beautés » de l'époque. La princesse Mathilde (1820-1904), l'une des grandes figures du règne, y est à l'honneur. Cette cousine très proche de Louis-Napoléon lui avait été un moment fiancée. Après le mariage espagnol, elle se consacra à son salon de la rue de Courcelles, fréquenté par tout ce qui comptait alors en fait d'écrivains et d'artistes, même hostiles au pouvoir, et à son château de St-Gratien.

Le musée possède le fameux tableau de Winterhalter représentant l'Impératrice et sa corolle de dames d'honneur (1855).

Parmi les nombreuses sculptures de Carpeaux présentées dans les dernières salles, voir le buste de Napoléon, vieilli après la chute de l'Empire, et la statue du prince impérial avec son chien.

Musée de l'Impératrice – Collection léguée par M. et Mme F. Ferrand. Outre les souvenirs de la vie officielle et de l'exil et les bibelots populaires, des vitrines rassemblent les objets les plus émouvants de l'impératrice Eugénie et de son fils, le prince impérial, massacré par les Zoulous.

★★ Musée de la voiture ⊙

Le musée fut créé en 1927 sur l'initiative du Touring Club de France. Aucun carrosse authentique des anciens équipages royaux n'a été conservé en France.

La collection de voitures anciennes comprend surtout des berlines (voitures montées sur un train à deux brancards, plus sûres que l'attelage à flèche unique) de voyage ou d'apparat.

Grand Hall – Dans l'ancienne cour des cuisines couverte, sont exposées une cinquantaine de voitures : une berline de voyage des rois d'Espagne, la plus ancienne (vers 1740) ; la berline qui, à Bologne, servait au pape et celle où Bonaparte fit son entrée dans la ville en 1796 ; des voitures de voyage du 18e et du 19e s. dont l'une a fait partie des équipages de Napoléon en Russie ; les coupés de voyage du duc d'Angoulême pour la campagne du Trocadéro et du maréchal Maison ; mail-coach, char à bancs, omnibus Madeleine-Bastille, coupés d'Orsay et berlines de gala, dont celles de Napoléon III et du président de la République.

A la collection s'ajoutent : la Mancelle de Bollée de 1878 et une diligence à vapeur du même constructeur, véhicule étonnant par sa silhouette qui ne permet guère de l'imaginer sans chevaux, une autochenille Citroën de la Croisière Noire (1924), le wagon-salon de Napoléon III (Compagnie du Nord) servant à ses déplacements entre Paris et Compiègne.

Cuisines et dépendances – Les offices présentent l'évolution des « deux-roues » depuis les pesantes draisiennes de 1817 que l'on lançait à force de coups de pied sur le sol. Les pédales firent leur apparition avec le vélocipède Michaux (1863). Le grand bi, construit en tubes de fer, grandit démesurément la roue avant pour accroître la vitesse. Avec la transmission à chaîne, qui apparaît sur le tricycle anglais, le « développement » rend inutile cette disproportion ; grâce à lui, vers 1890, la bicyclette est devenue possible. L'Armée elle-même s'en saisit, mettant au point le vélocipède pliant à la veille de 1914.

Dans les anciennes grandes cuisines du palais, l'exposition permet de suivre l'évolution de la **voiture automobile**, depuis la voiture à vapeur de De Dion et Trépardoux, jusqu'à la torpédo Sigma-Ballot de Guynemer (1914), dont la silhouette marque déjà l'effort vers la vitesse. Entre ces deux pièces : la Panhard n° 2, la première voiture équipée d'un moteur Daimler à 4 temps, le vis-à-vis de Bollée fils (1895) de la course Paris-Marseille (en Beauvaisis), la série des De Dion-Bouton, le break automobile (1897) de la duchesse d'Uzès, la première femme conducteur, la « Jamais contente » de 1899, montée sur pneus Michelin, qui atteignit, la première, la vitesse de 100 km/h, la petite 4 CV Renault de 1900, la première en date des conduites intérieures. Moteurs à vapeur, à explosion, électriques, sont là, témoignant de l'opiniâtreté des chercheurs et des créateurs de l'industrie automobile.

1er étage – Les salles sont affectées à une présentation de voitures étrangères : cabriolets hollandais et italiens, charrette sicilienne, palanquin, traîneaux, habits de postillon, etc.

Le Parc

Trois avenues formant patte-d'oie conduisaient à la forêt. Le Petit Parc, dont la grille principale d'entrée se trouve à gauche, en tournant le dos à la ville, comprend l'ensemble des jardins. Le Grand Parc l'entoure et fait partie de la forêt.

Petit Parc – Franchir le fossé qui, avec les terrasses longitudinales plantées de tilleuls, était à l'avènement de Napoléon le seul vestige des jardins à la française prévus par Gabriel.

L'empereur ayant donné la consigne « de lier, le plus tôt possible, le château avec la forêt, qui est le véritable jardin et qui constitue tout l'agrément de cette résidence », le mur de clôture qui fermait la perspective, du côté des bois, fut abattu et remplacé par une grille. Au-delà, la trouée de l'avenue des Beaux-Monts trace une magnifique perspective de 4 km, qu'une « gloriette » aurait pu clore, pour mieux rappeler Schönbrunn à la jeune épousée.

Impatient d'accéder à la forêt sans faire le détour par la ville, Napoléon fait aménager une rampe centrale pour les voitures entre la terrasse et le parc, au prix de la destruction du perron monumental de Gabriel. Dès lors le Petit Parc, replanté à l'anglaise, perd de son importance. Sa physionomie actuelle date du Second Empire.

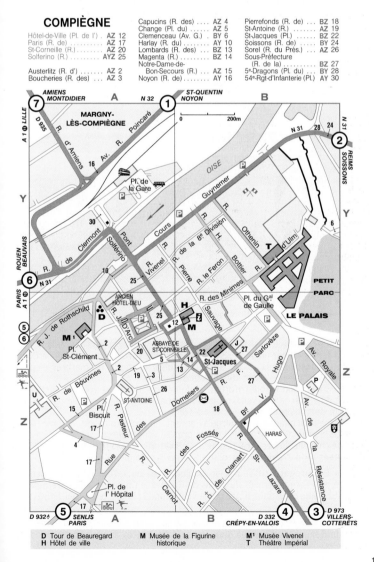

D Tour de Beauregard	**M** Musée de la Figurine	**M1** Musée Vivenel	
H Hôtel de ville	historique	**T** Théâtre Impérial	

AUTRES CURIOSITÉS

★ **Hôtel de ville (H)** – Ce remarquable édifice a été bâti sous Louis XII dans le style gothique finissant. Il a été restauré au siècle dernier. Les statues de la façade datent de cette époque. Elles représentent, de part et d'autre de la statue équestre de Louis XII et de gauche à droite, en regardant l'édifice : Saint Denis, Saint Louis, Charles le Chauve, Jeanne d'Arc, le cardinal Pierre d'Ailly, né à Compiègne, et Charlemagne.

Le beffroi comprend deux étages et une flèche d'ardoises flanquée de quatre clochetons. Au bas de la flèche se trouvent, habillés en lansquenets suisses de l'époque François Ier, trois personnages appelés « Picantins ». Ils sonnent les heures et les quarts *(voir illustration p. 267)*.

Deux pavillons ont été accolés à l'ancien bâtiment, lors de sa restauration.

★ **Musée de la Figurine historique (M)** ⊘ – *Dans l'hôtel de la Cloche à droite de l'hôtel de ville.*

Comptant plus de 100 000 figurines en étain, plomb, bois, matière plastique, papier et carton, plates, en ronde bosse ou demi-ronde bosse, ce musée offre une intéressante rétrospective de l'évolution du costume et une évocation des faits historiques à travers les âges. La présentation dans une salle sombre éclairée uniquement par la lumière des vitrines-diorama permet au visiteur de contempler tout à loisir les différentes scènes. Remarquer plus particulièrement « La revue des troupes françaises à Betheny » en 1901 devant le Tsar de Russie et le Président Loubet (12 000 figurines réalisées par A. Silhol qui avait lui-même participé au défilé) ; « La bataille de Waterloo » (œuvre de Charles Laurent exécutée de 1905 à 1923) complétée par une présentation audiovisuelle, « Le retour des cendres de l'Empereur » avec les vétérans des guerres napoléoniennes.

Musée de la Figurine Historique – Le retour des cendres de l'Empereur.

Église St-Jacques – Elle se signale par sa tour du 15e s., la plus haute de la ville, accolée à la façade par un angle. St-Jacques était la paroisse du roi et de la Cour, d'où les dépenses faites au 18e s. pour rhabiller le chœur de marbres et pour gainer de boiseries les bases des piliers de la nef.

Le chœur, avec son étroit triforium illuminé par une claire-voie, et surtout le transept du 13e s. gardent néanmoins l'harmonie du gothique au temps de Saint Louis. Un déambulatoire fut ajouté au 16e s.

Dans le croisillon gauche, une Vierge à l'enfant, en pierre, du 13e s. « Notre-Dame aux pieds d'argent », fait l'objet d'une grande vénération.

Dans une chapelle du bas-côté gauche, trois statues en bois polychrome du 15e s. proviennent du calvaire qui surmontait la poutre de gloire.

Tour de Beauregard (D) – Ancien donjon royal ou « Tour du gouverneur », effondré, sur l'emplacement du palais de Charles le Chauve, c'est un témoin de la funeste sortie de Jeanne d'Arc par le vieux pont St-Louis, le 23 mai 1430 *(voir p. 105)*.

Musée Vivenel (M') ⊘ – C'est le musée municipal de Compiègne, installé dans l'hôtel de Songeons. Agréable demeure, des premières années du 19e s., dont le jardin est devenu parc public.

Le rez-de-chaussée est consacré à l'Antiquité : marbres et bronzes grecs et romains, céramiques antiques parmi lesquelles il faut signaler un remarquable ensemble de **vases grecs**★★ découverts en Étrurie et en Italie du Sud (« Grande Grèce »), sculptures et objets funéraires égyptiens (animaux sacrés momifiés) datant pour la plupart du Nouvel Empire (1580 à 1085 av. J.-C.) et de l'Époque saïte (663 à 525 av. J.-C.).

Outillages, armes et objets divers provenant de fouilles, toujours très actives dans la région depuis les campagnes lancées par Napoléon III, évoquent les civilisations successives de nos ancêtres, de la préhistoire à la fin de la période gallo-romaine ; trois casques en tôle de bronze datant d'environ 600 ans avant J.-C. méritent une attention particulière. Dans la salle du Sanctuaire gaulois de Gournay-sur-Aronde, deux grandes vitrines présentent des armes et objets en fer ainsi que des ossements d'animaux sacrifiés rituellement.

Les salons et cabinets du 1er étage ont conservé leurs lambris Directoire. Ils réunissent les collections de peinture (grand retable de la Passion, par Wolgemut, le maître de Dürer), céramiques (pichets en « grès des Flandres », majoliques italiennes), ivoires, émaux limousins, etc.

Forêt de COMPIÈGNE★★

Cartes Michelin nos 106 pli 10 (cartouche) ou 237 plis 7, 8.

La forêt domaniale de Compiègne (14 500 ha), vestige de l'immense forêt de Cuise qui s'étendait des lisières du Pays de France à l'Ardenne, séduit par ses hautes futaies de hêtres, ses vallons, ses étangs, ses villages, ses magnifiques avenues *(1)*.

Le massif occupe une sorte de cuvette ouverte sur les vallées de l'Oise et de l'Aisne. Au Nord, à l'Est et au Sud, une série de buttes et de promontoires dessine un croissant aux pentes abruptes. Ces hauteurs dominent de 80 m en moyenne les fonds souvent sableux, où courent de nombreux rus. Le ru de Berne, le plus important, traverse un chapelet d'étangs.

1 500 km de routes et de chemins, carrossables ou non, sillonnent la forêt. François Ier, qui fit ouvrir les premières grandes percées, Louis XIV et Louis XV ont contribué à la création de ce réseau, permettant de suivre aisément les chasses. Trois équipages de chasse à courre animent encore l'ancienne terre de chasse des rois francs.

Les essences – Le hêtre (40 %), le chêne (30 %) et le charme (15 %) sont les essences les mieux représentées. Le hêtre, surtout, dresse des futaies sur le plateau Sud et son glacis, ainsi qu'au voisinage immédiat de Compiègne. Le chêne, très anciennement planté, prospère sur les sols argileux les mieux drainés et sur les Beaux Monts. Le pin sylvestre, à partir de 1830, puis d'autres résineux sont tout indiqués dans les zones de sables pauvres, là où la chênaie resterait chétive.

Une piste cyclable revêtue a été aménagée entre Compiègne (départ du carrefour Royal, sur la Route Tournante, à l'Est de la ville) et Pierrefonds.

Réglementation de la pêche – Un panneau placé devant la maison forestière des Étangs de St-Pierre *(p. 116)* indique les sociétés et collectivités habilitées à délivrer permis et autorisations.

★★ 1 LES BEAUX MONTS

Circuit au départ de Compiègne *18 km – environ 1 h*

★★★ **Compiègne** – *Voir à ce nom.*

Quitter Compiègne par l'avenue Royale, au Sud-Est. Au carrefour Royal, prendre à gauche la Route Tournante. Cette route traverse par deux virages la perspective de l'avenue des Beaux-Monts. Au carrefour du Renard, prendre à droite la route Eugénie qui, après le carrefour des Vineux, s'élève et recoupe à nouveau la grande percée de l'avenue des Beaux-Monts à mi-hauteur de la côte. Continuer jusqu'au carrefour d'Eugénie.

Carrefour d'Eugénie – Aux abords du carrefour prospèrent des **chênes**★★ comptant parmi les doyens de la forêt. Les plus anciens remontaient à François Ier.

Prendre à gauche la route sinueuse grimpant aux Beaux Monts.

★★ **Les Beaux Monts** – Faire halte au sommet de la montée, près du « poteau du point de vue des Beaux Monts » au terme de la **perspective**★ ménagée à travers bois depuis le château (à peine visible, à 4 km).

Poursuivre jusqu'au carrefour et au point de vue du Précipice.

---

(1) Pour plus de détails consulter le topo-guide des sentiers de Grande Randonnée.

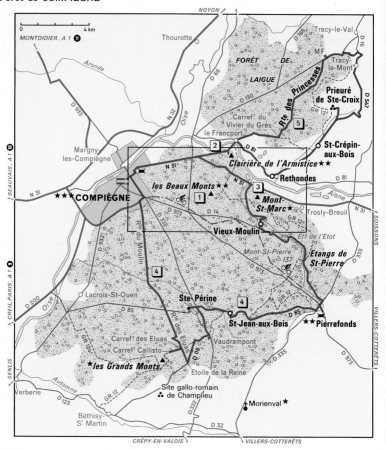

Point de vue du Précipice – Vue★ sur les étendues forestières de la vallée du ru de Berne et du Mont St-Marc.

Revenir au carrefour du Précipice et redescendre des Beaux Monts, à droite.

La route s'abaisse à travers une magnifique futaie claire de chênes et de hêtres, et rejoint une route rectiligne que l'on prend à droite.

Couper la route Eugénie et tourner dans la 1re route à droite.

Chapelle St-Corneille-aux-Bois – Site retiré. Fondée en 1164, la chapelle échut à l'abbaye St-Corneille de Compiègne. François Ier y adjoignit un pavillon de chasse dont l'aspect actuel date de Viollet-le-Duc. La construction gothique de la chapelle (13e s.) subsiste, par contre, intacte. Les gardes forestiers du massif de Compiègne venaient, sous l'Ancien Régime, y entendre la messe du dimanche.

Rejoindre la route du retour, D 14 (Vieux Moulin-Compiègne).

★★ ② CLAIRIÈRE DE L'ARMISTICE

Route directe *6 km - 1 h de visite*

Quitter Compiègne par ② du plan.
Au carrefour d'Aumont, continuer tout droit, et, du carrefour du Francport, où se trouve le monument dédié aux libérateurs de l'Alsace et de la Lorraine, gagner les parkings de la clairière.

★★ **Clairière de l'Armistice** – C'est en ce lieu, à l'abri d'une futaie, que fut signé l'armistice du 11 novembre 1918 qui suspendait les hostilités entre les puissances alliées d'une part et l'Allemagne d'autre part.
Le site a été aménagé en clairière, à l'endroit où existait l'épi de voies, construit pour l'évolution de pièces d'artillerie de gros calibre, qu'avaient emprunté le train spécial du maréchal Foch, commandant en chef des forces alliées, et celui des plénipotentiaires allemands. Les voies étaient greffées sur la ligne Compiègne-Soissons à partir de la gare de Rethondes. Des rails et des dalles marquent l'emplacement des rames, encadrant la date commémorative.

Le 7 novembre 1918 était arrivé le train particulier du maréchal Foch.

Le 8 novembre, aux premières heures du jour, arrive le train amenant de Tergnier les négociateurs allemands *(voir p. 100 à La Capelle)*. A 9 h, ils sont reçus dans le wagon-bureau de Foch. Les Allemands ayant pris place à la table de conférence, le général Weygand, chef d'état-major, va chercher le maréchal. Celui-ci arrive et salue :

– A qui ai-je l'honneur de parler ? demande-t-il.

– Aux plénipotentiaires envoyés par le Gouvernement germanique, répond Erzberger, chef de la mission. Il tend au commandant en chef les lettres de crédit de la délégation. Foch se retire pour les examiner. Ceci fait, il revient et, sans s'asseoir, questionne :

– Quel est l'objet de votre visite ?

– Nous venons recevoir

Atlas/DIAPHOR

les propositions des Puissances alliées pour arriver à un armistice sur terre, sur mer et dans les airs, répond Erzberger.

– Je n'ai pas de propositions à faire, réplique Foch.

Oberndorff, le diplomate, intervient :

– Si Monsieur le Maréchal le préfère, nous pourrons dire que nous venons demander les conditions auxquelles les Alliés consentiraient un armistice.

– Je n'ai pas de conditions ! Erzberger lit alors le texte de la note du président Wilson disant que le maréchal Foch est autorisé à faire connaître les conditions de l'armistice.

– Demandez-vous l'armistice ? reprend alors le maréchal. Si vous le demandez, je puis vous faire connaître à quelles conditions il pourrait être obtenu.

Oberndorff et Erzberger déclarent qu'ils demandent l'armistice.

Weygand donne alors lecture des conditions, une heure durant (il faut faire traduire le document). Tous l'écoutent sans mot dire. Trois jours sont accordés pour l'examen des propositions.

Le général von Winterfeldt, le seul militaire de la délégation allemande, sollicite une suspension des hostilités pendant le délai consacré à l'étude du projet d'armistice. Foch la refuse. Le 10 au soir, un message radiophonique allemand autorise les plénipotentiaires à signer l'armistice. Vers 2 h du matin, les Allemands reprennent place dans le wagon du maréchal et, à 5 h 1/4, la convention est signée ; elle prend effet le même jour à 11 h. Dans la matinée, le maréchal Foch va lui-même à Paris annoncer l'heureuse nouvelle à Raymond Poincaré, président de la République, et à Clemenceau, président du Conseil des Ministres. 22 ans plus tard, le 14 juin 1940, l'armée allemande fait son entrée à Paris. Le 21 juin à 15 h 30, la délégation française d'armistice est reçue par Hitler et les dignitaires du Régime dans le wagon même, replacé en plein air dans sa position de 1918. Les dirigeants se retirent et les représentants du haut commandement allemand transmettent à leurs interlocuteurs le document détaillé arrêté par le vainqueur de la bataille. La convention d'armistice est signée le 22 juin au soir.

La clairière et ses monuments sont dès lors saccagés par l'occupant, la statue de Foch étant seule épargnée.

Wagon du maréchal Foch ⊙ – La voiture-restaurant historique aménagée en wagon-bureau pour le maréchal Foch, d'abord transportée à Berlin comme trophée en 1940, avait disparu (sans doute dès 1942, sous un bombardement). Elle a été remplacée, en 1950, par une voiture d'une série voisine. Les objets authentiques ayant servi aux délégués de 1918, mis à l'abri à temps, sont disposés à nouveau à leur place.

★ ③ LE MONT ST-MARC ET LES ÉTANGS

De Compiègne à Pierrefonds
26 km – environ 1 h 1/2

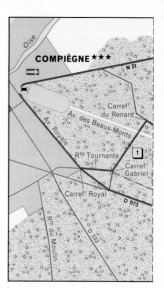

Quitter Compiègne par ② du plan, N 31.

Pont de Berne – C'est là que se déroula la présentation du dauphin, futur Louis XVI, à Marie-Antoinette, arrivant de Vienne.

Tourner à droite vers Pierrefonds. A hauteur du hameau de Vivier-Frère-Robert prendre à gauche la route du Geai.

★ **Mont St-Marc** – Les pentes de cette longue butte sont couvertes de superbes hêtres. En atteignant le plateau, tourner à gauche dans la route forestière qui en suit le bord : vues sur les vallées du ru de Berne et de l'Aisne, sur Rethondes et la forêt de Laigue. La route contourne le promontoire Nord du mont. 2,5 km plus loin, faire halte au **carrefour Lambin : vue** agréable sur la vallée de l'Aisne.

Revenir en arrière et bifurquer dans la 1ʳᵉ route carrossable à gauche pour reprendre la route du Geai en descente et continuer vers Pierrefonds.
Tourner à droite et suivre dans toute sa longueur la rue principale de Vieux-Moulin.

Vieux-Moulin – Cet ancien village de bûcherons était devenu, naguère, une villégiature cossue. La petite église au clocher en chapeau chinois fut reconstruite en 1860 aux frais de Napoléon III.

Tourner à gauche au carrefour du monument aux Morts et rejoindre la route Eugénie (route de la rive droite) avant l'étang de l'Étot.

Étangs de St-Pierre – Étangs creusés, comme viviers, par les religieux célestins du prieuré du Mont-St-Pierre, à l'Ouest.
L'ancien chalet de l'impératrice Eugénie est devenu maison forestière (exposition sur la forêt).

1 km au-delà du dernier étang, à une bifurcation toute proche de la lisière, prendre à gauche la route secondaire en montée atteignant les quartiers hauts de Pierrefonds (voir à ce nom).

★ ④ LES GRANDS MONTS

De Pierrefonds à Compiègne *27 km – environ 1 h 1/2*

★★ **Château de Pierrefonds** – *Voir à ce nom.*

Sortir de Pierrefonds par l'Ouest, D 85.

La route s'élève sur un plateau boisé dont les belles futaies de hêtres ont été en grande partie mises à bas par les tempêtes de 1984. Elle redescend dans la clairière de St-Jean-aux-Bois.

St-Jean-aux-Bois – Charmant village rebaptisé, non sans raison, « La Solitude » en 1794. Son noyau, une cité monastique du 12ᵉ s., apparaît clairement sur la moitié de son périmètre, cerné par un fossé en eau. Les moniales bénédictines, installées ici au 12ᵉ s., évacuèrent leur abbaye en 1634, la forêt n'étant plus sûre, pour se retirer à Royallieu *(p. 107)*, laissant la place à des chanoines augustins. Succession précaire : en 1761 toute vie conventuelle cesse à St-Jean.
Par l'ancienne porte fortifiée, gagner l'esplanade où se dresse l'église, seul vestige de l'abbaye, avec la salle capitulaire et la porte de la « petite Cour » (jadis bâtiments d'exploitation). L'**église**★, édifiée au 13ᵉ s., est remarquable par sa pureté architecturale. A l'intérieur, la sobriété et l'harmonie du transept et du chœur produisent une impression de grandeur et la sveltesse des colonnes séparant chaque bras du transept en deux travées accuse son envolée. Cette disposition, employée au 16ᵉ s., est unique à cette époque dans la région. Les grisailles rappellent l'ambiance lumineuse du vaisseau, au 13ᵉ s.
Au côté Sud de l'église, la **salle capitulaire**, partie la plus ancienne du monument (vers 1150), sert de chapelle annexe et n'est généralement ouverte que pour le culte.

Ste-Périne – L'étang, encadré de platanes et de peupliers, la maison forestière installée dans un ancien prieuré composent un site poétique.

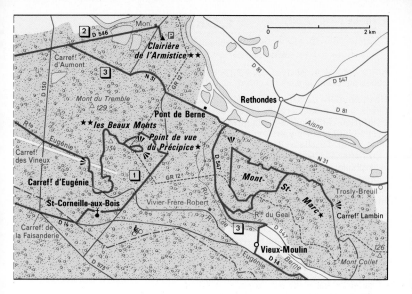

Les religieuses de Ste-Périne (déformation de Pétronille) occupèrent cet ermitage de 1285 à 1626. L'insécurité les fit émigrer successivement à Compiègne, puis, à Paris, de la Villette à Chaillot, à Auteuil enfin, où le nom d'une maison de retraite rappelle leur souvenir.

Faire demi-tour ; tourner à droite dans la grand-route de Crépy-en-Valois que l'on quitte à la bifurcation de Vaudrampont pour gagner, à droite, l'Étoile de la Reine (D 116), en remontant sur le plateau.

Tourner en arrière à droite dans la route des Éluas, puis, au carrefour des Éluas, dans la route, non revêtue, à gauche, aboutissant au carrefour Callisto où laisser la voiture.

★ **Les Grands Monts** - Ce secteur Sud de la forêt est partagé entre le plateau et les bas-fonds. La courte promenade ci-dessous *(1/2 h à pied AR)* en fera connaître quelques aspects, le long d'un chemin en balcon, sous la futaie de hêtres : descendre à pied la « route des Princesses » ; aussitôt après la barrière, tourner à gauche dans le bon chemin contournant un promontoire, jalonné de traits jaunes. Faire demi-tour lorsque le chemin, moins frayé, atteint le fond du ravin.

Faire demi-tour ; poursuivre la descente de la route des Éluas, décrivant un lacet. Retour à Compiègne par le long alignement de la route du Moulin.

⑤ **FORÊT DE LAIGUE**

Circuit partant de Compiègne
31 km - environ 1 h 1/2 - schéma p. 114 - voir à ce nom.

CONDÉ-SUR-L'ESCAUT

13 672 habitants
Cartes Michelin nᵒˢ 51 pli 17 ou 236 pli 18.

Située au confluent de l'Escaut et de la Haine, la ville, ancienne place fortifiée qui soutint de nombreux sièges, a conservé une partie de ses remparts à la Vauban (front Ouest). Claire Léris, connue au théâtre sous le nom de Mademoiselle Clairon, y naquit en 1723. Né aussi à Condé, le maréchal de France Emmanuel de Croÿ, familier de Louis XV, s'intéressa à l'exploitation de la houille et fut à l'origine des mines d'Anzin.

Château de Bailleul - *Place Verte.* Construit au 15ᵉ s., cet austère bâtiment en grès, cantonné de quatre tours en encorbellement, vit naître le maréchal de Croÿ.

Hôtel de ville - *Place Delcourt.* Bâtiment du 18ᵉ s.

Château de l'Hermitage ⊙ - *3 km au Nord par la D 935 en direction de Bon-Secours.*
Ce majestueux château aux 200 fenêtres fut bâti sous Louis XV par le maréchal de Croÿ. Restauré, le château est complété par deux pavillons de communs et un quadrilatère délimitant la « Cour du Grand Manège ».
Il est cerné par la **forêt de Bonsecours** aménagée pour le tourisme. A 2 km, en territoire belge, la **basilique N.-D.-de-Bon-Secours** (1885) est le siège d'un célèbre pèlerinage.

CORBIE

6 152 habitants (les Corbéens)
Cartes Michelin nos 52 pli 9 ou 236 pli 24.

Entre Somme et Ancre, Corbie a grandi près de son abbaye bénédictine dont les abbés portaient le titre de comte et battaient monnaie.

Une pépinière de saints – Fondé en 657 par sainte Bathilde, épouse du roi franc Clovis II, le monastère de Corbie devient à l'époque carolingienne un foyer de civilisation chrétienne sous la direction de saint Adalard, cousin de Charlemagne. Plus de 300 moines y assurent la louange perpétuelle au Seigneur, chantée jour et nuit. Saint Paschase Radbert rédige le premier traité théologique traitant de l'Eucharistie. L'activité apostolique se développe. L'abbaye essaime à Corvey en Westphalie qui sera le grand centre d'évangélisation de l'Europe du Nord, sous l'impulsion de saint Anschaire (ou Oscar), né à Corbie en 801.
Au 11e s., saint Gérard, moine de Corbie, se retira entre Garonne et Dordogne, fondant le monastère de la Sauve Majeure. Quant à **sainte Colette** (1381-1447), fille d'un charpentier corbéen, elle vivra en recluse et sera favorisée de plusieurs visions. Elle sortit de sa réclusion pour fonder plusieurs monastères de clarisses.

CURIOSITÉS

De la place de la République, franchir la **porte monumentale** (18e s.) de l'abbaye dont le cloître et les bâtiments conventuels ont été rasés sous la Révolution.

Église St-Pierre ⊙ – Ancienne abbatiale, cette église, dont la construction s'étendit du 16e au 18e s., a perdu son transept et son chœur qui, menaçant ruine, furent abattus en 1815.

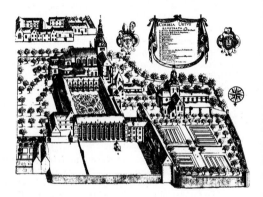

L'abbaye au 17e s.

L'originalité de ce qui reste provient du fait que les architectes ont continué à employer le style gothique dans un édifice bâti durant les périodes Renaissance et classique : c'est ainsi que l'intérieur comprend trois vaisseaux à voûtes d'ogives et une façade à trois portails en arc brisé, rosace et tours jumelles percées de baies géminées, suivant le style des cathédrales gothiques. Cependant une partie du décor relève du répertoire classique, notamment les cartouches ornant les voussures des porches.

L'**intérieur** ne compte plus que 36 m de longueur, contre 117 auparavant (voir la maquette de l'église avant la Révolution). Le Trésor de l'abbatiale comprenait jadis 113 reliquaires, fréquemment vénérés par nos rois et dont un certain nombre a été conservé. Parmi les œuvres d'art, figurent :
– la statue de Notre-Dame de la Porte à l'image (15e s.) *(pilier du bas-côté droit)* ;
– la Sainte Bathilde, exemple de la statuaire majestueuse du 14e s. *(à droite de l'autel au fond du bas-côté droit)* ;
– une tête de saint Pierre (13e s.) *(sur un pilier du bas-côté gauche)* ;
– la tombe (15e s.) de l'abbé Raoul de Roye, tuteur de sainte Colette *(bas-côté gauche).*

Chapelle Ste-Colette ⊙ – Achevée en 1959, elle marque l'emplacement de la maison natale de la sainte. A l'intérieur, statue de sainte Colette agenouillée (16e s.).

La Neuville – *2 km, sur la rive droite de l'Ancre.*
L'église (début du 16e s.) présente au-dessus du portail un grand **bas-relief**★ figurant l'Entrée du Christ à Jérusalem, le jour des Rameaux. Le mérite de cette composition vient de ce qu'elle est traitée avec clarté et, en même temps, qu'elle est emplie de détails pittoresques : spectateurs perchés dans les arbres et, à l'arrière-plan, meunier coiffé d'un bonnet de coton à la fenêtre de son moulin.

Mémorial australien – *3 km. Sortir de Corbie par la route d'Amiens (D 1) qui traverse la Somme. A Fouilloy, prendre la route de Villers-Bretonneux (D 23).*
Lors de l'offensive allemande de Picardie *(p. 17)*, au printemps 1918, les collines de **Villers-Bretonneux** furent farouchement disputées entre Allemands et Australiens : ceux-ci perdirent plus de 10 000 hommes ; le mémorial et un cimetière militaire rappellent leur sacrifice. **Vue** étendue en direction de la Somme et d'Amiens.

La CÔTE D'OPALE★

Cartes Michelin nᵒˢ 51 plis 1, 2 ou 236 plis 1, 2.

De la baie de Somme à la frontière belge s'étend la **côte d'Opale** ainsi nommée en raison de la coloration laiteuse des flots qui la baignent.

La section la plus spectaculaire est constituée par la falaise formant le rebord des collines du Boulonnais de Boulogne à Calais : entre ciel et mer, c'est la Corniche de la côte d'Opale caractérisée par ses promontoires que séparent des «**crans**», vallées sèches analogues aux « valleuses » du pays de Caux. Un courant marin Sud-Nord, très actif, mine la base des promontoires, provoquant d'importants éboulements. Des observations ont permis d'établir que la falaise recule d'environ 25 m par siècle.

Cette partie de la côte a été déclarée grand site national sous le nom de « **Site des deux Caps** » ⊘. Des randonnées pédestres, des programmes de découverte de la nature y sont proposés.

DE BOULOGNE A CALAIS *49 km - environ 2 h 1/2*

★★ **Boulogne** - *Voir à ce nom.*

Sortir de Boulogne par la D 940.

Offrant des échappées sur la mer, les ports et les plages, la D 940, route littorale sinueuse, court au travers de croupes dénudées ou couvertes de prairies rases. Au Nord du « cran » d'Escalles, elle franchit un véritable col, d'aspect montagnard bien que l'altitude n'atteigne pas 100 m. Le long de la route ont été aménagés des parkings, permettant l'accès à la mer ou la promenade dans les dunes.

Wimereux - Importante station balnéaire familiale au débouché du pittoresque vallon du Wimereux *(p. 90)*. Bordant la plage de sable et de galets, une digue-promenade procure des vues sur le pas de Calais, la colonne de la Grande Armée et le port de Boulogne ; dans le prolongement s'amorce un sentier en direction de la **pointe aux Oies**, où le futur Napoléon III débarqua, le 6 août 1840, en vue de sa tentative de soulèvement de la garnison de Boulogne *(p. 83)*.
Entre Wimereux et Ambleteuse la route longe de hautes dunes.

Ambleteuse - Pittoresque village situé à flanc de coteau, au-dessus de l'embouchure de la rivière Slack, qui forme port d'échouage. Ambleteuse fut naguère un port militaire protégé par le **fort d'Ambleteuse** ⊘, construit de 1685 à 1690 par Vauban. Napoléon, lors du camp de Boulogne *(p. 83)*, y basa une partie de sa flottille de débarquement. C'est aujourd'hui, parmi les dunes littorales, une plage d'où l'on aperçoit l'entrée du port de Boulogne et, par temps clair, les falaises blanches des côtes anglaises.
A la sortie d'Ambleteuse, le **Musée historique de la Deuxième Guerre mondiale** ⊘ retrace dans sa totalité ce conflit, depuis la conquête de la Pologne en septembre 1939 jusqu'à la Libération. Une centaine de mannequins présente les différents uniformes et équipements portés ou utilisés par les armées en présence.

3 km après Audresselles, emprunter à gauche la D 191.

★★ **Cap Gris-Nez** - Le cap Gris-Nez présente, face aux côtes anglaises, distantes de moins de 30 km, une falaise aux pentes douces haute de 45 m. Son phare (28 m de hauteur et 45 km de portée), reconstruit après la guerre, se dresse au bout d'une presqu'île rase, exposée aux vents et parsemée d'un chaos de blockhaus allemands démolis. Une base souterraine abrite les installations du CROSS-Gris-Nez (Centre Régional d'Opération de Secours et de Sauvetage en mer), organisme chargé de la surveillance de cette mer où le trafic maritime est le plus dense du monde. Au pied de la falaise, les éboulis se prolongent par le banc rocheux dit des « Épaulards » parce que, vu du large, il fait le gros dos et souffle de l'écume comme les cétacés du même nom.
La **vue**★ s'étend, en face, jusqu'aux falaises anglaises qui ressortent en blanc sous le ciel et, latéralement, sur la côte plissée de « crans » caractéristiques ; on distingue, à droite le cap Blanc-Nez, à gauche le port de Boulogne.
Une stèle rappelle le sacrifice du capitaine de corvette Ducuing et de ses marins tombés le 25 mai 1940, en défendant le sémaphore contre les blindés de Guderian.

Le **musée du mur de l'Atlantique** ⊘ est installé dans la batterie Todt (blockhaus de la Seconde Guerre mondiale) qui servait de base de lancement aux Allemands. Ceux-ci tiraient des obus de 2 m sur l'Angleterre. A l'intérieur, collections d'armes et d'uniformes. Canon exceptionnel de calibre 280 (artillerie de marine sur voie ferrée).

Wissant - Cette superbe plage de sable fin et ferme, bien protégée des vents d'Est et des courants, décrit une ample courbe entre les caps Gris-Nez et Blanc-Nez. Des villas étagées dans les dunes dominent le rivage.

Le **musée du moulin** ⊘ permet de voir une minoterie actionnée par la force hydraulique, en bon état de conservation avec ses machines en bois de pin, ses roues en fonte et son système de monte-charge par courroie à godets.

Cap Blanc-Nez.

★★ **Cap Blanc-Nez** – Dressant au-dessus des flots la masse verticale de ses falaises de craie (134 m de haut), il offre une **vue**★ étendue sur les falaises anglaises et la côte, de Calais au cap Gris-Nez.

Situé face au cap Blanc-Nez, sur le mont d'Hubert, le **musée national du Trans-manche** ⊙ retrace l'histoire mouvementée du détroit qui fut de tout temps exploité par les savants pour promouvoir leurs idées. L'aventure commence en 1751 avec Nicolas Desmarets qui le premier imagina relier la France aux îles Britanniques. Plus tard Aimé Thomé de Gamond proposa successivement un tunnel construit à l'aide de tubes métalliques, une voûte sous-marine en béton, un bac flottant, un isthme artificiel, un pont mobile, un pont-viaduc, et n'hésita pas à plonger au fond du détroit pour rassembler de nombreux échantillons géologiques. Les traversées se firent également en ballon (Blanchard), en avion (Blériot), en bateau à vapeur (1re ligne régulière en 1816), mais aussi en radeau, à skis...

En contrebas, près de la D 940, monument à **Latham** (1883-1912), aviateur qui tenta, sans succès, la traversée de la Manche en même temps que Blériot.

Entre **Sangatte** et Blériot-Plage, les bungalows sont construits directement sur la dune léchée par la mer. C'est à cet endroit que passe le tunnel sous la Manche *(voir p. 229).*

Blériot-Plage – Sa belle plage s'étend jusqu'au cap Blanc-Nez. Aux Baraques *(500 m à l'Ouest de la station),* près de la D 940, un monument commémore la première traversée aérienne de la Manche par **Louis Blériot** (1872-1936) qui, le 25 juillet 1909, posa son avion dans une échancrure des falaises de Douvres, après un vol d'environ une demi-heure.

Calais – *Voir à ce nom.*

La flore côtière

Entre la dune blanche (ou dune vive) du littoral plantée d'oyats et une deuxième ligne de dunes fixée marquant l'ancien rivage et maintenant boisée de pins maritimes (dune grise) s'étendent les garennes, bassins plus ou moins marécageux où prospère une végétation naine d'arbres à la croissance conditionnée par le vent (anémomorphose) : peupliers argentés, aulnes, bouleaux, saules des sables... Les buissons de sureaux, d'argousiers, de troènes autour desquels le chèvrefeuille ou l'églantier s'enroulent volontiers composent des fourrés impénétrables. Partout, sur les bordures sablonneuses et ensoleillées, s'épanouissent de fin juin à début octobre, les panaches caractéristiques de la menthe et des fleurs jaunes de l'onagre, une plante importée d'Amérique à des fins officinales.

COUCY-LE-CHÂTEAU-AUFFRIQUE★

1 058 habitants
Cartes Michelin nᵒˢ 56 pli 4 ou 236 pli 37.

A l'abri de son enceinte médiévale qui comptait 28 tours, Coucy s'allonge sur un promontoire dominant la vallée de l'Ailette, dans un **site**★ défensif impressionnant. Hélas, durant la Première Guerre mondiale, l'altière cité, placée en première ligne, souffrit beaucoup et, en 1917, les Allemands firent sauter le donjon du château.

Le Sire de Coucy – « Roi ne suis, ne Prince, ne Duc, ne Comte aussi. Je suis le Sire de Coucy », telle était la fière devise du constructeur du château. Celui-ci, Enguerrand III (1192-1242), après avoir valeureusement combattu à Bouvines, chercha à s'emparer du trône de France sous la régence de Blanche de Castille.

CURIOSITÉS

Château ⊙ – La basse-cour, ou « baille », dans laquelle on pénètre d'abord, précède le château proprement dit. A droite de l'entrée qui donne accès à la basse-cour, une salle des Gardes renferme une maquette et des documents sur Coucy. En s'avançant vers le château, on voit les bases d'une chapelle romane. A l'extrémité du promontoire, le château dessine un quadrilatère irrégulier. Les grosses tours rondes qui le flanquaient, coiffées de hourds, dépassaient 30 m de hauteur ; elles étaient plus puissantes que les donjons royaux eux-mêmes.

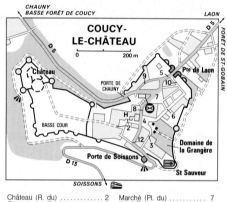

Le **donjon** rond mesurait 31 m de diamètre et 54 m de hauteur ; ses murs, admirablement appareillés de pierre calcaire, atteignaient 7 m d'épaisseur ; il était en outre protégé par une défense extérieure supplémentaire, la « chemise ». L'intérieur comportait trois étages couverts de voûtes gothiques, et ses habitants étaient alimentés en eau par un puits de 65 m de profondeur.

Château (R. du)	2	Marché (Pl. du)	7
Gouverneur (R. du)	3	Pot-d'Étain (R. du)	8
Hôtel-de-Ville (Pl. de)	4	Traversière (R.)	9
Laon (R. de)	5	Truande (R.)	10
Longue-Paume (R. de la)	6	Vivants (R. des)	12

Les bâtiments d'habitation avaient été reconstruits à la fin du 14ᵉ s. par Enguerrand VII, puis complétés au début du 15ᵉ s. par Louis d'Orléans, frère de Charles VI, qui avait racheté Coucy à la fille d'Enguerrand VII. Il subsiste des vestiges de la salle des Preuses et de celle des Preux sous laquelle s'étend un cellier. De la tour Ouest, point de vue sur la vallée de l'Ailette et celle de l'Oise.

Porte de Soissons – Édifiée au 13ᵉ s., elle est renforcée par la tour de Coucy.

Musée historique ⊙ – Il renferme une maquette de la ville et du château, des gravures et photos anciennes et des figurines en costumes. De la plate-forme, vue sur la vallée de l'Ailette.

Église St-Sauveur ⊙ – Situé en bordure des remparts, cet édifice à façade romane et nefs gothiques, des 12ᵉ et 14ᵉ s., a été presque totalement reconstruit après la guerre de 1914-1918.

Domaine de la Grangère – Ce jardin dépendait de la maison du Gouverneur, où naquit, en 1594, César, duc de Vendôme, bâtard de Henri IV et de Gabrielle d'Estrées, duchesse de Beaufort. Margelle du puits faite avec une clé de voûte du donjon du château.

Porte de Laon – Elle date du 13ᵉ s. Jouant un rôle défensif capital, à la racine du promontoire, seul accès facile, elle est encadrée de deux importantes tours rondes, aux murs épais de 8 m à la base.

Basse-forêt de Coucy

Quitter Coucy par la porte de Chauny ; au carrefour situé au pied du promontoire, prendre à gauche, vers Noyon, la D 934 traversant le Bois du Montoir.

Bois du Montoir – Dans ce bois était camouflé un obusier de 380 mm qui, en 1915, a tiré à plusieurs reprises sur Compiègne, distant de 40 km, créant de gigantesques cratères.

Folembray – Chenil du Rallye-Nomade, équipage de chasse à courre le cerf. François Iᵉʳ aimait à séjourner au château avec sa favorite Françoise de Châteaubriand.

CRÉCY-EN-PONTHIEU

1 491 habitants (les Crécéens)
Cartes Michelin n°s 52 pli 7 ou 236 pli 12.

Le nom de Crécy évoque la défaite que subit le 26 août 1346, au début de la guerre de Cent Ans, Philippe VI de France devant Édouard III d'Angleterre. De nos jours, Crécy est une petite ville paisible étagée sur les bords d'un bassin cultivé, à la naissance de la Maye et face au plateau qui porte la forêt de Crécy.

Église - A l'intérieur, on peut voir quatre grandes toiles de l'école de Poussin, provenant de l'abbaye de Dommartin *(p. 65)* et évoquant l'histoire de Moïse.

« Moulin Édouard III » - *1 km au Nord par la D 111.*
A droite de la route, on aperçoit le tertre marquant l'emplacement du moulin d'où le roi d'Angleterre aurait assisté à la célèbre bataille. Du sommet, **vue** sur la plaine ondulée (table d'orientation).
Édouard III, ayant débarqué en Normandie, s'était porté en Picardie et vint se retrancher près de Crécy. C'est alors qu'il fut attaqué, avec une fougue irréfléchie, par Philippe VI et la chevalerie française dont l'assaut se brisa sur les lignes d'archers anglais, soutenus, pour la première fois dans l'histoire européenne, par des bombardes. Il y eut un grand carnage de Français – 20 000 restèrent sur le terrain – et le vieux roi de Bohême, Jean l'Aveugle, allié de Philippe, périt en se faisant porter au cœur du combat, près de son fils grièvement blessé ; à l'endroit même où il tomba, est érigée la **« Croix de Bohême »** *(sur la D 56 au Sud-Est de Crécy).*

FORÊT DE CRÉCY

Aménagé pour le tourisme (aires de repos et de pique-nique, promenades pédestres et équestres balisées, circuit des vieux chênes en voiture ou à vélo), ce massif, s'étendant sur 4 300 ha, couvre le plateau situé au Sud de la Maye et abrite chevreuils, sangliers et faisans ; muguet au printemps. Des plans d'orientation sont situés en lisière à Forest-Montiers et Forest-l'Abbaye.

Circuit de 29 km - *Environ 1 h. De Crécy, suivre la route de Forest-l'Abbaye (D 111) jusqu'au carrefour du Monument et de là, à droite, la route forestière de Forest-Montiers.*
La route de Forest-Montiers côtoie de belles futaies de hêtres et de chênes.

Continuer jusqu'au Poteau de Nouvion, là prendre à droite la route forestière du Chevreuil jusqu'au carrefour de la Hutte de chasse des Grands-Hêtres.

Hutte des Grands-Hêtres - A cet endroit, la futaie est remarquable. On peut emprunter à pied le sentier des deux Huttes.

Revenir au Poteau de Nouvion et prendre à droite vers la N 1 et Forest-Montiers.

Forest-Montiers - Saint Riquier avait établi à cet endroit son ermitage devenu plus tard moutier (couvent) ; ici, le fils de François Ier, Charles, mourut de la peste, à 23 ans.

Prendre la N 1 vers le Nord.

Bernay-en-Ponthieu - *Voir à ce nom.*
Autour de Bernay-en-Ponthieu, la Maye s'épand en étangs.

Tourner à droite dans la D 938 qui ramène à Crécy-en-Ponthieu.

Cette route domine l'ample **vallée de la Maye** où alternent cultures, prairies et bosquets. Le versant Sud est couronné par la forêt de Crécy.

Le CROTOY ⚓

2 440 habitants (les Crotelois)
Cartes Michelin n°s 52 pli 6 ou 236 pli 21.

C'est par la route panoramique (D 940) longeant les « mollières » *(voir p. 220)* qu'il faut accéder au Crotoy, jadis place forte pourvue d'un château dans lequel Jeanne d'Arc fut enfermée en 1430 avant d'être conduite à St-Valery, puis à Rouen. C'est aujourd'hui une accueillante station balnéaire familiale, face à la baie de Somme.

Le port - A proximité de la place Jeanne-d'Arc, centre animé de la station, le port est fréquenté par des petits chalutiers pratiquant la pêche côtière (crevettes, poissons plats, harengs). La pêche au lancer, dans le lit de la Somme, permet de ramener carrelets, anguilles.

Butte du Moulin - On y accède de l'église par la rue de la Mer. De la terrasse, **vue**★ étendue sur la baie de Somme, St-Valery, le Hourdel, et en direction du large.

Chemin de fer de la baie de Somme - *Voir p. 221.*

DESVRES

6 318 habitants
Cartes Michelin n°s 51 pli 12 ou 236 pli 12.

Petite ville industrielle connue pour ses faïences depuis le 18e s., Desvres s'est spécialisée dans la copie des décors anciens : Delft, Moustiers, Strasbourg, Nevers et Rouen. Plusieurs fabriques fonctionnent encore aujourd'hui.

Maison de la Faïence ⊙ – *Rue Jean-Macé*. Elle est installée dans une étrange construction géométrique formée de panneaux de carreaux de faïence bleus et blancs.

Un montage audiovisuel retrace l'histoire et le développement industriel des productions céramiques. Dans la salle suivante, on peut découvrir les différentes opérations de fabrication à partir de simples éléments : l'eau, la terre et le feu, et repérer sur une carte les différents centres de faïence et de porcelaine en France. La dernière salle met en valeur des pièces remarquables de faïenceries desvroises.

Jardinière, fin 19e s.

Musée de la Faïence, Desvres

La visite du musée peut être agréablement complétée par celle d'un atelier (Desvres Tradition, 1, rue du Louvre, ☎ 21 92 39 43) ou d'une usine (Masse-Fourmaintraux, 114, rue Jean-Jaurès, ☎ 21 91 65 55).

FORÊT DE DESVRES

Au Nord de la ville s'étend cette forêt de 1 136 ha, vallonnée et plantée d'essences variées. On peut en faire le tour par la D 253, la D 254, la D 238 et la D 341 qui offrent des perspectives pittoresques sur le massif et la vallée de la Liane. A l'Ouest **Crémarest** est un charmant village avec une église des 15e-16e s.

DOUAI*

Agglomération 199 562 habitants
Cartes Michelin n°s 51 pli 16 ou 236 pli 16.

S'étendant de part et d'autre de la Scarpe, Douai, malgré les bombardements de 1940, a conservé son plan et ses maisons du 18e s. qui lui donnent cet aspect aristocratique qu'évoqua Balzac dans la « Recherche de l'Absolu ».

En effet, bien que l'agglomération groupe d'importantes industries métallurgiques (Arbel, Renault), chimiques, alimentaires, un établissement de l'Imprimerie nationale et une bourse d'affrètement fluvial qui est la quatrième de France, Douai apparaît plutôt comme un centre judiciaire, avec une Cour d'appel, héritière du Parlement de Flandre qui siégea ici de 1713 à la Révolution.

Enfin, la ville natale de la poétesse élégiaque **Marceline Desbordes-Valmore** (1786-1859) garde une réputation intellectuelle flatteuse grâce aux nombreux établissements d'enseignement qui ont succédé à son université, fondée au 16e s. mais transférée à Lille en 1887.

Le cortège des Gayants – Le dimanche qui suit le 5 juillet défilent, à travers la ville, accompagnés de groupes folkloriques et au son de l'air de Gayant, cinq géants en costumes du Moyen Âge : Gayant le père, qui culmine à 7,50 m et pèse 370 kg, son épouse Marie Cagenon haute de 6,50 m et leurs enfants Jacquot, Fillion et Binbin. Ils sont escortés par la roue de la fortune et le sot des canonniers ou cheval jupon. Les géants se montrent en ville les deux jours suivants et rentrent le mardi soir dans leur maison. Gayant, le géant le plus ancien du Nord (1530), est aussi le plus populaire. Durant la semaine qui précède ont lieu des concerts, ballets, soirée folklorique, récitals d'orgue et de carillon.

Après la rentrée des géants se déroule une retraite aux flambeaux, devançant les régates, la revue et les feux d'artifice du 14 juillet. Des réjouissances populaires rassemblent les Douaisiens, qui se disent plaisamment eux-mêmes « enfants de Gayant ».

Jean Bellegambe (1470-1534), peintre de Douai et du Douaisis – Cet artiste, qui semble avoir résidé toute sa vie à Douai, révèle une personnalité attachante d'homme en lequel se fondent plusieurs tendances.

Il assure la transition entre la tradition gothique (sujets religieux traités avec souci du détail vrai et du coloris harmonieux) et l'italianisme de la Renaissance (décor de colonnes, pilastres, coquilles et guirlandes) tout en associant le réalisme flamand, objectif et familier, à l'intellectualisme de l'école française, qui se manifeste dans le choix de sujets d'une compréhension parfois difficile.

Bellegambe travailla beaucoup pour les abbayes de la vallée de la Scarpe ; on reconnaît dans ses œuvres les sites et monuments du Douaisis : le beffroi et les portes de Douai, les tours de l'abbatiale d'Anchin, le bois de Flines, les paysages aquatiques de la Scarpe et de la Sensée. Ces représentations témoignent de l'amour du peintre pour son pays.

LE BEFFROI ET SES ABORDS *visite : 1 h*

Partir de la place d'Armes, aménagée en partie en espace piétonnier, avec terrasses et jeux d'eau. L'**hôtel du Dauphin**, seule maison subsistant du 18ᵉ s., abrite l'office du tourisme. Sa façade est ornée de trophées.

Prendre la rue de la Mairie.

★ **Le Beffroi** (D) ⊙ – C'est un des plus connus du Nord, popularisé par une description de Victor Hugo, de passage à Douai en 1837, et par une admirable toile de Corot, aujourd'hui au Louvre. D'aspect sombre, voire farouche, il se présente comme une imposante tour carrée gothique (1387-1410) mesurant 64 m de hauteur totale et 40 m au niveau de la plate-forme.

Son couronnement, hérissé de tourelles, de lucarnes, de pinacles, de girouettes, s'achève par un lion des Flandres « qui tourne avec un drapeau dans les pattes » (Victor Hugo).

L'actuel carillon de 62 cloches, situé au 4ᵉ étage, a remplacé celui, très célèbre, qui fut détruit par les Allemands en 1917 ; il joue, aux heures l'air des Puritains d'Écosse, aux demi-heures une barca-rolle, aux quarts et trois quarts quelques mesures de l'air de Gayant.

Du sommet de la tour (192 marches), à travers les abat-sons, se révèlent des vues sur Douai et sa banlieue industrielle.

A l'intérieur de l'**hôtel de ville**, on parcourt la salle gothi-que du Conseil (15ᵉ s.), l'ancienne chapelle deve-nue vestibule d'honneur, le Salon Blanc aux parois re-vêtues de boiseries du 18ᵉ s. et la salle des fêtes.

Par le passage voûté et la cour de l'hôtel de ville, ga-gner la rue de l'Université.

Demolin/CAMPAGNE CAMPAGNE

Le Beffroi.

Cette rue passe devant le **mont-de-piété (E)** du 17e s., transformé en laboratoire agro-alimentaire, et conduit au **théâtre (T)** (18e s.) à la façade Louis XVI. Rue de la Comédie, à droite, l'**hôtel d'Aoust (L)** est un bel exemple d'architecture Louis XV par sa porte à décor rocaille et sa façade sur cour ornée de statues allégoriques représentant les quatre saisons. C'était le siège de la Direction des Houillères du Nord. Douai occupait en effet le centre du bassin houiller français *(voir p. 18).*

Continuer la rue de la Comédie et prendre à droite la rue des Foulons.

Dans la rue des Foulons dont le nom rappelle l'activité des drapiers au Moyen Âge, s'alignent, sur la gauche, quelques demeures du 18e s. : remarquer au n° 132 l'**hôtel de la Tramerie (K)**, d'architecture Louis XIII. Un peu plus loin, à droite, la curieuse ruelle des Minimes ramène à l'hôtel de ville.

Douai s'enorgueillit de posséder 2 carillons : l'un au beffroi et l'autre ambulant (50 cloches) qui sillonne les routes de France. Fondée et animée par Jacques Lannoy, une école française de carillon est installée à Douai.

★ MUSÉE DE LA CHARTREUSE ◷ visite : 1 h

L'ancienne chartreuse constitue un intéressant ensemble de bâtiments du 16e au 18e s. On y distingue l'hôtel d'Abancourt à gauche et à droite, dominé par une tour carrée, le bâtiment édifié par les Montmorency, de style Renaissance flamande. Les premiers chartreux s'y installèrent au 17e s. et construisirent le petit cloître, le réfectoire, la salle capitulaire, l'église, terminée en 1722. Le grand cloître et les cellules des moines furent détruits à la Révolution.

Le musée comprend deux sections : celle des Beaux-Arts et celle d'Archéologie et des Sciences naturelles.

Section des Beaux-Arts – Les collections concernent principalement la peinture ancienne, mais on voit aussi, entre autres œuvres d'art, l'étonnant plan en relief de Douai (18e s.).

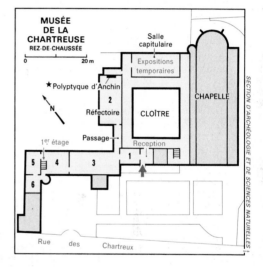

Salle 1 – Elle renferme les Primitifs flamands, hollandais (le Maître de la Manne et le Maître de Flemalle) et italiens.

Passage – Plan du couvent des Chartreux.

Salle 2 – Dans le réfectoire sont exposés de grands retables du 16e s. provenant des abbayes de Marchiennes, d'Anchin et de Flines : le **polyptyque d'Anchin ★** par Bellegambe représente l'Adoration de la Croix ou l'Adoration de la Ste Trinité selon que les volets sont ouverts ou fermés, le polyptyque de Marchiennes par Van Scorel (école d'Utrecht, 16e s.) est dédié à saint Jacques et saint Étienne.

Salle 3 – Admirer deux chefs-d'œuvre de la Renaissance italienne, le portrait d'une Vénitienne par Véronèse et la Flagellation du Christ par Louis Carrache, œuvre d'une rare intensité dans une ambiance de clair-obscur. Une statue de bronze, la Vénus de Castello, évoque la personnalité de Jean de Bologne, sculpteur et architecte, né à Douai en 1529, qui fit en Italie l'essentiel de sa carrière, à Rome et surtout à Florence.

Salles 4-5-6 – On peut y étudier le maniérisme flamand et hollandais du 16e s. à travers les œuvres de Rolandt Savery (Combat dans un village), des Anversois Jean Matsys, fils de Quentin (la Guérison de Tobie), et Frans Floris (La Sainte Famille), des Hollandais Van Hemessen (Christ aux Outrages), Van Reymerswaele (Saint Jérôme), Goltzius (le Jeune homme et la vieille), Cornelis Van Haarlem (Baptême du Christ).

Par l'escalier de la salle 4, on monte au 1er étage.

Salles 7-8 – Œuvres de Rubens et Jordaens ; paysages de Momper et Govaerts ; Scène de sorcellerie de David Téniers.

Salles 9-10 – Intéressante série de petits maîtres hollandais du 17e s. : natures mortes de Van der Ast et Abraham Mignon, l'Enfant par Cuyp, une vue de Haarlem par Berckheyde, un paysage de Ruisdaël, le Jeune musicien par Duyster.

Salles 11-12 – L'école française, du 17e au 19e s., est bien représentée en portraitistes : Le Brun (Louis XIV à cheval), Vivien, Largillière, Nattier, François de Troy (la famille de Franqueville), Boilly, Chardin (nature morte), David (Mme Tallien).
Noter aussi quelques impressionnistes avec Renoir, Sisley, Pissarro et post-impressionnistes tels que Cross, Bonnard, Maurice Denis.

Redescendre au rez-de-chaussée.

Cloître – Bien que construit en 1663, en plein classicisme, il est voûté d'ogives. Son appareil de briques roses contraste harmonieusement avec la pierre blanche des nervures et des encadrements sculptés de motifs baroques.

Salle capitulaire – Édifiée en 1663, comme le cloître, et dans le même style que celui-ci, elle abrite des expositions temporaires.

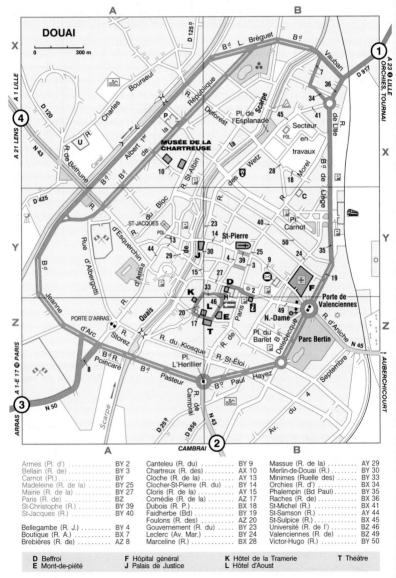

Armes (Pl. d')	BY 2	Canteleu (R. du)	BY 9	Massue (R. de la)	AY 29
Bellain (R. de)	BY 3	Chartreux (R. des)	AX 10	Merlin-de-Douai (R.)	BY 30
Carnot (Pl.)	BY	Cloche (R. de la)	AY 13	Minimes (Ruelle des)	BY 33
Madeleine (R. de la)	BY 25	Clocher-St-Pierre (R. du)	BY 14	Orchies (R. d')	BX 34
Mairie (R. de la)	BY 27	Cloris (R. de la)	AY 15	Phalempin (Bd Paul)	BY 35
Paris (R. de)	BZ	Comédie (R. de la)	AZ 17	Raches (R. de)	BX 36
St-Christophe (R.)	BY 39	Dubois (R. P.)	BX 18	St-Michel (R.)	BX 41
St-Jacques (R.)	BY 40	Faidherbe (Bd)	BY 19	St-Samson (R.)	AY 44
		Foulons (R. des)	AZ 20	St-Sulpice (R.)	BX 45
Bellegambe (R. J.)	BY 4	Gouvernement (R. du)	BY 23	Université (R. de l')	BZ 46
Boutique (R. A.)	BY 7	Leclerc (Av. Mar.)	BY 24	Valenciennes (R.)	BZ 49
Brebières (R. de)	AZ 8	Marceline (R.)	BX 28	Victor-Hugo (R.)	BY 50

D Beffroi	**F** Hôpital général	**K** Hôtel de la Tramerie	**T** Théâtre
E Mont-de-piété	**J** Palais de Justice	**L** Hôtel d'Aoust	

Section d'Archéologie et de Sciences naturelles – *Prendre à gauche en sortant de la Chartreuse puis tourner à gauche dans la rue St-Albin.*

Au 1er étage est retracée l'évolution de l'homme du paléolithique à 400 après J.-C. d'après les résultats des fouilles effectuées dans le Nord. On peut y voir un moulage du crâne de l'homme de Biache découvert à Biache-St-Vaast à 13 km de Douai, qui aurait vécu 250 000 ans avant J.-C.

La période gallo-romaine est largement illustrée par du matériel découvert à Bavay (statuettes) et à Lewarde (bustes). Intéressantes maquettes du village mérovingien de Brebières et de la nécropole de Hordain.

Au rez-de-chaussée, un **aquarium** présente des poissons d'eau douce et d'eau de mer de diverses provenances : cichlidés des lacs africains, poissons-clowns des mers tropicales... Collection de papillons exotiques et d'oiseaux naturalisés vivant dans la région qu'ils soient nicheurs ou migrateurs.

AUTRES CURIOSITÉS

Église St-Pierre ⊘ – Se placer sur le côté gauche de cette ancienne collégiale pour en discerner les parties principales : le clocher de pierre (16e-17e s.), la nef et le chœur en briques à parements de pierre (18e s.), la chapelle absidale coiffée d'un bulbe (18e s.).

A l'intérieur le chœur, aussi long que la nef, était réservé aux chanoines et aux membres du Parlement. On remarque, provenant de l'abbaye d'Anchin, le buffet d'orgues (18e s.) et, dans le bras droit du transept, trois peintures du 18e s., dues à Deshayes (Mariage de la Vierge, au centre) et à Ménageot.

En sortant, voir à droite, rue Bellegambe, une devanture de boutique Modern Style ornée de tournesols et un peu plus loin la maison natale (plaque) du peintre Henri-Edmond Cross (1856-1910).

Palais de justice (J) ⊘ – Jadis refuge de l'abbaye de Marchiennes puis siège du Parlement de Flandre, il date du début du 16e s. mais a été presque entièrement reconstruit au 18e s. La façade d'entrée, reconstruite sous Louis XVI par l'architecte lillois Lequeux, offre un portail central aux lignes sévères.

On peut visiter au 1er étage la salle d'audience dite **grande salle du parlement** (1762), décorée d'une vaste cheminée de marbre, de boiseries sculptées Louis XV, du portrait de Louis XIV et de toiles allégoriques par Nicolas Brenet (1769).

Des bâtiments construits en 1972, à l'emplacement de l'ancien tribunal, ont été agrandis et abritent deux salles d'audience. La façade de briques donnant sur la Scarpe porte la trace des arcs brisés gothiques d'origine. Les anciennes prisons d'où s'échappa Vidocq *(accès par le quai)* ont été transformées en **salles d'exposition** retraçant l'histoire de la ville et celle du Palais de justice.

Quais de la Scarpe – Agréable promenade au bord de la Scarpe que les « bélandres » (péniches) ont délaissée. Demeures anciennes.

De l'embarcadère du Palais de Justice, des **promenades en barque** ⊘ sont organisées en saison sur la Scarpe.

Porte de Valenciennes – Aujourd'hui isolée, elle est gothique sur une de ses faces (15e s.), classique sur l'autre (fin 17e s.).

Hôpital général (F) – Ce vaste bâtiment a été construit entre 1752 et 1756 sous Louis XV sur un plan quadrangulaire. En pénétrant dans la cour d'honneur, on aperçoit l'un des quatre réfectoires qui sert de salle d'exposition.

Église Notre-Dame ⊘ – Autrefois adossée au rempart, cette église a été mêlée à toute l'histoire de Douai. Sa nef en grès et briques a été érigée au début du 13e s. Le chœur gothique du 14e s. est couvert de cinq travées de voûtes d'ogives à nervures de pierre et voutains de brique, et se termine par une abside à cinq pans percée de hautes baies à lancettes. L'église, très endommagée en 1944, a été fort bien restaurée.

Au chevet de l'église se dresse la statue de Marceline Desbordes-Valmore par un sculpteur douaisien, Albert Bouquillon.

Parc Bertin – De l'autre côté du boulevard, à l'emplacement d'un ancien bastion s'étend un parc paysager de 5 ha dessiné en 1904.

ENVIRONS

Flines-lez-Raches – *11 km au Nord par ① du plan, D 917 et 938.* Ce village possède une curieuse **église** dans laquelle on pénètre par un clocher-porche en grès et briques très ancien (certains le datent de 800). Sur la nef étroite donnent des chapelles de différentes époques. On remarquera les deux premières à droite dont les poutres des charpentes sont ornées de corbeaux historiés portant les armoiries de Philippine Torck, abbesse de Flines de 1561 à 1571.

★★ **Centre historique minier de Lewarde** – *Voir à ce nom.*

Marchiennes – *Voir à ce nom.*

DOULLENS

6 615 habitants (les Doullennais)
Cartes Michelin n°s 52 pli 8 ou 236 pli 24 – Schéma p. 66.

Appelée jadis Dourlans et pourvue d'une enceinte que remplacent des boulevards, Doullens a su préserver son caractère picard dans les maisons de briques et pierres, à lucarnes saillantes. Les macarons sont une spécialité locale appréciée.

Une simple petite phrase – Fin mars 1918..., l'offensive de Ludendorff vers la mer menace de faire sauter la charnière entre les armées française et anglaise. Des problèmes de commandement aggravent la situation. Le 26 mars, à l'hôtel de ville de Doullens, une conférence réunit, dans la salle du Conseil, Lord Milner, le maréchal Douglas Haig et le général Wilson d'une part, Poincaré, Clemenceau, Foch et Pétain d'autre part. Au cours des débats, Douglas Haig déclare : « Si le général Foch consentait à me donner ses avis, je les écouterais bien volontiers. » Le principe du commandement unique est alors adopté et Foch conduira les armées alliées à la victoire.

CURIOSITÉS

Hôtel de Ville ⊘ – C'est dans la salle dite du « commandement unique » que le général Foch fut désigné, le 26 mars 1918, pour commander les forces françaises et étrangères. Des photographies, des documents, des bustes de personnalités et un vitrail rappellent cet événement.

Ancienne église St-Pierre - Elle comporte une galerie extérieure suivant une disposition en usage dans la vallée belge de l'Escaut, à Tournai et Audenarde notamment.

Église Notre-Dame ⊘ – Du 13e s., elle a été presque entièrement reconstruite aux 15e et 16e s. Le chœur à chevet plat du 13e s., remanié au 15e s., et le transept sont voûtés d'ogives. Une salle basse, attenant au bras droit du transept, abrite une **Mise au tombeau**★ (1583), avec des personnages grandeur nature.

Musée Lombart ⊘ – Dans l'ancien couvent des Dames de Louvencourt, collections consacrées à l'Antiquité, à l'archéologie, au folklore et à la peinture.

Citadelle ⊘ – Principal ouvrage fortifié d'une cité qui fut longtemps disputée entre la France et l'Espagne, cette citadelle à bastions et demi-lunes *(voir p. 23 et 29)* comprend des éléments du 16e s., en pierre, et du 17e s., en brique. Une promenade dans les fossés permet de découvrir cinq demi-lunes encore intactes.

Afin de donner à nos lecteurs l'information la plus récente possible, les conditions de visite des curiosités décrites ont été groupées en fin de volume.

Dans la partie descriptive du guide, le signe ⊘ placé à la suite du nom des curiosités soumises à des conditions de visite les signale au visiteur.

DUNKERQUE

Agglomération 192 852 habitants
Cartes Michelin n°s 51 plis 3, 4 ou 236 pli 4.
Plan d'agglomération dans le guide Rouge Michelin France.

« Ville héroïque », Dunkerque fut, au cours de la dernière guerre, détruite à 80 %. Reconstruite, elle connaît une rapide expansion commerciale et industrielle, due à la prodigieuse extension de son port.

L'église des dunes – Avant le 7e s., l'emplacement de Dunkerque est recouvert par la mer. Son nom, qui signifie « église des dunes », n'apparaît qu'en 1067. Jusqu'à la fin du 17e s., ce gros bourg de pêcheurs défendu par une mauvaise enceinte est déjà un enjeu que se disputent Espagnols, Français, Anglais et Hollandais. Turenne s'en empare en 1658 après la bataille des Dunes et Vauban la fortifie peu après.

L'enfer de Dunkerque (mai-juin 1940) - Du 25 mai au 4 juin, Dunkerque fut l'enjeu d'une sanglante bataille lors du rembarquement d'une partie des forces alliées, coupées de leurs bases après la percée allemande de Sedan en direction de la mer. Le port de Dunkerque et les plages de Malo à Bray-Dunes abritèrent alors les bateaux qui faisaient la navette entre la côte française et l'Angleterre. Malgré les mines magnétiques, les torpilles, les bombardements et le pilonnage de l'artillerie lourde allemande, près de 350 000 hommes, dont les deux tiers d'Anglais, furent embarqués.

Jean Bart, « pirate officiel du roi »

Durant les guerres de Louis XIV, les corsaires dunkerquois détruisent ou capturent 3 000 navires, faisant 30 000 prisonniers et anéantissant le commerce hollandais. Le plus intrépide de ces corsaires fut **Jean Bart.**

Aussi célèbre que les corsaires malouins Duguay-Trouin et Surcouf, Jean Bart (1650-1702) fut un virtuose de la guerre de course en Mer du Nord. Par opposition au pirate, hors-la-loi attaquant tous les navires et massacrant même l'équipage, le corsaire recevait du roi les « lettres de course » qui lui permettaient de traquer les navires de guerre ou marchands. En 1694, Jean Bart sauva le royaume de la famine en capturant 130 navires chargés de blé. Ses succès durent beaucoup à l'existence d'un arsenal ultra-moderne et à la présence constante d'une flotte royale. De manières simples et rudes, il multiplia les exploits, ce qui lui valut ses lettres de noblesse (1694) puis, trois ans plus tard, le grade de chef d'escadre. On raconte que ce fut Louis XIV lui-même qui lui annonça sa nomination : « Jean Bart, je vous ai fait chef d'escadre » ; à quoi le valeureux marin aurait répondu : « Sire, vous avez bien fait. » L'année suivante (1698), chargé de

Jean-Bart.

conduire le prince de Conti en Pologne, il échappe à neuf gros vaisseaux. Le danger passé, le prince lui dit : « Attaqués, nous étions pris. » « Jamais, répond Jean Bart, nous aurions tous sauté, car mon fils était dans la soute à munitions avec ordre de mettre le feu à un tonneau de poudre, au premier signal. »

★★ LE PORT

Dunkerque se classe **3ᵉ port de France** avec, en 1994, un trafic de plus de 37 millions de tonnes. Les importations sont très importantes (28 millions de tonnes) : minerais, produits chimiques et pétroliers, charbons, sables et graviers, produits métallurgiques, graines oléagineuses, bois, huiles, textiles. Les exportations (1/4 du trafic du port) concernent les produits pétroliers et métallurgiques, fruits et primeurs, ciment, sucre, engrais, céréales, colis lourds et usines « clés en main ». Les ports Est et Ouest sont reliés, depuis 1987, par un **canal à grand gabarit** avec le Nord-Pas-de-Calais (3 600 t), prolongé vers la Belgique (1 300 t) et le Bassin parisien (600 t). L'ensemble des installations portuaires couvre 7 600 ha et s'étend sur 15 km de rivage.

Port-Est – Desservi par un avant-port de 80 ha et trois écluses dont la plus grande, l'écluse Charles-de-Gaulle (365 m sur 50 m), peut accueillir des navires de 115 000 t, le port offre un **bassin maritime** long de 6 km et 385 ha de bassins à flot, répartis en six darses et en bassins industriels spécialisés auxquels s'ajoutent les installations de stockage. Équipé pour la réparation navale, il compte quatre formes de radoub et un dock flottant. Du Nord de la darse 6 à l'entrée du canal à grand gabarit s'étendent des quais équipés pour le trafic des pondéreux et notamment pour la sidérurgie locale, les trafics céréaliers (3 silos) et les trafics d'aciers.

Port-Ouest – En service depuis 1975, il bénéficie de la grande profondeur (20,50 m) de son avant-port de 560 ha, doté à l'entrée d'un appontement pour pétroliers de 300 000 t.

Il englobe un port de transit rapide, accessible sans écluse et pourvu de 2 km de quais. Ce port de transit rapide dispose, pour accueillir les plus gros navires porte-containers, d'une série de quais équipés de postes de manutention, d'un puissant matériel de levage (3 portiques) et de 80 ha de terre-pleins.

Dunkerque est également un port pour les ferries vers l'Angleterre. Une ligne dessert Ramsgate (passagers et camions), une autre, réservée aux marchandises en wagon ou camion, dessert Douvres.

Sur la rive Ouest du bassin à marée se sont installées, près des stocks pétroliers et de la centrale E.D.F. de Gravelines, des industries métallurgiques.

Le terminal minéralier et charbonnier est accessible aux navires de 180 000 t.

Le complexe industriel – L'activité portuaire de Dunkerque est liée en grande partie à l'importance du complexe industriel installé ici.

La **sidérurgie** représentée par l'« usine sur l'eau » de Sollac Dunkerque produit une part importante de l'acier français, tandis que la **sidérurgie fine** doit son renom à l'usine des Dunes appartenant à la société Ascométal (entre Malo-les-Bains et

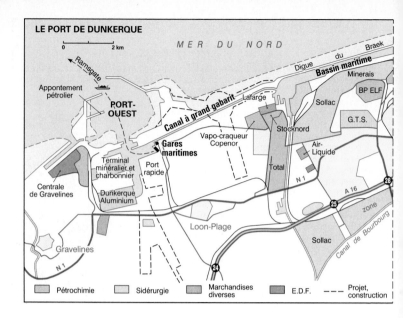

LE PORT DE DUNKERQUE

MER DU NORD

0   2 km

Ramsgate

Digue   du   Braek

Bassin maritime

Minerais

BP ELF

Appontement pétrolier

PORT-OUEST

Canal à grand gabarit

Lafarge

Sollac

G.T.S.

Vapo-craqueur Copenor

Stocknord

Gares maritimes

Air-Liquide

Terminal minéralier et charbonnier

Port rapide

Total

N 1

28

Centrale de Gravelines

Dunkerque Aluminium

A 16

25

zone

Loon-Plage

Canal de Bourbourg

Gravelines

N 1

Sollac

24

| □ Pétrochimie | □ Sidérurgie | ■ Marchandises diverses | ■ E.D.F. | --- Projet, construction |

Bray-Dunes), spécialisée dans la fabrication des barres rondes, des roues, des essieux de chemin de fer et des tiges de forage pétrolier. Depuis 1990 s'est implanté Pechiney (fabrication de l'**aluminium**).

L'**industrie pétrolière** est favorisée par la présence des installations de BP et Elf et Total ; la **pétrochimie** s'avère particulièrement importante avec le vapo-craqueur de Copenor produisant entre autres de l'éthylène et du polyéthylène et le terminal portuaire de Stocknord équipé pour exploiter l'arrivage des produits chimiques liquides.

D'autres industries sont prospères : GTS Industries (gros tubes), Air Liquide, Lafarge (cimenterie) et à Coudekerque-Branche, l'usine Lesieur. La chimie fine pour l'agriculture (Dupont de Nemours) ou l'alimentaire (Ajinomoto) est récemment venue les renforcer.

Visite du port Est

1 **Visite à pied** - *1 h environ*. Partir de la place du Minck (marché aux poissons) entre le bassin du Commerce et la « cale aux pêcheurs ». Traverser le quartier de l'ancienne citadelle où sont implantées les agences de transit. A droite se trouvent le chenal avec le port de plaisance. Franchir l'écluse Trystram, et prendre à droite la direction du **phare**. Haut de 59 m, d'une puissance de 6 000 W, il porte à 48 km.

Après les docks flottants on atteint l'écluse Watier. A l'entrée et à droite sur le blockhaus : tour de contrôle du port Est ; du sommet de la terrasse, **vue** sur le port et l'avant-port, que borde à l'Est la longue jetée où les troupes françaises s'embarquèrent en 1940.

2 **Visite en bateau** ⊙ - Partant du bassin du Commerce, le plus grand des trois anciens bassins, la vedette parcourt le port tout au long permettant de voir la base des remorqueurs, les ateliers (formes de radoub), les différentes écluses, darses et zones de stockage, le Trans Terminal Sucrier (**Z**), la raffinerie BP et les appontements pétroliers, la centrale électrique EDF, l'usine sidérurgique Sollac, le bassin minéralier, la digue du Break.

★ **Musée portuaire** (**CZ M³**) ⊙ - Installé dans un ancien entrepôt des Tabacs construit au 19e s., ce musée attrayant présente l'histoire et le fonctionnement du port de Dunkerque, grande porte maritime du Nord. Autrefois consacré à la pêche et au commerce, Dunkerque est aussi devenu à partir des années 60 un grand port industriel. Le pilotage, l'accès au port, la réparation navale, la manutention des produits, la pêche côtière ou au large d'Islande… sont évoqués par des dioramas, des maquettes de navires, des plans, peintures, gravures et des outils anciennement utilisés par les dockers. Les Ateliers et Chantiers de France qui ont cessé leur activité en 1987, construisirent plus de 300 navires dont le contre-torpilleur « Triomphant », le plus rapide au monde à son époque (1935).

Devenue capitale de la guerre de course au 17e s., Dunkerque eut comme défenseur le célèbre corsaire Jean Bart (*voir encadré*) : *la bataille du Texel* (reproduction du tableau d'Isabey au musée de la Marine à Paris), des gravures d'Ozanne et des maquettes de bateaux corsaires illustrent ses exploits.

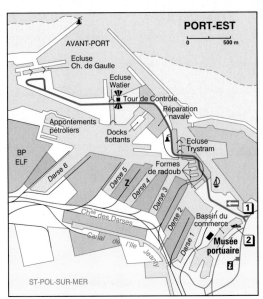

Au 2ᵉ étage, une galerie navale présente une trentaine de maquettes témoignant de la diversité des types de navires et de leur évolution technologique : brick armé, frégate, vapeur à roues à aubes, pétrolier du 20ᵉ s. ...

Des expositions sont proposées chaque année, traitant d'un thème particulier lié à la mer ou au port.

Dans le bassin, en face du musée, remarquer le trois-mâts « Duchesse Anne », ancien navire-école (1902), deux bateaux-feux désarmés, le « Dyck » (1911) et le « Sandettie » (1949) ainsi qu'une ancienne péniche.

AUTRES CURIOSITÉS

★ **Musée d'Art contemporain** ⊙ – On le découvre au milieu du **jardin de sculptures**★ dessiné par le paysagiste Gilbert Samel. C'est une suite de croupes et de vallons qu'escaladent ou dégringolent des sentiers laissant apparaître, au hasard des pérégrinations, les grandes pierres du sculpteur Dodeigne, les structures métalliques de Féraud ou les compositions de Viseux, d'Arman et de Zvenijo-rovsky, avec pour toile de fond la mer du Nord.

L'architecte Jean Willerval a respecté ce jardin pré-existant pour y inscrire son bâtiment moderne en béton recouvert de grès céramique blanc, structure très sobre précédée d'un superbe portique en azobé (bois d'Afrique) réalisé par Philippe Scrive.

Musée d'Art contemporain.

131

DUNKERQUE

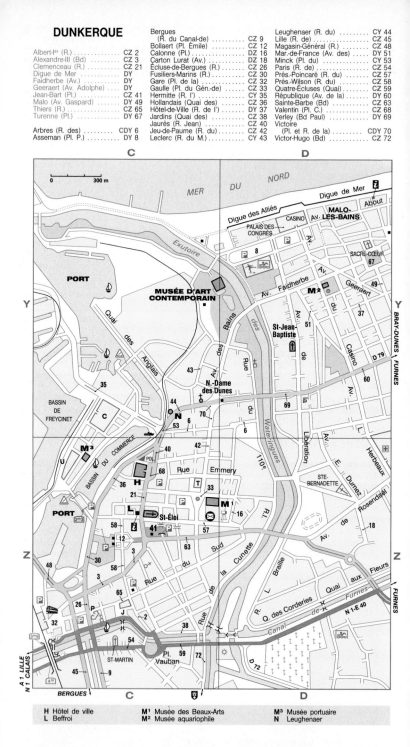

H Hôtel de ville	M¹ Musée des Beaux-Arts	M³ Musée portuaire
L Beffroi	M² Musée aquariophile	N Leughenaer

A l'intérieur du forum, des rampes mènent au 1er étage où s'ouvrent huit salles consacrées à la céramique contemporaine. Sous le titre « **dialogues céramiques** », le musée s'est donné pour but de faire connaître cet art à travers des expositions temporaires, des ateliers d'initiation, des livres et des monographies sur les artistes.

Beffroi (CZ L) ⊘ – Construit au 13e s. puis surélevé en 1440, il servit de clocher à l'église St-Éloi, incendiée en 1558. Cette tour altière, haute de 58 m, abrite un carillon de 48 cloches qui joue toutes les heures la « Cantate de Jean Bart » et, aux quarts, d'autres airs populaires. Au rez-de-chaussée se tient l'Office du Tourisme et sous l'arche face à l'église St-Éloi est érigé le monument aux morts.

Église St-Éloi (CZ) ⊙ – Construite au 16ᵉ s., remaniée aux 18ᵉ et 19ᵉ s., elle présente une façade néo-gothique, une toiture en pyramides alignées sur les bas-côtés et l'abside. Les proportions sont curieuses depuis la suppression du transept : 68 m sur 53 m.

Remarquer l'ampleur de ses cinq nefs aux voûtes sur croisées d'ogives soutenues par d'élégants piliers et son abside à chapelles rayonnantes. Les fenestrages en ogive, restaurés, mettent en valeur les vitraux dus au maître verrier Gaudin. Sur le côté Nord du chœur, une dalle en marbre blanc indique le tombeau de **Jean Bart**.

Place Jean-Bart – Sur cette place, au cœur de la cité, s'élève la statue du célèbre corsaire, œuvre de David d'Angers (1848).

★ **Musée des Beaux-Arts** (CZ **M¹**) ⊙ – Ce musée, reconstruit en 1973, abrite de belles collections de peintures du 16ᵉ au 20ᵉ s. et les documents retraçant le passé de Dunkerque. Dans le hall d'entrée, un panneau de 540 carreaux de Delft représente le bombardement du port en 1695.

Au rez-de-chaussée, une salle d'histoire locale évoque surtout le corsaire Jean Bart. Remarquer un curieux tronc pour le rachat des eslaves au 17ᵉ s., en forme de captif enchaîné, provenant de l'église St-Éloi.

Dans une galerie d'**art moderne** (1950-1970) sont rassemblées des œuvres de César, d'Arman, Hartung, Mathieu, Kijno, Vasarely, Soulages, de Karel Appel (17 sculptures polychromes composant le « cirque »)...

Au 1ᵉʳ étage, l'**école flamande** des 16ᵉ et 17ᵉ s. est bien représentée : F. Pourbus le Jeune *(Tête d'enfant)*, Snyders *(Marchande de fruits)*, Jean de Reyn (plusieurs portraits), Francken *(Le festin d'Hérode)*, Robert van der Hoecke *(Effet de neige)*, Teniers le Jeune *(Fête villageoise)*, Van Dyck *(Tête d'homme barbu)*.

L'**école hollandaise** offre d'intéressants portraits de femmes par Morelse, Aert de Gelder et Bylert, des natures mortes par Van der Poel et Claez. Parmi les peintres italiens du 18ᵉ s. se distingue Magnasco (Adoration des Mages).

L'**école française** du 17ᵉ au 20ᵉ s. groupe des œuvres de Largillière, Vignon, Rigaud, Lesueur, de La Fosse, Hubert Robert, Vernet, Corot, Boudin, Carrier-Belleuse.

Au sous-sol, section d'histoire naturelle avec reconstitution d'habitats de la région (marais, plage...) et exposition sur la Seconde Guerre mondiale.

Hôtel de ville (CZ **H**) – Construit en 1900 par Louis Cordonnier, auteur du palais de la Paix à La Haye, il possède un beffroi central, haut de 75 m. A l'intérieur, un vitrail, dû à Félix Gaudin, représente le retour de Jean Bart après sa victoire du Texel en 1694.

Leughenaer (CY **N**) – Seul vestige de la muraille bourguignonne aux 28 tours qui entourait la cité au 14ᵉ s., la tour du menteur (en flamand : leughenaer) doit son nom à la méprise d'un guetteur.

Chapelle N.-D.-des-Dunes (CY) – Reconstruite au 19ᵉ s., elle abrite une statue en bois de N-D.-des-Dunes, vénérée par les marins depuis 1405. Ex-voto.

Église St-Jean-Baptiste (DY) ⊙ – Cette église de briques (1962), en forme de proue de navire, est isolée de son clocher en bois qui se dresse tel un mât. A l'intérieur, beau Christ entouré de quatre anges.

⚓ MALO-LES-BAINS (DY)

Fondée avant 1870 par un armateur dunkerquois nommé Malo, cette station balnéaire est devenue le quartier résidentiel de Dunkerque. La vaste **plage** de sable fin, en pente douce, s'étend à l'Est du port ; elle est longée par une digue-promenade où se trouve le casino.

Musée aquariophile (**M²**) ⊙ – Aménagé dans un parc, l'aquarium groupe, dans 21 bacs, 150 espèces de poissons d'origines diverses, dont une partie provenant du littoral dunkerquois.

LA CÔTE DES DUNES

De Malo-les-Bains à Bray-Dunes - 13 km au Nord-Est par la D 79 et la D 60.

La route contourne le fort des Dunes, qui a donné son nom à la bataille des Dunes (1658), puis l'usine des Dunes de la société Ascométal.

Zuydcoote – Zuydcoote a connu la renommée littéraire avec le roman de Robert Merle « Week-end à Zuydcoote », dont fut tiré un film, qui évoque les épisodes tragiques du rembarquement en 1940. Le grand sanatorium, transformé en hôpital, fut alors le théâtre de scènes dramatiques, devant l'afflux des blessés dont le nombre atteignit 7 000.

Bray-Dunes – Une digue-promenade borde la plage de sable qui court jusqu'à la Panne, en Belgique, devenant ainsi le terrain d'élection des chars à voile.

Sur la digue, une stèle commémore le sacrifice des soldats de la 12ᵉ D.I.M. qui combattirent « pour l'honneur » jusqu'au 4 juin 1940.

Blockhaus d'ÉPERLECQUES★

Cartes Michelin nᵒˢ 51 pli 3 ou 236 pli 3 (15 km au Nord-Ouest de St-Omer).

Montagne de béton émergeant de la forêt d'Éperlecques, ce **blockhaus** ⊘ haut de 22 m, le plus grand jamais construit, avait été prévu pour le lancement des V2, fusées chargées d'explosifs destinées à détruire Londres. Il ne représente en fait qu'un tiers de la construction prévue à l'origine. Plus de 35 000 prisonniers français, belges, hollandais, polonais, russes... participèrent à sa construction en 1943 et 44. Le 27 août 1943, 185 « forteresses volantes » venant d'Angleterre déversèrent des tonnes de bombes sur le blockhaus, le mettant hors d'usage... au prix de la vie de nombreux déportés qui y travaillaient. Après cet épisode, le blockhaus fut agrandi pour devenir une usine d'oxygène liquide (un film présenté à l'intérieur évoque ces événements tragiques).

La dalle supérieure épaisse de 5 m a été montée au fur et à mesure de la construction par un système de vérins, méthode révolutionnaire qui permettait de protéger des bombardements ceux qui y travaillaient.

Un circuit avec différents points sonorisés permet de contempler longuement les façades de cet ouvrage impressionnant, et d'en savoir davantage sur les terrifiantes « armes secrètes » du IIIᵉ Reich habitants Sur la courtine Sud, on remarque la partie inférieure de la tour de contrôle. De la plate-forme qui constitue le sommet du mur Nord non achevé, on aperçoit l'impact de la bombe « Tallboy » lancée le 25 juillet 1944.

En pénétrant dans le blockhaus, observer la porte blindée (2 m d'épaisseur !) coulissant sur rails. L'immensité des halls, le léger brouillard enveloppant des structures déchiquetées, l'étrange perception de l'anéantissement précoce créent en ce lieu une atmosphère oppressante.

ESQUELBECQ

1 979 habitants
Cartes Michelin nᵒˢ 51 pli 4 ou 236 pli 4.

Esquelbecq, sur l'Yser, est un bourg tranquille, typiquement flamand avec sa **Grand-Place★**, sa vaste église et ses maisons en briques.

Château ⊘ – Dans son cadre d'eau et de verdure, le château d'Esquelbecq, bâti en briques, n'a guère changé depuis le temps où Sanderus le représentait dans une estampe de sa « Flandria illustrata » publiée en 1641.

Se reflétant dans les douves alimentées par l'Yser, les pignons à redans, les tours coiffées de toits en poivrière, composent un tableau pittoresque et encore féodal. Le donjon s'est malheureusement effondré en septembre 1984 sur une aile du château. Des travaux sont en cours pour le restaurer.

Église ⊘ – Église-halle du 16ᵉ s., elle présente une jolie façade de briques dessinant des losanges sous trois pignons pointus qui correspondent aux trois nefs ; le pinacle central est garni d'une statue de saint Folquin, évêque de Thérouanne et parent de Charlemagne, qui mourut à Esquelbecq en 855.

A l'intérieur, restauré après l'incendie de 1976, une autre statue (début du 17ᵉ s.) en pierre blanche représente saint Folquin. Remarquer le tableau en céramique de St-Omer, du 17ᵉ s., illustrant la Crucifixion.

ÉTAPLES

11 306 habitants
Cartes Michelin nᵒˢ 51 pli 11 ou 236 pli 12.

Étaples, d'origine gallo-romaine, mais ruinée par les Normands au 9ᵉ s., a connu la prospérité au Moyen Âge. Le grand humaniste **Lefèvre d'Étaples**, un « bonnet carré » précurseur de la Réforme, y naquit en 1445 ; ses Commentaires sur l'Évangile sont estimés.

Situé sur l'estuaire de la Canche et relié à la mer par un chenal difficile, le port a une notable activité tant pour la pêche côtière (soles, carrelets, merlans, crevettes) qu'hauturière : ses gros chalutiers opèrent à partir du port de Boulogne. Sur l'estacade, un portique mobile monté sur pneus, le « roulev », permet de mettre à sec des bateaux de 130 t.

Proche du port, le quartier des marins présente des rues étroites bordées de maisonnettes peintes.

Du pont en amont, qui relie Étaples au Touquet, **vue** agréable sur l'estuaire.

Musée Quentovic ⊘ – Installé dans deux hôtels du 17ᵉ s., il donne sur la place du Général-de-Gaulle, animée les jours de marché. Le rez-de-chaussée et une salle du 1ᵉʳ étage abritent des fossiles et des minéraux de l'ère primaire à l'ère tertiaire). La collection archéologique rassemble de l'outillage paléolithique et néolithique, des poteries, des fibules et des monnaies gallo-romaines provenant des fouilles effectuées à Étaples et à la Caloterie, village situé sur la rive opposée de la Canche et centre important de potiers aux 2e et 3e s. La dernière salle est consacrée à l'ossuaire du port mérovingien et carolingien de Quentovic.

Musée de la Marine ⊙ – Occupant une ancienne halle à la criée, face au port d'Étaples, c'est un petit musée consacré à la pêche artisanale. Plusieurs navires sont présentés en vraie grandeur : le chantier *A la Gloire de Dieu,* l'armature du *Ville d'Étaples* et une barque étaploise, utilisée en rivière ou dans la baie, à marée basse, pour pratiquer la pêche « à la foëne » (sorte de peigne permettant de piquer les flets dans la Canche). Sans dérive, cette « canote » était embarquée sur les anciens chalutiers et servait d'annexe ou de bateau de sauvetage.

On peut monter à la passerelle (à gauche) d'un chalutier des années 60. Chaque bateau avait une petite chapelle dans le poste d'équipage.

L'entretien du navire, c'est le tannage des filets et des voiles. Les filets, en coton, étaient trempés dans un bain de « **cachou** », résine prélevée sur les acacias d'Inde, puis renforcés par « trempé » dans un bain de « goudron de houille diluée ». Pour protéger les voiles de l'eau de mer, on y étalait, à l'aide de brosses, le « jugaille » ou « cachou » fondu. Des blocs de cachou sont présentés dans leur emballage d'origine ainsi que des outils pour la construction et l'entretien de la coque.

On découvre un atelier de tonnelier et un atelier de cordonnerie (les ateliers étaient nombreux à Étaples et employaient d'anciens marins mutilés). Les bottes en cuir étaient gardées toute la semaine ; il fallait l'aide d'une autre personne pour les enlever. La toile de jute protégeait les chevilles, la paille était mise dans le fond.

Les femmes se chargeaient de la pêche à la crevette. Les jours de fête, elles portaient une belle coiffe dite « **soleil** ».

1er étage – Surveillance maritime et sécurité individuelle ou collective. Le radeau de sauvetage a sauvé sept vies humaines lorsqu'un cargo est entré en collision avec le *Saint Michel,* au large des côtes anglaises, dans les années 70.

2e étage (passerelle) – Nombreuses maquettes montrant l'évolution du navire de pêche. Parmi les objets remontés dans les filets : une dent de mammouth, une corne d'auroch, la vertèbre d'un bison. Le **chalut** est un filet traîné par deux bateaux, d'une ouverture de 70 à 80 m. Des diabolos (poids) roulent et montent au-dessus des pierres tout en maintenant le chalut au fond. Le filet fixe est installé sur le sable à marée basse et se lève à la marée montante. Les **filets dérivants** sont utilisés pour la pêche au hareng d'octobre à décembre. Les marins assemblaient eux-mêmes leurs filets.

En descendant de nouveau au 1er étage, maquettes de lougres, bateaux d'échouage berckois.

En fin de visite, au rez-de-chaussée, reconstitution d'un intérieur d'une famille de marin vers 1960. Ensemble de « **balouettes** », girouettes et signes de reconnaissance placés en tête de mât de tous les navires d'Étaples et dont la symbolique est liée au nom du bateau.

La FÈRE

2 930 habitants (les Laférois)
Cartes Michelin nos 56 pli 4 ou 236 pli 37.

Bien qu'ayant perdu la quasi-totalité de son enceinte, La Fère, qu'enserrent les bras et les marécages formés par l'Oise, reste une cité militaire sévère mais non sans caractère.

Une riche tradition guerrière – Grandie autour d'un château dont il subsiste un bâtiment des 15e-16e s., La Fère, qui commandait les passages de l'Oise et couvrait les approches de l'Ile-de-France, eut à soutenir de nombreux sièges. En 1595, la place, tenue par la Ligue, résista plusieurs mois à Henri IV. Antoine, le père de ce dernier, était né au château.

En 1815, les Prussiens se retirèrent devant la résistance des troupes qui y étaient enfermées, mais en 1870, La Fère dut capituler après une défense héroïque. Enfin, pendant la guerre 1914-1918, les Allemands en firent un des points d'appui de la ligne Hindenburg.

★ **Musée Jeanne-d'Aboville** ⊙ – Ce musée présente un ensemble de peintures anciennes dont l'essentiel est constitué par la collection que la comtesse d'Héricourt, née d'Aboville, légua à la ville en 1860.

Parmi les maîtres des écoles du Nord, il faut citer les maniéristes du 16e s., Jean Massys (La Madeleine en prières), Simon De Vos (Hommage à Vénus), Martin De Vos (les Vierges sages et les Vierges folles), les Hollandais du 17e s., Emmanuel de Witte, spécialiste des intérieurs d'églises, Heem, fécond auteur de natures mortes, Peeters, peintre de marines.

De l'école française, nous détacherons, pour le 17e s., un admirable « panier de prunes » par Pierre Dupuis, un Combat de Cavalerie et des Amazones par Deruet, et, pour le 18e s., le Déjeuner de Campagne par Étienne Jeaurat, des paysages par Lallemand, Joseph Vernet, un beau portrait de Madame Adélaïde par Élisabeth Vigée-Lebrun.

Une section archéologique, au rez-de-chaussée, présente le résultat des fouilles gallo-romaines de Versigny (fibule, lettres de bronze, gladiateur) et des découvertes locales.

Sur la place en face du musée se dresse la statue de l'artilleur qui ornait, naguère, une pile du pont de l'Alma à Paris.

La FERTÉ-MILON★

2 208 habitants (les Fertois)
Cartes Michelin nos 56 pli 13 ou 237 plis 8, 20.

Cette petite ville, patrie de Racine, s'étage sur une colline qui domine l'Ourcq.

De Milon à Louis d'Orléans – De bonne heure, il y eut ici une forteresse : celle de Milon, l'un des premiers possesseurs. Au 14e s., Charles VI donne la seigneurie à son frère, Louis d'Orléans, fondateur de la seconde maison de Valois. Grand bâtisseur, ce prince, qui a fait reconstruire son château de Pierrefonds, ordonne de rebâtir celui de La Ferté-Milon. Les travaux commencent en 1398. Quand le roi devient fou, le duc est le maître du royaume. En 1407, il est assassiné par les hommes de Jean sans Peur, duc de Bourgogne. L'édifice n'est pas terminé et ne le sera jamais.

En 1588, les Ligueurs s'en emparent et y résistent six ans aux assauts de l'armée royale. Henri IV le reprend enfin et ordonne le démantèlement de ses remparts.

Le travail, confié à un certain capitaine Laruine, se limite, pour le château, au démontage des toits, à la démolition des murs intérieurs, à la destruction par la poudre de la tour carrée « du Roi », dominant la vallée.

L'enfance de Racine – Jean Racine est né à La Ferté-Milon le 21 décembre 1639 d'une famille qui avait reçu depuis peu ses lettres de noblesse. Son père était procureur au baillage. L'enfant n'a que deux ans quand meurt sa mère. Deux ans plus tard, son père disparaît à son tour. L'orphelin est recueilli par sa grand-mère paternelle, née Marie Desmoulins, dont une fille et deux sœurs sont religieuses à Port-Royal. Devenue veuve en 1649, elle les rejoint à l'abbaye et envoie son petit-fils, pour ses « humanités », au collège de Beauvais. Le futur poète y reste jusqu'à 16 ans. Il rentre ensuite aux « Petites Écoles » des Granges que dirigent les « Messieurs ». Il y prolonge son année de rhétorique et y découvre

ROGER-VIOLLET

Racine par Mignard.

sa vocation de poète que désapprouvent ses maîtres. Après l'année de philosophie suivie au collège d'Harcourt, l'actuel lycée St-Louis, le poète fait son entrée dans le monde où il connaît vite le succès.

C'est entre 1667 et 1677 que Racine écrivit la plupart de ses chefs-d'œuvre : Andromaque, les Plaideurs, Britannicus, Bérénice, Bajazet, Mithridate, Iphigénie et Phèdre.

LA VILLE DE RACINE visite : 1 h 1/2

Partir du parking aménagé dans l'île de l'Ourcq.

Traverser le bras du moulin (le moulin abandonné a conservé sa grande roue) en direction de la ville ancienne groupée sur le coteau autour de l'église Notre-Dame.

Prendre après le pont, la rue de Reims.

Musée Jean-Racine ⊘ – Installé dans la maison de sa grand-mère paternelle où il passa son enfance, ce petit musée présente de beaux documents concernant le dramaturge (1639-1699) et son œuvre ainsi que l'histoire de la ville. A l'entrée, statue à l'antique de Racine par David d'Angers (1822).

Tourner un peu plus loin à droite dans la rue Racine, vieille rue pavée. Au n° 1, belle maison (actuellement M.J.C.) où vécut Marie Rivière, sœur de Jean Racine. Cette rue monte au chevet de l'église Notre-Dame et au château.

★ **Château** – L'esplanade rectangulaire était l'ancienne cour intérieure de la forteresse. Elle se termine en terrasse au-dessus de la vallée.

Découvrant, de l'intérieur, la « coque » du château, remarquer que les arrachements datant du démantèlement de 1594 ne sont que peu de chose, comparé aux pierres d'attente appelant une extension, jamais réalisée.

Passer la porte de Bourneville, découronnée, et prendre du recul sur la prairie pour admirer la façade tournée vers la campagne, longue de 102 m.

Percée de trois étages de fenêtres, défendue par des mâchicoulis et par trois grosses tours dont la section de base a la forme d'une amande, la forteresse se termine par le donjon rectangulaire éventré par la mine en 1594. Le sommet des tours est orné de magnifiques **bas-reliefs★** du 15e s., inscrits dans des niches en anse de panier *(jumelles utiles)* : effigies décapitées de « preuses » *(voir à Pierrefonds, p. 188)* et, surtout, Couronnement de la Vierge, entre les deux tours centrales de l'ouvrage d'entrée. Sous cette scène, trois anges soutiennent les armes de France, sommées du lambel (« brisure » héraldique) désignant une branche cadette : les Orléans.

Revenir par la rue des Bouchers et la rue de Reims et gagner la place du Port-au-Blé. Traverser la passerelle métallique construite par Eiffel.

Bords de l'Ourcq – Jolie vue, en aval, sur une tour d'enceinte et sur le jardin de l'ancienne propriété Héricart, où Jean de La Fontaine vint faire sa cour à sa fiancée, Marie Héricart. En amont se dresse la petite construction du « grenier sur l'eau » : le bâti en avancée abritait les poulies de la grue descendant les sacs de blé dans les « flûtes » de l'Ourcq.

Église St-Nicolas – *Rue de la Chaussée.* Cette église du 15e s. possède un bel ensemble de **vitraux★** du 16e s. représentant l'Apocalypse et la vie du Christ.

FOLLEVILLE

63 habitants
Cartes Michelin n°s 52 pli 18 ou 236 pli 34.

Situé sur une butte en retrait de la Vallée de la Noye, ce modeste village fut jadis le siège d'une importante seigneurie dont témoignent les ruines d'un château (13e-16e s.) et la tour de guet (15e s.) possédés par les illustres familles de Lannoy et de Gondi.

Un preux – Issu d'une famille de Flandre, **Raoul de Lannoy** fut chambellan et conseiller des rois Louis XI, Charles VIII et Louis XII. Il se couvrit de gloire au siège du Quesnoy (1477) et Louis XI lui passa au cou une chaîne d'or en disant : « Pasques Dieu, mon amy, vous estes trop furieux en un combat, il vous faut enchaîner pour modérer votre ardeur, car je ne vous veux point perdre... » : c'est cette chaîne qu'on trouve représentée dans l'église de Folleville. Durant les guerres d'Italie, Lannoy fut nommé par Louis XII gouverneur de Gênes et mourut en cette ville, l'an 1513.

La première « mission » de Monsieur Vincent – En janvier 1617, un humble prêtre, au visage déjà ridé et aux yeux pétillants d'intelligence, parcourt les terres de Françoise de Gondi, héritière par sa mère, Marie de Lannoy, du fief de Folleville. Les campagnes sont dans un état avancé de déchristianisation. Bouleversé, Vincent de Paul monte en chaire et parle au peuple assemblé de façon si éloquente qu'il s'ensuit une confession générale. A la suite de cette expérience, Vincent fonde, en 1625, la Congrégation des prêtres de la Mission, dits par la suite lazaristes.

Tombeau de Raoul de Lannoy
et Jeanne de Poix.

L'ÉGLISE ⊙ *visite : 1 h 1/2*

Cette église (début 16e s.) présente un remarquable décor sculpté. Avant de pénétrer à l'intérieur, jeter un coup d'œil sur les statues (16e s.) de saint Jacques, à l'angle de la façade, et de la Vierge à l'Enfant, logée dans la niche d'un contrefort.

Nef – Près de l'entrée se trouvent les fonts baptismaux Renaissance : la vasque de marbre blanc de Carrare est sculptée de la chaîne symbolique aux armes des Lannoy.
Dans la nef à droite, la chaire est celle du haut de laquelle Vincent de Paul prêcha.

★ **Chœur** – Son architecture est flamboyante, mais de nombreux éléments du décor relèvent de la Renaissance. Admirer ses voûtes aux nervures finement découpées.
Le premier **tombeau**★★ à gauche est celui de Raoul de Lannoy et de sa femme Jeanne de Poix. Le sarcophage de marbre blanc a été exécuté à Gênes en 1507, du vivant de Raoul de Lannoy, par le Milanais Antonio Della Porta et son neveu Pace Gaggini ; le gisant du sire de Lannoy porte la chaîne donnée par Louis XI. De gracieux enfants pleureurs sont sculptés de part et d'autre des armes des familles et de l'épitaphe. L'enfeu est, par la délicatesse et l'harmonie de ses sculptures, un chef-d'œuvre de l'art français. Le fond est semé de guirlandes de fleurs de pois, allusion au nom de la dame du lieu. Son couronnement comporte une double accolade encadrant une gracieuse Vierge à l'Enfant sortie d'une fleur de lys et surmontée d'un dais en forme de tente ; une clôture de treillage, une guirlande de marguerites, des angelots et les symboles des Évangélistes complètent le décor de cette composition.
Le second **tombeau**★ montre l'évolution de l'art funéraire, passant en 50 ans des gisants aux priants de pierre. Ces derniers figurent François de Lannoy, fils de Raoul, mort en 1548, et sa femme Marie de Hangest. L'encadrement de marbre blanc est orné à sa base d'effigies des Vertus Cardinales (Justice, Prudence, Tempérance, Force).

Enfeu et piscine – Derrière l'autel s'ouvre un grand enfeu à arc découpé en festons et surmonté d'une accolade : à l'intérieur de l'accolade, le sculpteur a représenté le Christ apparaissant à Madeleine et, de chaque côté, des Anges portant les attributs de la Passion. Cet enfeu renfermait un sépulcre de marbre blanc, œuvre d'Antonio Della Porta et Pace Gaggini, que les Gondi, héritiers des Lannoy, firent transporter à Joigny (Yonne). A droite de l'autel, une jolie piscine est ornée des statuettes de saint François et de saint Jean-Baptiste, patrons de François de Lannoy et Jeanne de Poix.

FOURMIES

14 505 habitants
Cartes Michelin n⁰ˢ 53 pli 16 ou 236 pli 29 – Schéma p. 67.

Ville active qui développa une industrie textile importante au 19e s., Fourmies est cernée par de vastes forêts et un chapelet d'étangs, œuvres des moines de Liessies d'où le nom des trois principaux, les étangs des moines.

Écomusée de la région Fourmies-Trélon – L'écomusée a pour but de préserver et de promouvoir les différents aspects économiques et culturels de la région. Réalisé avec l'aide de la population, il comprend plusieurs antennes faisant découvrir les activités d'hier et d'aujourd'hui de cette région de bocage et d'usine : le musée du Textile et de la Vie sociale à Fourmies *(voir ci-dessous)*, l'Atelier-Musée du verre à Trélon *(p. 69)*, la Maison du Bocage à Sains-du-Nord *(p. 68)*, le Conservatoire du patrimoine religieux à Liessies *(p. 155)*, la Maison de la Fagne et le site naturel des Monts de Baives à Wallers-Trélon *(p. 69)* et les sentiers d'observation sur la commune de Wignehies ⊙. Un audiovisuel (15 mn) présente dans les bâtiments du musée du Textile l'ensemble de la région et les réalisations de l'écomusée.

★ **Musée du Textile et de la Vie sociale** ⊙ – Installée dans une ancienne filature *(voir illustration p. 270)*, l'antenne de l'écomusée présente une collection de

Reconstitution d'une boutique.

machines textiles de la fin du 19e s. à nos jours qui fonctionnent devant chaque visiteur. Des documents photographiques, des reconstitutions, dont celles d'un atelier de bonneterie, d'un intérieur ouvrier, d'une salle de classe, d'une rue avec ses boutiques et son estaminet évoquent la vie sociale des habitants de la région, et retracent les principaux événements qui jalonnent son histoire (fusillade du 1er mai 1891).

Les étangs des Moines – *Au Sud-Est de la ville, par la rue d'Anor puis la rue des Étangs.* Situés en bordure de la forêt de Fourmies peuplée surtout de chênes, ils servaient autrefois de réservoir d'eau pour l'alimentation des moulins. Ils ont été aménagés pour la pêche, le canotage et la baignade. Un circuit pédestre de 4 km permet de les découvrir *(panneau explicatif sur le parking près de l'auberge).*

FRÉVENT

4 121 habitants (les Fréventins)
Cartes Michelin nos 52 Nord du pli 8 ou 236 pli 14.

Sur les bords de la Canche, Frévent est une petite ville active (matières plastiques, serrurerie) avec un agréable jardin public.

Église St-Hilaire ⊙ – 16e s. Elle est précédée par un massif clocher-porche. A l'intérieur, on verra une peinture du 16e s. représentant la Sainte Famille.

Château de Cercamp – *1 km au Sud-Est par la D 339. On ne visite pas.*
Situé sur la rive gauche de la Canche, ce château est le seul vestige, avec un pavillon d'entrée, du célèbre monastère cistercien fondé en 1137 par les comtes de St-Pol, et détruit sous la Révolution.
Édifié vers 1740 par l'architecte Raoul Coigniard qui donna peu après les plans de l'abbaye de Valloires *(voir à ce nom)*, le château comporte un seul corps de bâtiment, sobre mais imposant, à avant-corps central et pavillons latéraux en légère saillie.

Étang de la GALOPERIE★

Cartes Michelin nos 53 pli 16 (9 km à l'Est de Fourmies) ou 236 plis 29, 30.

Alimenté par le ruisseau des Anorelles, qui arrose Anor et se jette dans l'Oise à Hirson, ce vaste étang s'allonge au creux de la forêt, non loin de la frontière belge.

On peut suivre *(3/4 h à pied AR)* le sentier de la rive Nord-Ouest qui procure de jolies échappées sur l'étang. Il aboutit à une casemate en béton (1938), qui faisait partie du système défensif dit de la Trouée de Trélon, pouvant recevoir une mitrailleuse et un canon antichar. Les maisons qu'on aperçoit au-delà se trouvent en Belgique.

GERBEROY★

136 habitants (les Gerboréens)
Cartes Michelin nos 55 pli 9 ou 236 pli 32.

Juchée sur une « motte » naturelle, cette cité fortifiée était tombée dans l'oubli depuis le 17e s. lorsque, séduit par son cachet, le peintre Le Sidaner (1862-1939) s'y établit.
A sa suite, de nombreux propriétaires se sont employés à restaurer et à fleurir les demeures à colombage (16e, 17e et 18e s.) qui bordent les rues pavées.

Chaque année, le troisième dimanche de juin, est célébrée la fête des roses.

Un petit **musée** ⊙, au 1er étage de l'hôtel de ville (18e s.), évoque le passé de la commune avec quelques tableaux de Henri Le Sidaner.
Sur les ruines de la forteresse, le peintre créa un magnifique **jardin en terrasses** que l'on peut admirer des remparts.
Par la porte qui donnait accès au château, monter à la **collégiale** du 15e s. en longeant d'anciennes maisons de chanoines. Cette église possède des stalles ornées d'amusantes miséricordes sculptées (15e s.) et des tapisseries des ateliers d'Aubusson (fin 17e s.).
Une promenade ombragée a été aménagée sur l'emplacement des anciens fossés.

GRAVELINES

12 336 habitants
Cartes Michelin n°s 51 pli 3 ou 236 pli 3.

Gravelines se protège derrière son enceinte à la Vauban, doublée par des fossés qu'alimente l'Aa. Rude cité militaire, son austérité était jadis peu appréciée des officiers appelés à y tenir garnison :

« De la peste, de la famine,
Des garnisons de Bergues et de Gravelines,
Préservez-nous Seigneur ! »

Sous les murs de la ville, le **port**, formé par l'Aa canalisée, n'abrite plus les goélettes allant traquer la morue sur les bancs d'Islande ou de Terre-Neuve mais les voiliers des plaisanciers.

Implanté dans la zone du polder, un grand complexe « **Sportica** » offre de nombreuses activités sportives : tennis, arts martiaux, piscine, jeux aquatiques...

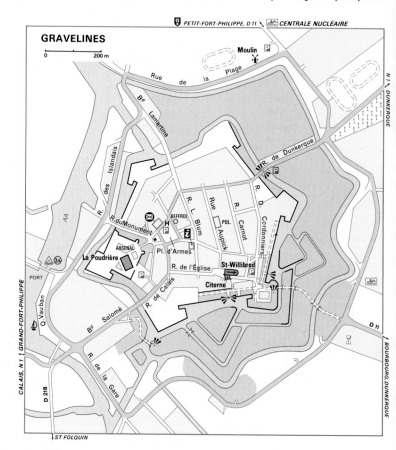

Remparts – Bien conservés, ils sont de conception classique, avec bastion de briques à chaînages de pierre. Le château appelé arsenal les renforce du côté de l'Aa.

En 1940, Gravelines fut un des môles de la défense de Dunkerque sur l'Aa : le bataillon chargé de sa défense contint, en effet, du 24 au 29 mai, les assauts des « Panzer ».

La **poudrière** de 1742, restaurée, sert de cadre au **musée du dessin et de l'Estampe originale** ⊙ (œuvres de Marcel Gromaire, d'Eugène Leroy et de Jacques Dodin) ainsi qu'à des expositions temporaires. La casemate souterraine avec un pilier central (1693) est un autre lieu d'exposition. L'ensemble est entouré d'agréables jardins. On remarquera la sculpture de Charles Gadenne : la conversation.

Église St-Willibrod – Cet édifice flamboyant, à l'exception du portail de façade fin Renaissance, est dédié à l'apôtre des Pays-Bas au 7e s.

A l'intérieur, les murs de la nef sont revêtus de belles boiseries du 17e s. comprenant des confessionnaux et un superbe buffet d'orgues. L'église possède plusieurs monuments funéraires dont le cénotaphe de Charles Berbier du Metz sculpté par Girardon, dans le bas-côté gauche ; remarquer le portrait en médaillon, très expressif, de ce gouverneur de Gravelines, tué au siège de St-Venant en 1657.

Citerne – Reliée à St-Willibrod par une arcade, elle date du 18ᵉ s. ; ses pompes ont des embouts sculptés en dauphins.

Moulin – *A l'extérieur des remparts, sur la route de Petit-Fort-Philippe et Bourbourg.*
Ce petit moulin sur pivot a été fort bien restauré.

ENVIRONS

Petit-Fort-Philippe – *2 km au Nord-Ouest par la D 11.*
A la fois port de pêche où l'on peut déguster d'excellents poissons frais et station balnéaire familiale, Petit-Fort-Philippe tient son nom du roi d'Espagne Philippe II. La localité a été reconstruite dans le style flamand après la guerre et l'on y jouit d'une vue pittoresque sur le canal animé par les chalutiers et sur Grand-Fort-Philippe.

Centrale nucléaire ⊘ – *3 km au Nord de Gravelines.*
Construite à côté du Port-Ouest de Dunkerque, cette centrale d'une très grande puissance comprend six réacteurs à eau sous pression de 900 MW.

GUÎNES

5 105 habitants
Cartes Michelin nᵒˢ 51 pli 2 ou 236 pli 2.

Marché de céréales, Guînes fut le siège d'un puissant comté, vassal de la couronne d'Angleterre pendant plus de 200 ans, de 1352 à 1558.

Le camp du Drap d'Or – Près de Guînes, sur la route d'Ardres, se déroula, à partir du 7 juin 1520, la fameuse entrevue mettant en présence **François Iᵉʳ** de France et **Henri VIII** d'Angleterre pour débattre d'une hypothétique entente franco-anglaise. Le premier était installé à Ardres, le second logeait au château de Guînes ; chacun d'eux accompagné de la reine était suivi d'une cour nombreuse : les gentilshommes du Roi Chevalier étaient si somptueusement vêtus que Martin Du Bellay a pu dire « qu'ils portaient leurs moulins, leurs forêts et leurs prés sur les épaules ».
Le camp était disposé autour de lices pour les joutes. D'un côté le roi d'Angleterre occupait un « palais de cristal » scintillant au soleil, de l'autre François Iᵉʳ s'abritait sous une tente brochée d'or : le peintre Jean Bourdichon en avait arrangé le décor.

Le camp du Drap d'Or par F. Bouterwek.

Tant de luxe s'avéra inutile. Henri VIII fut vexé de la prodigalité de son collègue, son pavillon de cristal fut mis à mal par les vents et il fut terrassé au cours d'une partie de lutte par son royal adversaire.

Battu et mécontent, Henri VIII regagna Gravelines et fit alliance avec Charles Quint.

Musée municipal E.-Villez ⓥ – De nombreux vestiges archéologiques, documents, objets, cartes (atlas Mercator de 1609), gravures, tableaux évoquent l'histoire de Guînes depuis ses origines jusqu'au 20e s.

FORÊT DE GUÎNES

De Guînes, une route goudronnée pénètre à l'intérieur de ce massif riche en essences variées (chênes, hêtres, charmes, bouleaux) dont les 785 ha s'étendent le long du rebord Nord des collines du Boulonnais.

Cette route aboutit à la **clairière du Ballon**. A gauche et un peu en retrait, la **colonne Blanchard**, en marbre, marque l'endroit où atterrit, le 7 janvier 1785, le ballon monté par Blanchard et Jefferies qui, les premiers, franchirent la Manche par voie aérienne.

ENVIRONS

Forteresse de Mimoyecques ⓥ – *10 km au Sud-Ouest par la D 231 et après Landrethun-le-Nord, la D 249.*

Située à 8 km de la côte et à 150 km de Londres, Mimoyecques était destinée à devenir une base de lancement de V3, arme redoutable inventée après les V1 et V2, dont le but était d'anéantir Londres. Pour lancer ces obus, les Allemands avaient conçu d'énormes canons de 130 m de long. Les travaux commencèrent en septembre 1943. Des milliers de prisonniers participèrent au creusement du tunnel ferroviaire de 600 m de long sous 30 m de craie et au percement des puits où devaient être installés les canons. Dès novembre 1943 les Alliés bombardèrent Mimoyecques. En juillet 1944 une bombe Tallboy perça la couche de béton, provoquant une inondation qui mit fin aux travaux.

La visite permet de voir l'immensité de ce projet, l'impressionnant tunnel où plus de 40 trains par jour circulaient, apportant le matériel d'Allemagne.

GUISE

5 976 habitants (les Guisards)
Cartes Michelin nos 53 pli 15 ou 236 pli 28.

Occupant un site agréable au creux de la vallée de l'Oise, Guise (le nom de la ville se prononce Gu-ize) présente dans son ensemble un aspect moderne, bien qu'un vieux quartier subsiste, près de l'église, au pied du coteau.

Érigée en duché par François Ier, la ville a donné son nom à une illustre famille, branche cadette de la maison de Lorraine, dont les membres les plus célèbres furent **François de Guise** (1519-1563) qui défendit Metz contre Charles Quint, reprit Calais aux Anglais et mourut assassiné, **Henri de Guise** (1550-1588), chef du parti catholique, la Ligue, durant les guerres de Religion – assassiné à Blois sur ordre de Henri III. Guise vit naître **Camille Desmoulins** (1760-1794), fils d'un lieutenant au bailliage. En 1914, l'armée du général de Lanrezac y disputa les passages de l'Oise aux Allemands, permettant le regroupement des forces françaises pour la bataille de la Marne.

CURIOSITÉS

★ **Château fort des ducs de Guise** ⓥ – *Accès depuis la ville de Guise, au-delà de l'église St-Pierre.*

Construit en grès des Ardennes à l'époque féodale (11e s.), le château fort de Guise fut l'une des premières forteresses bastionnées de France, au 16e s., sous l'impulsion des premiers ducs de Guise, Claude et François. Situé sur la route des invasions de la vallée de l'Oise, il fut renforcé au siècle suivant par Vauban. L'ensemble couvre 17 ha. Cible de l'artillerie pendant la Grande Guerre, il fut transformé en carrière de matériaux puis en décharge publique.

En 1952, un Guisard, Maurice Duton, entreprend de le sauver avec l'aide de jeunes bénévoles réunis en une association qui prit le nom de Club du Vieux Manoir. Pénétrer dans le château par la porte Ducale (16e s.), restaurée, située côté ville. Du bastion de la Haute Ville, on franchit le passage médiéval donnant sur l'allée voûtée de l'entrée des Carrosses pour atteindre le bâtiment des Prisons et le grand cellier qui servait de garnison à 3 000 hommes en temps de siège, puis l'allée voûtée du Gouverneur menant aux vestiges du palais du Gouverneur et au donjon médiéval. On voit ensuite les soubassements de la collégiale St-Gervais-St-Protais et les bastions de la Charbonnière et de l'Alouette, dont les grandes salles des Gardes converties en musée présentent les objets découverts au cours des fouilles parmi lesquels les armoiries de François de Guise, deuxième duc, et de son épouse, la duchesse d'Este et Ferrare. Empruntant une suite de souterrains, on retrouve le bastion de la Haute Ville et la galerie dite des Lépreux.

Familistère Godin – Il est dû à l'initiative de Jean-Baptiste André Godin (1817-1888), fondateur des usines fabriquant des appareils de chauffage et de cuisson. Chef d'entreprise audacieux, Godin met en pratique ses idées en faisant construire un phalanstère suivant le système de Fourier. En plus de ce Palais social, bâti entre 1859 et 1883, il crée une association coopérative du capital et du travail.

Musée ⊙ – Installé dans l'enceinte du Familistère, à côté de la bibliothèque, il évoque l'histoire de la ville et les souvenirs d'hommes célèbres parmi lesquels Camille Desmoulins et surtout J.-B.A. Godin qui a passé sa vie à l'amélioration morale et matérielle des travailleurs. Une maquette montre l'importance des usines, des habitations et des dépendances du Familistère (magasins, ensemble scolaire, piscine, théâtre, jardin...).

On peut encore voir aujourd'hui les bâtiments d'habitation construits autour d'une cour vitrée à charpente en bois ou métallique. A chaque étage, une galerie permet la libre circulation.

De l'autre côté de l'Oise, les usines Godin sont toujours en activité.

Ph. Godin/STUDIO DES GRANDS AUGUSTINS

Poêle Belle Époque Godin.

EXCURSION

Circuit de 17 km – *Environ 1/2 h. Quitter Guise par la D 946 en direction d'Étreux et à 3 km, prendre à gauche la D 693.*
La route offre une jolie **vue** dominant la vallée de l'Oise. Poursuivre la D 693 jusqu'au vallon emprunté par le canal de la Sambre à l'Oise et le Noirieux, affluent de l'Oise que l'on franchit à hauteur de Tupigny. La D 66 suit le versant Nord-Ouest du vallon.

Vadencourt – Fréquenté par les pêcheurs, Vadencourt occupe un site agréable au confluent de l'Oise et du Noirieux.
L'**église** du 12e s. possède de beaux chapiteaux.
De la D 66 prendre à gauche le long de l'église. La D 960 ramène à Guise.

*Créez vos propres itinéraires à l'aide
de la carte des principales curiosités (p. 4 et 5).*

HAM

5 532 habitants
Cartes Michelin nos 53 pli 13 ou 236 pli 36.

Ancienne ville fortifiée au sein de la vallée marécageuse de la Somme, Ham est connue pour sa sucrerie d'Eppeville.

Une prison d'État – Détruit en 1917 par les Allemands, le château de Ham, dont la construction commencée au 13e s. fut achevée au 15e par Louis de Luxembourg, connétable de Saint-Pol, était une forteresse aux murs épais par endroits de 11 m. Utilisé dès son origine comme prison politique, Ham reçut à ce titre, au 18e s., le corsaire Cassard et Mirabeau, puis, après la Révolution de 1830, les ministres de Charles X.

Mais le prisonnier le plus marquant fut Louis-Napoléon Bonaparte, détenu à Ham à la suite de son débarquement manqué à Boulogne en août 1840. Le futur **Napoléon III** passe là 6 ans à écrire et filer le parfait amour avec la fille de son geôlier. Enfin, le 25 mai 1846, il s'évade, empruntant les habits d'un maçon nommé **Badinguet**. Une pipe à la bouche, une planche sur l'épaule, il franchit le poste de garde et passe en Angleterre.

Église Notre-Dame – En bordure de l'ancienne enceinte, Notre-Dame, qui fut abbatiale, est un édifice de pierre blonde, aux proportions heureuses, bien restauré.

C'est un monument romano-gothique (12e-13e s.) dont les parties hautes de la nef ont été refaites au 17e s. dans un style mesuré s'accordant avec la construction primitive. Remarquer la façade à portail roman surmonté d'un triplet (trois baies associées), le transept semblablement percé d'un triplet, le chevet gothique, d'une harmonieuse élévation.

L'intérieur a été rhabillé au 17e s. de façon pas toujours heureuse, mais le transept et le chœur ont gardé leur caractère primitif. Sous le chœur s'étend une vaste et belle **crypte** ⊙. Elle abrite les gisants d'Odon IV, seigneur de Ham, et de sa femme.

A droite de l'église, bâtiments de l'**ancienne abbaye** (1701).

HARDELOT-PLAGE ♨♨

Cartes Michelin nos 51 pli 11 ou 236 pli 11.

Élégante station balnéaire et sportive, dotée d'une magnifique plage de sable fin et en pente douce, Hardelot dissémine ses villas modernes à l'aspect cossu dans les pins, les frênes et les bouleaux qui couvrent les dunes larges ici de plusieurs kilomètres.

Les loisirs offerts y sont nombreux : promenades pédestres, cyclistes ou équestres dans les dunes très accidentées et dans la forêt (625 ha) ; deux golfs aménagés dans les pins et les dunes ; char à voile ; country club proposant une vingtaine de courts de tennis ; centre équestre ; poney-club...

Chars à voile.

Château ⊙ – Situé sur la commune de Condette, en face du lac des Miroirs, le château d'Hardelot conserve des vestiges de ses fortifications du 13e s. Il fut acheté au 19e s. par un Anglais, Sir John Hare, qui fit bâtir l'édifice actuel dans le style du château de Windsor, avec créneaux, tourelles...

Son propriétaire suivant, John Whitley, le transforma en centre d'attractions, puis il fut occupé par une congrégation religieuse. Aujourd'hui, propriété de la commune de Condette, il est géré par le parc naturel régional du Nord-Pas-de-Calais, zone du Boulonnais, qui y organise des animations, spectacles médiévaux..., possibilité de restauration.

En suivant la route qui longe le château à droite, on arrive à l'entrée des chemins de découverte de la dune brisée d'**Écault** qui offre de belles promenades à travers les dunes jusqu'à la plage.

Sur une plage surveillée, il est important de tenir compte de la couleur du drapeau dressé à proximité du poste de surveillance :

Vert : Baignade surveillée, sans danger

Orange : Baignade dangereuse, mais surveillée

Rouge : Baignade interdite

HAZEBROUCK

20 567 habitants
Cartes Michelin nos 51 pli 4 ou 236 Sud du pli 4.

Située à mi-chemin de Lille et Dunkerque, au cœur de la Flandre, Hazebrouck a pris de l'importance au 19e s. en devenant un important nœud ferroviaire.

CURIOSITÉS

Musée ⊘ – Il est installé dans l'ancien couvent des Augustins, un bâtiment en briques et pierres du 17e s. aux beaux pignons de style Renaissance flamande.

Dans l'entrée, le visiteur est accueilli par les géants de la ville : Roland d'Hazebrouck, le pieux chevalier qui avait rejoint le comte de Flandre Baudouin lors de la quatrième croisade, ainsi que Tisje Tasje, sa femme Toria et sa fille Babe-Tisje. Ce colporteur facétieux et sa famille illustrent la bonhomie flamande.

Dans la salle flamande une cuisine traditionnelle a été reconstituée. Dans son prolongement, une grande salle évoque le passé de la ville (métiers et jeux traditionnels).

Les deux galeries du cloître abritent des peintres flamands et hollandais des 16e et 17e s. : Rubens, Jan Van de Venne, Anton Van Dyck, David Teniers, ainsi que des objets d'art sacré. La collection de peintures des 19e et 20e s. comprend des œuvres de Théodore Rousseau, Bouguereau, Bastien-Lepage et César Pattein.

Église St-Éloi – Ce bel édifice à trois nefs en briques et pierres renferme des boiseries du 17e s.

HESDIN

2 713 habitants (les Hesdinois)
Cartes Michelin nos 51 plis 12, 13 ou 236 pli 13.

Au sein d'un verdoyant bassin formé par le confluent de la Canche et de la Ternoise, Hesdin fut fondée par Charles Quint à la suite de la destruction du Vieil-Hesdin *(p. 99)*.

Hôtel de ville ⊘ – Cet élégant édifice de briques et pierres construit au 16e s. servit de palais à Marie de Hongrie, sœur de Charles Quint et gouvernante des Pays-Bas. La bretèche, au centre, fut élevée lorsque le palais fut transformé en hôtel de ville, en 1629 ; son couronnement fut ajouté en 1702. Elle est ornée d'écussons sculptés et de niches garnies de statuettes des vertus.

On visite le musée (souvenirs locaux), la salle des Tapisseries aux tentures du 18e s. et la salle de bal de Marie de Hongrie transformée en théâtre. Du sommet du beffroi (1876), vue sur la ville.

Prendre la rue de la Paroisse qui, au-delà de la Canche, passe devant l'église.

Église Notre-Dame – 16e-17e s. Elle est précédée par un remarquable portail formant arc de triomphe, typique de la fin de la Renaissance avec son arc en plein cintre à caissons sculptés et ses pilastres

Bretèche de l'Hôtel de Ville.

cannelés d'ordre corinthien. L'intérieur, de style « église-halle », a été enrichi au 18e s. d'un important mobilier baroque provenant de la chapelle des récollets détruite pendant la Révolution :

- à l'extrémité de la nef centrale, une gloire et, encadrant la Vierge en Assomption, un théâtre portique à baldaquin auquel est suspendue la colombe ;

- à l'extrémité de la nef gauche, un bel autel sculpté d'anges, de fruits et de fleurs.

Contourner l'église par la gauche et gagner le chevet.

Du pont sur la Canche, **perspective** sur la rivière encadrée de charmantes maisons de briques à toits de tuiles et sur une placette servant de marché aux poissons.

Revenir par la rue Daniel-Lereuil (maison natale de l'abbé Prévost au n° 11).

FORÊT D'HESDIN

Accès par la D 928 au Nord.

Ses 1 020 ha couvrent le plateau au Nord de la Canche : hautes futaies de chênes et surtout de hêtres, vallons retirés. On peut rayonner du carrefour du Commandeur, où se trouve le Chêne de la Vierge, en empruntant sur 15 km les routes forestières. Un sentier de grande randonnée traverse le massif sur 5 km. Au centre de la forêt, les 150 ha d'une réserve de chasse délimitent une zone de silence.

CIRCUIT BERNANOS

44 km - environ 1 h

Quitter Hesdin par la N 39 à l'Est puis à gauche la D 94 empruntant la vallée de la Ternoise.
Le circuit se déroule dans une campagne verte que parsèment des maisons paysannes typiques, basses et chaulées.

Auchy-lès-Hesdin - Cette localité industrielle a conservé son ancienne **abbatiale St-Georges** ⊘ (13e-17e s.) dont le chœur est décoré de belles boiseries. Les stalles de l'abbé et du prieur sont marquées d'un Christ et d'une Vierge, en médaillon ; tableau d'autel attribué à Van Dyck. A l'entrée, une plaque rappelle le nom des chefs de l'armée française tués à la bataille d'Azincourt et inhumés dans cette église.

Continuer la D 94. A Blangy prendre à gauche la D 104 puis à droite la route d'Ambricourt.

Ambricourt - Cadre du roman de Bernanos, « Le journal d'un curé de campagne », et d'un film. « Que c'est petit un village », murmurait le curé en le découvrant.

Prendre la D 71 vers Tramecourt puis Azincourt.

Tramecourt - Une « allée royale » mène au château, imposant bâtiment de briques à parements de pierre (17e s.). Il avoisine l'église dont l'intérieur est orné de plaques funéraires de la famille de Tramecourt. Trois de leurs descendants sont morts en déportation en 1945 (monument face au château).

Azincourt - *Voir à ce nom.*

Par la D 928 et, à droite, la D 155, on gagne Fressin.

Fressin - **Georges-Marie Bernanos** (1888-1948) passa une partie de sa jeunesse dans ce bourg de la vallée de la Planquette qu'il décrivit dans son roman « Sous le Soleil de Satan ». Église flamboyante à baies découpées en « soufflets et mouchettes » ; ruines, dans un site sauvage, d'un château féodal élevé au 15e s. par Jean V de Créquy, conseiller et chambellan de Philippe le Bon.
La D 154 suit le rustique vallon de la Planquette jusqu'aux bords de la Canche.

Revenir à Hesdin par la D 43.

HIRSON

10 173 habitants
Cartes Michelin nᵒˢ 53 pli 16 ou 236 pli 29.

Aux confins de la Thiérache et de l'Avesnois, Hirson est un nœud ferroviaire et un centre industriel en bordure du massif forestier de St-Michel.

Les étangs – Reliés par l'Oise, ils avaient chacun une forge dont les marteaux actionnés par le courant travaillaient le fer venu des gisements de Féron, Glageon, Trélon, Ohain.

Étang de Blangy – *2 km au Nord par la N 43 ; prendre à droite, face au cimetière, la rue qui traverse l'Oise ; tourner à gauche dans un chemin.* On suit le vallon boisé et encaissé que franchit le viaduc du chemin de fer (120 m de long, 23 m de haut) avant d'arriver à l'étang et à sa cascade, dans un beau site de forêt.

Étang du Pas Bayard – *6 km au Nord par la N 43 et à droite la D 963, puis le chemin du Pas Bayard à droite.* Le cheval Bayard des quatre fils Aymon aurait fait cette profonde empreinte où s'allonge l'étang. La « Route Verte » permet de pénétrer en **forêt d'Hirson** (domaine privé) : imposantes futaies de chênes.

St-Michel – *4 km à l'Est par la D 31 qui remonte le vallon du Gland. Voir à ce nom.*

HONDSCHOOTE

3 654 habitants
Cartes Michelin nᵒˢ 51 pli 4 ou 236 plis 4, 5.

Cette ville de langue flamande, fleurie en été, entoure sa Grand-Place. Jusqu'au 17ᵉ s., elle fabriqua des sayes, étoffes de serge légère (3 000 ateliers pour 28 000 âmes).

Hôtel de ville ⊙ – Daté de 1558, il est bâti dans un style gothique-Renaissance. Sur la Grand-Place, la façade en pierre est rythmée de hautes baies à meneaux que relient de fines moulures en courbes et contrecourbes. La façade postérieure est en briques et pierres, avec une tourelle aiguë coiffée d'un bulbe.
Au rez-de-chaussée, des inscriptions évoquent les attaches de Lamartine avec les Coppens d'Hondschoote, un grand tableau représente la bataille d'Hondschoote en 1793, qui vit la victoire des Français sur les Anglais et les Autrichiens. Au premier étage une salle d'exposition présente dix tableaux (17ᵉ s.) figurant les Neuf Preuses et Jeanne d'Arc ainsi que des œuvres de peintres hollandais.
A côté de l'hôtel de ville, l'auberge date de 1617.

Le Noord-Meulen.

Église – Par sa tour de façade et ses nefs parallèles d'égale hauteur, elle appartient au type « église-halle », fréquent en Flandre maritime. La tour du 16e s., haute de 82 m, domine la ville : c'est le seul vestige après l'incendie d'Hondschoote en 1582. Les nefs ont été reconstruites au début du 17e s. ; à l'intérieur, voir le buffet d'orgues en forme de lyre et la chaire de vérité de style baroque flamand, l'un et l'autre du 18e s.

La maison en face (Caisse d'Épargne) est l'ancien manoir des Coppens, seigneurs de Hondschoote.

Moulin (Noord-Meulen) ⊘ – *Situé à 500 m au Nord d'Hondschoote, près de la D 3.*

Il serait le plus ancien d'Europe, sa fondation remontant à 1127. Sa cabine de bois repose sur un pivot également en bois et une base en brique. Le Noord-Meulen est resté en service jusqu'en 1959.

LES MOËRES

Ce terme, qui signifie marais, s'applique à l'ancienne lagune qui fut asséchée par Coebergher *(p. 80)* au 17e s., par le moyen de digues, de canaux et de vingt moulins à vent munis de vis d'Archimède pour pomper les eaux.

Inondés à nouveau de 1645 à 1746, puis en 1940, les Moëres, qui se prolongent en Belgique jusqu'à Furnes, sont situés au-dessous du niveau de la mer. Ce sont des polders fertiles coupés de canaux poissonneux (tanches, brêmes, brochets) et parsemés de grosses fermes ; à l'horizon, on distingue le beffroi, les usines et les grues de Dunkerque.

Quitter Hondschoote par la D 947 puis tourner à gauche dans la D 3 vers Bergues, longeant le canal de la Basse Colme ; prendre à droite la D 79, puis la petite route menant au village des Moëres. Revenir par la D 947.

Forêt de LAIGUE

Cartes Michelin nos 56 pli 3 et 106 pli 11 ou 236 pli 36.

Séparée de Compiègne par le cours de l'Aisne seulement, la forêt de Laigue, moins équipée et moins foulée, quatre fois moins étendue (3 800 ha) que la forêt de Compiègne, présente des sites plus sauvages que celle-ci. Le sous-sol argileux, les rus assez nombreux y entretiennent une humidité marquée.

CIRCUIT PARTANT DE COMPIÈGNE

31 km – environ 1 h 1/2 – schéma p. 114, promenade 5

Partir de Compiègne par la route de la Clairière de l'Armistice ; poursuivre, en traversant l'Aisne, jusqu'au carrefour du Francport d'où l'on gagne Rethondes, à droite.

Rethondes – Commune liée au souvenir de l'Armistice de 1918. Le dimanche 10 novembre, le maréchal Foch et le général Weygand assistèrent à la messe dans la modeste **église** (chœur du 13e s.), restaurée. Remarquer à l'extérieur la plaque commémorative et, à l'intérieur, le portrait des deux chefs illustrant le vitrail central de l'abside.

St-Crépin-aux-Bois – L'**église** paroissiale illustre, par sa majesté, la faveur des prieurs de Ste-Croix et des seigneurs du château d'Offémont.

L'édifice, très régulier, marque la transition entre le gothique, pour l'architecture, et la Renaissance, pour la décoration. Le **mobilier**★ compte des vestiges du prieuré Ste-Croix : retable du chœur, deux Vierges dont une statue polychrome, à gauche (17e s.) ; sur le mur de droite, touchante épitaphe dédiée à Madeleine de Thou (17e s.) par son mari. Avant de quitter l'église, voir au-dessus d'un bénitier, au revers de la façade, le bas-relief en marbre représentant les armes des célestins *(voir ci-après)*. Le S et la croix entrelacés ont trait au lieu de la fondation : Sulmona, en Italie.

A 2 km de St-Crépin, prendre à gauche une route étroite (signalisation : limite de charge, 9 t) ; dépassant la grille d'entrée du domaine d'Offémont, tourner à droite dans un chemin caillouteux, le long du mur de clôture du prieuré, annoncé par une tourelle.

Prieuré Ste-Croix d'Offémont ⊘ – Les religieux célestins, rameau de l'ordre de Saint-Benoît, dissous dès 1779, s'installèrent dans ce vallon en 1331. Les ruines de Ste-Croix d'Offémont (16e s.) sont intéressantes surtout par la finesse du décor subsistant dans le fragment du cloître resté debout (jumelles utiles). La voûte, entièrement caissonnée dans le goût de la Renaissance, est tapissée de rosaces et de blasons : armes de l'ordre des célestins, les trois fleurs de lys du célèbre Louis d'Orléans, etc.

Grâce à son rôle utilitaire, l'ancienne grange du monastère a été conservée et offre un bel exemple de construction ancienne du Soissonnais à pignon à redans appelé aussi « à pas-de-moineaux ».

Reprendre la D 547 qui débouche sur le plateau à Tracy-le-Mont. Dans la descente de Tracy-le-Mont à Tracy-le-Val, tourner à gauche vers Ollencourt ; suivre la D 130, route de Compiègne, pénétrant en forêt de Laigue. Après la maison forestière d'Ollencourt, obliquer à gauche dans la route des Princesses.

Route forestière des Princesses – Elle forme l'axe touristique du massif de Laigue : départ de circuits pédestres dans la « zone de silence du Mont des Singes ».

Retour à Compiègne par le carrefour du Vivier du Grès (tourner à droite), l'étang du même nom et le Francport.

LAON★★

26 490 habitants
Cartes Michelin nᵒˢ 56 pli 5 ou 236 pli 38 – Schéma p. 153.
Plan d'accès dans le guide Rouge Michelin France.

Perchée sur son rocher comme une acropole, Laon occupe un **site★★** splendide, couronnant une butte qui surplombe la plaine de plus de 100 m. Une célèbre cathédrale, d'intéressants monuments, maintes demeures anciennes s'égrenant le long de rues étroites, des remparts médiévaux régnant sur un immense horizon font de la vieille cité carolingienne un haut lieu touristique aux confins de la Picardie, de l'Ile-de-France et de la Champagne. On distingue dans la Ville Haute deux quartiers : autour de la cathédrale, la **Cité**, noyau primitif de Laon, et le **Bourg**. Un mini-métro automatique câblé, **Poma**, relie la ville ancienne au quartier moderne de la gare, tapi au bas de la montagne. Nés à Laon, les **frères Le Nain** (17ᵉ s.) ont évoqué les types et les sites du Laonnois dans leurs peintures.
Au Nord, à Aulnois-sous-Laon, se trouve la plus importante sucrerie de l'Aisne.

LE RAYONNEMENT MÉDIÉVAL DE LAON

Un « îlot tertiaire » – A la lisière Nord-Est du Bassin Parisien se dresse, suivant une ligne Montereau-Épernay-Reims-Corbeny-Bruyères, un abrupt calcaire nommé par les géologues « falaise de l'Ile-de-France ».
La butte qui porte Laon est une sorte d'îlot, détaché de cet ensemble d'époque tertiaire et curieusement travaillé par l'érosion. Elle était autrefois couverte de vignes et est encore creusée de grottes naturelles, dites « creuttes ».

Laon, cité carolingienne – L'antique Laudunum fut capitale de la France, à l'époque carolingienne (9ᵉ-10ᵉ s.). Berthe au Grand Pied, mère de Charlemagne, était née à Samoussy, entre Laon et Liesse ; Charles le Chauve, Charles le Simple, Louis IV d'Outremer, Lothaire, Louis V résidèrent sur le « Mont Laon » dans un palais qui se trouvait près de la porte d'Ardon. Mais Hugues Capet vint qui, s'emparant de Laon par traîtrise, bouta dehors la descendance de Charlemagne et s'installa à Paris.

Laon, cité épiscopale – Saint Remi, né à Laon, avait fondé le premier évêché au 5ᵉ s., dont les évêques devinrent, sous Hugues Capet, ducs et pairs, ayant le privilège d'assister le roi lors des cérémonies du sacre à Reims.
Depuis l'époque carolingienne, Laon est un centre religieux et intellectuel renommé : au 9ᵉ s. avec Jean Scot Érigène et Martin Scot ; au 11ᵉ s., « l'école de Laon » fleurit sous les auspices d'Anselme et de Raoul de Laon ; au 12ᵉ s., l'évêque Gautier de Mortagne fait édifier la cathédrale ; au 13ᵉ s., la cité s'entoure de nouveaux remparts. A partir du 16ᵉ s. elle devient une place militaire très forte qui subit plusieurs sièges, dont celui d'Henri IV en 1594 ; la poudrière saute en 1870, faisant plus de 500 victimes.

★★ QUARTIER DE LA CATHÉDRALE *visite : 2 h 1/2*

★★ **Cathédrale Notre-Dame** (BY) – Commencée dans la deuxième moitié du 12ᵉ s., terminée vers 1230, la cathédrale de Laon est une des plus anciennes cathédrales gothiques de France. Sa caractéristique principale est de présenter, comme ses voisines de Noyon et de Soissons, des réminiscences romanes, discernables dans la présence d'une tour-lanterne et de tribunes, et dans le profil des certaines arcatures plein cintre ou le style de maints chapiteaux. Elle comptait sept tours : deux à la façade, une sur la croisée du transept, quatre sur les croisillons, mais deux de ces dernières ont été arasées à la Révolution. La façade est parmi les plus belles et les plus singulières qui soient. Elle apparaît très homogène avec ses trois profonds porches ornés d'une majestueuse statuaire (refaite au 19e s.) et surtout des tours illustres, hautes de 56 m, dont l'auteur présumé, **Villard de Honnécourt** *(voir aussi p. 236)*, disait : « J'ai été en beaucoup de terres, nulle part n'ai vu plus belles tours qu'à Laon. »

Ces tours, imposantes tout en restant légères, ajourées par de longues baies et encadrées par de graciles tourelles, portent aux angles de grands bœufs rappelant la légende du bœuf miraculeux qui, lors de réparations faites à la cathédrale, vint prêter secours à un attelage en difficulté. Bâties sur le même mo-

Cathédrale Notre-Dame.

dèle, les deux tours des croisillons culminent respectivement à 60 m et à 75 m de hauteur.

Intérieur – Ses dimensions atteignent 110 m de longueur, 30 m de largeur, 24 m de hauteur (N.-D. de Paris : 130 m, 45 m, 35 m).

Couverte de voûtes sexpartites, la **nef★★★** offre une magnifique élévation à quatre étages : grandes arcades, tribunes, triforium aveugle, fenêtres hautes. Elle se prolonge par un chœur, très développé, que termine un chevet plat comme dans les églises cisterciennes : le chapitre a compté jusqu'à 80 chanoines aidés par 50 chapelains.

S'arrêter à la croisée du transept pour admirer la perspective sur la nef, le chœur, les croisillons et sur la tour-lanterne, d'influence normande, haute de 40 m. De beaux vitraux du 13e s. garnissent les baies lancéolées et la rose de l'abside consacrée à la Glorification de l'Église ; la rose du croisillon Nord présente elle aussi des vitraux de cette époque évoquant les Arts Libéraux.

La grille du chœur et les orgues datent du 17e s. Du bras Sud du transept on accède à la **salle capitulaire** (13e s.), dont les baies donnent sur un joli cloître (**BY B**) de la même époque.

Quitter la cathédrale par ce même croisillon Sud et longer le mur extérieur de ce cloître, que souligne une frise sculptée de rinceaux ; à l'angle, Ange au cadran solaire.

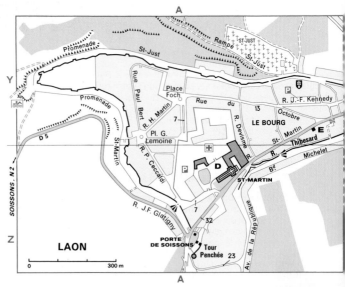

LAON

| **B** Cloître | **D** Bâtiments abbatiaux | **E** Hôtel du Petit St-Vincent |

Hôtel-Dieu (BY) – L'ancien hôpital, construit au 12e s. sur deux niveaux, s'ouvrait sur la rue par des baies et des arcades en tiers-point, aujourd'hui murées. Il a conservé sa grande salle des malades gothique, à trois nefs, siège du syndicat d'initiative, et la salle basse, dite des Passants.

Palais épiscopal (BY J) – Devenu palais de justice, il est précédé par une cour d'où se découvre une vue sur le chevet de la cathédrale. Le bâtiment de gauche, du 13e s., repose sur une galerie à arcs brisés retombant sur des chapiteaux à décor végétal ; à l'étage, la Grande Salle du Duché, de plus de 30 m de long, sert de Cour d'assises.

Le bâtiment du fond, du 17e s., abritait les appartements de l'évêque communiquant avec une chapelle du 12e s., à deux étages. La chapelle basse était réservée aux serviteurs et surtout destinée aux célébrations eucharistiques ; la chapelle haute, en forme de croix grecque, était le cadre de cérémonies religieuses en présence de l'évêque (visible par la porte vitrée).

Face au palais, la **Maison des Arts** (BY T) ⊘, ouverte en 1971, occupe l'emplacement du troisième hôpital fondé au 13e s. Ce centre culturel offre un hall d'exposition, une salle de lecture, un théâtre, des salles de réunion et une salle des fêtes et de congrès.

Dans la rue Sérurier (BY), au no 53, remarquer le portail du 15e s. et au no 33 bis la porte de l'ancien hôtel de ville (18e s.) ; aux nos 7-11, rue au Change (BY), ancienne hôtellerie du Dauphin (16e-17e s.) qui a conservé sa belle galerie en bois.

AUTRES CURIOSITÉS

★ **Rempart du Midi et porte d'Ardon** (BZ) – A l'extrémité du rempart du Midi, la porte d'Ardon (13e s.) ou porte Royée (du Roi) est flanquée d'échauguettes en poivrière ; elle surplombe un pittoresque vieux lavoir et abreuvoir. Du rempart, qui domine la promenade de la Couloire, se révèlent des **vues★** agréables, à droite sur la cuve et le plateau St-Vincent que couronne l'Arsenal (ancienne abbaye St-Vincent), en face sur les collines séparant la plaine de Laon de la vallée de l'Ailette.

Le rempart du Midi aboutit à la **citadelle** édifiée sur ordre de Henri IV par Jean Errard *(voir p. 30)* : on peut la contourner à pied par la promenade de la Citadelle, procurant des vues sur la plaine piquetée de buttes tertiaires analogues à celle de Laon.

★ **Musée** (BZ) ⊘ – Il recèle une remarquable galerie d'archéologie comprenant une série de vases grecs à figures, des figurines de terre cuite, une Tête d'Alexandre le Grand (Grèce, 3e s. avant J.-C.), ainsi qu'une section de préhistoire. A mi-étage, une salle présente des objets provenant de fouilles régionales : bronzes, céramiques, bijoux gallo-romains et mérovingiens.

Au 1er étage, les salles de peintures groupent des œuvres du Maître des Heures de Rohan (15e s., fragment de diptyque), des frères Le Nain, de Desportes (natures mortes, 17e s.), du Laonnois Berthélemy (18e s.).

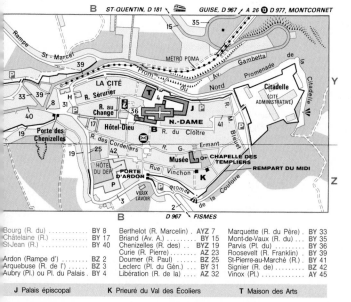

J Palais épiscopal K Prieuré du Val des Écoliers T Maison des Arts

★ **Chapelle des Templiers** (BZ) ⊙ – Elle rappelle le souvenir d'une commanderie du Temple fondée ici au 12e s. et, après la suppression de l'ordre, passée aux chevaliers de St-Jean de Jérusalem. Un jardin tranquille et fleuri a remplacé le cimetière des Templiers mais la chapelle romane a été conservée. C'est un édifice octogonal avec clocher-pignon et petit chœur s'achevant par une abside en cul-de-four ; le porche et la tribune ont été ajoutés aux 13e, 14e s. On voit, à l'intérieur, deux statues-colonnes de prophètes provenant de la façade de la cathédrale et le transi (14e s.) de Guillaume de Harcigny, médecin de Charles VI. En sortant, prendre vers la droite la rue G.-Ermant, puis tourner dans la rue Vinchon, bordée de maisons anciennes parmi lesquelles se distinguent (BZ **K**), au n° 44, le prieuré du Val des Écoliers, du 13e s. (chapelle du 15e s. et portail du 18e s.), et, au n° 40, le refuge de l'abbaye du Val-St-Pierre (15e-16e s.).

★ **Église St-Martin** (AZ) ⊙ – Cette ancienne abbatiale de prémontrés (12e-13e s.) forme un bel ensemble de style gothique primitif. Elle a été restaurée, après l'incendie de 1944 déclenché par un bombardement aérien. Se placer sur le terre-plein pour en avoir une vue générale : remarquer la longueur de la nef d'aspect roman, la hauteur (35 m) et l'implantation des deux tours à l'angle de la nef et du transept (influences rhénanes), l'élévation du croisillon Sud avec sa rosace surmontée d'arcatures.

La façade principale, élancée, est percée d'une grande baie que surmonte un pignon orné d'un haut-relief : saint Martin partageant son manteau ; les tympans des portes latérales sont sculptés à droite d'une Décollation de saint Jean-Baptiste, à gauche d'un Martyre de saint Laurent, sur son gril.

Intérieur – Le chœur et les chapelles orientées sont à chevets plats suivant la coutume cistercienne. Remarquer près de l'entrée les gisants de Raoul de Coucy, chevalier laonnois (fin 12e s.), et de Jeanne de Flandre, sa belle-sœur, abbesse du Sauvoir-sous-Laon (14e s.) ; des boiseries Louis XV dans la nef, Louis XIII dans le chœur. A droite dans la chapelle Saint-Éloi, séparée de l'abbatiale par une clôture de pierre Renaissance : Christ de Pitié du 16e s.

Bâtiments abbatiaux (AZ **D**) – La partie du 18e s. que l'on découvre en traversant le cloître a été restaurée pour abriter la **bibliothèque** municipale. Un superbe escalier elliptique de pierre mène au 1er étage.

★ **Porte de Soissons** (AZ) – Construite au 13e s., en beaux moellons et renforcée de tours rondes dans un jardin où est érigé un monument au Laonnois Marquette (1637-1675), jésuite qui découvrit le Mississippi, elle est reliée par une courtine à la grosse tour de Dame Ève, dite **Tour Penchée** en raison d'un glissement de terrain.

Rue Thibesard (AYZ) **et porte des Chenizelles** (BY) – De la rue Thibesard qui suit le chemin de ronde du rempart, **vues**★ originales sur la cathédrale dont les tours se découpent au-dessus des vieux toits d'ardoises à cheminées de briques roses.

Par le rempart et la rue des Chenizelles, vieille rue bossuée de pavés, gagner la **porte des Chenizelles** (13e s.) à deux tours délimitant un étroit passage qu'il faut franchir pour remonter vers la rue du Bourg.

Hôtel du Petit St-Vincent (AY **E**) – Cet hôtel (siège du Comité Départemental du Tourisme) fut édifié dans la première moitié du 16e s., comme refuge de l'abbaye St-Vincent, sise en dehors des remparts. Le bâtiment sur rue, purement gothique, présente un corps de logis encadré de tourelles et flanqué d'une voûte d'entrée au-dessus de laquelle se trouve la chapelle. Sur cour, une aile perpendiculaire marque une époque plus tardive avec son escalier incorporé qu'encadrent des pilastres et que surmonte l'effigie d'un ivrogne.

ENVIRONS

Mont Crépy – *10 km par la D 181 et la N 44 jusqu'à Crépy.*
Près de ce village se trouvait, en 1918, une Bertha qui tirait sur Paris. De la N 44, un chemin signalé monte au sommet du mont, parsemé de bosquets. Des abords du mémorial Kennedy, vue sur Laon.

★ LE LAONNOIS

Circuit de 31 km – environ 2 h – schéma p. 153.

Quitter Laon (ville basse) par l'Ouest et prendre la route de Chauny (D 7) ; avant d'arriver à Molinchart, prendre à gauche la D 65.

On chemine en plaine (vues sur Laon), puis la route grimpe à Mons-en-Laonnois, dans la « **Montagne de Laon** » qui culmine à 180 m d'altitude.

Mons-en-Laonnois – Ce bourg possède une **église** en croix grecque du 13e s. (chœur) et du 14e s. (nef). La rose au croisillon droit évoque celle de St-Jean-Baptiste-de-Vaux à Laon. On remarque une échauguette à l'angle du croisillon gauche.

*Au bas de la place princi-
pale de Mons-en-Laonnois,
suivre la direction « panorama des Creuttes ».*

Une route étroite se détache de la D 65 et gravit les
pentes d'une cavée (chemin
creux), naguère couvertes
de vignes, où l'on voit les
« **creuttes** », grottes troglo-
dytiques maintenant dé-
laissées. Au sommet, **vues★**
sur la Montagne, Mons et
Laon.
Revenir à la D 65.

La route musarde à travers
une campagne accidentée
où alternent cultures, prairies et vergers.

Bourguignon – Dans
ce petit village classé,
aux belles demeures de pierre, les frères Le Nain possédaient une maison et la
ferme de la Jumelle.

Royaucourt – Le village renferme une **église** des 13e-14e s., à la haute et fine
silhouette, qu'épaulent des arcs-boutants. Des abords, vue sur un terroir paisible
que les Le Nain évoquèrent dans leurs œuvres.
La D 65 mène à la N 2 qu'on franchit pour emprunter la D 25.

On longe la base des collines boisées séparant la plaine de Laon de la vallée de
l'Ailette. Jolis paysages rustiques et charmants villages s'égrènent au milieu des
vergers qui coexistaient jadis avec les vignobles ; églises romanes ou gothiques
et nombreuses résidences secondaires.

Nouvion-le-Vineux – Son **église** de campagne (12e s.), à mi-pente, est encore
entourée du cimetière ; la nef, précédée d'un porche, est couverte de voûtes
gothiques primitives, retombant sur des chapiteaux romans historiés ou à décor
de feuilles d'acanthe ;
fonts baptismaux romans
en pierre de Tournai.
De la colline derrière
l'église : vue sur la tour
romane à trois étages.

Lavoir à Nouvion-le-Vineux.

Presles – Son **église** est l'un
de ces modestes édifices romans comme les aimaient
les Le Nain, avec un beau
porche et un chevet fortifié
à meurtrières étroites.

Vorges – L'**église** de
Vorges, gothique du 13e s.,
a été fortifiée pendant la
guerre de Cent Ans ; une
tour percée de baies géminées surmonte le tran-
sept ; la rose à colonnettes
de la façade, formant roue,
est très décorative.

Des fouilles ont mis au jour, en 1972, des sarcophages du 7e s. D'autres
découvertes de l'art mérovingien, entreposées au musée des Antiquités natio-
nales de St-Germain-en-Laye, avaient eu lieu en 1861 et 1883.

Bruyères-et-Montbérault – Remarquable par l'ampleur de son plan comprenant
nef, bas-côtés, double transept et abside complétée d'absidioles, l'**église** de style
transition roman-gothique a été bâtie aux 12e-13e s., mais les parties hautes du
transept Ouest ont été refaites au 15e s. Admirer l'élévation du chevet à abside
et absidioles en cul-de-four (modillons et chapiteaux romans sculptés) que domine
une majestueuse tour carrée. Les frises de l'abside représentent des animaux,
des végétaux ainsi que les vices sous les regards de diables grimaçants.
Le retour par la D 967 offre une belle perspective sur le site de la ville.

L'EUROPE en une seule feuille : carte Michelin n° 970

Centre historique minier de LEWARDE★★

Cartes Michelin nᵒˢ 53 pli 3 ou 236 pli 16 (8 km au Sud-Est de Douai).

Sur le site de la fosse Delloye, ensemble minier qui fonctionna de 1930 à 1971, les bâtiments ont été conservés pour abriter le **Centre historique minier** ⊘.
L'aménagement et la conception du musée ont été confiés aux Ateliers du Grand Hornu en Belgique. L'architecte Henri Guchez, tout en préservant les structures, y a enserré des salles d'expositions, un restaurant, des salles de conférences, de projection, etc.

Le circuit minier.

Une exposition évoque le monde de la mine aussi bien du point de vue économique et technique que du point de vue social et humain : la découverte du charbon et l'exploitation pendant trois siècles (maquette animée du siège 10 à Oignies), l'activité minière (puits, tailles) et l'évolution des techniques, la vie quotidienne du mineur avec ses drames et ses souffrances (coups de grisou, silicose, grèves).

Après une découverte libre du bureau du directeur, de celui du comptable, de la salle des géomètres, la visite guidée par d'anciens mineurs permet de suivre les différentes étapes jusqu'à la descente dans le puits : vestiaire, bains-douches – ou « salle de pendus » à cause des crochets où étaient suspendus vêtements, casques et bottes –, lampisterie, infirmerie… Un petit train mène ensuite au puits nᵒ 2 où la « descente » s'effectue en ascenseur vers les galeries. Là, un parcours de 450 m de galeries (animation audiovisuelle et reconstitution de scènes de taille) permet de comprendre l'évolution du travail du mineur de 1930 à nos jours.
La visite se termine par le bâtiment d'exploitation où se trouve la machine d'extraction, l'atelier de triage-criblage, l'écurie de la fosse. Le centre propose aussi une vaste exposition de fossiles présentés dans le décor du bassin minier en formation il y a 300 millions d'années.

LIESSE-NOTRE-DAME

1 411 habitants (les Liessois)
Cartes Michelin nᵒˢ 56 Nord-Est du pli 5 ou 236 pli 39.

Depuis le 12ᵉ s., Liesse est le siège d'un pèlerinage à Notre-Dame *(voir le chapitre des Manifestations touristiques en fin de guide)*, qu'accomplirent les rois de France, de Charles VI à Louis XV.
On a souvent relaté la légende de Notre-Dame de Liesse. Trois chevaliers originaires d'Eppes, partis pour la Terre sainte et prisonniers des Égyptiens, convertissent Ismérie, fille du Sultan du Caire, à laquelle ils offrent une statuette de la Vierge. Ils sont alors tous trois transportés par les airs, en compagnie de la princesse, jusqu'à leur pays natal où ils décident de construire une chapelle en l'honneur de la statue miraculeuse.

Basilique Notre-Dame – Une flèche d'ardoises en légère spirale surmonte la croisée du transept de cette église du 14ᵉ et du 15ᵉ s. A l'intérieur, un jubé du 16ᵉ s. sépare la nef du chœur à l'extrémité duquel la Vierge Noire est exposée à la vénération des fidèles. Remarquer les vitraux modernes (1981) de Jacques Despierre, sauf celui de St-Jean-Baptiste de La Salle, et un ex-voto marin suspendu à la nef : le Soleil royal.
Dans le croisillon droit, une toile ex-voto de Vignon, la Nativité, a remplacé un tableau semblable offert par Louis XIII et Anne d'Autriche en remerciement de la naissance d'un Dauphin, le futur Louis XIV. A gauche du chœur, la sacristie, bâtie aux frais de Louis XIII, abrite de nombreux ex-voto et une toile offerte par le prince Louis II de Monaco. Dans la chapelle St-Louis, à droite, un diorama illustre la légende sur l'origine du pèlerinage.

Château de Marchais – *3 km au Sud par la D 24. On ne visite pas.*
Ce château Renaissance a été terminé par le cardinal de Lorraine, frère du duc de Guise. Il est possible de s'approcher de la grille d'entrée d'où l'on jouit d'une perspective sur l'édifice : remarquer les lucarnes à frontons sculptés et pinacles ; à l'extrémité de l'aile droite se trouve la chapelle. Les rois de France descendaient au château de Marchais, quand ils venaient prier à Liesse.

LIESSIES

531 habitants (les Laetitiens)
Cartes Michelin nᵒˢ 53 Sud du pli 6 ou 236 pli 29 – Schéma p. 67.

Liessies est situé dans l'Avesnois *(voir p. 67)* le long de l'Helpe majeure, près de la retenue d'Eppe-Sauvage, ou lac du Val Joly, au sein d'une campagne vallonnée que parent bois et étangs solitaires.

Ce village naquit d'une abbaye bénédictine fondée en 751. L'abbé avait la jouissance exclusive des bois environnants, d'où le nom de Bois l'Abbé. Les moines assainirent les « fagnes » marécageuses par la création d'étangs formant viviers ; le monastère prospéra et devint un haut lieu de monachisme médiéval, connu pour ses copistes et sa bibliothèque. Aux 17e-18e s., ses abbés faisaient figure de puissants seigneurs. Mais la Révolution passa : l'abbatiale du 13e s. et les bâtiments monastiques disparurent peu à peu.

Dans le cadre de l'écomusée de la région Fourmies-Trélon *(p. 138)*, Liessies a été déclaré **Conservatoire du Patrimoine Religieux de l'Avesnois** ⊘ et le parc de l'abbaye, près de l'église, a été ouvert au public. Des circuits balisés permettent de découvrir la faune et la flore et font connaître les bâtiments monastiques. Chaque été des expositions sont organisées à l'église ou dans le Bûcher aux Moines (à l'intérieur du parc).

Église St-Jean-et-Ste-Hiltrude – L'église paroissiale, du 16e s., est toute proche de l'endroit où s'élevait l'abbaye. D'apparence modeste, elle abrite un bel ensemble de **statues anciennes** (15e au 18e s.) parmi lesquelles N.-D. de Liessies (15e s.), Sainte Hiltrude et Saint Jean l'Évangéliste (17e s.), patrons de l'église, un Saint Augustin et un Saint Lambert (17e s.) provenant de l'église abbatiale, et les bustes en marbre blanc (17e s.) d'Hiltrude et de Gontrad, enfants du fondateur de l'abbaye.

Au-dessus de l'entrée du chœur, poutre de gloire surmontée d'un calvaire (15e-16e s.) et châsse de sainte Hiltrude, derrière le maître-autel.

Contre le mur Nord, confessionnal vitré présentant des souvenirs de l'abbaye de Liessies : ornements, parchemins, objets du culte, reliquaire de Ramousies et surtout une précieuse **croix romane** en cuivre doré, ornée d'émaux champlevés et de pierreries.

Quatre grandes toiles (17e s.) de G. de Crayer figurent la vie de sainte Hiltrude.

Château de la Motte ; forêt de Bois l'Abbé – *Prendre la route d'Avesnes et, à la sortie de Liessies, tourner à gauche.*

La route longe la Vieille Forge (18e s.) et son étang puis arrive au **château de la Motte** (18e s.), aujourd'hui hôtel, qui servait jadis de maison de retraite aux moines ; ses murs de briques roses coiffés d'un comble d'ardoises se mirent dans les eaux d'un second étang *(illustration p. 15)*.

Au-delà, tourner à droite dans une route forestière qui côtoie deux étangs privés.

Dépendant du massif forestier du Trélon *(p. 69)*, la forêt domaniale de **Bois l'Abbé** couvre 1 782 ha ; traitée en taillis sous futaies, elle est aménagée pour le tourisme.

A l'Est du carrefour de la route de Trélon (D 963) et du chemin du château de la Motte est érigé le **calvaire de la Croix Trélon**, du 18e s., d'où l'on aperçoit la vallée de l'Helpe.

Abbaye de LIEU-RESTAURÉ

Cartes nᵒˢ 56 Nord du pli 13 ou 237 pli 8 (9 km à l'Ouest de Villers-Cotterêts).

Construite au 12e s. pour succéder à une chapelle plus exiguë – d'où son nom –, cette **abbaye** ⊘ de prémontrés avait été rebâtie au 16e s., après la tourmente de la guerre de Cent Ans. Depuis 1964 des travaux de déblaiement et de conservation permettent peu à peu de restaurer ce site de la vallée de l'Automne et de préserver les constructions d'une ruine définitive.

Descendre à l'église, encore parée d'une **rose**★ au remplage flamboyant, et pénétrer dans la nef par le côté gauche. Contourner ensuite les vestiges des bâtiments abbatiaux. Au Sud, les fouilles ont dégagé l'ancien cloître et le réfectoire avec les bases de ses colonnes et de sa cheminée. L'hôtellerie et le cellier du 18e s. ont été restaurés. Un petit musée présente les objets découverts au cours des fouilles : poteries, pierres tombales, chapiteaux.

Le guide Vert Michelin France,
destiné à faciliter la pratique du grand tourisme en France,
vous propose des programmes de traversée tout prêts, en cinq jours,
offrant un large choix de combinaisons et de variantes possibles,
auxquelles il est facile d'apporter une adaptation personnelle.

LILLE★★

174 034 habitants – Communauté urbaine 950 265 habitants
Cartes Michelin nᵒˢ 51 pli 16 ou 236 pli 16 ou 111 pli 22 (Grand Lille).
Plan d'agglomération de Lille Roubaix Tourcoing dans le guide Rouge Michelin France.

Capitale animée de la Flandre française, Lille joue aujourd'hui le rôle d'une métropole régionale et européenne grâce à sa position sur les axes Nord-Sud et Est-Ouest. Depuis plusieurs années, les considérables efforts de sauvegarde et de restauration entrepris dans le quartier ancien, riche en demeures et monuments des 17ᵉ et 18ᵉ s., ont fait de Lille une ville d'art. Parallèlement la ville s'est modernisée avec la reconstruction du quartier St-Sauveur et du Forum (FZ), la création de la ville nouvelle de Villeneuve-d'Ascq à 8 km à l'Est *(voir à ce nom)* et du centre Euralille.

LA VIE A LILLE

Sérieux et travailleur, le Lillois est aussi un bon vivant appréciant une chère généreuse ou une bière prise dans l'une des nombreuses brasseries de la ville. Autour de la place du Général-de-Gaulle et dans le secteur piéton de la place Rihour et des rues annexes règne une animation permanente, surtout rue de Béthune où se sont installés plusieurs cinémas.

La vie culturelle – Lille est devenue un centre culturel important avec l'installation d'un orchestre philharmonique, l'ouverture de l'Opéra du Nord à Lille, l'atelier lyrique à Tourcoing, les ballets du Nord, et plusieurs troupes de théâtre dont la troupe nationale de La Métaphore. Plusieurs festivals s'y déroulent chaque année : celui d'automne présente concerts, spectacles de théâtre et de danse, arts plastiques.

Le folklore – Il est resté très vivace comme dans l'ensemble du Nord et chaque quartier a sa fête, la ducasse.

La Grande Braderie – *Le premier week-end de septembre et le lundi.*
De 20 h le dimanche soir à 13 h le lundi, tout Lille ne vit que pour la Braderie (c'est jour férié pour les Lillois). Des kilomètres de trottoirs sont occupés par les forains ou les particuliers qui peuvent s'installer n'importe où pour vendre n'importe quoi. L'animation bat son plein surtout dans le quartier piéton autour de la place Rihour et sur le boulevard de la Liberté. Les restaurants et les cafés servent traditionnellement des moules et des frites et font des concours de tas de coquilles devant leurs portes *(illustration p. 259)*.

Les géants – A l'occasion des fêtes, les Lillois promènent leurs géants **Phinaert** et **Lydéric**. La légende raconte que, vers l'an 600, Phinaert, le brigand, vivait dans un château à l'emplacement de Lille. Un jour, il attaqua le prince de Dijon et sa femme en route pour l'Angleterre. Le prince fut tué mais sa femme réussit à s'échapper et quelque temps plus tard mit au monde un garçon qu'elle cacha, avant d'être elle-même rattrapée par le brigand. Le bébé fut recueilli par un ermite qui le baptisa Lydéric et le fit allaiter par une biche.
Devenu adulte, Lydéric n'eut de cesse de venger ses parents, il défia Phinaert et le tua en combat singulier. Puis il se maria avec la sœur du roi Dagobert et se vit confier la surveillance des forêts de Flandre qui appartenaient à Phinaert.

UNE HISTOIRE MOUVEMENTÉE

Tantôt flamande, tantôt française, un temps autrichienne et espagnole, Lille vécut une histoire fort mouvementée. Elle connut 11 sièges et fut détruite à plusieurs reprises. L'architecture de la ville témoigne de ces divers épisodes.

Les comtes de Flandre – En 1066 apparaît pour la première fois le nom de « l'Isle » dans une charte de dotation de la collégiale St-Pierre par Baudoin V, comte de Flandre, qui possédait un château sur une île de la Deule. La ville se développa autour de ce château et du port aménagé à l'emplacement de l'avenue du Peuple-Belge.
En 1205, le comte Baudoin IX, couronné empereur de Constantinople au cours d'une croisade, mourut et laissa deux héritières, Jeanne et Marguerite. Celles-ci furent élevées par Philippe Auguste qui maria l'aînée, Jeanne, à Ferrand de Portugal et envoya le couple à Lille.
Bien que vassale du roi de France, la Flandre avait plutôt partie liée, dans son activité économique, avec l'Angleterre et l'Empire germanique. Aussi, devant les prétentions de Philippe Auguste sur les régions du Nord, une coalition se forma, comptant le roi d'Angleterre Jean sans Terre, l'empereur germanique Otton IV, les comtes de Boulogne, du Hainaut et de Flandre. Cette guerre s'acheva par la **bataille de Bouvines** le 27 juillet 1214, première grande victoire française. « Ferrand le bien enferré » fut fait prisonnier et enfermé au Louvre tandis que Jeanne gouvernait la ville.

Des ducs de Bourgogne aux Espagnols – En 1369 le mariage de Marguerite de Flandre avec Philippe le Hardi, duc de Bourgogne, fit du comté de Flandre une partie du duché de Bourgogne. La présence des ducs stimulait le commerce. **Philippe le Bon**

(1419-1467) fit construire le palais Rihour où il prononça en 1454 le vœu du Faisan par lequel il promettait de partir en croisade. Il était entouré d'une cour brillante où figurait le grand peintre **Jean Van Eyck**.

Le mariage de Marie de Bourgogne, fille de Charles le Téméraire, avec Maximilien d'Autriche fit passer le duché de Bourgogne, dont la Flandre, à la maison de Habsbourg, puis plus tard à l'Espagne quand Charles Quint devint empereur. Après les guerres de Religion, sous la domination espagnole, la situation se gâta. Des bandes de « gueux » dévastèrent la campagne et mirent les églises à sac. Lille n'échappa à l'assaut « des Hurlus » (hurleurs) que grâce à l'énergique défense de ses habitants menés par la cabaretière **Jeanne Maillotte**.

Lille devient française – Louis XIV, faisant valoir les droits de son épouse Marie-Thérèse à une part de l'héritage d'Espagne, réclama les Pays-Bas. En 1667, il dirigea en personne le siège de Lille et y pénétra triomphant après seulement neuf jours de résistance. Lille devint alors capitale des Provinces du Nord. Le Roi-Soleil s'empressa de faire construire une citadelle par Vauban et agrandit la ville, réglementant les alignements (rangs) et les modèles de maisons.

Les guerres – En septembre 1792, 35 000 Autrichiens assiégèrent Lille qui était défendue par une garnison peu fournie. Les boulets pleuvaient sur la ville, de nombreux bâtiments furent détruits ; cependant, grâce au courage des habitants, la ville tint bon et les Autrichiens levèrent le siège. On raconte qu'un barbier qui rasait dans la rue se servait d'un éclat d'obus comme plat à barbe.

• • • • • • • • • • • • • • • LILLE PRATIQUE • • • • • • • • • • • • • • •

L'Office du tourisme de Lille offre un **plan de la ville** avec 4 circuits touristiques, d'une durée de deux heures environ :
– à la découverte du Vieux Lille
– de l'ancien collège des Jésuites au quartier Ste-Catherine
– le quartier St-Sauveur
– Lille du 19e s.

Des visites guidées du Vieux Lille, à pied, sont organisées toute l'année le samedi à 15 h (durée : 2 h), également les lundis et vendredis en juillet et août. 3 circuits pour découvrir Lille et la métropole en taxi sont également proposés. Se renseigner à l'Office de tourisme.

Pour connaître le programme des manifestations (théâtres, cinémas, expositions, loisirs...), se procurer le magazine « **Sortir** », hebdomadaire gratuit qui paraît le mercredi, disponible à l'Office de tourisme, à la mairie, dans les salles de spectacles, les structures culturelles, le Furet, la FNAC...

Marchés

Dans le **quartier de Wazemmes**, le marché du dimanche matin, animé et coloré, attire une grande foule. Autour de l'église St-Pierre-St-Paul, les brocanteurs étalent leurs trésors tandis que les fleuristes se groupent devant le marché couvert qui propose produits de la mer et du terroir ; les marchands traditionnels occupent les rues avoisinantes.

Sous les galeries de la **Vieille Bourse**, se tiennent quotidiennement des bouquinistes et un marché aux fleurs.

Marchés généralistes : **rue de Solferino** (mercredi et samedi) et **place du Concert** (mercredi, vendredi et dimanche).

Où sortir le soir ?

autour de la **rue Masséna** : « le Club Écossais » – ambiance anglo-saxonne – ou « Chez Gino » (café-billard).

rue Solferino : « La boucherie », « l'Atomic Club », « L'Équateur », pub colonial très chaleureux, « l'Irlandais » offrant une ambiance très britannique.

rue de Paris : « Le 30 » propose tous les soirs à partir de 21 h des concerts de jazz.

rue de Béthune : secteur piétonnier animé jour et nuit par deux brasseries, « Aux Moules » et la « Brasserie André ».

place Rihour : cafés investis à toute heure, « Le Café de foy », « Le Lobourg », « Le Legend Café ».

place de la Gare : la micro-brasserie « Les Brasseurs » où l'on boit une bière toute fraîche sortant de la cuve.

rue Lepelletier : « Le Bateau Ivre », café à l'atmosphère de chanson française.

rue d'Angleterre : le délicieux « Anglesaxo », jazz-café installé dans des caves voûtées du 18e s.

place Charles-de-Gaulle : pour débuter la soirée, « Le Coq hardi », « la Déesse » (grill), « Taverna » (pizzeria), etc.

Au début d'octobre 1914, Lille était très peu défendue quand six régiments bavarois essayèrent de pénétrer à l'intérieur des fortifications. Après trois jours d'une résistance acharnée pendant lesquels 900 immeubles furent détruits, la ville dut malheureusement se rendre. Le prince Ruprecht de Bavière, recevant la reddition de la place, refusa l'épée du colonel de Pardieu « en témoignage de l'héroïsme des troupes françaises ».

Durant la Seconde Guerre mondiale, en mai 1940, les 40 000 soldats français qui défendaient Lille résistèrent trois jours à sept divisions allemandes et aux blindés de Rommel. Les troupes françaises capitulèrent avec les honneurs militaires au matin du 1er juin 1940.

VIE ÉCONOMIQUE

Située à un carrefour de routes et de voies d'eau, Lille a toujours eu une vocation industrielle et commerciale.

Hier – La draperie fit la renommée de Lille au Moyen Âge, cependant que les haute-liciers d'Arras, chassés par Louis XI, y installaient leurs ateliers de tapisseries. Au 18e s., Lille se consacra à la filature du coton et du lin, tandis que Roubaix et Tourcoing se spécialisaient dans la laine. Dès la fin du 18e s. la grande industrie lilloise était née, créant un prolétariat urbain et son cortège de misères. En 1846, la mortalité infantile atteignait 75 % dans les courées de St-Sauveur, et les caves où travaillaient les ouvriers avaient une renommée qu'évoqua Victor Hugo dans des vers tragiques.

Les moulins à huile broyant le lin, le colza, l'œillette constituaient avec la dentelle et la céramique une autre spécialité de Lille.

Aujourd'hui – L'agglomération lilloise est plus que jamais le grand centre économique du Nord de la France.

Aux universités, structures d'accueil (Palais de la Musique, nouveau Palais des Congrès) et industries traditionnelles (textile : DMC, Nydel, St-Maclou, Phildar ; mécanique : SNCF, Fives-Cail-Babcoch) sont venues s'ajouter les entreprises de pointe en techniques nouvelles (Velec, Rank Xerox, Leanord), agro-alimentaires (Lesaffre) et de recherche (Institut Pasteur, Roquette, Centres de Recherche de Villeneuve-d'Ascq).

Capitale de la vente par correspondance (La Redoute, Les Trois Suisses), l'agglomération Lille-Roubaix-Tourcoing est aussi le grand carrefour des affaires avec le centre Euralille, la Chambre de Commerce et d'Industrie et la Bourse des Valeurs.

La métropole lilloise est au cœur d'un réseau autoroutier très développé vers Paris, Bruxelles, Dunkerque, Anvers, ainsi que d'un réseau ferroviaire très ramifié bénéficiant de la nouvelle gare Lille-Europe construite pour accueillir les TGV et l'Eurostar via Londres et Bruxelles ; elle dispose du 3e port fluvial français, et d'un aéroport international à Lesquin.

Ville de négoce où les boutiques se succèdent le long des rues piétonnes, elle abrite dans son sous-sol le métro le plus moderne du monde, **le Val**, entièrement automatisé.

Le réseau qui comprend 2 lignes s'étend actuellement sur 28,5 km et dessert 35 stations dont deux en correspondance (gare Lille-Flandres et Porte des Postes). La ligne 2 au Nord de l'agglomération reliera ultérieurement Lille à Roubaix et Tourcoing.

La technologie du Val a séduit d'autres villes françaises (Bordeaux, Orly, Toulouse) et étrangères (Chicago, Jacksonville, Taïpeh).

★★ LE VIEUX-LILLE *visite : 2 h 1/2*

Le quartier ancien de Lille a connu un véritable renouveau depuis qu'en 1965 quelques amis des vieilles pierres ont pris conscience de la beauté des façades lilloises des 17e et 18e s. qui se cachaient sous de disgracieux crépis. Les restaurations ont été menées bon train, des îlots entiers ont changé de physionomie. Des commerces de luxe, des décorateurs, des antiquaires se sont installés dans ce quartier où il est aujourd'hui agréable de flâner.

Le **style lillois** est très original par son mélange de briques et de pierre sculptée. Au début du 17e s. apparurent les façades ornées de moellons de pierre taillés en « pointe de diamant » (place Louise-de-Bettignies). Puis ce fut la période de la

Façade de la rue Esquermoise.

Renaissance flamande (Vieille Bourse, maison de Gilles de la Boé) où l'ornementation touche au délire par son abondance. A la fin du 17ᵉ s. l'influence française
se fait sentir dans l'alignement des maisons, « les rangs », et dans les décorations.
Les rez-de-chaussée présentent des arcades de grès (gresseries), pierre au grain
serré qui empêche l'humidité de gagner les étages. Au-dessus, la brique alterne
avec la craie sculptée d'angelots, d'amours, de cornes d'abondance, de gerbes
de blé...

Partir de la place Rihour.

Place Rihour (EY) – Elle est dominée par le **Palais Rihour** ⏱ qui abrite l'office du
tourisme. De style gothique, il fut construit entre 1454 et 1473 par Philippe
le Bon, duc de Bourgogne. Remarquer, extérieurement, ses belles fenêtres à
meneaux et une gracieuse tourelle octogonale de briques. Il en subsiste, au
rez-de-chaussée, la salle des gardes voûtée d'ogives élancées et, au-dessus, la
chapelle, dite salle du Conclave, ainsi que l'oratoire ducal desservi par une
élégante cage d'escalier en pierres aux voûtes en réseau.
Le monument aux morts des deux guerres flanque le côté Nord-Est de la chapelle.
En gagnant la place du Général-de-Gaulle, on traverse une allée piétonne très
animée où s'alignent des terrasses de cafés.
Remarquer à gauche des maisons du 17ᵉ s. dont le style, mélange des cultures
flamande et française, est caractéristique de l'architecture qui se développa à
Lille après la conquête de Louis XIV.

★ **Place du Général-de-Gaulle (Grand'Place)** (EY 66) – Ancienne place du marché au
Moyen Âge, la Grand'Place a toujours été le centre de la vie active de Lille. Son
joyau en est la Vieille Bourse. Le quotidien « La Voix du Nord » siège dans le
bâtiment (1936) au fronton à redans qui donne accès à la FNAC située rue
St-Nicolas. A côté s'élève la **Grand'Garde** (**T'**) (1717), où logeait la garde du roi,
surmontée de frontons (actuellement occupé par le théâtre La Métaphore). Le
« Furet du Nord » (**B**), installé dans la copie d'une maison du 17ᵉ s., face à la Vieille
Bourse, serait la plus grande librairie du monde, aménagée sur 8 niveaux.
Sur le terre-plein central se dresse la colonne de la Déesse (1845), symbole de
la résistance héroïque de la ville lors du siège de 1792 *(p. 126)*.

Vieille Bourse.

LILLE

Béthune (R. de) .... EYZ
Esquermoise (R.) ..... EY
Faidherbe (R.) .... EY
Gambetta (R. Léon) ... EZ
Gaulle (Pl. Gén.-de)
(Grand-Place) .... EY 66
Grande-Chaussée
(R. de la) .... EY 73
Monnaie (R. de la) .... EY 120
Nationale (R.) .... EYZ
Neuve (R.) .... EY 124

Anatole-France (R.) .... EY 3
Arsenal (Pl. de l') ..... EY 6
Barre (R. de la) .... EY 9
Bettignies (Pl. L.-de) ... EY 16
Bigo-Daniel (Bd) ..... DZ 18
Canonniers (R. des) ... FY 19
Chats-Bossus (R. des) . EY 27
Comédie (R. de la) ... EY 34
Debierre (R. Ch.) ..... FZ 43
Delesalle (R. E.) ...... EZ 45
Déportés (R. des) ..... FY 46
Dr-Calmette (Bd) ...... FY 51
Faubourg-de-Roubaix
(R. du) .... FY 55
Fosses (R. des) ..... EYZ 61
Hôpital-Militaire
(R. de l') .... EY 78
Jacquart (Pl.) .... EZ 79
Jacquemars Giélée (R.) EZ 81
Jardins (R. des) ...... EY 82
Jeanne-d'Arc (Pl.) ..... EZ 84
Lebas (Bd. J.-B.) ...... FZ 93
Lefèvre (R. G.) .... FZ 100
Lepelletier (R.) .... EY 102
Loyer (R. H.) .... DZ 103
Maillotte (R.) .... EZ 105
Manuel (R.) .... DZ 106
Mendès-France (Pl.) ... EY 115
Pasteur (Bd L.) ...... DZ 123
Philippe-le-Bon (Pl.) .... EZ 126
Plat (R.) .... EZ 127
Réduit (R. du) .... FZ 132
Roisin (R. Jean) ...... EY 135
Roubaix (R. de) ..... EFY 138
St-Génois (R.) .... EY 139
St-Venant (Av. Ch.) .. FYZ 141
Ste-Catherine (R.) ..... DY 142
Sec-Arembault (R. du) . EY 144
Tanneurs (R. des) .... EYZ 147
Tenremonde (R.) ...... EY 148
Théâtre (Pl. du) .... EY 150
Voltaire (R.) .... EY 152
Trois-Mollettes
(R. des) .... EY 164

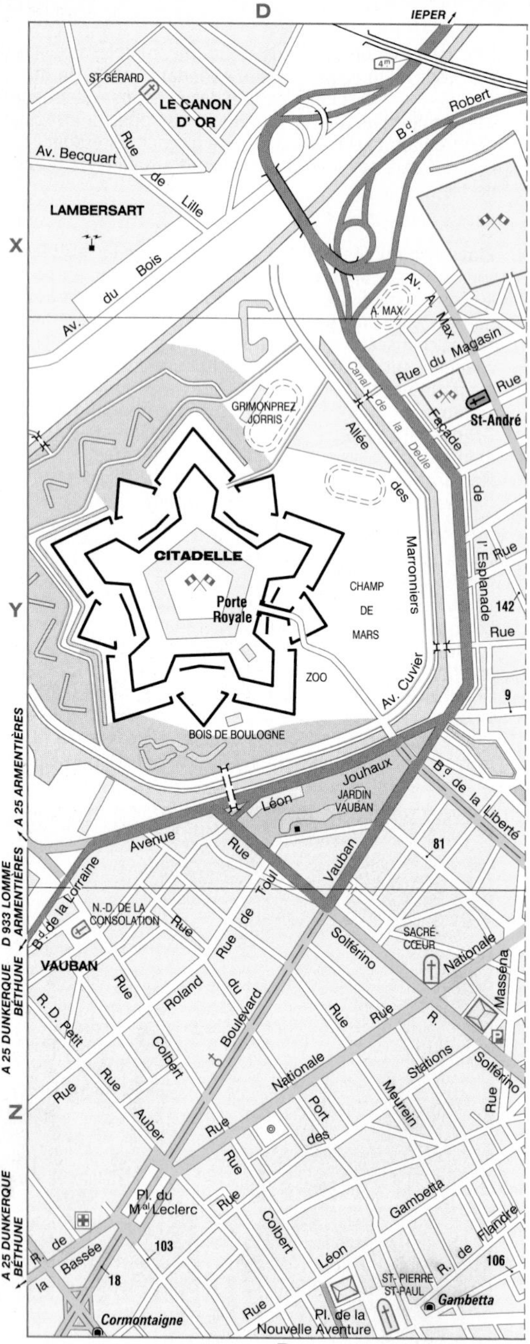

B « Furet du Nord »
C Chambre de commerce
D « Rang de Beauregard »
E Demeure de Gilles de la Boé
F « L'Huîtrière »
H Hôtel de Ville
K Monument aux Fusillés
L Hospice Ganthois
M Musée d'Histoire naturelle et de géologie
N Pavillon St-Sauveur
Q Noble Tour
R Chapelle du Réduit
S Hôtel Bidé-de-Granville
T[1] Grand'Garde
V Ancien hôtel de l'Intendance
W Maison natale du Général de Gaulle

LE VAL

Métro le plus moderne du monde, le VAL (véhicule automatique léger), fonctionne à Lille depuis mai 1984.

Certaines stations sont agrémentées d'œuvres d'artistes :

- ***République : Les Muses, sculpture de Debeve, Spartacus de Foyatier, L'Automne et Le Printemps de Carrier Belleuse, et reproductions de tableaux du musée des Beaux-Arts.***
- ***Porte de Valenciennes : La main de César,***
- ***Wazemmes : La source de vie, sculpture en lave émaillée,***
- ***Fives : fresques de Degand (le cri et graffitis),***
- ***Pont de Bois : la paternité, sculpture en bronze de Mme Leger.***

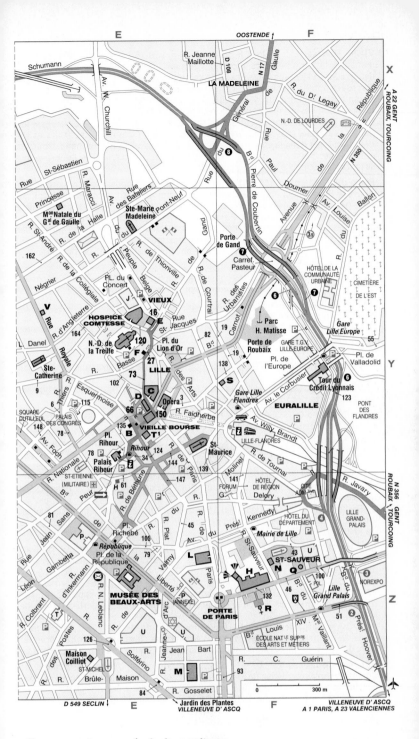

Une rame est composée de deux voitures.
Fréquence de passage : toutes les minutes en heure de pointe.
Vitesse maximum : 80 km/h, vitesse commerciale : 35 km/h.
Circulation : de 5 h du matin à 1 h du matin.

LE MONGY

Inauguré en 1909, le célèbre Mongy (du nom de son inventeur) qui parcourait le Grand Boulevard entre Lille, Roubaix et Tourcoing, a été remplacé par un tramway plus moderne, aux lignes élégantes.
Un peu plus rapide que son ancêtre, il atteint... 70 km à l'heure.

★★ **Vieille Bourse** (EY) – Elle fut construite en 1652-53 par Julien Destrée à la demande des commerçants lillois qui voulaient une bourse rivalisant avec celles des grandes villes des Pays-Bas. Elle se compose de 24 maisons à mansardes disposées autour d'une cour rectangulaire qui servait de cadre aux transactions et qui abrite aujourd'hui des bouquinistes (*illustrations p. 38 et 159*).
La profusion des décorations de la façade peut s'expliquer par le fait que Julien Destrée était sculpteur sur bois. Les cariatides et atlantes sur deux étages, les guirlandes et les mascarons au-dessus des baies à l'extérieur, les fruits et les fleurs sculptés dans la cour intérieure font penser à un bahut flamand. Sous les arcades, des bustes en bronze, des médaillons et des cartouches honorent des savants, les sciences et leurs applications.

Place du Théâtre (EY 150) – Elle est dominée par l'imposante silhouette de la Nouvelle Bourse, qui abrite la Chambre de Commerce (**C**), et de son beffroi, de style néo-flamand, qui avoisine l'Opéra de style Louis XVI. Ces deux bâtiments, bâtis au début du siècle, sont l'œuvre de l'architecte Louis Cordonnier.
En face de la Nouvelle Bourse, l'alignement des demeures à pilastres surmontés d'élégants cartouches est appelé « **Rang de Beauregard** » (EY D). Construit en 1687, cet ensemble est le plus caractéristique et le plus intéressant de l'architecture lilloise à la fin du 17e s.

Rue de la Bourse – Les façades constituent un bel ensemble du 18e s., décorées d'anges joufflus et de masques au niveau du 1er étage.

Rue de la Grande-Chaussée (EY 73) – Les « gresseries » à arcades des maisons anciennes ont été rénovées et les magasins de luxe y ont installé leurs vitrines. Quelques balcons en fer forgé et les dessus de fenêtres sont ouvragés. Remarquer la première maison à droite, et les nos 9, 23 (caravelle sur la clef de la fenêtre) et 29.

Rue des Chats-Bossus (EY 27) – Elle doit son nom à une ancienne enseigne de tanneurs.
« **L'Huîtrière** » (**F**), célèbre restaurant de fruits de mer, offre une façade typique du style « arts déco » des années 1930.

Place du Lion-d'Or (EY) – Au no 15, le magasin Olivier Desforges occupe l'ancienne Maison des Poissonniers datant du 18e s.

Place Louise-de-Bettignies (EY 16) – La place Louise-de-Bettignies porte le nom d'une héroïne de la guerre de 1914-18. Au no 29, à l'angle de la place, la **demeure de Gilles de la Boé★** (**E**), construite vers 1636, est un superbe échantillon du style baroque flamand. Son ornementation abondante se compose de corniches et de frontons en saillie. Elle se trouvait autrefois au bord du port sur la Basse-Deûle qui connaissait un trafic important.
La Basse-Deûle, port actif jusqu'au 18e s., fut comblée en 1936 pour faire place à l'avenue du Peuple-Belge le long de laquelle s'élève la tour moderne du palais de justice.

★ **Rue de la Monnaie** (EY 120) – Autrefois l'hôtel des Monnaies se trouvait dans cette rue. Les maisons restaurées ont attiré des antiquaires et des décorateurs.
Sur le côté gauche elle possède un alignement de maisons du 18e s. (remarquer, au no 3, le mortier et l'alambic qui servaient d'enseigne à un apothicaire). Les maisons suivantes (nos 5 à 9) sont décorées de dauphins, de gerbes de blé, de palmes...
Au no 10 la statue de N.-D.-de-la-Treille orne la façade, aux nos 12 et 14 le pignon à pas de moineaux a été reconstitué. Les maisons suivantes datent du premier tiers du 17e s. et encadrent le portail à bossages (1649) de l'hospice Comtesse.

★ **Hospice Comtesse** (EY) ⊙ – Il doit son nom à sa fondatrice Jeanne de Constantinople, comtesse de Flandre, qui fit construire un hôpital en 1237 pour le salut de son mari Ferrand de Portugal fait prisonnier à Bouvines (*voir p. 169*). Détruit par un incendie en 1468, il fut alors reconstruit puis agrandi aux 17e et 18e s. Il devint un hospice sous la Révolution, puis un orphelinat. Désaffecté en 1939, il abrite un musée régional d'histoire et d'ethnographie et sert de cadre à des expositions et des concerts.
On y pénètre par un monumental portail du 17e s., belle « gresserie » à bossages.
Salle des malades – Dans la cour d'honneur se dresse son long bâtiment sobre reconstruit après 1470 sur les fondations de la fin du 13e s. A l'intérieur, l'immense salle frappe par son superbe vaisseau dont la **voûte en carène★★** est faite de bois lambrissé. Deux belles tapisseries, tissées à Lille en 1704, représentent l'une Baudouin de Flandre avec son épouse et ses deux filles, et l'autre Jeanne la fondatrice entourée de son premier et de son second mari. La **chapelle** qui la prolonge fut agrandie et séparée par un jubé après l'incendie de 1649. Sur le mur de droite ont été dégagées l'ancienne fenêtre du 15e s. et des traces de peintures murales. La voûte est décorée des armoiries des bienfaiteurs de l'hôpital.

Musée – Il est installé dans l'aile droite construite par la communauté à la fin du 15e s. et surélevée au 17e s. On y a rassemblé des meubles et des objets d'art évoquant l'atmosphère d'une fondation pieuse au 17e s. Les cuisines sont revêtues de carreaux bleutés de Hollande et de Lille. Dans la salle à manger, le manteau de cheminée baroque encadre une Nativité du 16e s. Le parloir aux sobres lambris Louis XIV est décoré d'une série d'ex-voto du 17e s., portraits d'enfants lillois. Le salon de la prieure est lambrissé de boiseries Louis XV. Les deux dernières salles servaient de pharmacie et de lingerie.

Au 1er étage, l'ancien dortoir présente, sous son plafond à poutres sculptées, des peintures flamandes et hollandaises du 17e s. ainsi qu'un très beau Christ picard du 16e s., en bois, dont la traverse et la hampe de la croix portent les médaillons des évangélistes. De part et d'autre du dortoir, deux salles évoquent l'histoire régionale : éléments d'architecture, objets d'art, tableaux de Louis et François Watteau représentant Lille au 18e s.

Prendre à gauche la rue Au-Pétérinck qui conserve un ensemble de maisons du 18e s. On débouche sur la charmante petite place aux Oignons, aux façades du 17e s. reconstituées. Poursuivre par la rue des Vieux-Murs tracée sur les premières fortifications de la cité, puis à gauche la rue des Trois-Mollettes. Sur la gauche s'élève l'imposante **cathédrale Notre-Dame-de-la-Treille**, construction inachevée dans le style néo-gothique. Par la rue du Cirque, on atteint la rue Basse, aux immeubles imposants occupés en partie par des antiquaires (au no 32 ancien hôtel du prince de Soubise). La rue **Esquermoise** est bordée de maisons des 17e et 18e s. : au no 21 pâtisserie Meert, au beau décor intérieur du 19e s., aux nos 6 et 4, les amours s'embrassent ou se tournent le dos selon qu'ils appartiennent ou non à la même maison ; en face, belle maison restaurée, celle du fourreur (magasin Gailliaerde). Rejoindre la place Rihour par la Grand'Place.

★★★ MUSÉE DES BEAUX-ARTS (EZ) ⊙

Ouverture prévue au printemps 1997.

Le palais des Beaux-Arts a été construit entre 1885 et 1892 par les architectes Bérard et Delmas, suite à un concours. Ce majestueux bâtiment fait face, de l'autre côté de la place de la République, à la préfecture. La rénovation et l'extension du palais sont dues aux architectes Ibos et Vitard.

A l'arrière a été construit un bâtiment-lame, de 70 m de long et 6 m de large, pour abriter le café-restaurant *(au rez-de-chaussée)*, le cabinet des dessins et les services administratifs. Entre ces deux bâtiments, s'étend le jardin dont le milieu a été recouvert d'une dalle de verre pour laisser pénétrer la lumière vers la salle d'expositions temporaires située au-dessous.

Sous-sol

Il est consacré à la présentation des œuvres concernant la peinture, la sculpture et les objets d'art du **Moyen Âge** et de la **Renaissance.**

Remarquer plus particulièrement le *Festin d'Hérode,* marbre de Donatello, le triptyque de la *Fontaine Mystique* par J. Bellegambe, les deux volets d'un triptyque de Thierry Bouts (*le Paradis* et *l'Enfer*) et un délicat devant d'autel brodé sur soie en 1420, *l'Annonciation.* Parmi les objets d'art, signalons l'*Encensoir de Lille* en bronze ciselé (art mosan du 12e s.), des sceaux du 12e au 16e s., des statues gothiques en bois.

Au centre, la salle des **plans-reliefs** *(ouverture prévue en 1998)* comprend quinze plans de villes situées à la frontière du Nord à l'époque de Louis XIV.

Rez-de-chaussée

La céramique – On admire ici un bel ensemble de faïences du 18e s. notamment de Lille, Delft et Rouen, ainsi que de grès et de porcelaines européennes.

David : *Bélisaire demandant l'aumône.*

L'archéologie – Œuvres du bassin méditerranéen : Égypte, Grèce, Chypre, Rome.

La sculpture – La collection offre un panorama de la sculpture française du 19e s., avec Frémiet *(Le cavalier errant)*, David d'Angers (bas-reliefs originaux du monument dédié à Gutenberg, place Kléber à Strasbourg), Camille Claudel *(Giganti, Mme de Massary)*, Bourdelle *(Pénélope, vers 1909)*.

1er étage

Les collections de peinture, présentées par écoles, s'ordonnent autour de l'atrium.

École flamande des 16e et 17e s. – Du 16e s., une *Vanité* d'Hemessen. Jordaens est représenté par plusieurs toiles caractéristiques de sa manière, religieuse *(Tentation de la Madeleine)*, mythologique *(Enlèvement d'Europe)* ou rustique *(le Piqueur)* ; son étude de vaches sera reprise par Van Gogh. De Rubens et son atelier sont exposées des œuvres significatives : la *Descente de Croix* (1617), variante de celle d'Anvers, et son esquisse, l'*Extase de sainte Madeleine*, le *Martyre de sainte Catherine, Saint François et la Vierge*. De Van Dyck, citons un émouvant *Christ en Croix*, de Teniers le Jeune, la *Tentation de saint Antoine*, au coloris séduisant, de Bœckhorst *(le Martyre de St-Maurice)*.

École hollandaise du 17e s. – Outre les chefs-d'œuvre dus à Lastman *(Mise au tombeau)*, E. de Witte *(Nieuwe Kerk de Delft)*, Ruisdael *(le Champ de blé)*, signalons les natures mortes de Van der Ast et de Van Beyeren, les *Patineurs* de Van Goyen et *Mélancolie* de Pieter Codde.

École française du 17e s. – Elle est jalonnée par les œuvres des Lillois Wallerand Vaillant *(le Jeune dessinateur)* et Monnoyer, Le Sueur, Ph. de Champaigne, La Hyre et Largillière *(J.-B. Forest)*.

École française du 18e s. et du 19e s. – Il faut s'attacher au remarquable ensemble de Boilly (1761-1845) né à la Bassée près de Lille, le *Jeu du pied de bœuf*, le *Triomphe de Marat* et de nombreux portraits : *Jules Boilly enfant* et esquisses de *Têtes* pour l'Atelier d'Isabey. S'arrêter aussi devant le *portrait de Madame Pèlerin* par Quentin de La Tour, les charmants tableaux du Lillois d'adoption Louis Watteau *(le Plat à barbe lillois, Vue de Lille)* et son fils François *(Bataille d'Alexandre)*. Œuvres de David *(Bélisaire demandant l'aumône)* Delacroix, Géricault, Corot et Courbet.

Écoles italienne et espagnole – L'Italie est représentée par la juvénile Vierge à l'Églantine de Mainardi, le Martyre de saint Georges, Moïse sauvé des eaux de Liss et une esquisse du Paradis de Véronèse.
Les tableaux espagnols, peu nombreux, sont d'une rare qualité : *Le temps ou les Vieilles, La lettre ou les Jeunes* par **Goya**, féroce ou aimable satire de son siècle, et *Saint François en prière* par le Greco.

Impressionnistes – La fin du 19e s. est représentée par les œuvres de la **donation Masson**. Le pré-impressionnisme figure avec des toiles de Boudin *(Port de Camaret)*, Jongkind *(les Patineurs)* et Lépine. L'impressionnisme est illustré par Sisley *(Port Marly, En hiver, effet de neige)*, Renoir *(Jeune femme au chapeau noir)* et Monet *(la Débâcle, le Parlement de Londres)*. Quelques peintures de Vuillard, E. Carrière, A. Lebourg et plusieurs sculptures de Rodin complètent cet ensemble.

Contemporains – Parmi les peintres figuratifs ou abstraits on peut signaler : Dufy *(Personnages de la Comédie française)*, M. Laurencin *(Têtes de jeunes filles)*, F. Léger *(Femmes au vase bleu)*, Gromaire *(le Borinage)*, Poliakoff *(Composition)*, Da Silva *(l'Écluse glacée*, aux tonalités bleutées), Picasso *(Portrait d'Olga* 1923).

Les dessins – La collection, l'une des plus riches de France (environ 4 000 œuvres), surtout en dessins italiens, est exposée par roulement.
Ont été placées également ici quelques sculptures, notamment la célèbre *Tête de jeune fille* en cire sur un socle de terre cuite, du 17e s., attribuée à F. Duquesnoy, et de Georges Lacombe, *Marie Madeleine agenouillée* (1897).

AUTRES CURIOSITÉS

★ **Église St-Maurice** (EFY) – De style gothique homogène, ce vaste édifice fut édifié du 15e au 19e s. Avec ses cinq nefs d'égale hauteur, ses cinq toits et ses cinq pignons, c'est un très bel exemple d'église-halle. Dans la chapelle du faux transept gauche, un Christ de Pitié du 16e s., souvent recouvert d'un long manteau de velours, est vénéré sous le vocable de « Jésus Flagellé ».
Au Sud de l'église on voit deux maisons restaurées : la boulangerie « La croix de St-Maurice » (1729) et la maison du Renard (1660) ; en face, rue de Paris (n° 74), la maison des Trois Grâces.

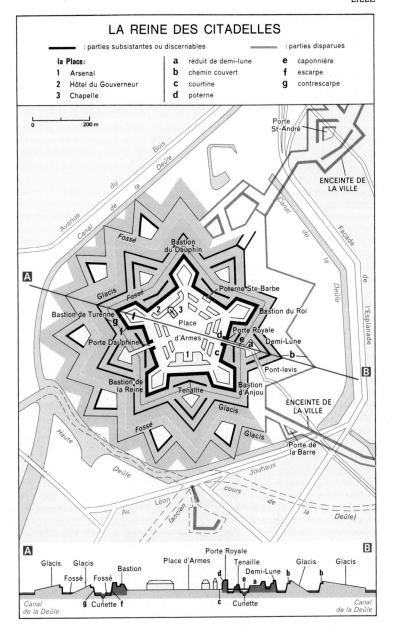

LA REINE DES CITADELLES

━━━━ : parties subsistantes ou discernables ▬▬▬▬ : parties disparues

la Place:
1 Arsenal
2 Hôtel du Gouverneur
3 Chapelle

a réduit de demi-lune
b chemin couvert
c courtine
d poterne

e caponnière
f escarpe
g contrescarpe

★ **Citadelle** (DY) ⊙ – Née du génie de Vauban, la citadelle, la plus importante et la mieux conservée de France, fut la première réalisation de Louis XIV après la conquête de Lille. Elle est toujours occupée par l'armée. Trois années (1667-1670) furent nécessaires à sa construction et le travail de 2 000 hommes. Ceux-ci exécutèrent une gigantesque œuvre de terrassement, maniant 60 millions de briques (fabriquées dans les quatre briqueteries élevées à cet effet) et 3,5 millions de parpaings. Le résultat fut cet ouvrage de briques à parements de pierres comprenant cinq bastions et cinq demi-lunes *(voir p. 30)* que protègent des fossés jadis alimentés par la Deûle, défenses qui enserrent une véritable ville.

On y pénètre par la **porte Royale,** portant une inscription latine à la louange de Louis XIV, qui donne accès à une vaste place d'armes pentagonale, cernée par les bâtiments de Simon Vollant : la chapelle classique, les logements d'officiers et un superbe arsenal restauré. Construits en grès, briques et pierres, ces bâtiments sont représentatifs du style franco-lillois qui s'est développé à cette période. La citadelle pouvait être complètement autonome avec ses puits, sa boulangerie, une brasserie, des tailleurs, des cordonniers...

Dans les fossés extérieurs de nombreux patriotes furent fusillés pendant les dernières guerres.

Dans le **bois de Boulogne**, près du Champ de Mars, sont aménagés un zoo, une maison tropicale, et des jeux pour enfants. Sur la rive du canal de la Deûle, le **jardin Vauban** est typique des jardins paysagers du Second Empire avec ses allées sinueuses, ses massifs d'arbres et de fleurs et ses bassins. Une statue du poète lillois Albert Samain (1859-1906) y est érigée.

Dans le square Daubenton voisin, le **monument aux Fusillés** (DY K), œuvre du sculpteur Félix Desruelle, frappe par la noble attitude des patriotes lillois exécutés en 1915.

Quartier St-Sauveur (FZ) – Cet ancien quartier ouvrier, connu pour la misère de ses courées qui inspira Émile Desrousseaux, auteur de la célèbre berceuse du P'tit Quinquin (statue rue Nationale, à l'entrée de l'avenue Foch), a été complètement remodelé en un centre d'affaires autour de l'hôtel de ville.

> *« Dors, min p'tit quinquin,*
> *Min p'tit pouchin,*
> *Min gros rojin,*
> *Te m'fras du chagrin,*
> *Si te n'dors point ch' qu'à d'main. »*

Quelques témoins du passé sont éparpillés parmi les immeubles modernes.

Hospice Ganthois (EZ L) – Fondé en 1462 par Jean de la Cambe, dit Ganthois, cet hospice est toujours en activité. De la période de sa création, il conserve la salle des Malades dont le pignon, rue de Paris, est encadré de bâtiments du 17e s. ; remarquer la sculpture des vantaux de la porte datée de 1664.

★ **Porte de Paris** – Édifiée de 1685 à 1692 par Simon Vollant, en l'honneur de Louis XIV, elle est le seul exemple d'une porte de ville (elle faisait partie des remparts) faisant office d'arc de triomphe. Côté faubourg, elle se présente comme une arcade décorée des armes de Lille (un lis) et de France (trois lis). Au sommet, la Victoire que célèbrent des Renommées s'apprête à couronner Louis XIV représenté en médaillon. Côté ville, la porte a l'apparence d'un pavillon.

Hôtel de ville (H) ⊘ – Construit de 1924 à 1927 par l'architecte lillois Émile Dubuisson, il est do-

Porte de Paris.

miné par un beffroi de 104 m de hauteur. A sa base sont sculptés les deux géants de Lille Lydéric et Phinaert *(voir p. 156)*. Du haut du beffroi *(109 marches, puis ascenseur)*, très belle **vue★** sur la métropole et les environs jusqu'à 50 km.

Pavillon St-Sauveur (N) – C'est une aile du cloître du 18e s. conservée lors de la démolition d'un hospice en 1959. Ses arcades de briques et pierres sont surmontées de hautes fenêtres à médaillons fleuris.

Noble Tour (Q) – Tronquée, c'est le seul témoin de l'enceinte du 15e s. Ce donjon est devenu un mémorial de la Résistance. Belle composition du sculpteur Bizette-Lindet.

Chapelle du Réduit (R) – Du fort du Réduit, construit à la même époque que la citadelle pour en être le pendant, il ne reste que la chapelle à jolie façade Louis XIV, ornée des armes de France et de Navarre (incorporée dans les bâtiments du Génie).

Rue Royale (EY) – C'était la voie principale du quartier élégant qui se construisit au 18e s. entre la citadelle et la ville ancienne. Tout au début, à gauche, l'**église Ste-Catherine** dresse sa tour austère du 15e s. Les beaux hôtels particuliers qui bordent la rue Royale sont marqués par l'influence française. Remarquer le **n° 68** (**V**), ancien hôtel de l'Intendance, édifié par l'architecte lillois Lequeux en 1787, occupé aujourd'hui par l'évêché. L'**église St-André**, ancienne chapelle des Carmes au 18e s., de style jésuite, fut complétée par une tour en 1890. Charles de Gaulle y fut baptisé le jour de sa naissance, le 22 novembre 1890.

Église Ste-Marie-Madeleine (EY) – Commencée en 1675, achevée à la fin du règne de Louis XIV, elle rappelle le dôme des Invalides par son plan central et sa coupole culminant à 50 m de hauteur. La façade a été remaniée en 1884.

Maison natale du Général de Gaulle (EY W) ⊙ – *9, rue Princesse.*
Charles de Gaulle naquit le 22 novembre 1890 dans cette maison lilloise en briques chaulées où son grand-père maternel possédait une fabrique de dentelles. L'ancien atelier et la maison ont été aménagés en un petit musée rassemblant des photos et des souvenirs. On y voit la robe de baptême du petit Charles et la voiture dans laquelle se trouvaient le Général et Madame de Gaulle le jour de l'attentat du Petit-Clamart.

Portes de Gand et de Roubaix (EFY) – Vestiges de l'enceinte espagnole de 1621, ces portes massives sont composées d'une base de grès surmontée d'un larmier en pierre et d'un étage en briques. Elles furent percées en 1875 pour le passage des tramways. Leurs fossés ont été aménagés en jardins.

Hôtel Bidé-de-Granville (FY S) – Dans cette demeure édifiée en 1773, l'industriel A.D. Scrive Labbe avait installé la première machine à carder en 1821. Elle abrite aujourd'hui la Direction régionale des Affaires culturelles.

Maison Coilliot (EZ) – *9, rue de Fleurus.* Construite en 1898 par Hector Guimard pour M. Coilliot, céramiste lillois, elle illustre l'Art nouveau avec sa façade en lave émaillée, ses lignes courbes et la présence originale de son double toit.

Musée d'histoire naturelle et de géologie (EZ M) ⊙ – Créé en 1822, le musée s'est enrichi au début du siècle grâce à deux géologues régionaux. Le visiteur est accueilli dans la grande salle par deux imposants squelettes de baleine, vestiges d'animaux échoués sur la côte.
A gauche, la collection de **zoologie** rassemble mammifères et oiseaux naturalisés, reptiles, batraciens, mollusques, poissons, insectes. Des dioramas mettent en scène la faune française représentée par des massifs sangliers, des biches alertes, castors ; des insectariums renferment des mygales, scorpions, blattes. La magnifique collection ornithologique comprend plus de 5 000 oiseaux dont certaines espèces ont disparu comme le Huya ou le Grand Pingouin.
La partie droite est consacrée à la **géologie**. Des fossiles et des roches illustrent l'histoire de l'Europe du Nord, de – 600 millions d'années à l'époque gallo-romaine. De nombreux fossiles végétaux, provenant d'anciens puits de mine, sont les vestiges de la forêt luxuriante qui couvrait la région il y a 300 millions d'années. Le travail des mineurs est évoqué par la reconstitution d'une veine de charbon, avec son étroite galerie et sa lourde berline.

Euralille

Sur une surface de près de 70 ha, s'édifie, en extension du centre-ville de Lille, et grâce à la société d'économie mixte Euralille, un nouveau quartier, sous la direction de l'urbaniste néerlandais Rem Koolhaas. Depuis mai 1993, la gare de Lille rebaptisée **Lille-Flandres** accueille la majorité des TGV en provenance de Paris. Reliée par un viaduc porté par quatre arches, la nouvelle gare « **Lille-Europe** », immense façade de verre, a été construite dans le cadre de la liaison Paris-Londres et Londres-Bruxelles par le tunnel sous la Manche ainsi que pour les TGV reliant Lille à Lyon, Bordeaux, Nice, Montpellier... Deux tours enjambent la nouvelle gare : la **tour Lilleurope WTC** de l'architecte Claude Vasconi et la **tour du Crédit Lyonnais★**, en forme de L, à pan coupé, conçue par Christian de Portzampac.

Le Centre Euralille, dû à Jean Nouvel, abrite dans ses allées spacieuses et sur deux niveaux, plus de 130 boutiques, un hypermarché, des restaurants, et un pôle d'animation culturelle, l'Espace croisé. Il comprend également une salle de spectacles, des logements, des résidences et une école supérieure de Commerce.
Au Sud, **Lille Grand-Palais**, en forme d'ellipse, accueille les principales manifestations de la métropole : congrès, salons et grands spectacles.
Euralille inclut aussi le parc Henri Matisse, de 8 ha, et quelques développements plus au Nord, aux portes du Romarin, sur le territoire de La Madeleine.

Nouveau quartier Euralille.

Jardin des Plantes ⓥ – *Du bd J.-B.-Lebas* (**FZ**), *prendre la rue de Douai, la rue Armand-Carrel et tourner à droite après le bd des Défenseurs-de-Lille.*
Au milieu de 12 ha de pelouses, d'arbres et de fleurs rares se dresse la serre tropicale, structure moderne de béton et de verre abritant la flore tropicale et équatoriale.

ENVIRONS

★ **Château du Vert-Bois** ⓥ – *11 km au Nord sur la commune de Bondues, sortir par la N 17* (**FX**), *prendre la D 952 à droite, puis suivre un chemin à droite qui mène au château.*
Cette charmante demeure du 18ᵉ s., entourée de douves en eau, abrite de belles collections de céramiques (plats persans, hispano-mauresques, Delft du 18ᵉ s.), des tableaux impressionnistes et contemporains (Renoir, Bonnard, Picasso, Dufy, Gromaire, Rouault, Chagall) et une très belle collection de minéraux rares rassemblés par Anne et Albert Prouvost au cours de leurs voyages.

Fondation Prouvost – Septentrion ⓥ – Dans une ancienne ferme située sur la commune de **Marcq-en-Barœul**, non loin du château du Vert-Bois sont organisées des expositions temporaires de peintures, céramiques, objets évoquant certaines civilisations.

Château du Vert-Bois.

L'ensemble de Septentrion comprend aussi une galerie d'art contemporain, un restaurant, une brocante, un village artisanal, des boutiques vendant des minéraux...

Comines - *20 km par la N 17* (FX), *la D 108 à gauche et la D 945 à droite.* Cette ville, belge sur la rive gauche de la Lys, française sur la rive droite, possédait un château où Philippe de Commynes passa son enfance. Chaque année la **fête des Louches** *(voir le chapitre des Manifestations touristiques en fin de guide)* rappelle par son jet de louches enrubannées, du haut de l'hôtel de ville, le geste légendaire d'un seigneur du lieu emprisonné qui s'était fait connaître en jetant ses cuillers par la fenêtre. Les géants cominois sont costumés en rubaniers.

LE MÉLANTOIS *Circuit de 16 km - environ 1 h*

Le Mélantois est un « pays » constitué par une bande de terrain crayeux et dégagé couvert de limon, s'allongeant au Sud de Lille.

Sortir de Lille par le Bd du Prest. Hoover (FZ), *la D 941 qui traverse Villeneuve-d'Ascq et, à la sortie d'Ascq, tourner à droite dans la D 955.*

Sainghin-en-Mélantois - Ce bourg campagnard possède de vieilles maisons flamandes chaulées à toit de tuiles et une vaste église gothique des 15e-16e s. reconstruite après l'incendie qui la dévasta en 1971.

Bouvines - Ce nom est resté célèbre dans l'Histoire de France en raison de la bataille qui s'y déroula *(voir p. 156)*. Les vitraux de l'église relatent les épisodes de cette bataille.

Cysoing - Aux lisières Sud de la petite ville s'élevait, sous l'Ancien Régime, une abbaye d'augustins où logea Louis XV en mai 1744, un an avant la bataille de **Fontenoy**. En souvenir du séjour royal et de la victoire qui suivit, les chanoines élevèrent près de leur abbaye un **obélisque** *(accès par chemin signalé « pyramide de Fontenoy »)*. Érigé sur un piédestal rocaille, il se termine par une fleur de lys, à 17 m de hauteur.

Templeuve - Construit au 17e s., **le moulin de Vertain** ⊘, restauré, est l'unique survivant d'une conception architecturale originale. En effet il présente deux planchers pivotant avec l'ensemble de sa construction, ce qui permettait à un homme seul de pouvoir l'orienter.

De Templeuve, rejoindre Lille par la D 145 puis l'autoroute A1.

LE PÉVÈLE *Circuit de 60 km - environ 1 h 1/2*

Quitter Lille par l'autoroute A 1 dont on sort pour aller vers Seclin. A l'entrée de la ville, prendre à gauche la D 8 en direction d'Attiches.

Forêt de Phalempin - Forêt domaniale de 678 ha, avec jeune futaie de chênes et de bouleaux ; certaines zones sont aménagées pour le tourisme.

Poursuivre la D 8 jusqu'à la D 954 que l'on prend à gauche.

La route pénètre en **Pévèle**, petite région de sables et d'argiles, très humide, formant un léger bombement au sein de la plaine flamande. Les agriculteurs s'y spécialisent dans la chicorée, les cultures expérimentales et les semences.

Mons-en-Pévèle - Sur sa butte (alt. 107 m), Mons est le point culminant du Pévèle. Philippe le Bel y vainquit, en 1304, les « communiers » (artisans) flamands.

Continuer la D 954 jusqu'à Auchy où l'on reviendra vers l'autoroute A 1 par la D 549.

Vue sur le Pévèle et, au-delà, sur la plaine de Flandre.

LILLERS

9 666 habitants
Cartes Michelin nos 51 pli 14 ou 236 pli 14.

Aux confins de l'Artois, Lillers, qui conserve quelques rues anciennes, est connue pour sa collégiale romane et son importante sucrerie-distillerie. Elle possédait jadis nombre de puits artésiens (puits d'Artois).
Le **maréchal Pétain** (1856-1951) est né à Cauchy-à-la-Tour (8 km au Sud de Lillers).

Le centre de la ville est la place Roger-Salengro à l'extrémité de laquelle s'élève une chapelle du 18e s.

A gauche de la chapelle, la rue de l'Église conduit à la collégiale.

Collégiale St-Omer ⊘ - C'est le seul édifice roman (12e s.) de la Flandre et de l'Artois complet dans son gros œuvre.
La façade, effondrée en 1971, a été restaurée ainsi que le pignon tronqué du transept sur lequel la toiture a été raccordée.

L'intérieur est disposé sur un plan d'une certaine ampleur comprenant notamment le déambulatoire habituel aux églises de pèlerinage. La nef surtout attire l'attention avec ses trois étages, ses grandes arcades brisées à double rouleau suivant la formule cistercienne, son triforium et ses fenêtres hautes en plein cintre sous un plafond de bois (refait).

Dans le déambulatoire, voir les chapiteaux romans découpés en feuilles d'eau. La chapelle absidale abrite le « **Christ** » du Saint Sang du Miracle » (12e s.) ; à sa cuisse droite, un trou obturé marque l'endroit où un iconoclaste porta le coup qui fit couler un sang vermeil. Devant ce Christ, les comtes de Flandre faisaient brûler une lampe votive.

ENVIRONS

Amettes - *7 km au Sud-Ouest par la D 69.*
Ce bourg à habitat dispersé au sein d'un vallon est le siège d'un pèlerinage à **saint Benoît Labre** (1748-1783) qui visita les grands sanctuaires de pèlerinage en Europe et mourut à Rome, dans le dénuement. On peut voir la maison natale du saint et ses reliques dans l'église (16e s.).

Bours - *15 km au Sud par la D 916. Après Pernes, tourner à gauche vers Bours.*
Solitaire au milieu d'un champ, le **donjon** ⊙ de Bours dresse sa robuste silhouette flanquée de six tourelles en encorbellement. Les seigneurs de Bours le firent édifier à la fin du 14e s. sur les ruines d'une forteresse. A l'intérieur quelques sculptures grossières représentent des têtes humaines.

Circuit de 15 km - *Prendre la D 188 au Nord qui passe successivement sous la déviation de la N 43 et sous la voie ferrée.*

Ham-en-Artois - Une allée de tilleuls conduit à l'**ancienne abbaye St-Sauveur** dont il subsiste un pavillon d'entrée du début du 16e s. et l'abbatiale. Celle-ci, bien mise en valeur, présente une nef romane beaucoup plus courte que le chœur du 17e s. réservé aux bénédictins et elle renferme d'intéressantes œuvres d'art : au revers de la façade, Christ entre la Vierge et saint Jean (16e s.) ; dans la chapelle du bas-côté droit, devant d'autel avec les effigies des Prophètes ; dans le chœur, retable circulaire du 17e s., associé à un baldaquin, le tout peint et doré, avec, dans les niches, les statues du Christ ressuscité et des Évangélistes ; dans la sacristie, statues polychromes.

Par la D 91, Berguette et la D 186, on gagne Guarbecque.

Guarbecque - L'église est surmontée par un remarquable clocher du 12e s., robuste et d'un dessin original : flèche à pans cantonnée de clochetons, baies géminées sous des arcs de décharge ornés de billettes, pointes de diamants, chevrons.

Revenir par la D 187 jusqu'à Busnes puis la D 916.

LONGPONT★

298 habitants (les Longipontins)
Cartes Michelin n⁰ˢ 56 Sud-Ouest du pli 4 ou 237 pli 8.

Ce village, situé à la lisière de la forêt de Retz, est dominé par les ruines de l'église et quelques bâtiments d'une abbaye cistercienne fondée par saint Bernard au 12e s.

De la primitive enceinte subsiste, défendant l'ancienne rue principale, une pittoresque **porte fortifiée** du 14e s., à quatre tourelles en éteignoir.

★ **Abbaye** ⊙ - L'important ensemble formé par l'abbatiale en ruine et les bâtiments remaniés au 18e s. est mis en valeur par des jardins intérieurs ouvrant sur le parc. Une maquette présentée lors de la visite évoque l'ampleur de l'abbaye au 14e s.

Ruines de l'église abbatiale - D'un gothique très pur, l'église avait été consacrée en 1227 en présence du jeune Louis IX et de Blanche de Castile. A la Révolution, les biens de l'abbaye furent vendus comme biens nationaux. Les acquéreurs de l'église la démolirent progressivement, pour en vendre les pierres, jusqu'en 1831, date à laquelle elle fut rachetée par la famille de Montesquiou actuellement propriétaire.

La façade principale subsiste, mais le remplage de la grande rose a disparu. A l'intérieur les vestiges des murs et des piliers s'élèvent parmi la végétation et donnent une idée précise de l'ampleur de cette abbatiale qui mesurait 105 m de longueur et 28 m de hauteur sous voûte (N.-D. de Paris 130 m et 35 m).

Bâtiments abbatiaux - Du grand cloître demeure la galerie Sud refaite au 17e s. qui donne accès au **chauffoir des moines** (13e s.), unique en son genre, conservé intact avec sa cheminée centrale à hotte. Le bâtiment Ouest a été transformé

Porte fortifiée.

au 18e s. par les abbés commendataires qui firent ouvrir dans les façades de hautes fenêtres et les ornèrent de grands balcons en fer forgé, leur conférant une élégance toute classique. A l'intérieur se visitent le vaste vestibule dont l'escalier s'orne d'une belle rampe de fer forgé du 18e s. et le cellier des moines (13e s.), aux voûtes gothiques, aujourd'hui transformé en salles d'accueil et de réception.

Église paroissiale – *Entrée sur la place.* Elle occupe quatre travées de l'ancien cellier. Deux reliquaires du 13e s. y sont conservés : celui de Jean de Mont-mirail, conseiller de Philippe Auguste, et celui du chef de saint Denys l'Aréo-pagite.

LUCHEUX

607 habitants
Cartes Michelin nos 52 Nord-Est du pli 8 ou 236 pli 24.

Cette localité est agréablement située dans un vallon boisé. Au Moyen Âge, les puissants comtes de St-Pol y séjournaient volontiers et Jeanne d'Arc, prisonnière des Anglais, y passa quelques jours avant d'être transférée à St-Valery puis à Rouen.

Château ⊙ – Sur la colline formant éperon, à l'orée de la forêt de Lucheux, les restes (12e au 16e s.) de cette forteresse dominent le bourg au Nord. On y accède par la porte du Bourg qu'encadrent deux tours rondes coiffées de poivrières : le capitaine du château y siégea au 15e s. et, deux siècles plus tard, le bailli. Au-delà de l'entrée, la façade (début 16e s.) du corps de logis, à gauche, serait due à un Bullant, frère aîné de l'architecte d'Écouen et des Tuileries.
Dans la partie élevée de l'enceinte, à droite, subsistent des vestiges du 13e s. La grande salle où le seigneur rendait la justice est célèbre par ses élégantes baies géminées s'ouvrant sous des arcatures en tiers-point et sa curieuse console à trois têtes. La chapelle voisine fait corps avec l'enceinte par son chevet. Sur sa motte, le donjon roman, de plan carré, est muni de tourelles d'angle cylindriques du 13e s. D'autres restes de l'enceinte sont visibles en suivant les fossés dont, à l'Est, la tour du Pavillon.

Église ⊙ – Elle remonte au 12e s. La croisée du transept et le chœur sont intéressants par leurs chapiteaux romans historiés ; ceux du chœur évoquent les péchés capitaux : l'avarice symbolisée par un Judas, la bourse au cou ; la colère par un Goliath à qui deux hommes tirent les moustaches ; la paresse par deux personnages accroupis.
Le chœur a conservé ses voûtes d'ogives primitives qui comptent parmi les plus anciennes du Nord de la France ; elles sont décorées de motifs décoratifs sculptés.

Beffroi – Ancienne porte de ville datant des 12e et 14e s.

MAILLY-MAILLET

639 habitants
Cartes Michelin nᵒˢ 52 pli 9 ou 236 pli 25 (12 km au Nord d'Albert).

Gros bourg campagnard, Mailly fut, sous l'Ancien Régime, une seigneurie puissante.

Église St-Pierre – Elle a été construite au début du 16ᵉ s. sous le patronage d'Isabeau d'Ailly, épouse de Jean III de Mailly, et a subi maints remaniements. Le **portail**★ constitue une belle page de sculpture flamboyante, commencée en 1509 et comportant des détails familiers dans l'esprit des décorateurs amiénois du temps. Son trumeau porte un émouvant Christ de pitié, dit Dieu piteux. De part et d'autre du gâble en accolade, un grand registre sculpté évoque divers sujets bibliques : Adam et Ève chassés du paradis, Adam bêchant et Ève filant, le meurtre d'Abel (la scène se passe au bord de la mer peuplée de sirènes, de dieux marins et d'un dauphin couronné faisant peut-être allusion à l'avènement de François Iᵉʳ).

A gauche, Isabeau d'Ailly s'est fait représenter avec sa patronne, sainte Élisabeth, sous une tente dont deux angelots retroussent les courtines.

MARCHIENNES

4 164 habitants
Cartes Michelin nᵒˢ 51 pli 16 ou 236 pli 17.

Marchiennes doit son origine à un monastère fondé au 7ᵉ s. par sainte Rictrude, devenu par la suite une riche abbaye de bénédictins.

Abbaye – Il en subsiste l'entrée monumentale du 18ᵉ s., formant un pavillon curviligne qu'occupent la mairie et un **musée** ⊘ abritant des vestiges archéologiques et une maquette de la ville en 1790.

Près de là, une plaque marque l'emplacement de la maison des frères Corbineau, qui furent trois généraux d'Empire.

FORÊT DE MARCHIENNES *2 km au Nord*

Cette forêt domaniale s'étend sur 801 ha avec un peuplement de jeunes futaies de chênes, bouleaux, aulnes, sorbiers, peupliers, où se mêlent quelques résineux. Quatre routes de promenade se croisent près de la Croix au Pile.

EXCURSION

Circuit de 14 km – *1 h environ. Vers le Sud-Ouest prendre la D 47, 1 km avant Pecquencourt tourner à droite.*

Ancienne abbaye d'Anchin – Deux petits pavillons du 18ᵉ s., en pierre, indiquent l'entrée de l'abbaye bénédictine d'Anchin, un des plus anciens établissements religieux du Nord, détruit sous la Révolution. Au bord de la Scarpe se dressent les cinq tours de son abbatiale qui recélait des richesses considérables, dont le célèbre « polyptyque d'Anchin », aujourd'hui au musée de l'ancienne chartreuse à Douai *(p. 125)*.

Pecquencourt – L'église ⊘ a recueilli quelques souvenirs d'Anchin, dont un remarquable autel et un banc de communion en fer forgé du 18ᵉ s. et plusieurs tableaux ; le plus intéressant de ceux-ci, au centre du bas-côté droit, a pour sujet la Résurrection de Lazare (17ᵉ s.), avec personnages en gros plan et lumière contrastée dans la manière des peintres hollandais inspirés par le Caravage.

Reprendre la D 47 vers Marchiennes puis tourner à gauche dans la D 25 qui traverse Vred.

A Pont-Mouy se rencontrent plusieurs « courants aquatiques ». La D 35 qui ramène à Marchiennes forme digue au-dessus d'anciens marais.

Quelques termes régionaux

affûtiau : *bagatelle, objet sans valeur*
asteure : *maintenant, aujourd'hui*
berdouilleux : *maladroit*
briquet (en particulier du mineur) : *double tartine, casse-croûte*
brin de judas : *tâche de rousseur*
carabistouille : *baliverne*
chicon : *endive*
fieu : *garçon, fils*
dracher : *pleuvoir à verse*

glaine : *poule*
loque à reloqueter ou wassingue : *serpillière*
mucher : *cacher*
pain perdu ou pain crotté : *pain trempé dans du lait et de l'œuf battu que l'on fait dorer à la poêle*
pluquer : *manger du bout des dents*
rassarcir ses cauchettes : *repriser ses chaussettes*
ziquette : *très petite quantité*

MARLE

2 669 habitants
Cartes Michelin n⁰ˢ 53 pli 15 ou 236 pli 38.

Sur son piton crayeux dominant la jonction des vallées de la Serre et du Vilpion, Marle, marché agricole, est une tranquille ville ancienne, jadis ceinte de remparts. On appréciera ses vieilles demeures que des plaques signalent à l'attention.

Église Ⓥ – Construite aux 12ᵉ et 13ᵉ s., elle est d'un beau style gothique homogène. Les parties les plus remarquables sont le portail à voussures du croisillon Sud, la Vierge à l'Enfant au trumeau de la façade Ouest et, à l'intérieur, le chœur aux hautes voûtes d'ogives qu'éclairent des baies lancéolées.
Outre le gisant (15ᵉ s.) d'Enguerrand de Bournonville (premier enfeu du bas-côté gauche), l'église abrite une collection de peintures des 17ᵉ-18ᵉ s. : citons une Nativité de la Vierge (revers de la façade), une Adoration des Bergers (bras droit du transept), une Assomption aux armes de France (bras gauche).
Dans le chœur, stalles et boiseries du 18ᵉ s.

Terrasse – De l'église, on peut accéder, par une petite rue bordée de vieilles maisons (ancien presbytère du 18ᵉ s.), à la cour du château formant terrasse au-dessus de la vallée de la Serre.

Relais de poste – Au n⁰ 26 du faubourg St-Nicolas, qui descend vers le pont sur la Serre, subsiste un relais (1753), en briques et pierres, décoré de bas-reliefs sculptés (chevaux, carrosses).
Un peu plus bas, à gauche (n⁰ 53), autre maison de poste datant de l'Empire.

Domaine du MARQUENTERRE★★

Cartes Michelin n⁰ˢ 51 pli 11 et 52 pli 6 ou 236 pli 11.

Plaine alluviale gagnée sur la mer, le Marquenterre (mer qui entre en terre) s'étend entre les estuaires de l'Authie et de la Somme. D'origine récente – Rue était un port de mer au Moyen Âge – ces étendues sont composées de dunes de sables fixées par la végétation, de marécages d'eau saumâtre, de prés salés...
Cette région du Marquenterre et plus précisément de la baie de Somme, où de vastes étendues de sable sont découvertes deux fois par jour à marée basse, a toujours été une étape importante pour les oiseaux migrateurs ainsi qu'un lieu d'hivernage pour un grand nombre d'entre eux. C'était un vrai paradis pour les chasseurs qui de leurs huttes pouvaient tirer sur des centaines de canards, oies, bécasseaux de toutes sortes... si bien que l'on vit disparaître nombre d'espèces.
Devant cette situation, en 1968, l'Office de la Chasse créa une réserve sur le domaine maritime assurant la protection des oiseaux sur 5 km de côtes.
Les propriétaires du domaine du Marquenterre, mitoyen de la réserve, décidèrent alors d'aménager un parc ornithologique afin de permettre au grand public d'observer ce remarquable échantillonnage de l'avifaune dans son cadre naturel.

★★ **Parc ornithologique** Ⓥ – *Il est conseillé de visiter le parc à marée montante quand les oiseaux quittent les étendues de la baie de la Somme, ou pendant les périodes de migration au printemps et en automne.*
Situé au bord de la réserve de la baie de Somme, le parc du Marquenterre fut créé en 1973 sur une superficie de 250 ha. Il est la propriété du Conservatoire du Littoral. Plus de 300 espèces d'oiseaux y ont été identifiées parmi lesquelles de nombreux canards comme le tadorne de Belon à bec rouge, des oies, des sternes, des échassiers comme l'avocette au fin bec recourbé, des mouettes, des hérons cendrés, des multitudes de bécasseaux, des spatules...
Pour découvrir le parc, deux circuits pédestres fléchés sont proposés :
– Le parcours d'initiation, aménagé au pied de l'ancienne dune côtière, permet de voir de près les oiseaux qui vivent en permanence là : les canards, les mouettes, les oies, les hérons. Ces oiseaux sécurisent et attirent par leurs cris leurs congénères sauvages.
– Le parcours d'observation *(compter 2 h 1/2, jumelles conseillées)* entraîne le visiteur sur un chemin creusé dans les dunes qui mène aux différents postes de guet d'où l'on peut observer l'évolution de multitudes d'espèces dans leur milieu naturel ainsi qu'une héronnière et une grande volière.
Une boucle supplémentaire de 1,5 km, comprenant quatre nouveaux affûts, montre un nouvel aspect du site.

Domaine du Marquenterre - Une avocette.

MAUBEUGE

Agglomération 102 772 habitants
Cartes Michelin nᵒˢ 53 pli 6 ou 236 pli 19.

Au cœur d'une puissante agglomération industrielle, Maubeuge se développa autour d'un monastère de femmes, fondé au 7ᵉ s., et eut à souffrir maintes fois des invasions malgré les fortifications à la Vauban qui la ceignaient.

En mai 1940, la ville fut dévastée sous un déluge de bombes incendiaires.

Aujourd'hui, la cité des peintres **Jean Gossart**, dit **Mabuse** (1478-1533), et Nicolas Regnier, dit Niccolo Renieri (vers 1590-1667), revit, moderne et blanche sous son clair de lune célébré par le chansonnier.

Ses célèbres manufactures d'armes furent remplacées par l'industrie du fer (fonderies, aciéries, constructions mécaniques) qui aujourd'hui subit de plein fouet la crise de la sidérurgie. Elles sont groupées dans un bassin industriel qui va d'Aulnoye, Hautmont jusqu'à Jeumont.

A Pâques se déroule à Maubeuge le cortège folklorique Jean Mabuse *(voir le chapitre des Manifestations touristiques en fin de guide).*

CURIOSITÉS

Parc zoologique (A) ⊙ – Aménagé dans le cadre verdoyant et fleuri des glacis dominant les fossés de l'enceinte fortifiée, il compte environ 1 300 animaux parmi lesquels des daims, lamas, otaries, hippopotames, singes, kangourous, lions, girafes et 700 oiseaux. La **ferme du zoo** accueille petits et grands parmi les animaux domestiques en liberté. Jeux pour enfants, aires de pique-nique.

Porte de Mons (B) – Maubeuge a conservé partiellement son enceinte à la Vauban, complétée naguère par un arsenal et un système de redoutes extérieur ; la place pouvait accueillir 40 000 hommes. La porte de Mons (1685), élément architectural principal, forme, du côté de la ville, pavillon à fronton et comble mansardé ; elle a gardé son corps de garde, ses épaisses portes de bois et le treuil de son pont-levis.

MAUBEUGE

Albert-1ᵉʳ (R.)	B 2	Vauban (Pl.)	B 29	Pasteur (Bd)	A 24	
France (Av. de)	B	145ᵉ-Régt-d'Inf. (R. du)	B 31	Porte-de-Bavay (Av.)	A 25	
Gare (Av. de la)	A			Provinces-Françaises		
Mabuse (Av.)	B 12	Concorde (Pl. de la)	B 4	(Av.)	B 26	
Mail de la Sambre	AB 14	Coutelle (R.)	A 5			
Paillot (R.G.)	B 21	Intendance (R. de l')	B 10			
Roosevelt (Av. Franklin)	AB 28	Mabuse (Pl.)	B 13	**E** Chapitre des		
		Musée (R. du)	B 18	Chanoinesses		
		Nations (Pl. des)	B 19			

A l'intérieur, le **musée Henri-Boëz** ⊘ présente d'intéressantes collections d'histoire locale, de peintures et de sculptures.

Au-delà, on peut franchir le fossé par un pont courbe, pénétrer dans la demi-lune, elle aussi pourvue d'une porte avec loges de sentinelles, et, après avoir passé de nouveau le fossé, déboucher sur le glacis d'où l'on découvre le front Nord des remparts.

Église St-Pierre-St-Paul (B) ⊘ – Reconstruite après la dernière guerre sur les plans d'André Lurçat, elle est dominée par un clocher de dalles de verre abritant un **carillon** de 28 cloches ; son porche est orné d'une mosaïque d'après Jean Lurçat. Dans le Trésor, on admirera une crosse abbatiale du 13e s. par Hugo d'Oignies, le reliquaire du voile de sainte Aldegonde (fin 15e s.) et la « chasuble aux perroquets », tissu oriental du 7e s.

Chapitre des Chanoinesses (B E) – En contrebas de la place Verte apparaissent les bâtiments de briques et pierres (fin 17e s.) des Dames de Maubeuge, chanoinesses séculières qui succédèrent aux moniales de sainte Aldegonde.

Ancien collège des Jésuites (AB) – Édifié au 17e s., sur les plans du Frère du Blocq *(voir p. 204)*, il compose un ensemble baroque homogène.

MONTCORNET

1 755 habitants
Cartes Michelin nos 53 Sud du pli 16 ou 236 pli 39.

Au confluent de la Serre et du Hurtaut, Montcornet, petite ville-marché de la Thiérache méridionale, fut, le 17 mai 1940, le théâtre de la contre-attaque victorieuse menée par la 4e Division cuirassée, placée sous les ordres du colonel de Gaulle qui trouva là l'occasion d'appliquer ses théories militaires.

Église St-Martin – Imposant édifice gothique du 13e s., avec un chœur à chevet plat presque aussi long que la nef. L'église a été pourvue au 16e s. d'un porche Renaissance et d'éléments fortifiés (huit tours ou échauguettes munies de meurtrières).

Chaourse – *2 km au Nord-Ouest par la D 966 et la D 58 à gauche.*
Église du 13e s. (nef et tour) fortifiée au 16e ; vue sur la vallée de la Serre.

MONT DES CATS

Cartes Michelin nos 51 Sud-Est du pli 4 ou 236 pli 5.

Le mont des Cats ou Catsberg (alt. 158 m), chaînon des monts de Flandre *(p. 15)*, se dresse au sein d'un agréable paysage ondulé où champs de houblon, peupliers, toits rouges forment la « campagne humanisée » que définissait le géographe Brunhes.

Connu des gastronomes par ses fromages d'une fine saveur, apparentés au Port-Salut, le mont des Cats est couronné par les bâtiments néo-gothiques d'une **abbaye** de trappistes fondée en 1826 et restaurée.
Belles échappées sur le pays alentour.

Église paroissiale St-Bernard – Dans l'église, à droite de l'entrée du monastère, vitraux intéressants de Michel Gigon (1965) : « Feu et ténèbres, Mort et résurrection. »

Moulin de Boeschepe ⊘ – Au pied du mont des Cats, le village de **Boeschepe** possède un moulin restauré à côté d'un charmant estaminet.

MONTDIDIER

6 262 habitants (les Montdidériens)
Cartes Michelin nos 52 pli 19 ou 236 pli 35.

Montdidier, qui s'étage du Sud au Nord sur une roche crayeuse à l'extrémité du plateau de Santerre, apparaît, quand on arrive du Sud, comme une avant-garde du Nord.

Par sa situation dans une région disputée, Montdidier connut une histoire troublée. A sa libération, en août 1918, il ne restait que des ruines. Ville neuve, elle possède, derrière l'ancien palais de justice, une promenade. A son extrémité est érigée une table d'orientation d'où la vue s'étend sur la ville, ses clochers et son beffroi.

MONTREUIL★

2 450 habitants
Cartes Michelin nᵒˢ 51 pli 12 ou 236 pli 12.

Montreuil, qui fut « sur mer », occupe un **site★** attachant sur le bord du plateau qui domine le val de Canche. Cette tranquille sous-préfecture au charme un peu nostalgique conserve ses vieilles rues bordées de maisons des 17ᵉ et 18ᵉ s., sa citadelle et ses remparts ombragés commandant de vastes horizons.

Deux établissements sont à l'origine de Montreuil : le monastère, d'où la ville tire son nom, fondé au 7ᵉ s. par saint Saulve, évêque d'Amiens, et la forteresse édifiée vers l'an 900 par Helgaud, comte de Ponthieu. Mais, dès le 11ᵉ s., Montreuil passe dans le domaine royal et, au Moyen Âge, elle compte près de 40 000 habitants.

En 1537, les troupes de Charles Quint prennent d'assaut la cité qu'elles détruisent presque entièrement. Mais les remparts seront rétablis par les ingénieurs de François Iᵉʳ, de Henri IV et de Louis XIII ; et Montreuil comptera jusqu'à 8 églises.

En 1804, à l'époque du camp de Boulogne *(p. 81)*, Napoléon séjourne à Montreuil qui, en 1916, recevra le quartier général de Douglas Haig, commandant des armées britanniques.

La proximité de la côte et plus particulièrement du Touquet amène de nombreux touristes l'été.

Une « tempête sous un crâne » – Le site et l'agrément de Montreuil séduisirent maints écrivains parmi lesquels l'Anglais Sterne, spirituel auteur du « Voyage sentimental », et surtout **Victor Hugo**. Celui-ci avait visité Montreuil en 1837 et prit la cité pour cadre d'un épisode capital des *Misérables*. Ce roman raconte en effet que l'ancien forçat Jean Valjean, réhabilité par toute une vie de générosité et de sacrifices, était devenu maire de Montreuil lorsqu'il apparut qu'un innocent allait être jugé à sa place : Valjean subit alors une terrible crise de conscience immortalisée par Hugo sous le titre « Tempête sous un crâne ».

CITADELLE ET REMPARTS *visite : 1 h*

★ **Citadelle** ⊙ – La citadelle de Montreuil a été construite dans la 2ᵉ moitié du 16ᵉ s. et entièrement remaniée au 17ᵉ s. par Errard *(p. 25)*, puis par Vauban. Cependant, elle renferme des éléments de l'ancien château (11ᵉ et 13ᵉ s.).

Côté ville, une demi-lune, due à Vauban, protège l'entrée. Celle-ci franchie, on visite :
– les deux tours rondes du 13ᵉ s. flanquant l'entrée du château royal ;
– la tour de la reine Berthe (14ᵉ s.), qui servit de porte de ville jusqu'en 1594. Elle est incluse dans un bastion du 16ᵉ s. et abrite les blasons des seigneurs tués à Azincourt en 1415. Son nom évoque la reine Berthe, répudiée par Philippe Iᵉʳ désireux d'épouser la capiteuse Bertrade de Montfort, et enfermée au château de Montreuil où elle souffrit un tel dénuement que les Montreuilloises organisèrent des quêtes à son profit en chantant une complainte : Donnez, donnez à votre reine... ;

MONTREUIL

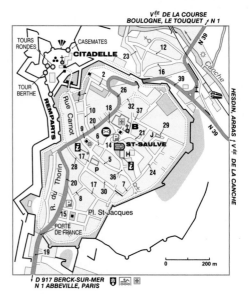

B Chapelle de l'Hôtel-Dieu

– le chemin de ronde d'où se découvrent les **vues**★★ séduisantes sur la vallée de la Canche : à droite, on distingue l'ancienne chartreuse Notre-Dame-des-Prés et le débouché de la vallée de la Course, à gauche les fonds humides de la Canche, l'estuaire et le Touquet signalé par son phare.
– les casemates édifiées en 1840 et la chapelle du 18e s.

★ **Remparts** – L'enceinte bastionnée, à appareil de briques roses et pierres blanches, date dans sa majeure partie des 16e-17e s. ; cependant, sur le front Ouest, des éléments de la muraille du 13e s. ont survécu.

En sortant de la citadelle, traverser le pont qui enjambe le fossé et prendre à droite le petit chemin qui longe les remparts. Le parcourir 300 m environ, en direction de la porte de France.

Du chemin de ronde se découvre une belle perspective sur la courtine avec son enfilade de tours du 13e s. incorporées dans l'enceinte du 16e s. tandis que s'offrent des vues d'un côté sur les toits de Montreuil, de l'autre sur la vallée de la Canche et le plateau du « pays de Montreuil ». Si l'on dispose de temps supplémentaire, on effectuera le tour complet des remparts *(1 h environ)* par un sentier ombragé offrant de belles vues plongeantes sur la campagne environnante.

AUTRES CURIOSITÉS

Chapelle de l'Hôtel-Dieu (B) ⊘ – Réédifiée en 1874 par un disciple de Viollet-le-Duc, elle a conservé un portail de style flamboyant (15e s.). Elle est ornée intérieurement d'un riche **mobilier**★ du 17e s. comprenant un ensemble de boiseries très homogènes (panneaux sculptés, chaire, confessionnal) et un très curieux autel baroque revêtu de dorures et de miroiteries.

★ **Église St-Saulve** – Ancienne abbatiale bénédictine remontant au 11e s. – la face Nord-Est du clocher-porche date de cette époque –, elle fut remaniée au 13e puis au 16e s. à la suite d'un incendie qui avait provoqué l'effondrement des voûtes. Celles-ci furent refaites plus basses d'où l'obscurité qui règne dans cette église. A l'intérieur, il faut voir les frises des chapiteaux du côté droit de la nef et deux grandes toiles du 18e s. : au maître-autel, la Vision de saint Dominique, par Jouvenet ; à gauche, dans la chapelle Notre-Dame (ancienne chapelle des arbalétriers), la Prise de voile de sainte Austreberthe, par Restout. Remarquer, au niveau du triforium, les remplages flamboyants dont il ne reste que les amorces.

Rue du Clape-en-Bas – Cette charmante petite rue pavée *(illustration p. 15)* est bordée de maisons basses chaulées aux toits de tuiles moussues, typiques de la vallée de la Canche, où sont installés, en saison, des artisans (tisserands, potiers...).

VALLÉE DE LA COURSE *27 km – environ 1 h*

Quitter Montreuil par la D 126 à droite et presque aussitôt la D 150 à gauche en direction d'Estrées. La D 150 suit la vallée marécageuse de la Course puis remonte un vallon avant d'arriver à Montcavrel.

Montcavrel – L'église ⊘ du village est de style flamboyant. Elle présente une silhouette élancée, bien que sans nef. A l'intérieur, parmi les chapiteaux du début du 16e s., trois sont à frises historiées : le plus intéressant, à gauche, conte, de façon naïve, la Vie de la Vierge.

Prendre la D 149 jusqu'à Recques-sur-Course puis la D 127 vers le Nord.

Cette route longe la vallée de la Course, sinueuse et pittoresque, que jalonnent de grasses prairies d'élevage, de vertes cressonnières et des établissements de pisciculture (truites).
Elle traverse de charmants villages tels **Inxent**, **Doudeauville** (manoir de 1613).

Desvres – *Voir à ce nom.*

Vous avez apprécié votre séjour dans la région. Retrouvez le charme de celle-ci, son atmosphère, ses couleurs, en feuilletant l'album « France », ouvrage abondamment illustré, édité par les Services de Tourisme Michelin.

MORIENVAL★

1 040 habitants
Cartes Michelin n°s 56 pli 3 ou 106 pli 11 (cartouche) ou 237 pli 7.

L'église, bel édifice roman mis en valeur par le cadre de verdure que forment le parc de son ancienne abbaye et le vallon environnant, doit être vue du Nord-Est.

En direction de Fossemont, beau point de vue de l'église et son chevet. L'ensemble n'a pas changé depuis le 12e s., sauf la restitution de la partie haute du chœur : les étroites baies actuelles datent de la dernière restauration (1878-1912).

★ **Église Notre-Dame** – Elle dépendait d'une abbaye de femmes fondée, selon la tradition, par Dagobert au 7e s., pourvue richement par Charles le Chauve au 9e s., détruite par les Normands en 885. A partir du 11e s. commence la reconstruction de l'église et du monastère. L'abbesse Anne II Foucault opéra au 17e s. de nombreux remaniements, marqués de son chiffre (clefs de voûte de la nef).

H. Veiller/EXPLORER

Extérieur – Sa silhouette est caractéristique avec la tour Nord légèrement plus courte et menue que celle du Sud.

La base du clocher-porche est sans doute la partie la plus ancienne (11e s.), avec le transept, la travée droite du chœur et les deux tours Est. Il faut se représenter le clocher-porche non point empâté dans le prolongement des bas-côtés, disposition datant du 17e s. seulement, mais se détachant en avancée sur une façade romane. Au chevet, remarquer le déambulatoire plaqué contre l'hémicycle du chœur au début du 12e s. pour en assurer la stabilité, menacée alors par les infiltrations.

Intérieur – Le déambulatoire, très étroit, artifice purement architectural, constitue la partie la plus originale de la construction. Ses arcs, montés vers 1125, comptent parmi les plus anciens de France. Les ogives ont été ici, pour la première fois, employées pour couvrir la partie tournante d'un édifice. Cependant, elles sont solidaires des quartiers de voûtes qu'elles supportent. On assiste ici à la transition voûtes d'arêtes, voûtes sur croisée d'ogives.

La nef et le transept, voûtés d'ogives au 17e s., ont perdu par contre de leur antiquité. Les chapiteaux du 11e s. de la nef (**a, b, c, d**) : spirales, étoiles, masques, animaux affrontés, y sont les seuls témoins sûrs de l'église romane. Dans le bas côté gauche, série de dalles funéraires, parmi lesquelles celle (**1**) de la grande abbesse Anne II Foucault (1596-1635). Sur le mur du bas-côté opposé, des gravures du 19e s. montrent l'état de l'abbatiale avant la dernière restauration.

Les statues les plus remarquables sont : la statue (**2**) de Notre-Dame de Morienval (17e s.), un groupe (**3**) de la Crucifixion (16e s.) provenant d'une poutre de gloire déposée, un Saint Christophe (**4**) en terre cuite du 17e s.

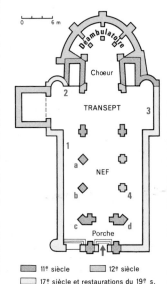

0   6 m

Déambulatoire

Chœur

TRANSEPT

2

3

1

a

b

4

c

d

NEF

Porche

☐ 11e siècle   ☐ 12e siècle
☐ 17e siècle et restaurations du 19e s.

Forêt de MORMAL★

Cartes Michelin nos 53 pli 5 ou 236 pli 28.

S'étendant sur 9 129 ha, la forêt domaniale de Mormal, la plus vaste du Nord de la France, occupe un plateau vallonné de 150 m d'altitude moyenne qui forme une ligne de partage des eaux entre les bassins de la Sambre et celui de l'Escaut.
En 1914-1918, l'armée allemande y fit d'importantes coupes de bois.
En mai 1940, elle fut un des môles de la défense française sur la Sambre après le passage de la Meuse par les Allemands ; mais des éléments adverses s'y infiltrèrent après avoir franchi la Sambre à Berlaimont, malgré la résistance de la 1re Division Nord-Africaine qui stoppa l'avance ennemie pendant deux jours.

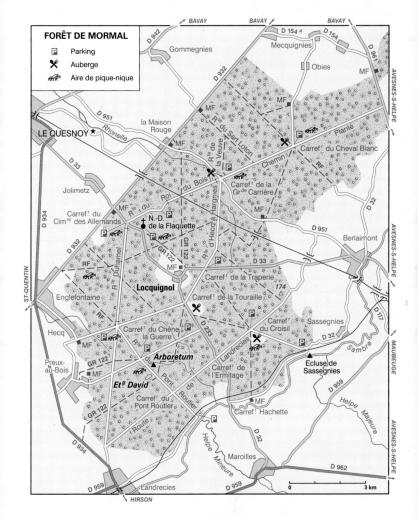

Le chêne pédonculé est l'essence dominante depuis les reconstitutions effectuées entre 1920 et 1930. Le hêtre qui était auparavant le principal peuplement est encore un peu représenté par de hautes futaies où il existe des arbres de plus de 200 ans, remarquables par leur port et leurs dimensions.
Cette forêt produit donc des bois de qualité qui fournissent à la vente 45 000 m³ de bois dont 20 000 m³ de bois d'œuvre et 25 000 en bois d'industrie et de chauffage. Particulièrement riche en chevreuils et abritant aussi des cerfs, la forêt présente un intérêt certain pour les chasseurs. Elle offre de pittoresques sites vallonnés où des aménagements ont été réalisés pour l'accueil du public : 40 km de routes forestières, aires de pique-nique, sentiers de Grande Randonnée, pistes cavalières.
En face de l'**étang David**, de l'autre côté de la route, la visite de l'**arboretum** permet de compléter la connaissance des espèces forestières.
Au cœur du massif, **Locquignol**, qui fut autrefois un centre artisanal de sabotiers et de sculpteurs sur bois, constitue une villégiature reposante, mais d'autres sites sont agréables, comme la chapelle N.-D.-de-la-Flaquette et l'écluse de Sassegnies.

Grottes-refuges de NAOURS*

Cartes Michelin nᵒˢ 52 pli 8 ou 236 pli 24 (13 km au Nord d'Amiens).

Le vieux village de Naours montre de beaux exemples de l'architecture picarde en torchis.

Le sous-sol du plateau avoisinant Naours recèle le plus vaste réseau de ces grottes-refuges creusées dans le calcaire, qui subsistent nombreuses en Picardie et dans une partie de l'Artois sous le nom de « creuttes », « boves », ou, comme à Naours, « **muches** ».

Nos pères s'y « mussaient » (s'y cachaient) durant les périodes troublées.

L'aménagement des « muches » de Naours remonterait aux invasions normandes (9ᵉ s.), mais c'est seulement à partir du 14ᵉ s. que des documents les mentionnent. Elles furent très fréquentées au temps des guerres de Religion et de la guerre de Trente Ans ; au 18ᵉ s., les contrebandiers du sel s'y réfugiaient pour échapper aux gabelous.

Étant tombées ensuite dans l'oubli, les « muches » furent redécouvertes en 1887 par l'abbé Danicourt, curé de Naours, qui les explora et les déblaya avec l'aide des habitants ; en 1905, on y trouva un trésor de 20 pièces d'or des 15ᵉ, 16ᵉ et 17ᵉ. En 1942, elles furent occupées par les Allemands.

Grottes ⊙ – Un parc d'attractions est aménagé à proximité ; on peut aussi monter au sommet de la falaise où deux moulins à vent picards, en bois, ont été reconstitués (vue plongeante sur le site de Naours) : il y eut à Naours jusqu'à 7 moulins.

Les souterrains forment une ville pouvant abriter 3 000 personnes et totalisant 2 km de rues, des places, 300 chambres, trois chapelles, des étables et écuries, une boulangerie avec fours, des greniers, etc. Des cheminées relient les galeries à la surface du plateau, 30 m plus haut.

Au cours de la visite, on observera les diverses composantes du terrain : craie, argile infiltrée dans les fissures et accumulée dans les poches, silex alignés en bancs parallèles. Quelques salles abritent un petit **musée de folklore** : métiers picards présentés sous forme de dioramas géants.

Colline de NOTRE-DAME-DE-LORETTE*

Cartes Michelin nᵒˢ 51 pli 15 ou 236 pli 15 (11 km au Sud-Ouest de Lens).

Les noms de la Targette (cimetière allemand) où le **général Pétain** avait son poste de commandement lorsque le 33ᵉ Corps enfonça les lignes allemandes, de Neuville-St-Vaast et de Vimy *(p. 240)*, de Souchez (monument au général Barbot et aux 1 500 chasseurs alpins tués en mai 1915), de Carency, d'Ablain-St-Nazaire, de Notre-Dame-de-Lorette, enfin, figurèrent fréquemment dans les communiqués de la guerre 1914-18, et notamment au cours de la première bataille d'Artois de mai à septembre 1915.

Dans un site émouvant par sa nudité, sous l'infini d'un ciel souvent gris, la colline de N.-D.-de-Lorette, point culminant (166 m) des collines de l'Artois et objectif principal des attaques, domine le champ de bataille. Table d'orientation, en bronze, à gauche de l'entrée du cimetière.

Notre-Dame-de-Lorette – Cimetière, chapelle et ossuaire.

L'immense cimetière compte les tombes de 20 000 soldats français identifiés ; la 1re à gauche de l'allée principale est celle du général Barbot. La chapelle, de style roman byzantin, est décorée intérieurement de marbres et de mosaïques. Surmonté d'une tour-lanterne haute de 52 m, l'ossuaire principal et les sept autres ossuaires rassemblent les restes de 20 000 soldats inconnus. On peut visiter, à l'étage, un **musée du Souvenir** ⊙ : lettres, photos, objets personnels des combattants... et découvrir, du sommet, un vaste **panorama**★ sur le bassin minier au Nord, le mémorial de Vimy à l'Est, l'église ruinée d'Ablain-St-Nazaire, les tours de Mont-St-Éloi et Arras au Sud.

MONT-ST-ÉLOI

12 km par Souchez et la D 937, puis la D 58 à droite ; à Carency, prendre à gauche vers Mont-St-Éloi.
Enjeu de combats en 1915 et 1940, Mont-St-Éloi couronne une colline (135 m) dominant la vallée de la Scarpe. Vestiges d'une abbaye d'augustins du 18e s.

NOYON★

14 426 habitants
Cartes Michelin nos 56 pli 3 ou 236 pli 36.

Noyon est une ville ecclésiastique et religieuse au passé très ancien. Ses maisons de briques sont dominées par une imposante cathédrale.
D'origine gallo-romaine, Noyon fut érigée, par saint Médard, en un évêché uni à Tournai en 581 ; au siècle suivant, saint Éloi en fut un des titulaires. La ville a vu les fastes des sacres de Charlemagne, en 768, comme roi de Neustrie, et de Hugues Capet, en 987, comme roi de France.
Noyon fut une des premières cités françaises à obtenir une charte des libertés communales, dès 1108. Elle reste la patrie de Calvin (1509) et du grand sculpteur Sarazin (1592).
Son activité industrielle est variée (fonderie, meubles métalliques, menuiserie, imprimerie, produits alimentaires) ; le domaine agricole est favorisé par la présence d'entreprises d'engrais, de conserverie et de stockage de céréales.

★★CATHÉDRALE (A) *visite : 1/2 h*

Quatre édifices l'ont précédée. L'actuel fut commencé en 1150 par le chœur, la construction de la façade se terminant en 1290. C'est un remarquable exemple des débuts du style gothique. Elle conserve la robustesse sobre du roman, mais atteint la mesure et l'harmonie obtenues par les grands maîtres d'œuvre de l'âge d'or des cathédrales. Sa restauration a été entreprise après 1918.
La **place du Parvis** est bordée en demi-cercle de maisons canoniales fermées par des portails surmontés de chapeaux de chanoine. Elle a gardé son charme vieillot malgré la reconstruction de la plupart d'entre elles après 1918.

Extérieur – La façade, extrêmement dépouillée, est précédée d'un porche de trois travées bâti au début du 13e s. et épaulé au 14e s. par deux arcs-boutants ornés de petits gâbles. Une grande baie centrale surmontée d'une galerie à hautes et fines colonnettes est encadrée des deux clochers aux contreforts d'angle très saillants. La tour Sud, plus ancienne – elle fut élevée en 1220 –, est aussi la plus austère. La tour Nord, un des plus beaux types de clochers du Nord de la France élevés au 14e s., est très discrètement décorée : fines moulures et cordons de feuillage aux arcatures de la galerie, bandeaux de feuillage soulignant les glacis supérieurs des contreforts. La disposition du couronnement des deux tours indique que le projet initial comportait des flèches qui ne furent jamais exécutées. En contournant la cathédrale par le Sud, jeter un coup d'œil sur le bel hémicycle qui termine le transept. Laissant à droite les ruines de l'ancienne chapelle de l'évêché, on atteint le chevet, entouré de jardins. L'étagement des chapelles rayonnantes, du déambulatoire et des fenêtres hautes est d'un bel effet malgré quelques adjonctions du 18e s.
Sur la droite s'étend l'ancienne **bibliothèque du Chapitre (B)** *(on ne visite pas)*, beau bâtiment à pans de bois du 16e s. Elle est connue pour posséder l'évangéliaire de Morienval, précieux manuscrit du 9e s.
On voit peu le transept Nord, englobé en partie dans les bâtiments canoniaux.

★★ **Intérieur** – Les proportions de la nef et du chœur sont harmonieuses. La nef compte cinq travées doubles. Son élévation comprend quatre étages : les grandes arcades, les élégantes et amples tribunes à double arcature, qui sont surtout frappantes vues de la croisée du transept, le triforium peu profond et les fenêtres hautes.
Parmi les chapelles des bas-côtés, celle du bas-côté droit, Notre-Dame-de-Bon-Secours, richement décorée, offre une voûte en étoile à clefs pendantes dont certaines représentent les sibylles.

La grande sévérité du transept se trouve accentuée par l'absence de vitraux. Les croisillons, de même ordonnance que le chœur, sont arrondis à leur extrémité. Cette particularité, que l'on retrouve à Soissons et à Tournai, serait due à une influence rhénane.

Les voûtes du chœur sont aussi élevées que celles de la nef. Les huit nervures de l'abside rayonnent autour d'une clef centrale et retombent sur des faisceaux de colonnettes. Neuf chapelles s'ouvrent sur le déambulatoire.

L'essentiel du mobilier est constitué par un maître-autel d'époque Louis XVI en forme de temple et des grilles de fer forgé, la plupart du 18e s., qui ferment le chœur et les chapelles de la nef.

Dans le bas-côté gauche s'ouvre l'**ancien cloître** dont il ne subsiste qu'une seule galerie. Elle s'ouvre par de grandes baies au beau remplage rayonnant qui donne sur le jardin. Le mur opposé est percé de fenêtres en tiers-point et d'une porte donnant accès à la **salle capitulaire** (13e s.). Une rangée de colonnes reçoit les retombées des voûtes d'ogives.

AUTRES CURIOSITÉS

Musée du Noyonnais (A M') ⊘ – Le pavillon Renaissance, en briques et pierres avec tourelle d'angle, reste de l'ancien palais épiscopal, et une aile du 17e s., reconstruite après la guerre de 1914-18, abritent les collections d'histoire locale. De nombreux objets ont été découverts au cours des fouilles effectuées à Noyon et dans la région (Cuts, Béhéricourt) : pièces de jeu d'échecs (12e s.), trésor monétaire gallo-romain, céramiques. A l'étage sont exposés des coffres (12e-13e s.) provenant de la cathédrale *(voir illustration p. 274)*.

Hôtel de ville (A H) – Bien que souvent remaniée, la façade conserve quelques éléments du 16e s., entre autres les niches aux dais ouvragés qui abritaient des statues. Le fronton aux lions fut ajouté au 17e s.

Musée Jean-Calvin (A M²) ⊘ – Il est installé dans une maison construite en 1927 en partie sur les fondations et suivant les anciens plans de la maison natale de Calvin qui avait été détruite à la fin du 16e s.

Au rez-de-chaussée, dans le vestibule, un montage audiovisuel (10 mn) présente Calvin et son époque. La chambre reconstituée du grand réformateur contient des portraits et gravures authentiques ainsi qu'une lettre manuscrite de Calvin.

Au 1er étage : des bibles en latin et en français du 16e s. dont la fameuse bible d'Olivétan et celle de Lefèvre d'Étaples. Maquette d'une imprimerie du 16e s.

Au 2e étage : œuvres de Calvin et de ses contemporains, maquettes du temple rond du Paradis à Lyon (1564), et de la galère la *« Réale »*. La bibliothèque contient 1 200 volumes du 16e au 20e s.

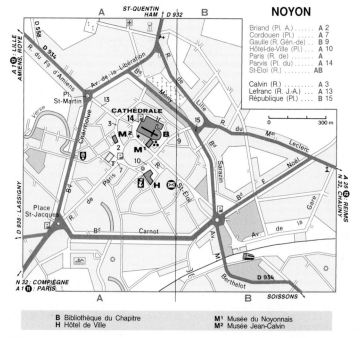

NOYON

Briand (Pl. A.) ...... A 2
Cordouen (Pl.) ...... A 7
Gaulle (R. Gén.-de) .. B 9
Hôtel-de-Ville (Pl.) ... A 10
Paris (R. de) .... A
Parvis (Pl. du) ...... A 14
St-Éloi (R.) .... AB

Calvin (R.) .... A 3
Lefranc (R. J.-A.) .... A 13
République (Pl.) .... B 15

B Bibliothèque du Chapitre
H Hôtel de Ville
M¹ Musée du Noyonnais
M² Musée Jean-Calvin

Château d'OLHAIN*

Cartes Michelin nᵒˢ 51 pli 14 ou 236 pli 15 (6 km au Sud-Est de Bruay-la-Buissière).

Ce **château** ⊙ féodal des 13ᵉ-15ᵉ s., avec sa « baille » du Moyen Âge, vaste avant-cour transformée à usage agricole, est situé au milieu d'un étang romantique, au creux d'un vallon. Un pont-levis donne accès à la cour où l'on peut voir une tourelle de guet (escalier de cent marches), une salle gothique dite « salle des Gardes », des caves aux murs épais de 2 à 3 m et une chapelle.

Château d'Olhain.

Parc départemental de Nature et de loisirs – *1 km au Nord sur la D 57ᴱ.* Dans ce nid de verdure au cœur du pays minier, de nombreux aménagements (aires de jeux et de pique-nique, sentiers de promenade, terrains de sport, piscine, golf, tennis et même ski de fond...) ont été réalisés.

Dolmen de Fresnicourt – *3 km par la D 57, et une petite route à droite (signalisation).* Cette « Table des Fées », d'un aspect imposant quoique irrégulier (la dalle supérieure a glissé), se dissimule à la lisière d'un petit bois de chênes qui fut sacré.
Le mégalithe est situé sur la crête des hauteurs qui séparent la Flandre et l'Artois. De ses abords, on découvre des vues étendues.

Abbaye d'OURSCAMP*

Cartes Michelin nᵒˢ 56 pli 3 ou 236 pli 36 (6 km au Sud de Noyon).

Fondée en 1129 par les cisterciens entre l'Oise et la forêt, l'**abbaye d'Ourscamp** ⊙ prend rapidement une grande importance et, aux 17ᵉ et 18ᵉ s., de nouveaux bâtiments sont construits. L'abbaye est réoccupée depuis 1941 par des religieux, les Serviteurs de Jésus et Marie.

En entrant par l'ancienne porterie, à gauche de la grille d'honneur (1784), on ne voit tout d'abord que les constructions du 18ᵉ s. de part et d'autre d'un avant-corps à colonnade dorique, ouvrant maintenant sur le vide. Ce pavillon central masquait intentionnellement la façade gothique de l'église abbatiale, devenue démodée. A gauche, le logis abbatial du 18ᵉ s. sert d'habitation aux religieux ; à droite, le bâtiment symétrique, dévasté par la guerre en 1915, n'a pas été restauré.
Passer la voûte.

Ruines de l'église – Au bout d'une longue allée qui occupe l'emplacement de la nef, se dresse le squelette du chœur gothique (13ᵉ s.) et de son déambulatoire, double dans la partie droite, simple au chevet où il desservait cinq chapelles rayonnantes.

Chapelle – Ancienne infirmerie, cette magnifique salle du 13ᵉ s. a conservé sa distinction monastique.
De fins piliers, alignés sur deux rangs, supportent les nervures des ogives. Des fenêtres à oculus dispensent une grande clarté. La perspective est malheureusement rompue par l'adjonction de hautes stalles du 17ᵉ s. formant un chœur.

PÉRONNE

8 497 habitants
Cartes Michelin nᵒˢ 53 pli 13 ou 236 pli 26.

Au confluent de la Cologne et de la Somme, près de l'embranchement du canal du Nord, Péronne-en-Vermandois, ancienne ville forte, s'allonge au milieu d'étangs poissonneux et de « **hardines** », cultures maraîchères analogues aux hortillonnages d'Amiens. C'est un centre de pêche aux anguilles qui entrent dans la préparation des savoureuses spécialités gastronomiques locales : le pâté d'anguilles et les anguilles fumées. Le port de commerce, sur le canal du Nord, est doublé d'un port de plaisance.

L'entrevue de Péronne – En 1468, elle réunit **Charles le Téméraire** et **Louis XI** qui se disputent la Picardie. Louis, cauteleux et rusé, ayant soutenu l'insurrection des Liégeois contre Charles, est séquestré à Péronne par son rival. Pour recouvrer sa liberté, le roi de France doit signer, la rage au cœur, un traité humiliant et néfaste à ses intérêts puisqu'il est obligé de se déclarer contre les Liégeois. Il se souviendra de l'affront et la chronique conte même que, pour attiser sa rancœur, un perroquet lui répétait : « Péronne ! Péronne ! »

Les misères de la guerre – Rattachée à la France après la mort du Téméraire (1477), la ville subit en 1536 un violent assaut de Charles Quint ; mais une femme héroïque, **Marie Fouré,** galvanisa la résistance et les assaillants durent lever le siège. Chaque année, en juillet, une procession et une fête commémorent cet événement. En 1870, Péronne fut assiégée par les Prussiens qui la bombardèrent 13 jours durant.

Occupée par les Allemands, Péronne fut, lors de la bataille de la Somme *(p. 17)* en 1916, un point d'appui, couvert par la colline de la Maisonnette au Sud et Mont-St-Quentin au Nord. Cette année-là et l'année suivante, la ville fut presque entièrement détruite.

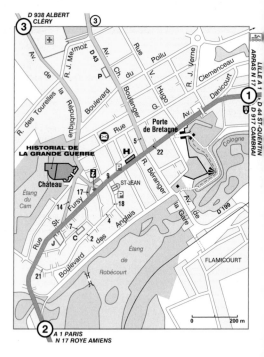

CURIOSITÉS

★ **Historial de la Grande Guerre** ⊙ – Cet original musée, très novateur par sa conception, est installé dans un bâtiment moderne, adossé à l'ancien château et construit sur pilotis, au bord de l'étang du Cam. On accède aux salles par une faille taillée dans le mur même du **château** édifié au 13ᵉ s. par les comtes de Vermandois. Charles le Téméraire enferma Louis XI dans une de ses tours.

L'Historial de la Grande Guerre s'attache à donner une vision comparative de la société qui composait les principaux pays belligérants à la veille de la Première Guerre mondiale et tout au long des hostilités.

Des cartes, lumineuses pour certaines, jalonnent le parcours, permettant de suivre l'évolution des divers fronts. Une importante collection d'objets, d'œuvres d'art, de documents, de lettres, de cartes postales exposés dans des vitrines murales témoignent de ce qu'était la vie quotidienne des populations entraînées dans le conflit. Dans de légères excavations en marbre blanc symbolisant les tranchées reposent les uniformes des différents combattants, entourés de pièces d'armement, d'effets personnels... Aux différents thèmes évoqués correspondent des films d'archives projetés grâce à un système de bornes vidéo réparties dans les salles.

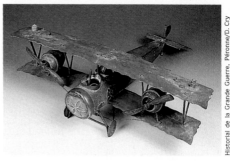

Historial de la Grande Guerre, Péronne/D. Cry

Avion miniature,
fabriqué avec des douilles d'obus et balles.

Témoignage d'un militaire britannique, un film retrace la bataille de la Somme.

Un circuit du souvenir, fléché, de Péronne à Albert signale les différents sites et monuments érigés à la mémoire des soldats.

Hôtel de ville (H) – Sur la place, il présente une façade Renaissance flanquée de tourelles, et sur la rue St-Sauveur un corps de bâtiment Louis XVI.
A l'intérieur, le **musée Danicourt** ⊘ possède une précieuse collection de monnaies antiques et de bijoux gréco-romains et mérovingiens.

Porte de Bretagne – Cette porte (1602), l'une des deux que comprenait l'enceinte désaffectée avant la guerre 1914-18, forme pavillon de briques à toits d'ardoises. Elle est ornée du blason et de la devise de Péronne ; ses battants ont été conservés.
Au-delà du fossé, franchir la porte de la demi-lune et suivre les **remparts** de briques à chaînages de pierre (16e-17e s.) pour avoir une jolie vue sur les étangs de la Cologne et les « hardines ».

ENVIRONS

Athies – *10 km par* ①, *la D 44 puis la D 937 vers Ham.*
Le roi des Francs Clotaire Ier, fils de Clovis, y possédait un palais dans lequel fut élevée Radegonde sa future épouse qui, retirée à Poitiers, y fonda un monastère et fut canonisée.
L'église montre un beau portail du 13e s. à tympan sculpté, représentant la Nativité et la Fuite en Égypte.

PICQUIGNY

1 397 habitants
Cartes Michelin nos 52 plis 7, 8 ou 236 pli 23.

Défendant un passage de la Somme, Picquigny s'accroche aux pentes de la vallée, que couronnent les ruines du château des vidames (représentants de l'évêque) de Picquigny.
L'île de la Trêve, au milieu de la Somme, rappelle l'entrevue qui se déroula en 1475 entre **Louis XI** et Édouard IV d'Angleterre, aboutissant à la paix de Picquigny : comme les deux souverains se méfiaient l'un de l'autre, ils se rencontrèrent dans une sorte de loge coupée en deux par des barreaux, « comme on fait aux cages des lions », dit le chroniqueur Commynes.
A la fin du siècle suivant, **Henri IV** y rejoignit sa favorite, Gabrielle d'Estrées : « Je mènerai à Picquigny une assez bonne bande de violons pour vous réjouir », lui écrivit-il.

CHÂTEAU ⊘ *visite : 1/2 h*

Enceinte – Ses murailles de pierre à soubassements de grès englobaient, au 14e s., la résidence seigneuriale, la collégiale de chanoines et les demeures des officiers de la vidamie.
Côté plateau, à l'endroit le plus exposé, sont les éléments de défense les plus importants, la barbacane, ouvrage avancé protégeant l'entrée principale contre les attaques par surprise et, à droite, le massif donjon dont les murs dépassent 4 m d'épaisseur ; prendre du recul sur la route pour avoir une vue originale de l'ensemble.

Côté ville, on remarque surtout la porte du Gard, en arc brisé, avec tourelles d'angle enfermant chacune un petit corps de garde.

Pavillon Sévigné – Il tient son nom d'un séjour de la marquise qui, dans une lettre à sa fille, évoque ce château du début du 17e s. : « C'est un vieux bâtiment élevé au-dessus de la ville, comme à Grignan ; un parfaitement beau chapitre, comme à Grignan : un doyen, douze chanoines ; ...des terrasses sur la rivière de Somme qui fait cent tours dans les prairies, voilà qui n'est pas à Grignan. »

Terrasse supérieure (cour d'honneur) – Les bâtiments d'habitation s'ordonnaient le long des côtés Est et Sud. Il n'en subsiste d'intact que la vaste et belle cuisine Renaissance à l'immense cheminée et, partiellement, la grande salle où le seigneur rendait la justice. On visite aussi divers souterrains et prisons (curieux graffiti).

De la terrasse, **vue** sur la vallée s'étendant, par temps clair, jusqu'à Amiens.

Collégiale St-Martin ⊘ – La nef, éclairée par de petites ouvertures en tiers-point, est du 13e s. ; l'abside et la tour sont du 15e s. Cette dernière, placée à la croisée du transept et percée de baies flamboyantes, joue un rôle de tour-lanterne.

Redescendre vers la place de l'Hôtel-de-Ville par une longue poterne voûtée (14e s.) et un escalier en pente douce.

Château de PIERREFONDS★★

Cartes Michelin nos 106 pli 11 (cartouche) ou 237 pli 8 – Schéma p. 114.

Le célèbre château fort s'élève au-dessus d'un joli bourg, dont la mode fit, un temps, un centre de séjour mondain et une station thermale. Un petit lac agrémente cette image romantique, héritée des rêveries de Napoléon III.

Un **train touristique** ⊘ propose différentes promenades à travers la ville.

Le château de Louis d'Orléans – Un château s'élève en cet endroit dès le 12e s. La châtellenie de Pierrefonds formait avec celles de Béthisy, Crépy et La Ferté-Milon le comté de Valois, érigé en duché quand Charles VI le donna à son frère Louis d'Orléans.

Ce prince assura la régence pendant la folie du roi et mourut en 1407, assassiné par son cousin Jean sans Peur, duc de Bourgogne. Avant de disparaître, il avait mis en place sur ses terres du Valois un réseau de forteresses dont Pierrefonds était le pivot : vers le Sud, à peine espacés de dix kilomètres l'un de l'autre, les châteaux de Verberie, Béthisy, Crépy, Vez, Villers-Cotterêts et La Ferté-Milon formaient une barrière de l'Oise à l'Ourcq.

Château de Pierrefonds.

Louis d'Orléans fit rebâtir à neuf le château féodal par l'architecte du roi, Jean le Noir. Pierrefonds subit victorieusement plusieurs sièges montés par les Anglais, les Bourguignons ou les troupes royales. Finalement il échut, fin 16e s., à Antoine d'Estrées, marquis de Cœuvres et père de la belle Gabrielle. A la mort d'Henri IV, le marquis de Cœuvres prend le parti du prince de Condé opposé au jeune Louis XIII. Assiégé une dernière fois par les forces royales, le château est pris et démantelé.

Le château de Viollet-le-Duc – Napoléon Ier, en 1813, achète les ruines pour un peu moins de 3 000 francs. Napoléon III, fervent archéologue et passionné, depuis son passage dans l'artillerie, par l'art des sièges, confie sa restauration en 1857 à Viollet-le-Duc. Il n'est encore question que d'une remise en état de la partie habitable (donjon et annexes), les « ruines pittoresques » des courtines et des tours, consolidées, subsistant pour le décor. Mais fin 1861 le programme prend une ampleur nouvelle : Pierrefonds doit désormais être transformé en résidence impériale. Les travaux durent jusqu'en 1884. Ils ont coûté 5 millions de francs, dont 4 millions prélevés sur la liste civile de l'empereur.

Féru de civilisation médiévale et d'art gothique en particulier, Viollet-le-Duc entreprend alors une réfection complète, qui pour l'essentiel fut suggérée avec précision par les nombreux vestiges de murs subsistant au moment des travaux.

Toutefois, désireux « d'approprier l'architecture médiévale aux nécessités d'aujourd'hui », l'architecte ne s'interdit nullement d'imaginer certaines parties de l'édifice – encourant, par là, de sévères critiques des spécialistes de l'architecture militaire – et de céder à son inspiration, pour l'ornementation sculptée et peinte.

VISITE ⊘

Laisser la voiture sur la place de l'Hôtel-de-Ville et gagner l'entrée principale du château au pied de la tour d'Arthus. Contourner le château par la route charretière.

Extérieur – Le château, de forme quadrangulaire, long de 103 m, large de 88, présente une grosse tour de défense aux angles et au milieu de chaque face. Sur trois côtés, il domine presque à pic le village ; au Sud, il est séparé du plateau par un profond fossé.

Les murailles ont deux chemins de ronde superposés : celui du dessous, couvert, comporte des mâchicoulis ; celui du dessus ne possède que des merlons. Les tours, de 5 à 6 m d'épaisseur, ont 38 m de haut et un double étage de défense les couronne. Depuis la route charretière, elles produisent une impression écrasante. Huit statues de preux les ornent et leur donnent leur nom : Arthus, Alexandre, Godefroy, Josué, Hector, Judas Macchabée, Charlemagne et César.

Le toit de la chapelle est surmonté d'une statue en cuivre de saint Michel.

On débouche sur une esplanade puis, en franchissant un premier fossé, sur l'avant-cour dite les Grandes Lices. Par un double pont-levis (1) (une volée pour les piétons, une volée pour les voitures), gagner la porte du château, ouvrant sur la cour d'honneur.

Intérieur – Dans les casernements, une exposition permanente est consacrée à Viollet-le-Duc et à ses travaux (gravures, peintures, photographies des ruines, historique du château, etc.) ; une autre est consacrée au Moyen Âge sous la forme de bandes dessinées.

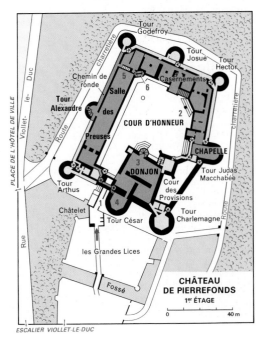

CHÂTEAU DE PIERREFONDS
1er ÉTAGE

0   40 m

ESCALIER VIOLLET-LE-DUC

La façade principale se déploie avec ses arcades en anse de panier formant un préau, surmonté d'une galerie. L'un et l'autre n'existaient pas dans le château primitif mais furent imaginés par Viollet-le-Duc, librement inspiré de la cour du château de Blois. La statue équestre de Louis d'Orléans (2), par Frémiet (1868), est placée devant l'escalier monumental.

L'intérieur de la chapelle, surhaussée par Viollet-le-Duc, offre une élévation hardie avec sa tribune voûtée jetée au-dessus de l'abside, pure invention de l'architecte.

Au trumeau du portail, saint Jacques le Majeur a les traits de Viollet-le-Duc. Entre la chapelle et l'entrée s'élève le donjon, logis du seigneur. Viollet-le-Duc a mis l'accent sur ce rôle résidentiel en le dotant d'un élégant escalier à jour. La cour des provisions, ménagée entre la chapelle et le donjon, communique avec la cour d'honneur par une poterne et avec l'extérieur par une autre poterne dominant de 10 m le niveau du pied de la muraille. Pour introduire les vivres dans la forteresse, un tablier de bois en forte pente était abattu. On hissait les provisions sur ce plan incliné.

Enfin la résidence du seigneur, le donjon, est flanquée de trois tours : deux rondes à l'extérieur et une carrée à l'intérieur.

Logis au donjon – Accédant au 1er étage du donjon, on parcourt les salles que se destinait le couple impérial : Grande Salle d'abord (3), dont les boiseries et les quelques meubles, rares, furent dessinés par Viollet-le-Duc. Rechercher, parmi les motifs décoratifs symboliques, l'aigle napoléonienne, le chardon (attribut de l'impératrice Eugénie), et sur la cheminée le blason héraldique de Louis d'Orléans (armes de France « brisées ») et un autre attribut de la famille, le bâton noueux. De la chambre de l'Empereur (4) (vue plongeante sur l'entrée fortifiée), passer dans la salle des Preuses, en quittant le donjon.

Salle des « Preuses » – Création de Viollet-le-Duc, ce vaisseau couvert d'un plafond en carène renversée mesure 52 m sur 9. Le manteau de la double cheminée (5) est orné de statues de neuf preuses, héroïnes des romans de chevalerie. Celle du milieu, Sémiramis, est représentée sous les traits de l'impératrice tandis que les autres sont les portraits des dames de la Cour.

Tour d'Alexandre et chemin de ronde Nord – Sur cette face les murailles de la ruine s'élevaient encore à 22 m de hauteur (remarquer la différence de teinte des pierres). Viollet-le-Duc a mis en lumière, le long de ce chemin de ronde, les derniers progrès des systèmes de défense avant l'ère du canon : les cheminements à niveau, sans marches ni portes étroites, permettaient aux défenseurs (logés dans des casernements tout proches) de se concentrer rapidement aux points critiques, sans se heurter à des chicanes. La vue se dégage sur le vallon de Pierrefonds.

Salle des gardes ou des mercenaires – Un escalier à double vis (6) descend à cette salle, où ont été regroupés de beaux fragments lapidaires : vestiges (15e s.) des statues d'origine des « preux » singularisant chaque tour. La visite se termine devant une maquette du château.

Revenir en ville par l'escalier direct (en direction du parking).

Parc Naturel Régional de la PLAINE de la SCARPE et de l'ESCAUT

Cartes Michelin nos 51 pli 17 ou 236 plis 17, 18.

Premier parc naturel régional créé en France en 1968, sous le nom de Saint-Amand-Raismes, la Plaine de la Scarpe et de l'Escaut est aujourd'hui l'un des trois secteurs du Parc Naturel Régional Nord-Pas-de-Calais.

Son territoire s'étend sur 43 000 ha et englobe plusieurs forêts domaniales. La plus importante, celle de **Raismes-St-Amand-Wallers★** (4 600 ha), ne représente qu'un lambeau de l'immense manteau forestier qui couvrait le Hainaut au Moyen Âge. Le sol plat de sables et d'argiles d'une part, les effondrements miniers d'autre part sont à l'origine des marécages et des petits étangs qui la parsèment. Traitée en futaie, elle présente un peuplement d'essences variées issu des coupes rases de 1914-18 : chênes, hêtres, bouleaux et pins sylvestres.

Les aménagements du parc comprennent des routes forestières, des sentiers de découverte, des allées cavalières, des aires de pique-nique, une base nautique à l'**étang d'Amaury**, plan d'eau de 100 ha, et la réserve ornithologique de la **Mare à Goriaux** (105 ha) où vivent de nombreuses espèces tels le grèbe huppé, la foulque noire, le petit gravelot.

Un circuit permet de découvrir quelques colombiers dont celui de **Bouvignies** ⊙ où sont présentés de nombreux documents et objets sur l'élevage et l'art du dressage des pigeons.

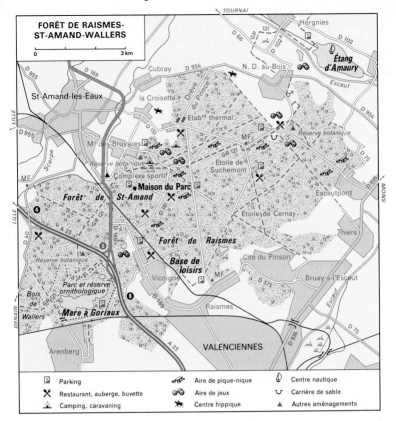

POIX-DE-PICARDIE

2 191 habitants (les Poyais)
Cartes Michelin nos 52 pli 17 ou 236 pli 33.

Au sein d'un vallon verdoyant, Poix fut le siège d'une principauté qui appartint aux Noailles. La localité a été reconstruite à la suite des destructions de juin 1940 ; en amont se découpe le viaduc (250 m de long et 38 m de haut) de la voie ferrée Amiens-Rouen.

Église St-Denis ⓥ – Entourée du cimetière, l'église (16e s.) domine le bourg. Elle se situait jadis dans l'enceinte du château dont quelques vestiges subsistent au sommet de la colline.
Cet édifice harmonieux, de style flamboyant, possède un portail surmonté d'une grande accolade, flanqué à gauche d'une niche abritant un Saint Denis portant sa tête tranchée.
A l'intérieur, belles voûtes à liernes et tiercerons et à clés pendantes polychromées ; dans le transept, jolies piscines sculptées.

CIRCUIT DES ÉVOISSONS

30 km au départ de Poix - environ 2 h.

Cet itinéraire fléché emprunte de charmantes routes de campagne longeant des vallées peuplées de peupliers où coulent des rivières (dont celle des Évoissons) recherchées par les pêcheurs.
Au départ de Poix, prendre la D 920 en direction de Conty.

La route longe le village de **Blangy-sous-Poix** dominé par une église romane au clocher polygonal (12e s.). Continuer jusqu'à **Famechon** dont l'église flamboyante est du 16e s.
Prendre à droite la D 94.

Guizancourt – Traversé par la rivière des Évoissons, ce petit village s'étale sur les coteaux. A l'entrée du village, un sentier mène au sommet de la colline *(1/2 h AR)*, d'où l'on jouit d'une belle **vue** sur la vallée de Évoissons.

L'itinéraire coupe ensuite la D 901. Prendre le chemin de Baudets qui suit la vallée des Évoissons jusqu'à Méréaucourt puis poursuivre vers Agnières.

Agnières – L'**église** est isolée au pied d'une motte féodale. Le chœur date du 13e s. et la nef du 16e s.

Un sentier *(2 km)* est tracé autour de l'église, offrant un joli parcours de promenade.

En suivant toujours les panneaux du circuit, traverser Souplicourt puis Ste-Segrée.

Une forêt propose ses ombrages pendant quelques kilomètres puis la route débouche sur Saulchoy-sous-Poix.

A Lachapelle, prendre la D 919 pour rejoindre Poix.

Château de PONT-DE-BRIQUES

Cartes Michelin nos 51 Nord du pli 11 ou 236 pli 12.

En bordure de la N 1, ce modeste château du 18e s. doit sa célébrité aux séjours qu'y fit Napoléon, lors du camp de Boulogne *(p. 83)* de 1803 à 1805. L'Empereur avait son appartement dans l'aile droite. Dans le salon, il dicta d'un trait à Daru le génial plan de campagne contre l'Autriche qui allait aboutir à Austerlitz.

★ **Point de vue de St-Étienne-au-Mont** – *2 km en montée (13 %) à partir de la D 52.*

Du cimetière attenant à l'église, isolée au sommet du « mont » (alt. 124 m), **vue**★ sur la vallée de la Liane : on discerne en aval Boulogne que domine la coupole de la basilique Notre-Dame ; vers l'intérieur des terres se détache la sombre forêt de Boulogne.

Voici quelques bières du Nord à déguster :

L'Épi de Facon à Pont-de-Briques
L'Angélus à Annoeullin
Hommelpap à Bailleul
Bière du Ch'ti à Bénifontaine
Bière du Démon à Douai
Cuvée des Jonquilles à Gussignies
La Choulette à Hordain
3 Monts à St-Sylvestre Cappel

sans oublier la bière de Mars et la bière de Noël.

Abbaye de PRÉMONTRÉ★

Cartes Michelin nos 56 pli 4 ou 236 pli 37 (14 km à l'ouest de Laon) – Schéma p. 200.

L'ancienne abbaye de Prémontré, chef d'ordre, se trouve dans un vallon boisé de la forêt de St-Gobain.

Saint Norbert et les norbertins – Né à la fin du 11e s. sur les bords du Rhin, dans le duché de Clèves, Norbert mène une vie mondaine lorsque, un jour d'orage, il est renversé de cheval, comme saint Paul, et une voix lui reproche alors ses dissipations. Touché par la grâce, Norbert vend tous ses biens et se retire à Prémontré où il fonde un monastère.

Reconnu dès 1126 par le pape Honorius III, cet ordre qui applique la règle de saint Augustin prospère et compte 1 500 maisons (hommes ou femmes), se développant surtout en Europe centrale et dans les Pays-Bas. Les prémontrés, ou norbertins, ont le titre de chanoines de St-Augustin et sont voués à l'apostolat ou à la liturgie ; les pères portent la barrette (ou capuce) et l'habit blancs.

L'abbaye ⊙ – Reconstruite au 18e s., transformée en verrerie en 1802, actuellement hôpital psychiatrique, l'abbaye groupe autour de parterres fleuris trois bâtiments remarquables par leur ordonnance et leur élévation que rythment des pilastres d'ordre « ionique colossal ».

Le corps central offre un avant-corps circulaire original par son fronton triangulaire incurvé que timbre un écusson de cardinal. Remarquer les agrafes des baies, finement ciselées, et le balcon en fer forgé, aux armes cardinalices. Les bâtiments latéraux sont plus simples ; leurs avant-corps sont surmontés d'une coquille qu'encadrent des vases monumentaux. Celui de gauche recèle un escalier d'une savante conception, sans autre appui que les murs de la cage ovale. L'abbatiale ne fut pas édifiée ; un bâtiment annexe abritait la chapelle des chanoines.

Le QUESNOY ★

4 890 habitants (les Quercitains)
Cartes Michelin nos 53 pli 5 ou 236 pli 18 – Schéma p. 179.

Isolée dans la campagne, dans un cadre de verdure et d'eau, à proximité de la forêt de Mormal, la tranquille cité aux maisons basses blanchies à la chaux demeure un témoignage de notre histoire militaire.

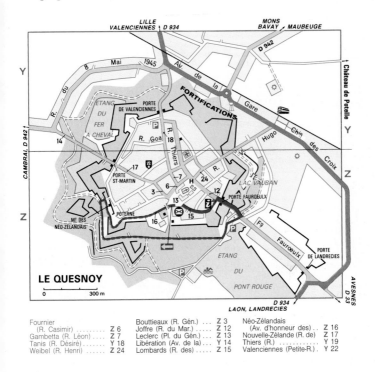

Fournier			Bouttieaux (R. Gén.) ...	Z 3	Néo-Zélandais	
(R. Casimir)	Z 6		Joffre (R. du Mar.)	Z 12	(Av. d'honneur des) ..	Z 16
Gambetta (R. Léon)	Z 7		Leclerc (Pl. du Gén.) ...	Z 13	Nouvelle-Zélande (R. de)	Z 17
Tanis (R. Désiré)	Y 18		Libération (Av. de la) ...	Y 14	Thiers (R.)	Y 19
Weibel (R. Henri)	Z 24		Lombards (R. des)	Z 15	Valenciennes (Petite-R.) .	Y 22

★LES FORTIFICATIONS *visite : 1 h*

Parfaitement conservées, elles illustrent le caractère d'ancienne place forte particulier au Quesnoy. Construites en pierres grossières et silex noyés dans un mortier de chaux et couvertes de briques, elles présentent un tracé polygonal le long duquel s'ordonnent les bastions en saillant, dont les flancs sont reliés entre eux par les murs de défense, ou courtines ; elles constituent un exemple du système à la Vauban *(voir p. 30)*, bien que certains ouvrages remontent au temps de Charles Quint : les bastions à orillons datent de cette époque. Plusieurs kilomètres de sentiers praticables en toute saison permettent d'agréables promenades et le fervent d'art militaire peut y étudier le dispositif des défenses (panneaux pédagogiques).

Partir de la place du Général-Leclerc, ancienne place d'Armes, et gagner la poterne par l'avenue d'honneur des Néo-Zélandais.

Elle donne accès aux fossés, à l'endroit même où les hommes de la New Zeeland Rifle Brigade escaladèrent la muraille en novembre 1918. Un « monument des Néo-Zélandais » commémore leur exploit.

De là, contourner le front Sud des remparts par le fossé.

On arrive à l'**étang du Pont Rouge** (plage, barque, pédalos...), puis au **lac Vauban** qui s'étend au pied des remparts, de part et d'autre de la porte Faurœulx.
Du pont, on découvre l'harmonieux tableau formé par les courtines et les bastions de briques roses se reflétant dans les eaux tranquilles.

Étang du Fer à Cheval – Situé dans la partie Nord-Ouest de la ville, l'étang a été tracé et creusé d'après les directives de Vauban sous Louis XIV.
Autour de ses 3 ha, le promeneur trouvera le calme dans un cadre verdoyant.

ENVIRONS

Château de Potelle – *2 km à l'Est ; prendre la route de Bavay et, après la voie ferrée, la première route à droite. On ne visite pas.*
Petit château féodal et chapelle qui, au 15e s., furent propriété de Jean Carondelet, chancelier des ducs de Bourgogne.

Château fort de RAMBURES★

Cartes Michelin nᵒˢ 52 pli 6 ou 236 pli 22 (6 km au Nord-Est de Blangy-sur-Bresle).

Intéressant exemple d'architecture militaire du 15ᵉ s., ce **château** ⊙ de plaine joua un rôle important au cours de la guerre de Cent Ans, enclave française au sein de territoires occupés par les Anglais. « Clé du Vimeu », il est resté depuis le 15ᵉ s. dans la même famille.

Château de Rambures.

Extérieur – Il a gardé l'aspect d'une forteresse puissante avec ses énormes tours rondes à mâchicoulis et ses courtines, elles aussi arrondies de telle sorte qu'aucune surface plane ne s'offrait au tir de l'ennemi, ses profonds fossés et sa haute tour de guet.

Il avait été conçu avec le souci de résister à l'artillerie de l'époque et ses murs de briques ont de 3 à 7 m d'épaisseur.

Au 18ᵉ s., il fut transformé en demeure de plaisance et la façade sur la cour fut percée de vastes baies.

Intérieur – Bien des pièces ne sont encore éclairées que par des meurtrières, mais les restaurations à partir du 18ᵉ ont doté le premier étage de salles de réception décorées de cheminées de marbre et de boiseries. Intéressant mobilier picard des 15ᵉ, 16ᵉ et 17ᵉ s.

Au second étage, après un aperçu sur le chemin de ronde du 15ᵉ s., on visite le billard-bibliothèque réunissant de nombreux portraits.

La cuisine est aménagée dans l'ancien poste de garde au-dessus des oubliettes. Les caves abritaient les villageois lors des invasions.

Le parc à l'anglaise est planté d'arbres séculaires aux essences rares.

RAVENEL

909 habitants
Cartes Michelin nᵒˢ 56 pli 1 ou 236 pli 34 (5,5 km à l'Est de St-Just-en-Chaussée).

Au 16ᵉ s., les terres picardes, s'étendant de Ravenel à Rollot, au Nord-Est, font partie du duché d'Halluin. Les Halluin, grands constructeurs mécènes, pourvurent leur petit domaine d'églises exceptionnelles, comme celle de Ravenel.

Église – Sa **tour★** associe les motifs flamboyants (parties aveugles) et Renaissance (parties ajourées et couronnement).

Les contreforts couronnés de pinacles et surtout la ravissante tourelle d'escalier flamboyante lient les différents étages. Le couronnement Renaissance (1550) montre deux étages de baies au-dessus d'une balustrade très ouvragée. Un dôme en charpente coiffe la plate-forme supérieure.

Parmi les détails originaux, remarquer les logettes arrondies, « meublant » les angles rentrants des contreforts.

Forêt de RETZ★

Cartes Michelin nᵒˢ 56 plis 3, 13 ou 237 plis 8, 20.

Située au Sud-Est de la forêt de Compiègne, et presque aussi vaste (13 000 ha), cette forêt domaniale se présente comme un croissant très aplati qui entoure Villers-Cotterêts et encadre, sur plus de 10 km, la vallée de l'Automne. Le massif couronne le sommet du plateau du Valois ; les crêtes ont une altitude maximum de 241 m. Le sol est très plissé, les vallées sont profondes. De nombreuses sources ou « pleurs » sourdent, tout près de la ligne de faîte, au contact des sables et de l'argile. La forêt possède de très belles futaies, de hêtres principalement (aménagements récréatifs dans les secteurs de Malva, de Bourfontaine et du Rond Capitaine).

Le tremplin de la victoire - Lors de la deuxième bataille de la Marne, déclenchée les 27 et 28 mai 1918, le bastion de la forêt, tenu par l'armée Mangin, reste inébranlable, tandis que la progression ennemie dessine, dangereusement, une « poche » vers Château-Thierry, au Sud.

Le 12 juillet, Foch ordonne une grande attaque sur le flanc Ouest de cette poche. La concentration de l'armée Mangin s'opère en trois nuits sous le couvert de la forêt. L'armée Degoutte prolonge la ligne au Sud. Le général Fayolle mène l'ensemble de l'opération.

Le 18 au matin, les deux armées, précédées de centaines de chars, s'élancent sur un front de 45 km. Un formidable barrage roulant d'artillerie s'est déclenché en même temps que l'attaque. La surprise est foudroyante : la ligne allemande est enfoncée. Mangin dirige cette poussée décisive, prélude de la grande offensive qui rejettera l'ennemi hors de France et le contraindra à signer l'armistice du 11 novembre 1918.

DE VILLERS-COTTERÊTS A LA FERTÉ-MILON

35 km - environ 2 h 1/2

Villers-Cotterêts - *Voir à ce nom.*

Prendre la D 973 ; 1 km après la déviation, tourner à droite et laisser la voiture à l'étang de Malva.

Ermitage St-Hubert - *1/4 h à pied AR en remontant la trouée oblique (jalonnement du GR 11) à travers bois.*

On coupe, à mi-chemin, la perspective principale du château, l'allée Royale. La petite construction, restaurée en 1970 et décorée des salamandres de François Iᵉʳ, abrita un ermite jusqu'en 1693.

Elle constitue l'un des « regards » du réseau de canalisations mis en service, à partir du 12ᵉ s., pour approvisionner le château en eau pure, collectée dans les « pleurs ». Ce système de conduites souterraines (15 km), jalonné, tous les 100 m environ, de « pots » (puits de visite destinés aux fontainiers), débitait 250 m³ par jour en 1900. Il n'alimente plus de nos jours que l'étang de Malva.

Poursuivre la route forestière ; tourner à gauche pour monter au faîte de la forêt.

A hauteur du monument « Passant, arrête-toi », prendre à droite la route du Faîte. A 2 km, parking dans un virage. Monter à pied à travers bois.

Monument Mangin - Stèle de granit érigée à l'emplacement où s'élevait l'observatoire militaire (tour de bois, de 7 étages) ayant servi de poste de commandement au général Mangin, durant l'offensive des 18-19 juillet 1918.

Suivre la route du Faîte. 2,5 km après la traversée de la N 2, après le 2ᵉ carrefour important de routes forestières carrossables, quitter la voiture (prendre à gauche, la « promenade de Château Fée »).

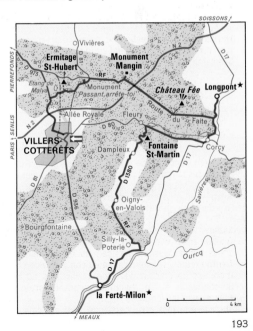

193

Château Fée – *1/2 h à pied AR par le chemin forestier balisé.* Il ne s'agit pas d'un château mais d'une éminence, dans un secteur en partie reboisé. Larges échappées.

★ **Longpont** – *Voir à ce nom.*

Faire demi-tour ; gagner Corcy puis, en suivant un vallon où se succèdent peupleraies et étangs, l'entrée de Fleury. Tourner à gauche, en passant sous la voie ferrée, vers Dampleux.

Fontaine St-Martin – Abondante source dont le beau captage (regard, bassin, déversoir) est l'un des symboles de la forêt de Villers-Cotterêts, l'un des châteaux d'eau de l'Île-de-France. La route traverse la clairière d'Oigny-Dampleux plantée de vergers de pommiers.

Dans Oigny, appuyer à gauche pour s'engager, à vitesse réduite, dans la vieille route forestière pavée de Silly-la-Poterie. Du sommet de ce village, descendre au fond de la vallée de l'Ourcq, tout près de l'origine du canal.

La D 17, à droite, conduit à La Ferté-Milon.

★ **La Ferté-Milon** – *Voir à ce nom.*

RIQUEVAL

Cartes Michelin nᵒˢ 53 plis 13, 14 ou 236 pli 27 (12 km au Nord de St-Quentin).

Riqueval est surtout connu pour son **Grand Souterrain**. Long de 5 670 m, ce magnifique ouvrage d'art, conçu par le Premier consul Bonaparte en 1801 et réalisé de 1802 à 1810, sous la direction de l'ingénieur **A.-N. Gayant,** permet au canal de St-Quentin (*p. 207*) de franchir le plateau séparant le bassin de la Somme de celui de l'Escaut. Il fut inauguré en présence de l'empereur Napoléon Iᵉʳ et de l'impératrice Marie-Louise qui parcoururent le tunnel en gondoles. Durant la guerre 1914-1918, incorporé dans les défenses de la ligne Hindenburg, il servit d'abri aux Allemands.

Entrée du souterrain ⊘ – *1 km environ au Nord de Riqueval.*
Un chemin signalé « Grand souterrain du canal de St-Quentin » descend à travers bois vers l'entrée du souterrain où l'on peut assister au touage des péniches.

Le touage – A cause de la mauvaise ventilation du souterrain, la traversée se fait toujours par touage, c'est-à-dire que le train de péniches est remorqué par un toueur, bateau se déplaçant à l'aide d'un treuil et d'une chaîne au fond de l'eau. Jusqu'en 1863, le halage se faisait par l'intermédiaire de 7 hommes et la traversée du souterrain durait environ 13 heures. Par la suite fut mis en place un remorqueur à manège appelé « rougaillou », mu par des chevaux. Il fut remplacé en 1874 par un toueur à vapeur, puis, avec l'électrification, par un toueur électrique en 1910.

Maison de pays du Vermandois ⊘ – Documents, panneaux explicatifs, cassette video sur le fonctionnement du toueur et sur la région.

Musée de la batellerie ⊘ – Installé dans un ancien toueur, il présente la vie du marinier, l'histoire du canal et du souterrain avec les différents types de traction des péniches.

ROUBAIX

97 746 habitants (les Roubaisiens)
Cartes Michelin nᵒˢ 51 pli 16 ou 236 plis 16, 17 ou 111 plis 14 et 15 (Grand Lille).
Plan d'agglomération dans le Guide Rouge Michelin France à Lille.

Centre manufacturier de première importance, Roubaix n'a pas, pour qui vient de Lille, un aspect industriel prononcé et les cheminées d'usines y sont peu nombreuses. En effet, le faubourg Sud, avoisinant le parc Barbieux, est résidentiel, tandis que le centre-ville apparaît commerçant et même cossu ; on n'y entend pas le fracas des métiers puissamment évoqué par le grand romancier roubaisien **Maxence Van der Meersch** (1907-1951).
Depuis le 19ᵉ s., le pivot de l'industrie roubaisienne est le textile. Roubaix est plus particulièrement vouée au peignage et au tissage de la laine. Les spécialités locales sont surtout les tissus d'habillement et d'ameublement, les tapis, la bonneterie. Ici comme à Lille, le phénomène de concentration a joué : le groupe La Lainière de Roubaix est devenu un des plus importants du Marché Commun. La vente par correspondance, autre phénomène contemporain, est représentée par les Trois Suisses et par la Redoute.
L'industrie mécanique roubaisienne s'est enrichie, en 1971, d'une usine Michelin.

ROUBAIX

H Hôtel de ville   M Carrefour de la communication

Le carrefour de la Communication (M) – Roubaix s'affirme de plus en plus comme ville pilote dans le domaine de la communication. Ainsi dans l'ancienne filature de coton Motte-Bossut, témoignage de l'architecture industrielle du 19e s., se sont installés plusieurs organismes disposant des moyens de communication les plus performants. Le site appelé **Eurotéléport** *(illustration p. 17)* comprend notamment le Centre international de la communication et le **Centre des archives du monde du travail.** Ce dernier a pour but de conserver les documents des entreprises, organismes, associations, etc, créés dans le cadre de la vie professionnelle. Bibliothèque, médiathèque, salles de conférences et espaces d'expositions rehaussent l'intérêt de ce centre.

Parc Barbieux – Couvrant 33 ha, ce beau parc à l'anglaise, verdoyant et fleuri, s'allonge sur une longueur de 1,5 km au fond d'un vallon. Jeux pour enfants, canotage.

Grand-Place – Les deux principaux monuments de Roubaix s'y élèvent.

Hôtel de ville (H) – Œuvre de l'architecte Laloux, il date de 1911. La façade présente une frise illustrant des scènes de l'industrie roubaisienne.
En préfiguration du musée d'Art et d'Industrie qui sera installé dans une ancienne piscine Art Déco, une **exposition** ⊙donne un aperçu sur la diversité des collections comprenant notamment un fonds textile important (pièces de tissus allant des Coptes à nos jours, catalogues d'échantillons, collection de vêtements).

Église St-Martin – Construite au 16e s., elle a été agrandie au 19e s. A l'intérieur on verra un bel autel formé des éléments d'une ancienne chaire (les quatre Évangélistes, 17e s.), un tabernacle style rocaille du 18e s., un retable du 16e s. consacré à saint Jean-Baptiste et le cénotaphe de François de Luxembourg.

E. Lebrun/DIAPHOR

La « reine » des classiques

Créée en 1896, la course cycliste Paris-Roubaix, qui a lieu chaque année autour du 10 avril, est devenue le symbole de l'endurance.

Partant de Compiègne, l'itinéraire qui compte 268 km jusqu'au vélodrome de Roubaix a pour particularité de comporter 22 secteurs pavés délimités par des panneaux. Ces pavés, provenant des carrières de l'Arrageois et de la Bretagne, couvraient déjà aux 18e et 19e s. les routes du Nord-Pas-de-Calais. Aujourd'hui, il en subsiste environ 80 km dans le Nord dont 57 sont utilisés pour la course. Les passages réputés les plus difficiles sont : le trajet de Préseau à Famars, le plus long (3,9 km), la traversée de la forêt d'Arenberg – « le moment le plus vache de la journée », selon Marc Madiot, vainqueur en 1985 –, le chemin des Prières et le chemin des Abattoirs à Orchies, le trajet de Camphin-en-Pévèle au carrefour de l'Arbre... Lorsque la pluie s'en mêle, la course peut revêtir en ces lieux des allures d'apocalypse : chutes spectaculaires, crevaisons en série, visages maculés de boue, coups de gueule, concerts d'avertisseurs... C'est « l'enfer du Nord ».

Émotion incomparable lorsque les premiers entendent la clameur de la foule qui s'élève à l'approche du vélodrome. Le vainqueur devient un héros, tels Eddy Merckx en 1970, Francesco Moser en 1978, 1979 et 1980, Bernard Hinault en 1981, qui traita sur le podium la course de « cochonnerie », Duclos-Lasalle en 1992 et 1993.

ENVIRONS

★ **Chapelle d'Hem** – *7 km par l'avenue Jean-Jaurès et la D 64.*
Un peu en retrait de la route, la chapelle Ste-Thérèse-de-l'Enfant-Jésus-et-de-la-Sainte-Face, réalisée sur les plans de l'architecte Hermann Baur, a été terminée en 1958. Sa silhouette élégante mais simple se détache sur un fond de petites maisons flamandes, blanchies à la chaux, rappelant l'aspect d'un béguinage. Dès l'entrée s'impose une tapisserie de la Sainte Face, d'après Rouault, en chanvre coloré. Le peintre Manessier a conçu les admirables **murs-vitraux**★★ dans une luminosité fervente de tons chauds et vibrants, à droite, dans des tonalités plus légères d'une exquise délicatesse, à gauche. Le sculpteur Dodeigne est l'auteur des autels et de leurs tabernacles, du Crucifix et de la statue de sainte Thérèse.

Chaque année,
le guide Rouge Michelin France hôtels et restaurants
actualise ses 500 plans de ville :
– axes de pénétration ou de contournement, rues nouvelles,
* parcs de stationnement, sens interdits...*
– emplacement des hôtels, des restaurants, des édifices publics...
Une documentation à jour pour circuler dans les villes grandes et moyennes.
Tout compte fait, le guide de l'année, c'est une économie.

ROYE

6 333 habitants
Cartes Michelin nos 52 pli 20 ou 236 pli 35.
Plan dans le guide Rouge Michelin France.

S'étageant sur le versant Nord de la vallée de l'Avre, au point de contact des plateaux du Santerre et du Vermandois, riches en blé et en betteraves, Roye, actif marché de grains et siège d'une importante sucrerie, est aussi un centre industriel.

La ville a été reconstruite après la guerre 1914-18, ainsi que l'**église** qui a cependant conservé son chœur du 16e s.

ENVIRONS

Château de Tilloloy – *7 km au Sud par la N 17.*
Ce majestueux édifice Louis XIV, en briques et pierres, est entouré d'un vaste parc dont les allées totalisent 18 km.

La ficelle picarde se compose d'une crêpe roulée au jambon et farcie de duxelles (champignons cuits hachés) puis nappée d'une fine couche de béchamel que l'on fait ensuite gratiner au four.

RUE★

2 942 habitants
Cartes Michelin nos 51 pli 11 et 52 pli 6 ou 236 pli 12 – Schéma p. 66.

Port de mer au début du Moyen Âge et place forte jusqu'au 17e s., Rue, capitale du Marquenterre, est une petite ville au calme provincial, centre de chasse et de pêche.

★ **Chapelle du St-Esprit** ⊙ – La chapelle témoigne du goût de l'époque (15e-16e s.) pour la sculpture décorative qui, ici, forme une dentelle de pierre d'une finesse et d'une délicatesse rares. Elle est due à la richesse apportée par le pèlerinage du Crucifix miraculeux.

On raconte, en effet, que les croisés ayant découvert à Jérusalem, près du Golgotha, trois crucifix les livrèrent aux flots dans des nacelles sans rames ni voilure. L'une de celles-ci échoua sur la grève de Rue, alors que les deux autres atterrissaient à Lucques en Italie et à Dives en Normandie. Malgré les tentatives des Abbevillois pour s'emparer du Crucifix, la relique resta à Rue.

E. Baret

Voûtes de la chapelle du St-Esprit.

Extérieur – Il présente des contreforts très saillants aux statues grandeur nature superposées (à droite effigies royales, au centre la Visitation et les saints Jacques et Jean, à gauche les Pères de l'Église et les Évangélistes).
Les voussures du portail évoquent la Passion du Christ alors que le tympan est découpé en niches à dais très fouillés abritant des hauts-reliefs refaits au 19e s. sur le thème des Sept Douleurs de la Vierge. Les portes à vantaux du 15e s. sont sculptées de « serviettes ».

Intérieur – On pénètre dans le narthex dont la voûte, très élancée, montre une énorme clé en pendentif, restaurée en 1963. Son mur droit est décoré d'élégantes arcatures lancéolées.

Les deux portes de la **trésorerie** sont surmontées de fines représentations de la Sainte Face et de l'Esprit Saint. Celle de droite conduit à la salle basse dans laquelle part un escalier à vis aboutissant à la salle haute, celle de gauche donne sur un autre escalier desservant aussi la salle haute, ce qui permettait d'établir un sens unique pour les pèlerins venus déposer leurs présents.

Dans la salle basse, on admire l'arcade de gauche dont la voussure est sculptée de feuilles de vigne et de lierre entre lesquelles rampent les escargots. Au-dessus du gâble de la porte d'escalier, jolie Vierge à l'Enfant polychrome (début du 16e s.).

La salle haute offre un fin décor sculpté. Le retable de l'ancien autel est remarquable : il se compose, de bas en haut, d'une sorte de galerie flamboyante, d'une frise de feuilles de chêne au travers desquelles se glissent escargots, coqs, oiseaux, enfin des scènes où l'on reconnaît l'Annonciation, les Adorations des Bergers et des Mages, la Circoncision. A gauche du retable, la porte du second escalier séduit elle aussi par son gâble, son couronnement à jours et ses vantaux du 16e s. en chêne sculpté.

Revenir au narthex.

Une grande porte à jours donne accès à la chapelle. Ses voussures figurent la légende du Crucifix miraculeux ; dans les niches au-dessus des piédroits, statues des bienfaiteurs de la chapelle, Isabelle du Portugal et Louis XI.

Abritant les reliques, la **chapelle** du 16e s. vaut surtout par ses voûtes : les nervures y dessinent un réseau arachnéen autour de clés sculptées avec une étonnante virtuosité. Le mur latéral porte trois peintures (1887) retraçant la légende du Crucifix.

Beffroi – Puissant et massif, il est cantonné de quatre tourelles. Son gros œuvre remonte au 15e s., mais le couronnement, doté d'une loge de guetteur, date seulement de 1860. Au rez-de-chaussée, un petit **musée** ⊙ est consacré aux frères Caudron, pionniers de l'aviation.

Chapelle de l'hospice ⊙ – La charpente en carène de navire de cette chapelle du 16e s. repose sur des poutres sculptées représentant des scènes de chasse pleines de vie. Au-dessus du maître-autel un tableau de Ph. de Champaigne représente saint Augustin.

ST-AMAND

176 habitants
Cartes Michelin nos 52 pli 9 ou 236 plis 24, 25 (6 km à l'Est de Pas-en-Artois).

Aux confins de l'Artois et de la Picardie, St-Amand abrite, dans la **chapelle** ⊙ de son cimetière (belle voûte en carène), une grande et belle **Vierge à l'Enfant★**, en pierre, de la fin du 13e s. Par la noblesse de son attitude, l'élégance du drapé de sa tunique, la finesse de ses traits, elle rappelle la célèbre Vierge Dorée de la cathédrale d'Amiens : remarquer la malice des yeux en amande sous les sourcils épilés suivant la mode du temps.

ST-AMAND-LES-EAUX

16 776 habitants (les Amandinois)
Cartes Michelin nos 51 pli 17, 236 pli 17 ou 111 pli 36 (Grand Lille)
Schéma p. 189.

Sur la rive gauche de la Scarpe dont les eaux la séparent d'une vaste forêt, la ville associe, dans son nom, le souvenir de l'évêque de Tongres, saint Amand, fondateur au 7e s. d'un monastère bénédictin qui devint l'une des plus importantes abbayes du Nord de la France. La ville doit aussi son renom aux sources thermales utilisées dans le traitement des rhumatismes et des voies respiratoires supérieures. Les quatre sources minérales sont exploitées par la société des Eaux minérales de St-Amand, 5e producteur français.

Abbaye – La dernière reconstruction de cet ensemble monastique fut l'œuvre de l'abbé Nicolas du Bois qui entreprit ce chantier vers 1625 et inaugura solennellement l'ensemble des bâtiments en 1673.

De cette abbaye, la Révolution n'a épargné que l'impressionnante tour abbatiale et l'échevinage, ancienne entrée de l'abbaye.

★ Tour abbatiale - Musée – Avec ses 82 m de hauteur, ce monument baroque colossal constituait le narthex de l'église dont la nef disparue occupait une grande partie du jardin public.

La façade se divise en cinq étages qui utilisent chacun un ordre architectural classique : de bas en haut, les ordres toscan, dorique, ionique, corinthien et composite. Cette ordonnance, que rythment colonnes et larmiers, doit son originalité au foisonnement des sculptures. Les statues mutilées évoquent Dieu le Père, saint Amand, saint Benoît, saint Martin, etc. Au centre du premier étage, une perspective d'église, en trompe l'œil, abritait la scène (illisible aujourd'hui) du Christ chassant les marchands du Temple.

Au-dessus de la balustrade, la tour est coiffée d'une vaste coupole que surmontent lanterne et lanternon, abondamment sculptés. A l'intérieur se trouve le bourdon du 17e s. qui pèse 4 560 kg.

Intérieur ⊙ – La superbe salle du rez-de-chaussée est voûtée de pierres sculptées autour d'un vide central destiné au passage des cloches. Masques et enroulements de larges rubans, niches et bénitiers évoquent le style maniériste anversois. Des expositions temporaires y sont présentées.

Au premier étage, sous une belle voûte nervurée, la collection de faïences issues des deux manufactures locales du 18e s. (Desmoutiers-Dorez et Fauquez) compte plus de 300 pièces.

L'ascension de la tour (362 marches) permet d'apprécier la charpente mise en place au 17e s. Le mouvement d'horloge du 17e s. forme l'ultime étape avant le carillon actuel (48 cloches) qui, actionné électriquement à chaque quart d'heure, devient de 12 h à 12 h 30 un instrument de concert animé par les carillonneurs.

Une galerie extérieure permet de jouir d'un large **panorama** sur la vallée de la Scarpe et la forêt de Raismes jusqu'à Tournai et Valenciennes.

Échevinage ⊙ – Conçu par Nicolas du Bois comme pavillon d'entrée de l'abbaye, il fut utilisé aussi par le « magistrat », composé du maire et de ses échevins.

Flanquée de tours à coupole et lanternon, la façade, à soubassement de grès, est typique du style baroque flamand *(voir p. 29)* par ses encadrements de pierres en bossages vermiculés, ses colonnes baguées, ses cartouches sculptés. La porte est surmontée d'un balcon de proclamations ou bretèche et le campanile abrite la « cloche du ban » d'origine ou bancloque.

L'échevinage.

A l'intérieur, au premier étage, la salle de justice de Paix a gardé son décor initial. Au second étage, deux salles symétriques aménagées sous les coupoles et couvertes de belles voûtes en dôme à nervures rayonnantes : la salle des échevins, réservée au conseil municipal, a été entièrement refaite tandis que le **salon Watteau**, ainsi nommé en raison des peintures religieuses et allégories dont l'orna, en 1782, Louis Watteau de Lille, arrière-neveu du grand Watteau, a gardé son caractère d'époque.

Maison du Parc ⊙ – *357, rue Notre-Dame d'Amour.* Elle invite à une découverte des sites et milieux naturels du **parc naturel régional de la Plaine de la Scarpe et de l'Escaut.**

Établissement thermal – *4 km à l'Est par les D 954 et D 151.*
Les sources de Fontaine-Bouillon étaient déjà connues des Romains pour leurs propriétés curatives et un lieu de culte y était aménagé. Lorsque leur exploitation fut reprise, au 17e s., sous la direction de Vauban, on trouva au fond du bassin quantité des statues en bois laissées en ex-voto par les curistes.

Jaillies à la température de 26 °C, les eaux et les boues de St-Amand comptent parmi les plus radioactives de France ; elles sont utilisées principalement pour le traitement des rhumatismes et les rééducations fonctionnelles.

Reconstruit après la Seconde Guerre mondiale, l'**établissement thermal** comprend aussi un hôtel et un casino ; son parc de 8 ha se prolonge en forêt par la Drève du Prince, tracée sur l'ordre de Louis Bonaparte qui fit ici une cure en 1805. Une haute futaie de hêtres s'étend à peu de distance au Sud.

En mars 1793, le château de Fontaine-Bouillon, aujourd'hui disparu, servit de quartier général à **Dumouriez** (né à Cambrai en 1739) après qu'il eut évacué la Belgique. C'est là que le vainqueur de Valmy et de Jemmapes reçut les commissaires de la Convention venus pour l'arrêter et les livra au général autrichien Clairfayt. Puis il passa à l'ennemi avec son état-major auquel appartenait le général Égalité, ex-duc de Chartres et futur roi Louis-Philippe.

Forêt de ST-GOBAIN★★

Cartes Michelin nᵒˢ 56 pli 4 ou 236 pli 37.

Couvrant 6 000 ha, enserrés par les cours de l'Oise et de l'Ailette, la belle forêt de St-Gobain couvre un plateau entaillé de carrières et sillonné de vallons que parsèment des étangs. Le boisement est composé de chênes et de hêtres, de frênes sur les argiles, de bouleaux sur les sables et, dans les vallées, de peupliers.

Le massif est riche en cerfs, après l'avoir été jadis en loups et en sangliers. La chasse à courre est traditionnelle depuis Louis XV ; l'équipage « Le Rallye Nomade » et le chenil se trouvent à **Folembray** *(p. 121).* Des circuits fléchés permettent de parcourir la forêt. En saison, les amateurs de muguet et de champignons feront une ample récolte.

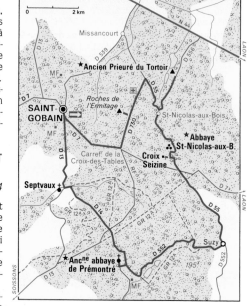

CIRCUIT AU DÉPART DE ST-GOBAIN

23 km - environ 2 h 3/4

St-Gobain – Apparaissant comme une clairière sur le rebord du banc de calcaire grossier atteignant ici 200 m d'altitude, St-Gobain est né d'un pèlerinage au tombeau de l'ermite irlandais Gobain.

Mais sa célébrité vient surtout de sa **Manufacture de glaces,** fondée par Louis XIV à la demande de Colbert. Établie en 1665 au faubourg St-Antoine à Paris, elle fut transférée en 1692 dans les ruines du château édifié au 13ᵉ s. par les sires de Coucy. Elle fut la première à utiliser un procédé de coulage permettant la fabrication de glaces de grandes dimensions.

Cette manufacture est à l'origine de la Compagnie St-Gobain désormais intégrée au groupe St-Gobain-Pont-à-Mousson. On en voit l'entrée que marque un monumental portail du 18ᵉ s.

Prendre la route de Laon (D 7) jusqu'au carrefour de la Croix-des-Tables, et tourner à gauche dans la D 730.

Les **Roches de l'Ermitage** *(1/4 h à pied AR)* forment un ensemble très pittoresque.

Ancien prieuré du Tortoir.

La D 730 rejoint après le Centre de rééducation la D 55. Prendre la D 55 à droite puis la D 556 à gauche.

★ **Le Tortoir** – Dans une clairière se détachent les murs d'un prieuré fortifié, le Tortoir (14ᵉ s.), dépendance de l'abbaye St-Nicolas-aux-Bois. Des étangs l'escortent, peuplés de sarcelles et de poules d'eau.

Transformé en ferme, le **prieuré** comprend autour de la cour un bâtiment des hôtes, long de 28 m, et le logis du prieur aux élégantes baies à meneaux ; la chapelle date du début du 14ᵉ s.

Revenir sur ses pas et poursuivre la D 55 après St-Nicolas-aux-Bois.

Peu après St-Nicolas-aux-Bois, à droite de la route, s'inscrivent les ruines de l'abbaye du même nom.

★ **Abbaye St-Nicolas-aux-Bois** – Les vestiges de l'abbaye bénédictine de St-Nicolas-aux-Bois, incorporés dans une propriété privée, occupent un site délicieux au creux d'un vallon. La route longe les douves en eau qui protégeaient l'enceinte de l'abbaye et deux étangs enchâssés de frondaisons au travers desquelles on distingue le logis abbatial du 15ᵉ s.

La Croix Seizine – *A 400 m de la D 55.* Ce monument expiatoire fut érigé par Enguerrand IV, sire de Coucy, condamné par Saint Louis, en 1256, pour avoir exécuté quatre élèves de l'abbaye de St-Nicolas-aux-Bois, surpris à chasser sur ses terres.

A **Suzy**, pittoresque village, prendre à droite la D 552.

★ **Abbaye de Prémontré** – *Voir à ce nom.*

Septvaux – L'église romane à deux clochers, desservie, avant la Révolution, par les prémontrés, est située sur une hauteur dominant un beau lavoir du 12ᵉ s. *(sur la route de Coucy).*

La D 13 ramène à St-Gobain.

ST-MARTIN-AUX-BOIS

245 habitants
Cartes Michelin nᵒˢ 56 pli 1 ou 236 plis 34, 35 (15 km à l'Est de St-Just-en-Chaussée).

Dominant la plaine picarde, l'abbatiale de St-Martin-aux-Bois est isolée à la limite du village auquel elle a donné son nom.

★ **Église** ⊘ – On y accède, à la sortie Nord du village, par l'ancienne porte fortifiée à travers les cours des fermes qui ont succédé aux bâtiments d'exploitation de l'abbaye.

Le **vaisseau**★ du 13ᵉ s., mutilé lors de la guerre de Cent Ans, est presque aussi haut (27 m) que large (31 m). Les fins et élégants piliers de la nef reçoivent très haut la retombée des voûtes. Un décor de grandes lancettes et de roses aveugles anime les parois des bas-côtés. Au-dessus, sous chaque fenêtre haute, trois petites ouvertures tréflées percent le mur sans autre ornement.

Le chevet, chef-d'œuvre de gothique rayonnant, est entièrement ajouré : l'immense verrière à sept pans commence presque au ras du sol pour se terminer dans chaque lancette par un trèfle.

A droite s'ouvre la gracieuse porte Renaissance de la sacristie. Une Vierge la surmonte.

Les **stalles** (fin du 15ᵉ s.), surtout, méritent un examen pour leur décor flamboyant et leurs miséricordes illustrant des tableaux de la vie quotidienne et des dictons populaires. Sur les joués figurent deux des quatre Pères de l'Église latine : saint Jérôme à gauche, saint Ambroise à droite.

ST-MICHEL

3 783 habitants
Cartes Michelin nᵒˢ 53 plis 16, 17 ou 236 pli 30.

En lisière de la forêt du même nom, cette localité est connue pour son ancienne abbaye bénédictine.

Abbaye St-Michel ⊘ – *Accès par le boulevard Savart.*
Fondée au 10ᵉ s., elle a été reconstruite en 1715 après un incendie, à l'exception du chœur de l'abbatiale.

L'abbatiale est presque aussi grande qu'une cathédrale. Après avoir admiré l'architecture (pilastres, baies, niches, fronton) et le décor (volutes, vases de pierre) de la spectaculaire façade classique, se porter à gauche de celle-ci pour remarquer la différence entre les baies en plein cintre de la nef du 18ᵉ s. et celles, en arc brisé, de l'abside du 13ᵉ s.

Les bâtiments monastiques en briques à encadrements de pierre s'ordonnent autour d'une harmonieuse galerie de cloître. L'ensemble de ces bâtiments, endommagé par un incendie en mai 1971, a été remis en état.

Forêt de St-Michel – Ses 3 000 ha de chênes, de hêtres, de charmes, de résineux s'étendent entre l'abbaye St-Michel et la frontière belge. Très vallonnée, elle est sillonnée par nombre de rivières à truites et recèle un gibier abondant (chevreuils).

Des routes de promenade sont aménagées parmi lesquelles celle du Conservateur et celle de Gratte-Pierre, ainsi que des emplacements pour pique-nique aux carrefours de la Fontaine-à-l'Argent, de Watigny, des Logettes, du charme Baudet.

ST-OMER★★

Agglomération 53 062 habitants (les Audomarois)
Cartes Michelin nos 51 pli 3 ou 236 pli 4.

St-Omer, ville aristocratique, religieuse et bourgeoise, a gardé en grande partie son visage d'autrefois, caractérisé par un ensemble de rues paisibles que bordent des hôtels à pilastres et des demeures à baies sculptées des 17e-18e s. A cette ambiance raffinée s'oppose le caractère populaire du faubourg Nord dont les maisons basses à la flamande s'alignent le long des quais de l'Aa.

Les clercs passent à l'action – Nous sommes au 7e s. Des bénédictins de Luxeuil évangélisent la Morinie, contrée marécageuse dont la capitale est Thérouanne. A leur tête se trouve le futur **saint Omer** qu'ont rejoint Bertin et Momelin. Ces derniers prennent pied sur une île du marais de l'Aa nommée Sithieu et y fondent un couvent qui s'appellera l'abbaye St-Bertin. Quant à Omer, nommé évêque de Thérouanne, il fait bâtir, en 662, sur la colline dominant l'île de Sithieu, une chapelle autour de laquelle se forma un bourg qui prit un rapide développement.

De la conjonction entre le monastère et la chapelle, devenue collégiale, naîtra St-Omer dont le plan se dessine comme un fuseau de voies reliant les deux établissements religieux.

★★ QUARTIER DE LA CATHÉDRALE (X) *visite : 3 h*

★★ **Cathédrale Notre-Dame** – Au sein d'un quartier paisible, qui fut jadis le « cloître Notre-Dame » des chanoines, cette cathédrale, le plus bel édifice religieux de l'Artois et de la Flandre, étonne par la majesté et l'ampleur de ses formes. Son chœur est de 1200, son transept du 13e s., sa nef des 14e-15e s. ; sa puissante tour de façade (50 m de haut), couverte d'un réseau d'arcatures verticales à l'anglaise, est surmontée de tourelles de guet, du 15e s. L'important portail Sud est orné, au trumeau, d'une Vierge du 14e s. et, au tympan, d'un Jugement dernier où les élus sont peu nombreux. Dans l'angle du chœur, tour octogonale romane.

L'intérieur est de vastes proportions avec ses 100 m de long, 30 m de large, 23 m de haut, et son plan, très développé, comprend une nef à trois étages (arcades, triforium aveugle très élancé, fenêtres hautes) flanquée de bas-côtés, un transept à collatéraux, un chœur à déambulatoire et chapelles rayonnantes. Les chapelles des bas-côtés sont fermées par de riches clôtures à jour, en marbre polychrome, témoignage de la magnificence des chanoines auxquels elles étaient dévolues.

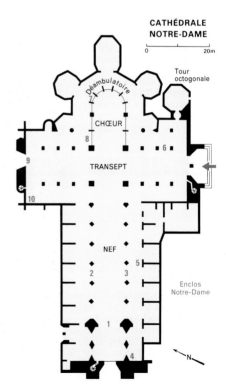

CATHÉDRALE
NOTRE-DAME

★★ Œuvres d'art – Elles sont nombreuses et nous ne citons que les principales :

– buffet d'orgues (1) (1717) surmonté de statues du roi David et de sainte Cécile ;

– cénotaphe (2) (13e s.) de saint Omer *(dans la nef à gauche)* ;

– mausolée (3) (16e s.) d'Eustache de Croÿ, prévôt du chapitre de St-Omer et évêque d'Arras. C'est une œuvre saisissante du Montois Jacques Dubroeucq qui a représenté le défunt agenouillé, en costume épiscopal, et gisant, nu, à la manière antique *(dans la nef à droite)* ;

– dalles funéraires gravées du 15e s. et Descente de croix attribuée à Rubens (4) (première travée du bas-côté droit) ;

– monuments funéraires du 15e s. et albâtres sculptés (5) (16e et 17e s.) avec une charmante Madone au Chat *(bas-côté droit)* ;

– statue (13e s.) de Notre-Dame-des-Miracles (6), très vénérée, objet d'un pèlerinage *(bras droit du transept)* ;

– Nativité du 13e s. (7), bas-relief d'inscription syrienne ; tombeau (8e s.) de saint Erkembode (8), abbé de St-Bertin *(déambulatoire)* ;

– horloge astronomique (9) dont le mécanisme date de 1558 *(bras gauche du transept)* ;

– le « Grand Dieu de Thérouanne » (10) (13e s.), célèbre groupe sculpté qui était placé à 20 m de haut, au-dessus du portail de la cathédrale de Thérouanne détruite par Charles Quint *(p. 37)* : les silhouettes, qui paraissent déformées, ont été raccourcies par l'artiste pour tenir compte de l'effet de perspective *(bras gauche du transept)*.

Prendre la rue des Tribunaux.

Cette rue passe derrière le chevet de Notre-Dame et devant l'**ancien palais épiscopal** (J) du 17e s., aujourd'hui palais de justice. On débouche place Victor-Hugo, centre animé de St-Omer, où se trouve une fontaine érigée pour la naissance du comte d'Artois, futur Charles X.

La rue Carnot mène à l'hôtel Sandelin.

★ Hôtel Sandelin et musée ⊘ – Édifié en 1777 pour la vicomtesse de Fruges, l'hôtel est situé entre cour et jardin. Un portail monumental fermé par une élégante grille Louis XV y donne accès.

Rez-de-chaussée – Les salons sur jardin forment une suite de pièces au charme désuet dont les lambris clairs et finement sculptés, les cheminées du 18e s. mettent en valeur le bel ensemble de meubles Louis XV et les tableaux provenant de la donation de Mme du Teil-Chaix d'Est-Ange. Parmi ces peintures, il faut citer *Le lever de fanchon* par Lépicié, qui rappelle le style de Chardin, le portrait de *Mme de Pompadour en Diane* par Nattier, le *Portrait d'homme* par Greuze, plus conventionnel, et quatre spirituels tableaux de Boilly *(La visite reçue, Le concert improvisé, Ce qui allume l'amour l'éteint, L'amant jaloux)* accompagnés de *Ah ça ira,* de la même époque, peint en grisaille.

La salle des bois sculptés (sculpture religieuse et tapisseries médiévales) et la salle Henri Dupuis (cabinets en ébène anversois) mènent à la **salle du Trésor** où est exposé le célèbre **Pied de croix de St-Bertin★** (12e s.), doré et émaillé, chef d'œuvre de l'orfèvrerie mosane. Orné des effigies des Évangélistes et d'émaux représentant des scènes de l'*Ancien Testament,* il provient de l'abbaye St-Bertin, comme le bel ivoire représentant un vieillard de l'Apocalypse. On remarque également une **croix-reliquaire** à double traverse (1210-1220), provenant de l'abbaye de Claimarais, dont la face antérieure, finement filigranée, est incrustée de gemmes.

Les petites vitrines murales du couloir de la Chapelle (dénommé ainsi à cause d'un imposant autel d'ébène, écaille et bronze doré) exposent différentes pièces d'orfèvrerie, des ivoires.

G. Guittot/DIAF

Pied de Croix de St-Bertin (12e s.).

L'enfilade des pièces sur cour contient un intéressant ensemble de primitifs flamands : *retable des saints Crépin et Crépinien* (vers 1415), *la Sainte famille et un ange* de l'école de Gérard David, triptyque de l'*Adoration des mages* du Maître de l'Adoration Khanenko, *Kermesse flamande* de Pierre Brueghel d'Enfer, et de petits maîtres du 17e s. flamands et hollandais : *Le fumeur* d'Abraham Diapram, *Lézard et coquillages* de Balthasar Van der Ast, *Portrait de femme* de Cornélis de Vos, *La ribaude* de Jan Steen.

Premier et second étage – Collection de céramiques, parmi lesquelles il faut distinguer les produits de la fabrique de St-Omer, et une exceptionnelle **série de Delft** (750 pièces).

Descendre la rue Carnot et prendre la 2e rue à droite (rue St-Denis).

Église St-Denis – Restaurée au 18e s., elle conserve une altière tour du 13e s. et un chœur du 15e s. caché par des boiseries du 18e s. (riche baldaquin à caissons dorés). Dans une chapelle, à gauche du chœur, Christ d'albâtre attribué à Dubroeucq.

Franchir la rue St-Bertin, s'enfoncer dans la ruelle qui longe la chapelle des Jésuites.

★ **Ancienne chapelle des Jésuites** – Aujourd'hui lycée, elle constitue un exemple du style jésuite à ses débuts ; des réminiscences gothiques s'y manifestent dans le dessin des baies et le plan à déambulatoire. Achevée en 1639, la chapelle fut conçue par un jésuite de Mons, Du Blocq. Elle frappe par sa hauteur, l'alignement des volutes de part et d'autre de la nef, les étroites tours carrées qui encadrent le chœur suivant la tradition tournaisienne. Mais la monumentale **façade** de brique à parements de pierre blanche, haute de cinq étages et décorée de sculptures, demeure l'ornement principal de l'édifice.

Tourner à gauche dans la rue Gambetta.

Bibliothèque ☉ – Elle possède, présentés dans des boiseries provenant de l'abbaye St-Bertin, 70 000 volumes parmi lesquels plus de 1 600 manuscrits (vie de saint Omer, du 11e s.) et plus de 120 incunables (célèbre Bible Mazarine).

Revenir sur ses pas.

La rue Gambetta, bordée de demeures patriciennes, mène à la **place Sithieu** qui a conservé le charme provincial désuet que Germaine Acremant décrivait dans son roman « Ces dames aux chapeaux verts ».

On parvient enfin au parvis de la cathédrale : dans l'angle Sud, la « porte des Chanoines » s'ouvre sur la rue de l'Échelle qui descend par degrés aux remparts.

AUTRES CURIOSITÉS

Ruines de St-Bertin (**BYZ**) – Sur la place où s'élève une statue en marbre de Suger, originaire de la région et bienfaiteur de St-Bertin, quelques arcades et la partie basse de la tour (1460) forment les vestiges de l'abbaye St-Bertin. De la rue St-Bertin, la vue qui s'offre sur ces ruines, dominées par de grands arbres, est très romantique.

★ **Jardin public** (**AZ**) – Ce vaste parc de 10 ha occupe une section des fossés et des glacis des anciens remparts du 17e s. ; le fossé est aménagé en parterre à la française, alors que le glacis porte un jardin à l'anglaise aux allées sinueuses qu'ombragent de beaux arbres. De belles perspectives s'offrent sur le bastion, les toits et la tour de la cathédrale. Au Sud du jardin, dans le large fossé, est installée une piscine.

Ancien collège des Jésuites (**BZ L**) – Édifié en 1592, il devint hôpital militaire. Remanié en 1726, il présente une belle façade ornée de pilastres corinthiens et de guirlandes.

Musée Henri-Dupuis (**X**) ☉ – Aménagé dans un hôtel du 18e s. qui conserve une belle cuisine flamande, il présente une importante collection d'**oiseaux** dans leur milieu naturel (dioramas, panneaux didactiques) depuis la zone arctique jusqu'à l'Indonésie. Au 1er étage, après avoir traversé la cour, repavée à l'ancienne, on trouve la prestigieuse collection de **coquillages**.

Place du Maréchal-Foch (**X**) – L'hôtel de ville a été construit de 1834 à 1841 avec des matériaux provenant de l'ancienne abbatiale St-Bertin. Un véritable théâtre est implanté au cœur de l'édifice. Au 42 bis, l'**hôtel du Bailliage** (**AYZ E**) (Caisse d'épargne), ancien tribunal royal opposé à la puissance des échevins, est un élégant édifice Louis XVI orné de pilastres, de chapiteaux doriques, de ferronneries, de guirlandes florales ; les quatre statues sur la balustrade représentent des vertus.

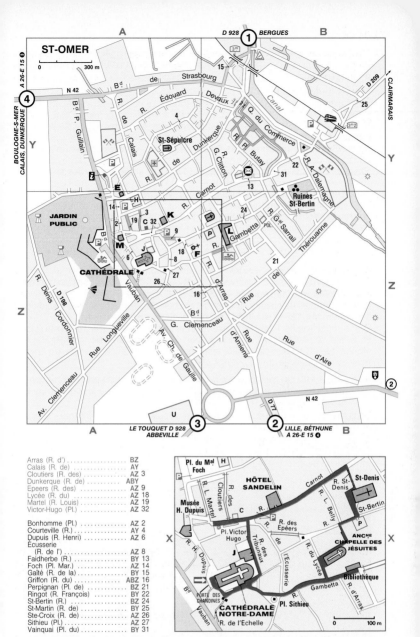

ST-OMER

E Hôtel du Bailliage   L Ancien collège des Jésuites   M Musée Henri-Dupuis

Église Saint-Sépulcre (AY) – Cette église-halle (les trois nefs sont de même largeur et de même hauteur), consacrée en 1387 et autrefois siège de la plus importante paroisse de la ville, possède une flèche de 52 m. Le nom de l'église (il n'y a que sept églises Saint-Sépulcre en France) vient de la participation de trois seigneurs audomarois aux croisades. L'église a hérité de l'abbaye St-Bertin un portail, chef-d'œuvre d'ébénisterie, et deux statues baroques de saint Jean et saint Jean-Baptiste.

L'AUDOMAROIS

Cette région, dont le nom est dérivé du latin Audomarus, signifiant Omer, s'étend autour de St-Omer. Elle correspond également à l'un des secteurs du parc naturel régional du Nord-Pas-de-Calais. La zone dite marais audomarois en offre l'un des aspects les plus originaux.

La Grange-Nature ⊘ – *A Clairmarais*. Ce centre d'accueil et d'information du **Parc Naturel Régional Nord-Pas-de-Calais, secteur Audomarois**, propose des expositions et des montages audiovisuels sur la nature et la vie sauvage des animaux. C'est également le point de départ de promenades aménagées dont plusieurs à l'intérieur de la réserve naturelle de Romelaere (sentiers d'observation, parcours d'interprétation...).

Marais audomarois – *4 km par la D 209 au Nord-Est du plan.*
Vaste dépression d'une superficie de 3 400 ha, le marais s'étale depuis Watten jusqu'à Arques et de la forêt de Clairmarais aux cressonnières de Tilques. Il est le résultat d'un patient travail d'aménagement entrepris dès le 9e s. par les moines de St-Bertin.
Aujourd'hui, il se présente sous forme de petites parcelles reliées les unes aux autres par des **watergangs** (ou chemins d'eau) qu'empruntent les larges barques à fond plat typiques du marais appelées bacôves. Une grande partie des parcelles est consacrée à la culture maraîchère, le légume le plus renommé étant « le chou-fleur de St-Omer ». Le marais est également apprécié pour ses ressources piscicoles : brochets, anguilles, sandres, perches, gardons... et pour l'observation des oiseaux migrateurs dont c'est un point de passage (héronnière). De part et d'autre du canal de Neuffossé, depuis la D 209 on peut voir les canaux de circulation et de drainage que franchissent ponceaux et pont-levis, mais pour la vraie **découverte du marais** ⊙ il faut louer une barque ou suivre une excursion en bacôve ou en bateau.

ENVIRONS

Forêt de Rihoult-Clairmarais – *4,5 km à l'Est par la D 209.*
Sous ses futaies de chênes, la forêt vit chasser Charlemagne lorsqu'il séjournait à St-Omer. Au 12e s. elle fut la propriété de moines cisterciens.
D'une superficie de 1 167 ha, cette forêt est aménagée pour le tourisme *(tables et bancs de pique-nique)* surtout autour de l'**étang d'Harchelles**, dernier de sept étangs que les cisterciens exploitaient pour la tourbe et le poisson. Un chemin permet d'en faire le tour *(1/2 h à pied).*

Arques – *4 km. Quitter St-Omer par ②, N 42.* Ville industrielle surtout connue pour ses cristalleries, Arques est aussi un port important à la jonction de l'Aa canalisée et du canal de Neuffossé qui relie l'Aa à la Lys.

Dans Arques, prendre à gauche la N 42 vers Hazebrouck ; après le pont sur l'Aa, prendre à droite une petite route signalée « Ascenseur des Fontinettes ».

★ **Ascenseur à bateaux des Fontinettes** ⊙ – Mis en service en 1888 et ayant fonctionné jusqu'en 1967, l'ascenseur à péniches des Fontinettes est un témoin fort intéressant de la technologie du 19e s. Il avait été installé sur le canal de Neuffossé

Ascenseur à bateaux des Fontinettes.

pour remplacer les 5 écluses nécessaires au franchissement d'une dénivellation de 13,13 m. Son principe est très simple : les péniches prenaient place dans deux sas ou bassins remplis d'eau, fixés sur deux énormes pistons constituant une sorte de balance hydraulique : l'un des sas s'élevant quand l'autre descend.

La visite de la salle des machines et une maquette animée permettent de comprendre son fonctionnement.

L'ascenseur a été remplacé par une **écluse géante** assez spectaculaire que l'on peut voir fonctionner 500 m en amont. Celle-ci peut contenir 6 péniches et demande 20 minutes de manœuvre.

Abbaye St-Paul de Wisques – *7 km à l'Ouest. Quitter St-Omer par ④, N 42.*
Les bénédictins occupent un château qui comprend des bâtiments anciens : tour du 15e s., portail et logis du 18e s., et modernes : chapelle, cloître, réfectoire et campanile abritant la Bertine, cloche de l'abbatiale St-Bertin qui date de 1470 et pèse 2 600 kg.

En suivant la D 212, on côtoie le Petit Château (1770), puis on gravit la côte au sommet de laquelle est bâti le monastère des bénédictines, abbaye Notre-Dame. L'itinéraire (D 208) offre de jolies **vues** plongeantes sur la ville que dominent la basilique Notre-Dame et la chapelle des Jésuites.

Esquerdes – *8 km au Sud-Ouest.* Ce village est situé dans la vallée de l'Aa, lieu de production papetière depuis 1473 et qui compte aujourd'hui plusieurs entreprises. La **Maison du papier** ⊘, construite sur les ruines de l'ancien moulin de Confosse, explique la fabrication du papier depuis son apparition en Chine jusqu'aux techniques les plus avancées. Un atelier permet de fabriquer sa propre feuille qu'il est possible d'emporter.

ST-QUENTIN

Agglomération 69 188 habitants
Cartes Michelin nᵒˢ 53 pli 14 ou 236 pli 27.

Étagée sur une colline calcaire, que truffent caves et souterrains, St-Quentin en Vermandois, qui fut durement éprouvée durant la guerre 1914-18, surveille le cours de la Somme canalisée traversant les marais d'Isle. Nœud de grande circulation entre Paris et les pays du Nord, la Manche et la Champagne, elle assure les liaisons par sa voie d'eau et ses lignes ferroviaires reliées aux capitales du Nord européen et à la Ruhr. Sa position industrielle s'est affermie, l'héritage textile (filature, tissages artificiels, articles fins) ayant cédé la première place à la mécanique et à la chimie auxquelles s'ajoute l'agro-alimentaire.

Le canal de St-Quentin – Reliant les bassins de la Somme et de l'Oise à celui de l'Escaut, c'était, avant l'achèvement du canal du Nord, le canal le plus important de France par son trafic, et le plus encombré. Long de près de 100 km, de Chauny à Cambrai, Napoléon le considérait comme une des plus grandes réalisations de l'époque.

Deux sections le composent : de l'Oise à la Somme, le canal Crozat, du nom du financier qui le fit creuser, et le canal de St-Quentin proprement dit qui franchit le plateau entre Somme et Escaut grâce aux tunnels du Tronquoy (1 km de long) et de Riqueval *(p. 194)*. Le canal de St-Quentin assure l'écoulement des sables, des graviers, et surtout des céréales vers la région parisienne. La mise à grand gabarit du canal, incluse dans un plan de travaux à long terme, doit améliorer les liaisons avec Dunkerque.

La bataille de St-Quentin – En 1557, St-Quentin fut l'enjeu d'une sanglante bataille au cours de laquelle l'armée du connétable de Montmorency, accouru au secours des Saint-Quentinois investis, fut défaite par les troupes espagnoles le jour de la Saint-Laurent. Un vœu prononcé par **Philippe II** à l'occasion de cette victoire fut à l'origine de la construction de l'Escurial, près de Madrid.

CURIOSITÉS

Musée Antoine-Lécuyer (AY **M'**) ⊘
– L'admirable **collection de portraits**★★, œuvre du pastelliste **Maurice Quentin de La Tour** (1704-1788), né et mort à St-Quentin, fait l'orgueil de ce musée. La Tour, Saint-Simon de la peinture, portraitiste

Autoportrait de Quentin de La Tour.

de toute la haute société du 18e s., est représentatif d'une époque marquée par la primauté de l'individu. Ses œuvres, nerveuses et sincères, sont « d'incomparables planches d'anatomie morale » : chaque sourire a sa personnalité, primesautier ou malicieux, ironique ou railleur, bienveillant ou désabusé.

La grande salle est consacrée à l'école française des 17e-18e s. A la suite, les trois salons réservés à La Tour contiennent 78 portraits de princes et princesses, grands seigneurs, financiers, clercs, hommes de lettres (Jean-Jacques Rousseau), artistes, dont aucun n'est médiocre. Les sommets en sont peut-être l'abbé Huber lisant, Marie Fel, amie de La Tour, et un portrait du pastelliste par lui-même, remarquable de pénétration introspective.

Dans le 2e salon, buste de l'artiste par J.-B. Lemoyne.

Au niveau inférieur, une salle présente des faïences du 18e s.

A l'étage, une salle expose la peinture du 19e s. illustrant les différents courants artistiques : œuvres de Lebourg, Corot, Fantin-Latour, Renoir (portrait de Mlle Dieterle exécuté au pastel). L'autre salle présente la peinture du 20e s. : Gromaire, Ozenfant, Lebasque.

Remarquer également les collections d'ivoires et d'émaux, et parmi le mobilier du 18e s. un clavecin de 1750.

★ **Basilique** (BY) ⊙ – Placée sous le vocable de Quentin, venu évangéliser la région et martyrisé à la fin du 3e s., la collégiale St-Quentin, devenue basilique en 1876, est un édifice en majeure partie gothique, qui peut rivaliser avec maintes grandes cathédrales.

Déjà éprouvée pendant le fameux siège de 1557 et en 1669 par un incendie, bombardée en 1917, elle échappa de peu à la destruction totale, en octobre 1918.

Extérieur – La façade Ouest est constituée par un massif clocher-porche dont les parties basses datent de la fin du 12e s., les derniers étages ayant été reconstruits au 17e s. et le couronnement après 1918.

Contournant la collégiale par la gauche, on pénètre dans le square Winston-Churchill (puits en fer forgé), d'où se révèle une **vue★** sur le grand et le petit transept puis le chevet : admirer l'élan des arcs-boutants à triple volée.

En continuant le tour de l'édifice, on découvre d'autres perspectives sur ce remarquable morceau d'architecture avant d'arriver enfin à hauteur du bras Sud du petit transept, sur lequel a été plaquée, à la fin du 15e s., la chapelle St-Fursy. Sur le côté gauche le joli porche Lamoureux, flamboyant.

Depuis 1976, une flèche culmine à 82 m, comme autrefois.

Intérieur – D'une ampleur impressionnante, le **chœur** du 13e s. comprend double transept, double collatéral, déambulatoire et chapelles rayonnantes. Les voûtes de celles-ci reposent, au droit du déambulatoire, sur deux colonnes, suivant une disposition champenoise, très élégante. La chapelle axiale a conservé des vitraux anciens, sur la Vie de la Vierge ; à l'entrée de la chapelle située à sa gauche, statue de saint Michel (13e s.).

La clôture du chœur, refaite au 19e s., est sculptée de scènes évoquant la vie de saint Quentin ; sur le côté gauche, remarquer le sacrarium ou armoire du trésor, en pierre (1409), qui abritait les vases sacrés. On admire aussi les vitraux à grandes figures hiératiques, qui garnissent les fenêtres hautes, au centre, et, dans le bras Nord du petit transept, deux verrières du 16e s. : le Martyre de sainte Catherine et celui de sainte Barbe.

Élevée au 15e s., la nef, hardie, atteint 34 m de hauteur. Sur le sol est tracé un labyrinthe, long de 260 m, que les fidèles parcouraient à genoux. Le superbe buffet d'orgues (1690-1703) a été dessiné par Bérain ; l'instrument lui-même, dû à Clicquot, détruit en 1917, a été remplacé par un orgue moderne de 74 jeux.

Au milieu du bas-côté droit, l'Arbre de Jessé sculpté date du début du 16e s. et, dans la seconde chapelle, les peintures murales du 16e s.

La visite des parties hautes en saison permet d'avoir une vue sur les pinacles et contreforts, et jusqu'à Laon.

Promenade Art déco

Gravement endommagée durant la Première Guerre mondiale, St-Quentin a été en partie reconstruite dans le style des années 20 par l'architecte Guindez.

Une promenade dans les rues de la ville permet de remarquer les nombreuses façades des maisons agrémentées de bow-windows, de balcons en saillie, de motifs floraux ou géométriques, de mosaïques de couleur, de fer forgé... Parmi tant d'autres, citons le hall de la poste (rue de Lyon), la salle du Conseil municipal (dans l'hôtel de ville), le cinéma le Carillon (rue des Toiles), l'école de musique (47, rue d'Isle), le buffet de la gare et, à côté de celui-ci, le pont encadré de tours-lanternes et le monument aux morts.

Hôtel de ville.

★ **Hôtel de ville** (AZ H) ⊘ – Joyau de l'art gothique tardif (début du 16ᵉ s.), sa façade vigoureusement dessinée comporte des arcs en ogive surmontés de pinacles, des fenêtres à meneaux et une galerie ajourée surmontée de trois pignons. Elle s'orne de sculptures pittoresques apparentées au registre flamboyant. Le campanile a été refait au 18ᵉ s. et abrite un carillon de 37 cloches.

Intérieur – Aux pignons de la façade correspondent les voûtes des trois nefs en forme de carène de bateau. La **salle des Mariages** conserve sa poutre ancienne et une monumentale cheminée de style Renaissance ; remarquer les blochets sculptés représentant les personnages principaux de la ville : argentier, bourreau... La **salle du Conseil** présente un habillage « Arts déco » d'une très belle unité (lampes en fer forgé et pâte de verre, lambris en bois de palissandre dont les cartouches évoquent différents métiers).

Champs-Élysées (BY) – Agréable parc public de 10 ha, aménagé sous la Restauration à l'emplacement des fortifications : aires de jeux, de sports, jardin d'horticulture.

Espace Saint-Jacques (AZ M²) – *14, rue de la Sellerie.*
Construit à l'emplacement de l'église St-Jacques, ce bâtiment néo-gothique, autrefois siège de la Chambre de commerce, abrite au rez-de-chaussée l'Office de tourisme et des expositions temporaires, et au 1ᵉʳ étage le Musée entomologique.

Musée entomologique ⊘ – Cette collection de papillons et d'insectes, la plus importante d'Europe, compte environ 600 000 spécimens dont un cinquième est exposé.
On peut observer toute une gamme de formes et de couleurs surtout chez les espèces exotiques : le Morpho bleu métallique, le Thysania de Guyane (le plus grand papillon du monde), le Phyllode ressemblant à une feuille d'arbre ou encore le Machaon jaune et noir, insecte de la région.

Le festival de la Nouvelle, créé en 1985, propose expositions, marché de la nouvelle, lectures et rencontres avec les nouvellistes les plus confirmés aussi bien qu'avec les jeunes talents.
A cette occasion, le prix Goncourt de la Nouvelle est remis par des membres de l'Académie du même nom. D'autres prix sont également décernés, dont notamment le prix de la Ville de St-Quentin qui récompense une nouvelle inédite.

Rue des Canonniers – Dans l'**hôtel Joly de Bammeville** du 18ᵉ s. au bel escalier à rampe en fer forgé, est installée la bibliothèque municipale (lieu privilégié du festival de la Nouvelle) ; au nº 21, la porte de l'ancien **hôtel des Canonniers** présente des trophées militaires sculptés en bas-relief.

Les béguinages – Institution du Moyen Âge, le béguinage accueillait les femmes pieuses n'ayant pas prononcé leurs vœux. A St-Quentin la tradition remonte au 13ᵉ s. L'essor de la population au 19ᵉ s. nécessita la construction de lieux

ST-QUENTIN

H Hôtel de ville   M¹ Musée Antoine-Lécuyer   M² Espace Saint-Jacques

d'hébergement pour personnes seules ou âgées auxquels s'étendit l'appellation de béguinage. Aujourd'hui, il reste six grands enclos regroupant une quarantaine de maisons autour d'un jardin commun, et six petits. Les plus intéressants sont situés rue Quentin-Barré (façades aux pignons à redans), rue de Bellevue, rue du Moulin.

Marais d'Isle (BZ) – Cette zone de plus de 100 ha, en partie aménagée pour les sports nautiques et la pêche, comprend aussi une **réserve naturelle** ⏱, lieu de passage des oiseaux migrateurs du Nord et de l'Est de l'Europe.
La flore des lieux humides est très diversifiée et comprend des espèces rares comme la ciguë vireuse ou curieuses comme l'utriculaire, plante carnivore. Les oiseaux sont nombreux : aux espèces nicheuses (grèbe huppé) viennent s'ajouter les oiseaux hivernants (canards). Une **maison de la nature**, à l'entrée du parc d'Isle, présente des documents relatifs à l'écosystème de l'étang, avec montage audiovisuel. Un sentier périphérique a été aménagé pour favoriser l'observation.

Chemin de fer touristique du Vermandois ⏱ – De St-Quentin à Origny-Ste-Benoîte, un train à vapeur ou autorail ancien remonte la vallée de l'Oise.

ENVIRONS

Riqueval – *Voir à ce nom.*

Source de la Somme – *13 km par ② du plan.* Elle surgit à Fonsommes, à côté de l'ancienne abbaye de Fervaques. Après une course de 245 km, le fleuve se jette dans la Manche. *Voir à vallée de la Somme et baie de Somme.*

ST-RIQUIER★

1 166 habitants
Cartes Michelin nᵒˢ 52 pli 7 ou 236 plis 22, 23 (9 km au Nord-Est d'Abbeville).

La petite ville de St-Riquier est issue d'une très ancienne abbaye bénédictine, dont l'imposante église gothique peut rivaliser avec beaucoup de cathédrales.

Un ermite et un gendre – En ce temps-là, St-Riquier se nommait Centule, lorsque vers 645 l'ermite **Riquier** trépassa en forêt de Crécy, près de l'actuel village de Forest-Montiers. Rejeton d'une noble famille, ce cénobite avait auparavant évangélisé le Ponthieu, et son corps fut transporté à Centule où il devint l'objet d'un important pèlerinage.

Un monastère bénédictin se fonde alors et prospère, si bien que Charlemagne le confie, en 790, à son gendre, le poète **Angilbert**, « Homère de l'académie palatine ». Angilbert, à qui l'empereur rend plusieurs fois visite, donne un vif essor à l'abbaye, faisant reconstruire les bâtiments avec les matériaux les plus précieux, porphyres, marbres et jaspes d'Italie. Le couvent inclut alors une église principale, avec le tombeau de Riquier, et deux églises secondaires (St-Benoît et Ste-Marie) réunies par un cloître triangulaire.

★ L'ÉGLISE ⏱ visite : *3/4 h*

Détruite et reconstruite plusieurs fois, l'église actuelle, en majeure partie flamboyante (15ᵉ-16ᵉ s.), a cependant conservé quelques éléments architecturaux du 13ᵉ s. (parties basses du transept et du chœur).

L'ensemble a été restauré par l'abbé Charles d'Aligre (17ᵉ s.) qui fit renouveler le mobilier, encore en place de nos jours.

Extérieur – La façade est essentiellement constituée par une grosse tour carrée, haute de 50 m, flanquée de tourelles d'escalier et revêtue d'une ornementation sculptée très abondante et d'une grande finesse. Au-dessus du portail central, le gâble porte, comme à St-Vulfran d'Abbeville, une Sainte Trinité qu'encadrent

Église de St-Riquier.

deux abbés et les apôtres. Plus haut encore est figuré un Couronnement de la Vierge. Enfin, entre les deux baies du clocher, on distingue la statue de saint Michel. Au-dessus des voussures du portail droit, une Sainte Geneviève tient un cierge que, d'après la légende, le diable éteignait et un ange rallumait.

★★ Intérieur – Admirer la beauté, l'ampleur et la simplicité de l'ordonnance. La nef centrale est large, 13 m pour une hauteur de 24 m et une longueur de 96 m. Ses deux étages sont séparés par une frise comme celle de la cathédrale d'Amiens et par une balustrade.

Le chœur a conservé le décor et le mobilier du 17e s. : grille★ de fer forgé, lutrin et stalles des moines, clôture de marbre surmontée d'un grand Christ en bois par Girardon.

Le bras droit du transept offre une disposition particulière : l'extrémité en est coupée par trois travées de la galerie du cloître, occupées par la sacristie et, au-dessus, la trésorerie. Le mur de la trésorerie s'orne de fines sculptures et de statues.

Emprunter le déambulatoire à chapelles rayonnantes. Dans la 1re chapelle à droite, après l'escalier de la trésorerie, voir le tableau de Jouvenet « Louis XIV touchant les écrouelles ». Dédiée à la Vierge, la chapelle axiale montre des voûtes en étoile aux nervures retombant sur des culs-de-lampe historiés (Vie de la Vierge) ; à l'entrée, Apparition de la Vierge à sainte Philomène (1847), toile de Ducornet, artiste sans bras et qui peignait avec ses pieds. Dans la chapelle St-Angilbert, cinq statues de saints, polychromes, sont typiques de la sculpture picarde du 16e s. : de gauche à droite, Véronique, Hélène, Benoît, Vigor, Riquier. Le bras gauche du transept abrite un baptistère Renaissance dont la base est sculptée de bas-reliefs représentant la Vie de la Vierge et le Baptême de Jésus.

Trésorerie ⊙ – C'était la chapelle privée de l'abbé. Les murs de cette belle salle voûtée (début du 16e s.) sont ornés de peintures murales de la même époque dont la meilleure retrace la Rencontre des Trois Morts et des Trois Vifs, symbole de la brièveté de la vie.

Le trésor contient un Christ byzantin du 12e s., des reliquaires du 13e s., un retable en albâtre du 15e s., un curieux chauffe-mains du 16e s., des ornements sacerdotaux du 16e s.

Bâtiments abbatiaux – Reconstruits au 17e s. sous l'abbé d'Aligre, ils abritent le **Centre culturel départemental de l'abbaye de St-Riquier**, qui comprend un **musée départemental** ⊙, consacré à la vie rurale et artisanale, et le **centre d'accueil**, ensemble de salles de travail et de logements propres à recevoir des séminaires et des colloques.

Des salles pour des expositions temporaires servent aussi de cadre à des concerts et à des conférences.

AUTRES CURIOSITÉS

Beffroi – Des tourelles coiffées de loges de guetteur couronnent cette tour du 16e s. Sa puissante silhouette témoigne de l'importance de la ville jadis fortifiée.

Hôtel-Dieu ⊙ – Début 18e s. Il est situé au-delà du beffroi à gauche. La chapelle recèle de jolies grilles de fer forgé ; le retable de l'autel s'orne d'une toile de Joseph-François Parrocel ; les deux anges et les statues de saint Nicolas et saint Augustin sont l'œuvre de Pfaffenhoffen *(p. 234)* qui habita longtemps St-Riquier.

Maison Petit – *Sur la route d'Abbeville, à gauche en venant de l'église.*
Elle fut construite pour un soldat de la Grande Armée. Son pignon dessine la forme du chapeau de Napoléon.

ST-VALERY-SUR-SOMME★

2 942 habitants (les Valéricains)
Cartes Michelin nos 52 pli 6 ou 236 plis 21, 22.

Nichée dans la verdure face à l'harmonieux paysage de la baie de Somme, St-Valery (prononcer Val'ry), capitale du Vimeu, comprend une ville haute et une ville basse près du port.

Fréquenté par les caboteurs, le port reçoit nombre de yachts et de bateaux de pêche côtière dits « sauterelliers » (le nom de « sauterelle » désigne la crevette grise).

L'origine de St-Valery est une abbaye fondée par le moine Valery, venu de Luxeuil en Lorraine. En 1066, Guillaume le Conquérant y fit escale avant d'envahir l'Angleterre. Jeanne d'Arc, prisonnière des Anglais, la traversa en 1430, venant du Crotoy.

CURIOSITÉS

Ville basse – Elle s'étend sur près de 2 km jusqu'au débouché de la Somme où se trouve le port.

★ **Digue-promenade** – Ombragée de platanes et de tilleuls, elle aboutit à une plage abritée.

De la digue se découvre une belle vue sur la baie de Somme, le Crotoy et la pointe du Hourdel. Côté terre on longe les villas entourées de jardins ; au-delà du Relais de Normandie apparaissent les remparts de la ville haute que surmonte l'église St-Martin.

Calvaire des Marins – Accès par la rue Violette et le sentier du Calvaire, à travers le quartier des marins aux charmantes maisonnettes peintes. **Vue** sur la ville basse et l'estuaire.

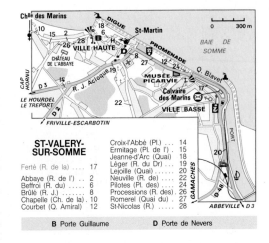

ST-VALERY-SUR-SOMME		
	Croix-l'Abbé (Pl.)	14
	Ermitage (Pl. de l') .	15
	Jeanne-d'Arc (Quai) .	18
Ferté (R. de la)	Léger (R. du Dr)	19
	Lejoille (Quai)	20
Abbaye (R. de l') 2	Neuville (R. de)	22
Beffroi (R. du) 6	Pilotes (Pl. des)	24
Brûlé (R. J.) 8	Processions (R. des).	26
Chapelle (Ch. de la). 10	Romerel (Quai du) ..	27
Courbet (Q. Amiral) 12	St-Nicolas (R.)	28

Ferté (R. de la) 17

B Porte Guillaume   **D** Porte de Nevers

★ **Musée Picarvie** ⊙ – Cet attrayant petit musée évoque fidèlement la vie de la région avant l'ère industrielle. Des reconstitutions d'ateliers et d'échoppes font découvrir le travail du vannier, du cordonnier, du serrurier, du tonnelier, du forgeron, du menuisier... mais on y trouve aussi la place du village avec l'école, le café et le salon du barbier. A l'étage, c'est la véritable ferme d'antan avec bien sûr la chambre, la cuisine, l'étable, l'écurie, mais aussi la cidrerie, la grange dite « l'écoucherie » où l'on battait le lin, cultivé dans les villages environnants.

Ville haute – Elle conserve une partie de ses fortifications.

Porte de Nevers (D) – Le nom de cette porte construite au 14ᵉ s., surélevée au 16ᵉ s., évoque les ducs de Nevers qui possédèrent St-Valery au 17ᵉ s.

Église St-Martin – En bordure des remparts, cet édifice gothique présente un appareil de grès et de silex disposés en damier. Dans la nef gauche, un triptyque peint Renaissance représente la Crucifixion, le Baptême de Jésus, le Martyre de saint Jean-Baptiste.

Porte Guillaume (B) – Élevée au 12ᵉ s., elle est située entre deux tours majestueuses ; vue étendue sur la baie de Somme.

Chapelle des Marins (ou de St-Valery) – Au-delà de la porte Guillaume, emprunter la rue de l'Abbaye : dans le vallon gauche s'étendait l'**abbaye St-Valery** dont subsiste le château abbatial en brique et pierre, à fronton sculpté (18ᵉ s.).

Place de l'Ermitage, prendre à pied *(1/4 h AR)* le chemin de la chapelle. La chapelle en grès et silex formant damier abrite le tombeau de saint Valery. Dominant l'ensemble de la baie de Somme, elle offre une **vue**★ étendue sur les mollières, l'estuaire et au loin le Marquenterre.

La chapelle des Marins.

★★ **La baie de Somme** – *Voir à ce nom.*

Avec de bonnes jumelles, on peut observer, depuis le Hourdel, des phoques-veaux-marins vautrés à marée basse sur leurs « reposoirs » et « micro-falaises » de sable bordant l'estuaire, d'où ils déguerpissent à la première alerte venue. La surveillance mise en place par Picardie Nature a pour but de limiter les perturbations humaines qui menacent les gestations : pour le moment deux bébés par an arrivent à terme.

Parc SAMARA★

Cartes Michelin nᵒˢ 52 plis 8 ou 236 pli 23 (10 km à l'Ouest d'Amiens).

Ce **parc** ⊘ de 25 ha a été aménagé au pied d'un oppidum celtique d'où la vue s'étend sur la vallée de la Somme.

Au centre de l'arboretum qui rassemble 80 espèces forestières (chêne, aune, érable, peuplier), le jardin botanique, de plan cruciforme, comprend environ 500 espèces végétales du Nord de l'Europe.

Le sentier de promenade à travers le marais, ancienne tourbière en voie de comblement, permet de découvrir différents écosystèmes propres aux milieux humides : une roselière-cariçaie, une mégaphorbaie et une saulaie. Dans une cabane de tourbier est expliquée la méthode d'extraction de la tourbe, métier disparu depuis peu.

Circuit de reconstitution.

En suivant le circuit des reconstitutions d'habitats, on voit successivement une maison du néolithique, une demeure de l'Âge du Bronze et une maison de l'Âge du Fer, avec son grenier, sa cave et son puits. Non loin de là, des démonstrations des techniques de la préhistoire font revivre le travail de la poterie, du silex, du bois.

Dans le **pavillon des expositions** sont évoqués le cadre de vie et les activités quotidiennes en Picardie depuis le paléolithique jusqu'à l'époque gallo-romaine : habitat de chasseurs de rennes, atelier de bronzier, atelier de forgeron de l'Âge du Fer, ruelle d'un village gaulois, cuisine gallo-romaine... Formé de deux coupoles centrales et de douze coupoles latérales, il représente symboliquement la silhouette d'un homme.

SAMER

3 026 habitants
Cartes Michelin nᵒˢ 51 plis 11, 12 ou 236 pli 12.

Marché agricole, spécialement pour les fraises (fête des fraises l'avant-dernière semaine de juin), Samer a pour centre une Grand-Place pavée et triangulaire que bordent des maisons anciennes, en majeure partie du 18ᵉ s.

Sur la Grand-Place, l'église du 15ᵉ s., ancienne abbatiale bénédictine d'un monastère fondé au 7ᵉ s. par saint Wulmer, renferme une cuve baptismale romane que décorent de frustes personnages symbolisant les baptisés.

Wierre-au-Bois - *1 km à l'Est par la D 215.*

Ce calme village, qui fut le siège d'un pèlerinage à saint Gendulphe, entretient aussi le souvenir de l'œuvre littéraire de Sainte-Beuve.

A l'intérieur de l'**église** se trouvent la statue équestre de saint Gendulphe et, au-dessus du maître-autel, un groupe en bois sculpté représentant Dieu le Père tenant le corps du Christ mort.

Dans le **cimetière** voisin sont inhumés les parents du Boulonnais **Sainte-Beuve**. A l'entrée, un médaillon et une inscription rappellent que le célèbre critique vécut à Wierre-au-Bois les vacances de sa jeunesse et qu'il y connut l'amitié et l'amour. Le jeune Sainte-Beuve était, en effet, reçu au château de Wierre et s'y était épris d'une de ses jeunes cousines ; il a décrit ce château dans « Volupté » sous le nom de « château de M. de Couaën ».

SARS-POTERIES

1 496 habitants
Cartes Michelin nᵒˢ 53 pli 6 ou 236 pli 29 – Schéma p. 67.

A partir du 15ᵉ s., la terre autour de Sars-Poteries fut utilisée par les potiers. La grosse industrie céramique (tuyaux, conduits...) a disparu, mais plusieurs ateliers artisanaux y fonctionnent encore.

Au 19ᵉ s., deux verreries, spécialisées dans la fabrication des services de table et des flacons, s'y installaient. En 1900, elles comptaient 800 ouvriers, mais, en 1938, frappées par la crise, elles durent fermer leurs portes.

★ **Musée-Atelier du Verre** ⓥ - Installé dans l'ancienne demeure du directeur de la verrerie, ce musée rassemble une collection originale de verreries populaires exécutées par les ouvriers pour eux-mêmes. Ces œuvres, appelées « bousillés » (bousiller : travailler en dehors des heures payées), permettaient aux verriers de déployer leur talent, leur art et leur imagination.

On y voit des lampes gravées très ouvragées, des coupes à plusieurs étages, les « encriers de la revanche » appelés ainsi car les verriers ne savaient pas écrire mais possédaient les plus beaux encriers ; les bouteilles de la Passion que l'on emportait au pèlerinage de N.-D. de Liesse *(voir p. 123)*, curieuses bouteilles contenant des ludions représentant instruments et personnages ayant trait à la passion du Christ, et des objets hétéroclites.

Suite à des fouilles locales, le musée s'est enrichi d'une collection de poteries de grès gris décorées au bleu de cobalt vitrifié (17ᵉ et 18ᵉ s.).

En association avec l'atelier du verre, le musée reçoit des artistes internationaux et augmente ainsi son fonds d'œuvres de verre contemporain.

Musée du verre, Sars-Poterie/Ph. Robin

Verre sablé : *Businessman* par Makoto Ito, 1995.

Moulin à eau ⓥ - *Sur la route de Cousolre.*
Construit en 1780, ce moulin a conservé l'intégralité de son mécanisme : la grande roue dentée autrefois actionnée par une roue à augets entraînant trois paires de meules et son système de monte-charge par courroie à godets.

SECLIN

12 281 habitants (les Seclinois)
Cartes Michelin nᵒˢ 51 pli 16 ou 236 pli 16 ou 111 plis 21 et 22 (Grand Lille).

Satellite de Lille, Seclin, à l'Ouest du Mélantois *(p. 169)*, vit des industries alimentaires, aéronautiques et chimiques (produits de beauté).

Hôpital - Un peu en dehors de la ville, au Sud-Ouest, l'hôpital de Seclin, que précède un tapis vert bordé de charmilles, a été fondé au 13ᵉ s. par Marguerite de Flandre, sœur de la comtesse Jeanne qui fit édifier l'hospice Comtesse de Lille.

Les bâtiments actuels, reconstruits dans leur majeure partie au 17ᵉ s., constituent un exemple de monument « baroque-flamand » avec son appareil de briques et pierres et ses ornements généreusement sculptés.

Pénétrer dans la **cour★** paisible et harmonieuse, bordée d'arcades formant promenoir. A droite s'élève le pignon à gradins de la salle des malades que prolonge, suivant la tradition, une chapelle : ces deux bâtiments datent du 15ᵉ s. La chapelle, restaurée, est couverte d'un beau berceau de bois.

Collégiale St-Piat ⓥ - Cette imposante église, à déambulatoire et chapelles rayonnantes, possède dans la nef des chapiteaux très allongés d'un modèle original.

Elle est dédiée à saint Piat, apôtre du Tournaisis en Belgique, martyrisé au 3ᵉ s. Enterré à Seclin, son corps fut transporté à Chartres où une chapelle dans la cathédrale lui est dédiée.

A droite du chœur, rhabillé au 18ᵉ s., s'ouvre l'entrée d'une **crypte** préromane abritant son tombeau ; une dalle funéraire du 12ᵉ s. recouvre le sarcophage d'origine.

A droite du déambulatoire, salle capitulaire des 14ᵉ-15ᵉ s.

Dans le clocher a été installé un carillon très sensible de 42 cloches.

Étangs de la SENSÉE

Cartes Michelin n°s 53 plis 3, 4 ou 236 plis 16, 17.

La Sensée, affluent de l'Escaut, marque la limite entre le Cambrésis et la Flandre. Elle a donné son nom à un canal, empruntant une partie de son cours, qui joint le bassin de l'Escaut à celui de la Scarpe et reçoit, près d'Arleux, le canal du Nord.

De Lécluse à Wasnes-au-Bac, la rivière a formé un chapelet de jolis étangs tapis dans les hautes herbes et ceints de peupliers. Asiles de verdure, ces étangs sont propices aux amateurs de pique-nique, de pêche, de chasse au gibier d'eau et de randonnées pédestres, équestres et V.T.T. (huit sentiers ont été balisés au départ de chaque commune).

Les **localités** ⊘ les plus fréquentées sont **Lécluse** (étang), **Hamel** (centre équestre), **Féchain, Arleux** (culture d'aulx), **Brunémont** (belle vue sur le lac depuis la D 247, base de voile), et surtout **Aubigny-au-Bac**, où a été aménagée une plage avec distractions variées.

SEPTMONTS

515 habitants
Cartes Michelin n°s 56 pli 4 ou 237 pli 9 (8 km au Sud-Est de Soissons).

Dans la vallée de la Crise, ce village conserve des maisons à pignons gradués dits « à pas de moineaux », caractéristiques de l'architecture soissonnaise.

Église ⊘ – Du 15e s., elle possède un clocher-porche ajouré de baies que surmonte une flèche de pierre hérissée de crochets.

A l'intérieur la poutre de gloire polychrome est sculptée de médaillons représentant les apôtres.

Château ⊘ – Il en subsiste quelques éléments intéressants témoignant de son architecture ancienne.

« Dans une charmante vallée, un admirable châtelet du 15e s. est encore parfaitement habitable... C'est la plus saisissante habitation que tu puisses te figurer. Une ancienne maison de plaisance des évêques de Soissons. » Cette lettre fut adressée par Victor Hugo à sa femme en 1835.

Dans un site boisé charmant, le donjon du 14e s. édifié par l'évêque Simon de Bucy, avec ses cheminées élancées et sa haute tourelle de guet, forme une élégante construction. Il est relié par un chemin de ronde à la tour carrée et la chapelle Saint-Louis, seul vestige du château primitif du 13e s.

Le pavillon Renaissance est en cours de restauration.

SOISSONS★

29 829 habitants
Cartes Michelin n°s 56 pli 4 ou 236 pli 37.

Rebâti après 1918, riche en monuments, Soissons, que signalent au loin les hautes flèches de St-Jean-des-Vignes, règne sur ses riches exploitations agricoles.

Capitale franque – Au temps de la monarchie franque, la cité joue un rôle prépondérant. C'est à ses portes que Clovis bat les Romains qu'il ruine à son profit. A la suite de cette bataille se situe le fameux épisode du « **vase de Soissons** » : Clovis avait réclamé dans son butin la restitution d'un vase volé dans une église de Reims. Un soldat s'y opposa et le brisa en déclarant : « Tu n'auras, ô Roi, que ce que le sort te donnera. » L'année suivante, passant en revue ses troupes, Clovis s'arrêta devant le soldat et lui fendit le crâne en disant : « Ainsi en as-tu fait du vase de Soissons. » L'histoire est illustrée par un bas-relief du monument aux Morts.

Clotaire Ier, son fils, en fait sa capitale, ainsi que Chilpéric, roi de Neustrie et époux de la trop fameuse Frédégonde que sa rivalité avec Brunehaut, dont elle avait fait assassiner la sœur, rendit célèbre.

C'est encore à Soissons qu'au 8e s. a lieu l'élection de Pépin le Bref, successeur des Mérovingiens déchus. Enfin, à la suite d'un combat livré sous ses murs en 923, Charles le Simple perd son trône au profit de la Maison de France.

★★ ANCIENNE ABBAYE DE ST-JEAN-DES-VIGNES (AZ) ⊘

Fondée en 1076, l'abbaye de St-Jean-des-Vignes fut un des plus riches monastères du Moyen Âge. Les libéralités des rois de France, des évêques, des grands seigneurs et des bourgeois permirent aux moines de construire, aux 13e et 14e s., une grande église abbatiale et d'importants bâtiments monastiques. En 1805, un décret impérial, pris en accord avec l'évêché de Soissons, ordonna la démolition de l'église, dont les matériaux devaient servir à la réparation de la cathédrale. Devant les protestations, la façade fut sauvegardée.

E. Baret

Abbaye de St-Jean-des-Vignes : réfectoire.

Façade – Portails à redans, finement découpés et surmontés de gâbles de la fin du 13ᵉ s. ; le reste est du 14ᵉ s., à part les clochers élevés au 15ᵉ s. Une élégante galerie à claire-voie sépare le portail central de la grande rose, qui a perdu son réseau d'arcatures. Aux contreforts des tours sont accolées deux à deux des statues de la Vierge et des saints.

Les deux clochers flamboyants sont d'une grande élégance. Le **clocher Nord**, plus large, est aussi le plus élevé et le plus orné : dais finement travaillés des contreforts, clochetons ajourés et surmontés de flèches à crochets, arêtes et nombreux crochets très saillants. Sur la face Ouest, contre le meneau de la baie supérieure, est fixé un Christ en croix et à ses pieds se trouvent les statues de saint Jean et de la Vierge.

Le revers de la façade est plus simple, la tour Nord ayant été éventrée de ce côté. Sous le portail Sud une porte du 13ᵉ s. faisait communiquer l'église et le cloître.

★ **Réfectoire** – Il est construit dans le prolongement de la façade, au dos du grand cloître. C'est une construction du 13ᵉ s. dont les deux nefs sont voûtées d'ogives. Sept fines colonnes coiffées de chapiteaux à feuillage reçoivent la retombée des doubleaux et des nervures. Huit grandes roses à lobes percent les murs Est et Sud. Il a conservé sa chaire de lecteur.

Cellier – Cette magnifique salle, située sous le réfectoire dont elle reproduit le plan, est voûtée d'ogives retombant sur de robustes piles octogonales.
En face s'élève un bâtiment reconstruit au 16ᵉ s. pour le logis de l'abbé.

Cloîtres – Il ne reste du **grand cloître**★ que deux galeries édifiées au 14ᵉ s. Les arcades en tiers-point, séparées par des contreforts très ouvragés, possédaient une gracieuse arcature dont les travées Sud conservent des restes. La finesse des chapiteaux, représentant la flore et la faune, est remarquable.
Le **petit cloître**, en retour d'équerre, présente deux travées Renaissance.

Maison franque – La reconstitution de cette maison du 6ᵉ s. a été réalisée à partir du résultat des fouilles effectuées dans le village de Juvincourt dans l'Aisne.

★★ CATHÉDRALE ST-GERVAIS-ET-ST-PROTAIS (AY) ⊙

Par la pureté des lignes, la simplicité de l'ordonnance, cet édifice peut être considéré comme un des plus beaux témoins de l'art gothique.
La construction de la cathédrale commence au 12ᵉ s. par le croisillon Sud. Le 13ᵉ s. voit s'élever le chœur, la nef et les bas-côtés. Le croisillon Nord et la partie haute de la façade ne sont exécutés qu'au début du 14ᵉ s. La guerre de Cent Ans interrompt les travaux avant que le clocher Nord soit édifié ; il ne sera jamais achevé.
A la fin de la guerre 1914-1918, seuls le chœur et le transept restent intacts.

SOISSONS

Extérieur – La façade dissymétrique ne laisse pas présager la beauté intérieure de l'édifice. Au 18e s., des remaniements malheureux, corrigés en partie en 1930, ont défiguré les portails qui n'ont conservé que leurs profondes voussures. La rose, surmontée d'une élégante galerie, est inscrite dans un arc en tiers-point. De la rue de l'Évêché on aperçoit l'étagement du bras Sud du transept qui se termine en hémicycle et, de la place Marquigny, le chevet sévère et robuste. A l'Est du croisillon Nord s'ouvre un portail à gâble élancé, épaulé par deux contreforts ; l'art décoratif du 14e s., plus ouvragé, y apparaît. La façade du croisillon est ornée d'arcatures rayonnantes également du 14e s. Elle est percée d'une grande rose inscrite dans un arc en tiers-point et s'achève par un pignon flanqué de deux pinacles.

★★ Intérieur – La cathédrale, longue de 116 m, large de 25,6 m et haute de 30,33 m, est, si l'on excepte les croisillons, absolument symétrique. Aucun détail superflu ne rompt l'harmonie de ce vaste vaisseau. Des colonnes cylindriques séparent les travées de la nef ou du chœur. Leurs chapiteaux sobrement décorés reçoivent la retombée des grandes arcades en tiers-point. Ils servent aussi de point d'appui à cinq fûts qui soutiennent la voûte et sont prolongés jusqu'au socle par une colonne engagée. Les grandes arcades sont surmontées par un triforium et par de hautes fenêtres géminées.

Le **croisillon Sud★★** est une merveille de grâce, due en grande partie à son déambulatoire que surmontent des tribunes. Dans ce déambulatoire s'ouvre une chapelle à deux étages. Une belle clé réunit les nervures de la voûte qui retombent sur des colonnettes encadrant les fenêtres et sur les deux colonnes monolithes de l'entrée. La chapelle haute, semblable à celle du bas, correspond avec les tribunes du transept.

Le **chœur** est une des premières manifestations du style gothique lancéolé. Les fenêtres, formées de cinq lancettes, sont ornées de beaux vitraux des 13e et 14e s. Le maître-autel est encadré de deux statues de marbre blanc représentant l'Annonciation. Les voûtes d'ogives des cinq chapelles rayonnantes, peu profondes, se combinent avec celles du déambulatoire ; les huit branches d'ogives s'entrecroisent à la même clé.

Le **croisillon Nord** présente la même ordonnance que la nef. Sur le mur droit du fond a été plaquée une ornementation du 14e s. ; rose avec vitraux anciens. A gauche, « l'Adoration des Bergers » exécutée par Rubens pour les Cordeliers en remerciement des soins que ceux-ci lui avaient prodigués à Soissons.

AUTRES CURIOSITÉS

Musée municipal de l'ancienne abbaye de St-Léger (BY M) ⊙ – Fondée en 1152, l'abbaye fut dévastée en 1567 par les protestants qui démolirent la nef de l'église.

Église – Le chœur, terminé par un chevet à pans coupés, et le transept, du 13e s., sont éclairés par des fenêtres hautes et basses. La façade et la nef à double collatéral ont été reconstruites au 17e s. Remarquer le tympan et les chapiteaux de l'ancienne abbaye St-Yved de Braine.

Crypte – Elle comprend deux galeries et deux travées de la fin du 11e s. dont les voûtes d'arêtes retombent sur des piliers flanqués de colonnes à chapiteaux cubiques ornés de feuilles. Une abside polygonale du 13e s., voûtée d'ogives, la prolonge.

Salle capitulaire – Donnant sur le cloître (13e s.), la salle capitulaire, de la même époque, est voûtée de six croisées d'ogives retombant sur deux colonnes.

Musée – Installé dans les anciens bâtiments conventuels, le musée abrite des collections variées.

La préhistoire, les époques gauloise et gallo-romaine sont représentées au rez-de-chaussée.

Au premier étage une salle est consacrée à la peinture du 16e au 19e s. : école du Nord (Francken), école italienne (Pellegrini), école française (Largillière, Courbet, Boudin et Daumier). Dans l'autre salle des documents, plans, peintures, maquettes illustrent l'histoire de la ville.

En sortant, gagner l'avenue du Mail pour jeter un coup d'œil sur le chevet de l'église et sur l'hôtel de ville, Intendance sous l'Ancien Régime.

Abbaye de St-Médard (BY) ⊙ – De cette abbaye très célèbre à l'époque franque, il ne subsiste qu'une crypte préromane du 9e s. qui gardait le tombeau de saint Médard et les tombes des rois mérovingiens fondateurs : Clotaire et Sigebert.

ENVIRONS

Courmelles – *4 km par ⑤, D 1 à droite, à la sortie de la ville, prendre une petite route.* L'**église** du 12e s., au clocher trapu, a conservé son **chevet** roman arrondi. Quatre contreforts, formés de colonnettes aux chapiteaux finement sculptés, séparent les fenêtres en plein cintre décorées de cordons d'étoiles et surmontées d'arcatures brisées. La fenêtre centrale, en saillie, est une ancienne niche d'autel.

SOLRE-LE-CHÂTEAU

1 951 habitants
Cartes Michelin nos 53 Sud-Est du pli 6 ou 236 pli 29 – Schéma p. 67.

Calme petite cité d'un pays verdoyant et accidenté, Solre a perdu son château seigneurial, fief des Lannoy et des princes de Croy, mais a gardé son église au majestueux clocher et nombre de demeures anciennes des 17e-18e s.

Hôtel de ville – La façade de briques roses de cet édifice de la fin du 16e s., à la sobre architecture Renaissance, se détache en avant du clocher de l'église, sévère et sombre.

Le rez-de-chaussée servit jadis de halle, ouverte sur l'extérieur, et l'on peut encore lire, au-dessus des arcades, trois curieuses inscriptions gravées évoquant les affaires qui s'y traitaient.

Passer sous la voûte pour déboucher sur la place Verte.

Église – Ce beau monument gothique du 16ᵉ s. est construit en pierre bleue de la région. Son puissant **clocher** penché, aux lignes originales, faisait partie des fortifications ; formant à la base un porche ouvert sur trois côtés, ce qui est fort rare, il se termine par une flèche mauve, achevée en 1612, que cantonnent d'amusantes échauguettes en fuseau et que couronne un gros bulbe à lucarnes dans lequel se tenait le guetteur.

L'intérieur présente un double transept et un double voûtement : berceau de bois à entraits sculptés, dans la nef, et ogives, dans le chœur.

Le buffet d'orgues (18ᵉ s.) est orné d'une belle statue du roi David jouant de la harpe, qui provient du jubé de l'abbatiale de Liessies. Vitraux du 16ᵉ s. dans le bras Sud du transept (la Passion) et le chœur (Jugement dernier) ; boiseries Renaissance.

Clocher de l'église.

EXCURSION

Circuit de 22 km – *Environ 1 h. Prendre la D 962 par la route de Beaumont jusqu'à Hestrud, puis à gauche la D 280.*

Vallée de la Thure – La D 280 suit, d'Hestrud à Cousolre, sur 6 km, la Thure, affluent de la Sambre, qui coule au fond d'un vallon frais et sinueux dont les fonds de prairies et d'étangs contrastent avec les pentes boisées où pointent les schistes.

Cousolre – Sainte Aldegonde y naquit. Ce fut la cité du marbre, exploité jadis dans les carrières et les scieries de Ste-Anne. Le marbre de Cousolre, noir et blanc, a été abondamment utilisé au château de Versailles.

Revenir à Solre-le-Château par la D 80 jusqu'à Berelles puis la D 963.

La baie de SOMME★★

Cartes Michelin nᵒˢ 52 pli 6 ou 236 pli 11, 21, 22.

Ses immenses espaces sauvages, ses paysages insolites aux vastes horizons font de la baie de Somme un site privilégié dont on entrevoit le charme surtout à marée basse. La mer découvre alors des étendues infinies de sable et d'herbe. C'est un paradis pour les amoureux de la nature.

Les mollières – Comme les baies de la Canche et de l'Authie, la baie de Somme a tendance à se combler par un alluvionnement régulier qui épaissit les bancs de sable. Ceux-ci finissent par se recouvrir d'herbes, donnant ainsi naissance aux mollières, pâturages des moutons de pré-salé. C'est un milieu qu'affectionnent de nombreuses plantes halophiles (qui aiment le sel) dont la salicorne, utilisée en salade ou en condiment.

Cet ensablement et l'augmentation du tonnage des navires ont nui à la navigation, jadis active. L'aménagement du canal de la Somme de 1786 à 1835, la création d'un abri d'attente au Hourdel n'ont pu que retarder son déclin. Il faut cependant noter que, durant la Première Guerre mondiale, la baie servit de base anglaise avec un trafic qui atteignit exceptionnellement, en 1919, près de 125 000 t.

Pêche et chasse – Les trois ports de pêche de la baie : St-Valery, Le Crotoy et Le Hourdel sont spécialisés dans la pêche des coquillages, des crustacés et des encornets.

La pêche à pied est pratiquée le long des chenaux ou dans les « traînes » laissées par la mer ; coques, mulets, anguilles, poissons plats harponnés à la « foëne » ou au « raccroc », sont les prises les plus courantes.

De tous temps, la baie a constitué une halte de prédilection pour les oiseaux migrateurs, attirant ainsi de nombreux chasseurs.

La chasse au gibier d'eau, traditionnelle, se pratique à la « botte », en canots aménagés spécialement, ou à la « hutte », à l'affût dans des buttes herbeuses percées de volets de tir, avec l'aide de canards domestiques ou artificiels faisant office d'appelants.

La réserve et le parc du Marquenterre, implantés dans la partie Nord-Ouest de la baie de Somme, servent toutefois de halte pour les oiseaux migrateurs ; au cours de leurs passages, on a dénombré 315 espèces (en Camargue 360 espèces) sur les 452 signalées en Europe *(voir p. 173)*.

AUTOUR DE LA BAIE

S'il n'est pas conseillé d'entreprendre sans guide la traversée de la baie, il existe plusieurs points de vue, notamment celui du phare de Brighton. On a aussi la possibilité de parcourir la baie en chemin de fer.

Chemin de fer de la baie de Somme ⊙ – Un train composé de vieilles voitures à plates-formes tractées par des locomotives à vapeur ou diesel circule entre Le Crotoy, Noyelles, St-Valery et Cayeux-sur-Mer, permettant sur 16 km de découvrir cette région verdoyante prolongée par les mollières.

★★ **Domaine du Marquenterre** – *Voir à ce nom.*

⌂ **Le Crotoy** – *Voir à ce nom.*

★ **St-Valery-sur-Somme** – *Voir à ce nom.*

★ **Maison de l'Oiseau** ⊙ – La volonté de préserver une superbe collection d'oiseaux naturalisés rassemblée par un habitant de Cayeux a été à l'origine de la Maison de l'Oiseau, dans cette baie de Somme si riche au point de vue ornithologique. Un bâtiment a été édifié spécialement, reprenant le plan des fermes traditionnelles autour d'une cour.

A l'intérieur, des dioramas mettent en valeur les oiseaux de la région dans leur cadre naturel : falaises, sables et vasières, dunes et gravières... Dans une salle consacrée aux canards, une hutte de chasse a été reconstituée dont le poste de guet donne sur une mare aménagée à l'arrière de la maison où vivent canards sauvages, oies, bécasseaux, etc. Des projections de films, des expositions, des stages d'initiation à l'ornithologie complètent la présentation muséographique.

Le Hourdel – Ce petit port de pêche et de plaisance étire ses maisons de style picard à la pointe du cordon littoral qui part d'Onival, formant un bourrelet de galets exploités par broyage pour faire de l'émeri et des filtrants. Vues sur la baie.

Phare de Brighton ⊙ – Du haut de ce phare, belles vues sur la mer et Cayeux-sur-Mer.

Cayeux-sur-Mer – Cette station climatique ventée est bordée d'une digue-promenade de 1 600 m. La longue plage de sable dur s'étend depuis le bois de Brighton-les-Pins (sentiers aménagés).

M. Cambazard/EXPLORER

Le Hourdel.

Vallée de la SOMME★

Cartes Michelin n°s 52 plis 6 à 10 ou 236 plis 22 à 26.

Traînant ses eaux lentes, souvent épandues en étangs argentés ou en noirs marais tourbeux, la Somme « qui a fait la Picardie comme le Nil l'Égypte » (Mabille de Poncheville) a modelé dans le plateau de craie picard un large val humide et verdoyant.

Coupure naturelle et longtemps région frontière, la Somme fut le théâtre de nombreux combats : elle a donné son nom à deux batailles, l'une en 1916, l'autre en 1940.

Prenant sa source en amont de St-Quentin, à 97 m d'altitude, la Somme déroule son cours d'Est en Ouest sur une longueur de 245 km ; c'est dire la faiblesse de sa pente, qui, associée au pouvoir absorbant des tourbes, ralentit considérablement l'écoulement de ses eaux. La régularité de son débit est garantie par le suintement ininterrompu de la craie du plateau, se manifestant au flanc du val par d'innombrables sources.

Cette humidité détermine des paysages très frais, où la végétation est vigoureuse. Partant du lit fluvial parfois divisé en plusieurs bras et bordé de saules ou de peupliers, on rencontre tour à tour le marais formant tourbière sous les hautes herbes, les prés sur lesquels on faisait jadis blanchir le linge, les champs cultivés, la côte entaillée de carrières, les bois où se cachent les sources, enfin le plateau limoneux. Par endroits, les marécages, drainés et amendés, ont permis la formation de jardins maraîchers, ou hortillonnages.

Parmi les étangs, ceux qui affectent la forme de fosses rectangulaires et profondes sont d'anciennes tourbières. Naguère, la **tourbe**, noire et épaisse, était employée comme combustible dans les foyers picards modestes. Formée dans le marais par la décomposition des végétaux (60 % de carbone), elle était extraite en barres à l'aide de « louchets » (pelles spéciales), débitée en mottes, enfin séchée sur prés ou en « hallettes » (petites granges).

La navigation, entravée par le manque de profondeur et la présence de gués, n'a jamais été bien active. Cependant la section Amiens-St-Valery portait les « **gribannes** », lourdes nacelles transportant, à la descente, les blés du Santerre, les laines du Ponthieu et, à la remontée, les sels et les vins ; au 19e s., s'y ajoutèrent quelques bateaux à vapeur.

Terminé seulement au 19e s., le **canal de la Somme** relie St-Quentin à St-Valery ; parfois empruntant le lit de la rivière, parfois latéral, parfois coupant les méandres, il ne fut jamais très fréquenté en raison de l'absence de port maritime sûr à son débouché.

Chasse et pêche – La chasse concerne surtout le gibier d'eau que l'on traque en barque ou à l'affût à la « hutte » *(voir p. 174)*. Si la chasse au cygne sauvage ne se pratique plus depuis le début du 18e s., canards et bécassines participent en masse aux « tableaux ».

Rivière, fosses, étangs sont très poissonneux. Certes on ne trouve plus guère de saumons ni d'esturgeons, innombrables au 18e s. Mais les anguilles pullulent, dont on fait d'excellents pâtés, alors que foisonnent brochets, carpes, perches, tanches...

Né des nécessités de la chasse, l'Épagneul bleu de Picardie ou « Bleu picard », signalé dès 1875 dans les vallées de la Somme, de l'Authie et de la Canche pour sa pigmentation de peau paraissant bleutée, était jadis très répandu ; mais ce chien d'arrêt – populaire auprès des sauvaginiers du littoral et des huttiers de la baie pour la chasse au lièvre, à la bécasse ou au faisan – s'y fait aujourd'hui plus rare.

DE PÉRONNE A AMIENS *63 km - environ 1 h 1/2*

Sortir de Péronne (voir à ce nom) par ③ et la D 938.

La route franchit le canal du Nord, passe à **Cléry** d'où l'on découvre les **étangs de la Haute-Somme**, puis traverse l'autoroute. Courant sur le bord du plateau, elle procure des échappées sur la vallée en contrebas.

A l'entrée de Maricourt, prendre à gauche la D 197 puis, à gauche, le chemin de Vaux.

★ **Belvédère de Vaux** – Au déclin du plateau, une plate-forme, aménagée le long de la route, offre une **vue**★ au premier plan sur le méandre de Curlu, jalonné d'étangs luisants dans leur cadre de hautes herbes et coupé à la racine par le canal de la Somme ; à l'arrière-plan à l'extrémité de la vallée, se profile la silhouette de Péronne.

La route descend ensuite sur Vaux, minuscule village dont l'habitat se disperse sous la ramure et traverse la Somme à Éclusier, coin apprécié des pêcheurs d'anguilles. Là, prendre à droite la route de Cappy longeant le canal bordé de grands arbres.

A Cappy retraverser la Somme en suivant la D 1 qui conduit à Bray.

Vue du belvédère de Vaux.

Bray-sur-Somme – Important centre de pêche dans la Somme, le canal et les étangs voisins, Bray, jadis port fluvial, est situé à la pointe d'un méandre de la rivière. Dominée par un massif clocher carré à toit aigu, l'**église** possède un chœur roman aux lignes élancées que flanquent deux absides.

Froissy - De ce hameau, près du pont sur le canal de la Somme, part le **chemin de fer touristique** ⊙ Froissy-Dompierre, reliant le pont de Froissy au stade de Dompierre en passant par le tunnel de Cappy (300 m), de la vallée de la Somme au plateau du Santerre.
Cette promenade de 7 km se fait dans un petit train à vapeur de faible gabarit et d'écartement réduit (60 cm) qui servait à l'approvisionnement des tranchées et de l'artillerie pendant la Première Guerre mondiale puis qui fut utilisé par la sucrerie de Dompierre. Une **halle-musée** présente des locomotives et des wagons remis en état d'origine.

Revenir à Bray-sur-Somme et prendre la D 1.

Après Etinehem, l'itinéraire se glisse entre les étangs et la falaise puis gravit le promontoire d'un méandre de la Somme, offrant une **vue** agréable sur Corbie, signalée par les tours de son abbatiale.

De Chipilly à Corbie, suivre la rive de la Somme.

La route, qui suit à droite le bord de la falaise, côtoie à gauche les étangs, parfois masqués par des frondaisons sous lesquelles se cachent les cabanons de pêcheurs.

Corbie et la Neuville - *Page 118.*
Après la Neuville, l'itinéraire passe à proximité de cressonnières puis fait l'ascension d'une croupe d'où se découvre une jolie **vue** sur la vallée et sur Corbie.

A Daours, prendre la D 1.

11 km plus loin, une vue intéressante s'offre sur Amiens *(voir à ce nom)* dominée par sa cathédrale et la tour Perret.

D'AMIENS A ABBEVILLE *58 km - environ 3 h*

Quitter Amiens (voir à ce nom) à l'Ouest en direction de Picquigny par la N 235 et suivre la route parallèle à la voie ferrée Paris-Calais.

Ailly-sur-Somme – Surplombant le bourg, l'église moderne, de lignes sobres, est d'une conception originale : évoquant la voile d'un bateau, son grand toit oblique repose d'un côté sur un mur de pierre et de l'autre descend jusqu'à terre.

Passer sur la rive droite de la Somme et prendre à gauche vers la Chaussée Tirancourt.

★ **Samara** - *Voir à ce nom.*

Picquigny - *Voir à ce nom.*

A la sortie Nord-Ouest de Picquigny, emprunter la D 3.

Abbaye du Gard – Fondée en 1137 par l'ordre de Cîteaux, cette abbaye eut Mazarin pour abbé commendataire au 17e s. Après la Révolution les bâtiments furent utilisés par les trappistes, les pères spiritains et les moniales chartreuses, puis, abandonnés, ils tombèrent en ruine.

En 1967, les frères auxiliaires, installés à St-Riquier, achetèrent l'abbaye du Gard et restaurèrent complètement le très beau corps de logis du 18e s., lui redonnant ainsi sa fonction de lieu de prière et de rencontre.

Hangest-sur-Somme – Les cressonnières sont une spécialité du village. Dans l'église ⊙ des 12e-16e s., mobilier du 18e s. provenant de l'abbaye du Gard.

Au-delà d'Hangest, la route gravit une côte ; du sommet, vue étendue sur la vallée. En 1940, entre Hangest et Condé-Folie, la 7e Division Blindée allemande, commandée par **Rommel**, franchit la Somme, ses chars empruntant le pont du chemin de fer qui n'avait pas sauté ; important cimetière militaire français à **Condé-Folie**.

Longpré-les-Corps-Saints – Le bourg doit son nom aux reliques envoyées de Constantinople par Aléaume de Fontaine, fondateur de l'église, à l'époque des Croisades.

L'**église** ⊙ présente, au tympan du portail, des scènes de la Mort et de la Résurrection de la Vierge. Au fond du chœur sont exposés les reliquaires.

1 km passé Longpré, au Catelet, prendre à droite la D 32 qui mène à Long.

On traverse les fonds du val, parsemés d'étangs. Belle perspective sur le château de Long.

Long – Ce joli village à flanc de coteau possède une grande église reconstruite au 19e s., dans le style gothique, mais ayant conservé une flèche du 16e s. ; orgues de Cavaillé-Coll.

Harmonieux et raffiné, le **château** ⊙ Louis XV, de briques roses et pierres blanches, à comble d'ardoises à la Mansart, n'est pas sans analogies avec celui de Bagatelle *(p. 43)*. Remarquer l'originalité des courtes ailes arrondies et l'élégance des ouvertures que surmontent des clés sculptées en agrafes ou en masques.

Retraverser la Somme et rejoindre la D 3.

Église de Liercourt – Avant ce village, ce charmant édifice flamboyant à clocher-pignon montre un délicat portail en anse de panier que surmontent les armes de France et une niche abritant la statue de saint Riquier.

Prendre à droite la D 901 qui franchit la voie ferrée Paris-Calais.

Château de Pont-Remy – Dans une île de la Somme, près de Pont-Remy, ce château remonte au 15e s. mais a été remanié en 1837 dans le style « gothique troubadour ».

Revenir à la D 3.

La route longe la base du coteau, à la limite des étangs et des prés, et se rapproche des monts de Caubert *(p. 44)*, à leur pied, tourner à droite vers Abbeville *(voir à ce nom)*.

La THIÉRACHE★

Cartes Michelin nos 53 plis 15 et 16 ou 236 plis 28, 29, 39.

La Thiérache forme une tache verdoyante dans les plaines crayeuses et dénudées de Picardie et de Champagne. Prolongée au Nord par l'Avesnois, elle couvre l'arrondissement de Vervins et une partie du canton de Marle. Une pluviosité accrue par l'altitude qui à l'Est atteint 250 m et des terrains imperméables en font un pays humide à vocation forestière et surtout herbagère. Les axes en sont les hautes vallées de l'Oise, de la Serre et leurs affluents.

Le paysage bocager est composé de prairies, de pommiers à cidre, de fermes dispersées. Dans les pâtures, durant huit mois de l'année paissent les vaches, de race pie noir frisonne. Leur lait est expédié dans la région et à Paris ; une partie cependant est transformée en beurre, en poudre de lait ou en fromage de Maroilles et Edam français, tandis que le petit-lait est réservé aux porcs. Les oseraies ont donné naissance à la vannerie, pratiquée dans la région d'**Origny**.

★ LES ÉGLISES FORTIFIÉES

Région-frontière jusqu'au règne de Louis XIV, la Thiérache fut sans cesse envahie. Elle était parcourue par les Grandes Compagnies, les lansquenets (fantassins allemands), les « Gueux », tout particulièrement pendant la guerre de Cent Ans, les guerres de Religion et les luttes entre la France et l'Espagne sous Louis XIII et Louis XIV. Faute de châteaux forts et de remparts pour protéger leurs villages, les habitants fortifièrent leurs églises à la fin du 16e s. et au 17e s. C'est ainsi que la plupart des édifices datant des 12e et 13e s. se virent nantis de hauts donjons carrés percés de meurtrières, de tours rondes, d'échauguettes... leur conférant de curieuses silhouettes où pierres et briques se marient de façon assez hétéroclite. Certaines églises furent cependant construites d'un seul jet au tournant du 17e s. comme celle de Plomion, église forteresse très homogène.

À l'intérieur ces églises étaient aménagées pour recevoir les combattants et abriter les villageois. Les plafonds bas des nefs s'expliquent par la présence d'une autre pièce à l'étage supérieur. Un four à pain, un puits, des cheminées permettaient aux réfugiés de subsister quelque temps. Une soixantaine de ces curieuses églises existent en Thiérache et dans la vallée de l'Oise.

① **Circuit au départ de Vervins** 65 km - environ 3 h

Prendre la D 372 au Sud-Est de Vervins (voir à ce nom), jusqu'à Harcigny puis la D 37.

Plomion - L'église du 16e s. est remarquable par sa façade flanquée de deux tours et pourvue d'un donjon carré comportant une grande salle communiquant avec les combles.

Devant l'église, une halle importante atteste le rôle commercial de Plomion.

Prendre la D 747 en direction de Bancigny et Jeantes.

Jeantes - La façade de l'**église** est encadrée de tours carrées. A l'intérieur les murs sont recouverts de fresques expressionnistes du peintre Charles Van Eyck (1962) représentant des scènes de la Vie du Christ. Remarquer les fonts baptismaux du 12e s.

Dagny - Ce village ancien a conservé ses maisons en torchis et à pans de bois sur assises de briques.

Morgny-en-Thiérache - Le chœur et la nef de l'église sont du 13e s. La fortification a porté sur le chœur qui a été exhaussé d'un étage pour abriter une salle refuge.

Dohis - Nombreuses maisons à pans de bois et torchis. L'église (nef du 12e s.), est particulièrement intéressante pour son donjon-porche ajouté au 17e s.

De l'église, revenir en arrière et prendre la première rue à gauche, puis tourner de nouveau à gauche à une fourche, vers Parfondeval.

Église de Plomion.

Morcime/CAMPAGNE CAMPAGNE

Parfondeval - Perché sur une colline, ce beau village groupe ses maisons de briques au chaud coloris autour d'un vaste espace gazonné. L'**église** du 16e s. apparaît au fond de la place, véritable forteresse derrière une enceinte formée par les maisons voisines. Le portail en pierre blanche est de style Renaissance. Sur les murs, des briques vernissées forment des dessins réticulés.

Revenir à l'entrée de Parfondeval et prendre la D 520 vers Archon.

De cette route vue agréable sur Archon et le paysage vallonné semé de bosquets.

Archon - Les maisons en torchis et briques cernent l'église gardée par ses deux grosses tours rondes entre lesquelles une passerelle servait de poste de guet. La D 110 traverse **Renneval** (église en pierres au chœur fortifié) puis Vigneux.

Hary - Au chœur et à la nef de l'église romane du 12e s., construite en pierres blanches, a été ajouté au 16e s. un donjon en briques.

La D 61 suit la vallée de la Brune.

Burelles - L'**église** ⊙ de Burelles, construite aux 16ᵉ et 17ᵉ s., présente de nombreux éléments défensifs : meurtrières, donjon renforcé d'une tourelle et d'une échauguette, croisillon gauche du transept à bretèche et échauguettes, chœur flanqué aussi d'une tourelle. L'étage supérieur du transept est aménagé en une vaste chambre forte. L'appareil de briques offre des nuances variées d'un effet séduisant.

Prisces - Le chœur et la nef du 12ᵉ s. de l'**église** ⊙ ont été nantis d'un énorme donjon carré en briques, haut de 25 m avec deux tourelles opposées en diagonale. A l'intérieur, les quatre étages permettaient de recevoir une centaine de combattants avec armes et provisions.

Franchir la Brune pour gagner Gronard par la D 613.

Gronard - La façade de l'église disparaît presque derrière des tilleuls. Le donjon est flanqué de deux tours rondes.

Gagner Vervins par la D 613 et la D 966. Vue pittoresque sur le site de Vervins.

② De Vervins à Guise *51 km - environ 2 h*

Cet itinéraire suit en grande partie la vallée de l'Oise riche aussi en églises fortifiées.

De Vervins (voir à ce nom) prendre la D 963 jusqu'à la Bouteille.

La Bouteille - Quatre tourelles cantonnent l'église, édifice aux murs épais de plus de 1 m, bâti par les cisterciens de la proche **abbaye de Foigny**, aujourd'hui en ruine.

La D 751 et la D 382 mènent à Foigny. Traverser la D 38 et prendre la petite route qui longe les ruines de l'abbaye, jusqu'à Wimy.

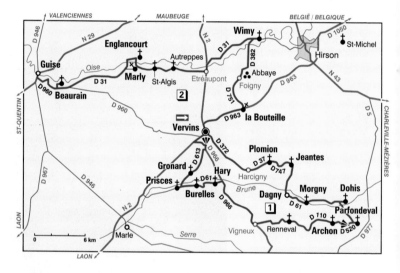

Wimy - L'énorme donjon de l'église fortifiée est flanqué de deux tours cylindriques importantes. A l'intérieur ont été aménagés deux cheminées, un puits, un four à pain. Le premier étage abrite une vaste salle de refuge.
La D 31 traverse Etréaupont et continue vers **Autreppes**, petit village en briques. On passe devant son église fortifié puis la route longe le village de **Saint-Algis** dominé par le donjon de son église.

Marly - A l'église en grès des 13ᵉ et 14ᵉ s., présentant un beau portail en tiers-point, ont été ajoutées deux grosses échauguettes. A la base sont pratiquées de larges meurtrières pour le tir des arbalètes.

Englancourt - Dans un joli site dominant le cours de l'Oise, l'**église** fortifiée présente une façade flanquée d'échauguettes, un donjon carré en briques et un chœur à chevet plat que renforcent deux tours rondes.

Rejoindre la D 31 par la D 26.

Beaurain - Isolée sur une hauteur, l'**église** se détache sur un fond de verdure, belle forteresse construite d'un seul jet. Le gros donjon carré est flanqué de tours ainsi que le chœur. A l'entrée fonts baptismaux romans.

Gagner Guise par la D 960.

Guise - Voir à ce nom.

Le TOUQUET ✿✿✿

5 596 habitants (les Touquettois)
Cartes Michelin nos 51 pli 11 ou 236 pli 11.

Nommée Paris-Plage à sa création, au 19e s., la station, presque aussitôt adoptée par les Anglais, prit le nom de Touquet Paris-Plage en 1912. Depuis elle s'est développée comme station européenne des quatre saisons avec son équipement hôtelier important, des activités sportives praticables toute l'année et un centre de thalassothérapie.

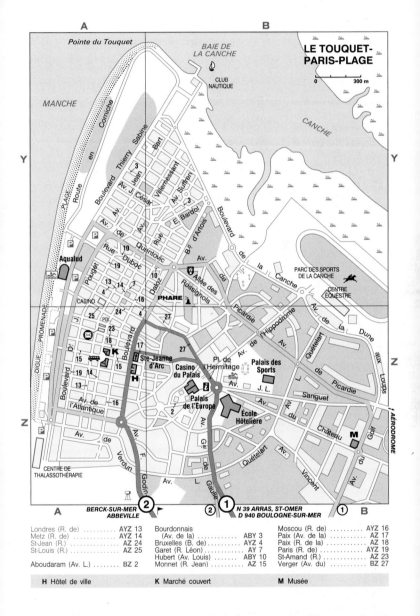

La ville – Elle s'allonge entre la mer et la forêt, en rues parallèles que coupent les voies d'accès à la plage. Le centre-ville bénéficie d'équipements sportifs et d'un poney-club. Le quartier animé est constitué par le carrefour des **rues St-Jean et de Paris**. La rue Jean-Monnet passe sous l'arche du **marché couvert (AZ K)**, harmonieux ensemble monumental en demi-lune, pour atteindre l'hôtel de ville et l'église qui se font face.

Église Ste-Jeanne-d'Arc (AZ) – Édifiée en 1912, restaurée en 1955, elle est ornée de clairs vitraux figuratifs et de ferronnerie d'art de Lambert Rucki.

Hôtel de ville (**AZ H**) – Terminé en 1931, en pierres du pays, il est flanqué d'un beffroi de 38 m. L'ensemble s'apparente au style anglo-normand.

Formant front de mer, la **digue-promenade** comporte de nombreux parkings et jardins.

La plage et le port – Découvrant à marée basse sur 1 km et se prolongeant sur 12 km jusqu'à l'embouchure de l'Authie, cette admirable plage, en pente très douce, est faite de sable fin et dur propice aux chars à voile. Par une **route en corniche** qui suit le cordon des dunes, on accède au port de plaisance bien abrité de la pointe du Touquet.

Aqualud ⊙ – Ce parc d'attractions aquatiques comprend une partie intérieure aménagée sous une pyramide de verre avec toboggan géant, piscine à vagues, lagon pour enfants, etc., et une partie extérieure en eau de mer.

Le phare (**BY**) ⊙ – Reconstruit après 1945, il s'élève à 53 m de hauteur en pleine terre, entre la ville et la forêt. Son fût hexagonal de briques roses est coiffé de deux balcons blancs. L'ascension par un escalier spacieux permet dès la 1ʳᵉ plate-forme (214 marches), de découvrir une **vue★★** exceptionnelle sur l'embouchure de la Canche, la Manche, la ville, le beffroi, la tour de l'École hôtelière et la forêt.

La forêt – Plantée en 1855, elle couvre 800 ha. Ses boisements de pins maritimes, bouleaux, aulnes, peupliers, acacias, protègent du vent environ 2 000 villas cossues, de style anglo-normand ou résolument modernes.

Près du domaine de l'Hermitage aux belles galeries marchandes, sont implantés le **Centre sportif** (**BZ**) (piscine chauffée, 38 courts de tennis, terrains pour concours hippiques), le sélect **Casino du Palais** (**BZ**), le **Palais de l'Europe** (**BZ**) où ont lieu congrès et échanges culturels et l'**École hôtelière** (**BZ**) qui présente un curieux étagement en étoiles inversées.

Musée (**BZ M**) ⊙ – La collection initiale comprend des œuvres de l'« École d'Étaples » (1880-1914), auxquelles s'ajoutent des toiles de Le Sidaner et un département d'art contemporain.

Au Sud de la forêt s'étendent trois parcours de golf.

Le long de la Canche, se trouvent l'hippodrome, le centre équestre et l'**aéroport** qui accueille une ligne régulière avec Lydd en Angleterre ; de la terrasse d'observation, **vue** sur la baie enjambée par les ponts routier et ferroviaire du petit port d'Étaples où se trouve la gare SNCF.

ENVIRONS

Stella-Plage – *8 km. Quitter le Touquet par ② du plan, et à 5 km prendre à droite la D 144.*

En arrière de la dune qui longe la plage, les villas sont dispersées dans le bois qui prolonge celui du Touquet.

St-Josse – *10 km par ① la N 39, la D 143 et la D 144.* Vues sur Étaples.

Située sur une colline, St-Josse eut jadis une abbaye fondée par Charlemagne en souvenir de saint Josse, pèlerin et ermite du 7ᵉ s.

Dans le chœur (début 16ᵉ s.) de l'église, on vénère la châsse-reliquaire de saint Josse.

A environ 500 m à l'Est, la fontaine et la chapelle St-Josse, but de pèlerinage, se dissimulent au sein d'un clos boisé.

TOURCOING

93 766 habitants (les Tourquennois)
Cartes Michelin nᵒˢ 51 pli 6 ou 236 pli 6 ou 111 pli 14 (Grand Lille).
Plan d'agglomération dans le guide Rouge Michelin France à Lille.

Tourcoing est adonnée au travail de la laine, à tel point que sur l'emblème de la cité figure la brouette employée jadis pour son transport (les habitants étaient surnommés « les broutteux »). On y trouve aujourd'hui le tiers de la filature de laine peignée en France ainsi que des usines de tapis, de confection et de bonneterie. Près de 11 500 personnes travaillent dans l'industrie textile.

Depuis 1971, il existe au conservatoire de Tourcoing une école de carillon.

Église St-Christophe ⊙ – Située au centre de la ville, édifiée au 16ᵉ s. à l'emplacement d'un sanctuaire plus ancien (12ᵉ s.), elle fut considérablement agrandie au 19ᵉ s. dans le style néo-gothique. Elle est dominée par un clocher de 85 m, abritant un carillon de 61 cloches. L'intérieur est largement éclairé par les fenêtres hautes et les verrières du chœur dues à Lorin.

Musée des Beaux-Arts ⊙ – Il est installé à droite de l'hôtel de ville dans un hôtel où le musicien tourquennois Albert Roussel (1869-1936) passa une partie de sa jeunesse. Les collections s'étendent du 16ᵉ au 20ᵉ s. La peinture flamande

Musées des Beaux-Arts. Tourcoing

« 35 têtes d'expression » par Boilly.

et hollandaise des 16e et 17e s. se signale par quelques œuvres de qualité (l'*Échanson* de Rombouts). Les 19e et 20e s. sont particulièrement bien illustrés par Boilly (remarquable petit tableau : 35 têtes d'expression), Georges Clairin (Portrait de Sarah Bernhardt), Carolus Duran (Mademoiselle Croisette à cheval – 1873), Jean Fautrier (Portrait de ma Concierge – 1922), le tourquennois Eugène Leroy (autoportrait). Un cabinet d'art graphique conserve près de mille œuvres, de Rembrandt à Picasso.

Hospice ⊘ – *3, rue d'Havré.* Fondé en 1260 par Mahaut de Guisnes pour servir d'hôpital, l'édifice a été reconstruit aux 17e et 18e s. De l'ancien monastère, il reste la chapelle qui conserve un grand retable de style baroque, et le cloître dont on remarque les culs-de-lampe sculptés.

TUNNEL SOUS LA MANCHE

Cartes Michelin nos 51 plis 1, 2 ou 236 pli 2.

Le tunnel sous la Manche est la concrétisation de plus de deux siècles de rêves et de projets inachevés.

Une longue histoire – En près de 250 ans, 27 projets ont vu le jour dont le plus ancien remonte à 1750. Le géologue Nicolas Desmarets voulait rétablir le lien préexistant (autrefois le Pas de Calais se traversait à pied sec) par un pont, un tunnel ou une digue. Aimé Thomé de Gamond, appelé le « père du tunnel », propose à partir de 1834, différentes solutions techniquement crédibles (tunnel immergé, voûte sous-marine en béton).
En 1880, 1 840 mètres de galeries furent creusés sur le site appelé « puits des Anciens » et 2 000 mètres du côté anglais avant que les travaux ne soient interrompus. En 1922 des essais sont effectués à Folkestone avec la machine Whitaker. A partir de 1960 le perfectionnement des technologies donne un nouvel élan aux projets de lien fixe trans-Manche ; le forage d'un tunnel est décidé, mais celui-ci ne dépassera pas 400 mètres.
Lors du sommet franco-britannique de septembre 1981, le projet de construction d'un lien fixe est relancé par Margaret Thatcher et François Mitterrand. En octobre 1985, suite à un concours international, quatre propositions sont sélectionnées : c'est le projet Eurotunnel qui est retenu le 20 janvier 1986. Un traité franco-britannique concernant sa construction est signé le 12 février 1986 dans la cathédrale de Cantorbéry. Le 1er décembre 1990 a lieu la première jonction entre la France et l'Angleterre avec l'achèvement de la galerie de service. L'inauguration officielle du tunnel et des services de navette Le Shuttle a lieu le 6 mai 1994.

Caractéristiques – Le tunnel sous la Manche est foré à partir de points d'accès proches des côtes française et anglaise : un puits de 10 m creusé près de Folkestone et une gigantesque excavation de 65 m de profondeur pour un diamètre de 50 m à Sangatte. La majeure partie est creusée à 40 m sous le fond de la mer dans une couche de craie bleue. D'énormes tunneliers se sont frayé un chemin dans la roche à la cadence de 800 à 1 000 m par mois. Les délais ont été amassés sur le site de Fond-Pignon en une colline artificielle, remodelée et végétalisée.

TUNNEL SOUS LA MANCHE

Le lien trans-Manche se compose en fait de deux tunnels ferroviaires de 7,60 m de diamètre, reliés tous les 375 m à une galerie centrale de service de 4,80 m de diamètre, destinée à la ventilation, à la sécurité et à la maintenance du système.

Les tunnels, à une seule voie et à sens unique, permettent le transport des voyageurs et des marchandises. Leur longueur atteint environ 50 km dont 38 sous la Manche, 3 km sous le sol français et 9 km sous le sol britannique. Ils relient deux terminaux situés près de Calais et de Folkestone, accessibles grâce à des bretelles spécifiques.

Ph. Demaille/Eurotunnel

La tour panoramique.

LE TERMINAL

Il est situé sur la commune de **Coquelles**, à 3 km de la côte, et s'étend sur une superficie de 700 ha.

Centre d'information ⊙
- *Accessible par l'échangeur 12*. D'une architecture audacieuse, il est situé sur le site même du terminal près du rond-point des Sapins. Il présente un diorama historique sur le tunnel sous la Manche, une projection vidéo sur la construction et l'exploitation du système de transport, ainsi qu'une « maquette audiovisuelle » projetée dans un puits de lumière profond de 3 m et mettant en œuvre une animation laser. Celle-ci fait revivre la création de la liaison Grande-Bretagne-continent.
Du haut de la **tour** de 15 m, vue panoramique sur le terminal et à gauche sur la ville de Calais.
Sur le parking est exposée la tête de coupe géante d'un tunnelier.

Cité de l'Europe – Le site, en cours d'aménagement, accueille dès à présent un immense centre commercial sur deux niveaux, dû à l'architecte Paul Andreu. Ce centre comprend un hypermarché, plus de 100 boutiques, 12 salles de cinéma et la « **cité gourmande** » regroupant une trentaine de bars et restaurants aux façades typiques de différents pays d'Europe.

LIAISON FERROVIAIRE

Le shuttle – *De Calais à Folkestone*. Le service des navettes, aux couleurs vert et bleu, est appelé « le shuttle ». Longues de 775 m, les navettes passagers se composent d'une rame à deux niveaux pour les voitures de tourisme et d'une rame à un seul niveau pour les autocars et les caravanes. Il existe des navettes spéciales pour les poids lourds. Une rame se compose de 14 wagons, dont un wagon d'embarquement et un de débarquement.
Le shuttle fonctionne 24 h sur 24, toute l'année. La fréquence de départ varie en fonction du volume du trafic (2 à 4 par heure le jour, 1 par heure la nuit). La durée du trajet est de 35 mn dont 28 mn sous le tunnel.

Eurostar – Des trains à grande vitesse (T.G.V.), exploités par les compagnies S.N.C.F., S.N.C.B. et British Rail circulent tous les jours entre Paris, Bruxelles et Londres. 3 h environ suffisent pour rejoindre Paris-Gare du Nord à Londres-Waterloo. Lille est aussi reliée à Londres plusieurs fois par jour.

Pour plus de détails, consultez le plan-guide « Le Tunnel sous la Manche – Tourisme transmanche. »

VALENCIENNES

Agglomération 336 481 habitants
Cartes Michelin nos 51 pli 17 ou 236 plis 17, 18.
Plan d'agglomération dans le guide Rouge Michelin France.

Ville active et commerçante, située sur l'Escaut, Valenciennes est entourée de boulevards qui ont remplacé les anciens remparts. La tour de la Dodenne (15e s.) en est le dernier vestige.

La cité de Froissart n'a hélas plus guère d'unité architecturale, ayant subi de graves dégâts au cours des sièges et des guerres qui ont marqué son existence. En 1940 et 1944, les bombardements anéantirent le vieux centre bâti en bois.

Valenciennes fut un temps la capitale de la sidérurgie et de la métallurgie du Nord alors que le bassin houiller tout proche était en pleine activité. Aujourd'hui, ces secteurs ont nettement régressé et sont progressivement remplacés par des industries plus diversifiées : matériel ferroviaire, automobile, peintures, laboratoires pharmaceutiques, mécanique fine, électronique, etc. La présence d'une université scientifique contribue à ce nouvel essor.

Le sceau de la ville (1374).

Parmi les spécialités culinaires de Valenciennes, citons la langue Lucullus, langue de bœuf fumée, coupée en tranches recouvertes de foie gras.

L'Athènes du Nord – Le surnom d'Athènes du Nord a été donné à Valenciennes en raison du goût que cette cité a toujours montré pour les arts et du grand nombre d'artistes qu'elle a suscités.

Parmi les sculpteurs d'origine valenciennoise nous n'évoquons que les plus connus en citant André Beauneveu (14e s.), « l'imagier » de Charles V, qui fut aussi peintre ; Antoine Pater (1670-1747), Saly (1717-1776) qui alla travailler à la cour du Danemark ; Philippe Dumont (18e s.), auteur d'un buste ravissant de sa concitoyenne, la comédienne Rosalie Levasseur ; enfin et surtout **Carpeaux** (1827-1875), rénovateur de la sculpture française (voir encadré).

Les peintres ne sont pas moins nombreux avec, notamment au 15e s., Simon Marmion, mort à Valenciennes en 1489 ; au 18e s., le grand **Antoine Watteau** (1684-1721) et Jean-Baptiste Pater (1695-1736), tous deux spécialistes des « fêtes galantes » ; Eisen (1720-1778), peintre dessinateur et graveur ; Dumont « le Romain » ; Louis et François Watteau, arrière-neveu et petit-neveu d'Antoine ; au 19e s., le paysagiste Henri Harpignies (1819-1916), le portraitiste Abel de Pujol (1785-1861).

Les Valenciennois eurent à cœur d'encourager les arts par la fondation, au 18e s., d'une École des Beaux-Arts, d'une Académie et d'un Salon. L'octroi de bourses d'études fut institué dans le même but.

La ville conserve de nombreux trésors dans son musée.

J.-B. Carpeaux

A la fois sculpteur, peintre et dessinateur, Jean-Baptiste Carpeaux (Valenciennes 1827-Courbevoie 1875) remporte le grand prix de Rome en 1854. Devenu sculpteur officiel, il réalise de nombreux bustes, pleins de finesse, des portraits du Second Empire ; il participe aussi au décor de monuments publics :
- le Triomphe de flore, bas-relief pour le fronton du pavillon de Flore à Paris,
- la Danse, groupe sculpté de la façade de l'Opéra à Paris (musée d'Orsay),
- les Quatre parties du monde pour la fontaine de l'Observatoire à Paris,
- statue de Watteau à Valenciennes.

En son hommage, un monument dû à Félix Desruelles lui a été élevé, avenue du Sénateur-Girard.

D'autres œuvres, plâtres ou esquisses en terre cuite sont visibles au musée d'Orsay et au musée du Petit Palais à Paris, au musée Roybet-Fould à Courbevoie et au musée des Beaux-Arts de Valenciennes.

Quelques traditions – Chaque année, le 2e dimanche de septembre, se déroule le **tour du St-Cordon**, procession qui promène autour de la ville la statue de la Vierge conservée dans la basilique néo-gothique de N.-D.-du-St-Cordon. Cette tradition remonte au 11e s. : une épidémie de peste menaçait alors Valenciennes et la Vierge serait apparue déroulant un long cordon écarlate autour de la ville pour la protéger. Autre activité traditionnelle, la **dentelle** de Valenciennes, qui fut particulièrement réputée pour sa finesse aux 17e et 18e s., est de nouveau enseignée aujourd'hui.

VALENCIENNES

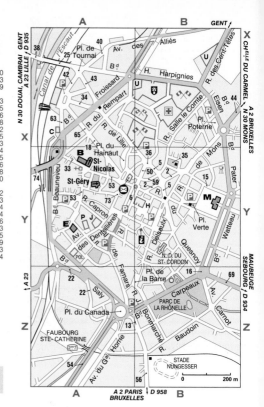

E Maison du Prévôt Notre-Dame
B Collège des Jésuites
M Musée des Beaux-Arts

CURIOSITÉS

★ **Musée des Beaux-Arts** (BY M) ⊘ – Ce vaste musée, construit au début du siècle, est particulièrement riche en œuvres de l'école flamande du 15e au 17e s. (Rubens), en peintures de l'école française du 18e s. et en sculptures du 19e s. (Carpeaux). Entièrement rénové, il offre également librairie-boutique, café, salle de conférences...

École flamande du 15e au 17e s. – Dans la première salle, un panneau double de Jérôme Bosch, *Saint Jacques et le magicien Hermogène,* avoisine le triptyque du *Jugement dernier* de Van Leyden et le *Collecteur d'impôts* de Marinus Van Reymerswaele. Les trois salles suivantes sont réservées au 17e s., avec des œuvres importantes des écoles hollandaise, française, italienne et surtout flamande.
Dans la salle Rubens, le maître d'Anvers triomphe avec le monumental triptyque du *Martyre de saint Étienne,* jadis dans l'abbaye de Saint-Amand, et deux grandes toiles : *Élie et l'ange* et le *Triomphe de l'Eucharistie.* Cette vaste galerie est consacrée à la peinture religieuse flamande depuis le maniérisme jusqu'au baroque : *l'Adoration des mages* et *la Sainte Parenté* de Martin de Vos, *Le Calvaire* de Janssens, *Saint Augustin en extase* de Crayer, *Saint Paul* et *Saint Matthieu,* deux têtes d'apôtres par Van Dyck. Les deux autres salles montrent l'évolution des genres : le portrait (*Élisabeth de France* par Pourbus), la nature morte (*le Cellier* de Snyders, *la Pourvoyeuse de légumes* de Beuckelaer), la scène de genre (*Les jeunes piaillent comme chantent les vieux* par Jordaens), le paysage (*Enlèvement de Proserpine* et *Cérès et Cyané* par Soens, *Paysage à l'arc-en-ciel* par Rubens).

École française du 18e s. – Elle est répartie en deux salles dont la première présente deux œuvres de Watteau, le portrait du sculpteur Antoine Pater et une œuvre de jeunesse, *la Vraie gaîté.* Remarquer aussi le *Portrait de Jean de Jullienne,* ami et mécène du peintre, par François de Troy, le *Concert champêtre* et les *Délassements de la campagne* par J.B. Pater, collaborateur de Watteau. Dans la deuxième salle, une vue du Capitole à Rome par Hubert Robert et un ensemble d'œuvres de Louis et François Watteau, dits Watteau de Lille : *la Bataille des Pyramides,* les *Quatre heures de la journée* (série de quatre tableaux), caractéristiques du goût de ces petits maîtres pour la scène de genre.

Carpeaux – Au centre du musée, dans un vaste espace baigné de lumière, est présenté un ensemble de sculptures qui permet de suivre l'évolution de l'art de Carpeaux : œuvres monumentales (*Ugolin et ses enfants,* le *Triomphe de Flore, fontaine de Watteau*), nombreux bustes (Charles Garnier, Charles Gounod), esquisses sur le thème de la femme et de l'enfant qui révèlent la fascinante aptitude de l'artiste à suggérer le mouvement et la vie. Quelques peintures évoquent la vie mondaine du sculpteur (*Bal masqué aux Tuileries*) et ses qualités de portraitiste (série d'autoportraits) ou de visionnaire (*Scène de folie*). A côté, sculptures d'artistes contemporains : Lemaire (*Jeune fille effrayée par un serpent*), Crauk (*Le matin*), Desruelles (*Job*).

École française des 19e et 20e s. – De très grands formats illustrent le goût de cette époque pour la peinture d'histoire : *La mort du maréchal Lannes* de Guérin, *Trait de la jeunesse de Pierre le Grand* de Steuben, *Exécution de Marie Stuart* d'Abel de Pujol, *L'épée de Damoclès* de Félix Auvray. Le paysage est à l'honneur avec Charlet, Boudin, Rousseau, Lépine, Zicau et Harpignies.

La petite section du 20e s. évoque les recherches des artistes comme Herbin ou Félix Delmarle (*Le Port*) sur la ligne et la couleur.

H. Gyssels/DIAF

Détail d'une statue, œuvre de Jean-Baptiste Carpeaux.

Crypte archéologique – A partir du centre du musée, on accède, au niveau inférieur, aux collections archéologiques régionales : peintures murales découvertes à Famars, bronzes et plat d'argent de l'époque gallo-romaine ; bijoux et parures à décor d'émail cloisonné, peintures funéraires (abbaye de Beaumont) et gisants du Moyen Âge (Jean d'Avesnes, 14e s.).

Maison espagnole – Datant du 16e s., cette maison à pans de bois et à encorbellement construite sous l'occupation espagnole a été restaurée et abrite le Syndicat d'Initiative.

Église St-Géry (AY) ⊙ – Ancienne église des récollets, elle fut construite au 13e s. et remaniée au 19e s. Une restauration a rendu à la nef et au chœur leur pureté gothique d'origine.

A côté, dans le **square Watteau**, se dresse une fontaine dominée par une statue de Jean-Baptiste Carpeaux représentant Antoine Watteau qui naquit au 39, rue de Paris.

Bibliothèque municipale – Elle est installée dans les bâtiments de l'ancien **collège des Jésuites** (AY B) fondé au début du 17e s. On appréciera l'harmonie de la façade de briques à parements de pierre, décorée au rez-de-chaussée d'œils-de-bœuf et de guirlandes Louis XVI.

Au 1er étage, la **bibliothèque des jésuites** ⊙, dont la décoration peinte date du 18e s., comprend plus de 100 000 volumes : manuscrits dont la célèbre Cantilène de sainte Eulalie (le plus ancien poème français connu, écrit en langue d'oïl vers 880), incunables, imprimés rares ou précieux du 17e s. au 20e s.

Église St-Nicolas – L'ancienne chapelle des Jésuites présente une jolie façade du 18e s. Elle a été désaffectée pour devenir l'auditorium St-Nicolas.

Maison du Prévôt Notre-Dame (AY E) – A l'angle de la rue Notre-Dame s'élève l'un des plus anciens bâtiments (15e s.) de la ville, en brique et pierre. Les fenêtres à meneaux, le pignon à pas de moineaux et la tourelle surmontée d'un clocheton lui donnent une certaine élégance.

ENVIRONS

St-Saulve – *2 km au Nord-Est. Quitter Valenciennes par l'avenue de Liège, N 30.*

Chapelle du Carmel – *1, rue Barbusse.* Achevée en 1966, la chapelle du couvent du Carmel a été conçue d'après une maquette du sculpteur Szekely et édifiée sur les plans de l'architecte Guislain, ceux-ci ayant accordé la primauté aux effets de volumes et à l'emploi de matériaux pauvres. La chapelle s'élève un peu en retrait de la route, flanquée d'un clocher asymétrique. L'intérieur baigne dans une lumière très douce dispensée au-dessus de l'autel par des vitraux non figuratifs qui mettent en valeur le jeu de formes géométriques.

Sebourg – *9 km à l'Est. Quitter Valenciennes par la D 934 vers Maubeuge, tourner à gauche dans la D 59 à Saultain, puis à droite dans la D 350 à Estreux.* Excursion classique pour les Valenciennois, ce bourg, resté rural, s'étage sur les pentes de la verte vallée de l'Aunelle.
L'**église** (12e-16e s.) est le but d'un pèlerinage à saint Druon, berger et ermite du 12e s. invoqué pour guérir les hernies. Dans le bas-côté droit, gisants (14e s.) de Henri de Hainaut, sire de Sebourg, et de sa femme.

Bruay-sur-l'Escaut – *5 km au Nord par la D 935.*
L'**église** ⊘ abrite le **cénotaphe** de sainte Pharaïlde, sœur de sainte Gudule, bloc de pierre blanche du 13e s. représentant une femme aux formes gracieuses.

Denain – *10 km au Sud-Ouest par la N 30.*
Denain est célèbre par la victoire remportée le 24 juillet 1712 par le maréchal de Villars sur l'armée du prince Eugène.
Ce village agricole devint, suite à la découverte de gisements de houille en 1828, un centre industriel important. La ville posséda jusqu'à quinze puits de mine (le dernier, celui du Renard, dont le terril domine encore la ville, fut fermé en 1948). C'est dans cette ville et dans la région que Zola est venu chercher son inspiration pour écrire *Germinal.* Des vestiges de la grande époque sont encore visibles aujourd'hui. De l'ancien **coron Jean-Bart** *(avenue Villars)*, il reste un grand bâtiment (1852), transformé en conservatoire de musique. C'est là que vécut le mineur et poète Jules Mousseron (1868-1943). La **cité Ernestine** *(laisser sa voiture et pénétrer entre les nos 138 et 140 de la rue Ludovic Trarieux)*, qui a gardé son atmosphère populaire, est composée de corons d'une vingtaine de logements disposés deux par deux. Au Nord, la **cité Bellevue** forme un bel ensemble de maisons de porions et de chefs porions, parfois disposées de part et d'autre de four à pain.

Les terrils

Nombreux (environ 360) et atteignant jusqu'à 100 mètres de hauteur, les terrils ont contribué à modifier le paysage. Depuis qu'ils sont désaffectés, ils font l'objet d'un aménagement tant sur le plan écologique (plantation d'arbres) que touristique ou sportif (circuits de promenade ou de VTT). Le terril Renard à Denain a été le premier a bénéficier d'une arrêté préfectoral pour son biotope. Certains sont boisés comme le terril Sabatier à Raismes ou celui de la Mare à Goriaux à Wallers : frênes, érables et surtout bouleaux. Sur les pentes des terrils d'Audiffet-Sud à Escaudin ou de Bleuze Borne à Anzin poussent des espèces thermophiles : vipérines, onagres, millepertuis, cerisiers, et même orchidées.
Créée en 1989, « **la chaîne des terrils** » *(5-7, rue de Montgolfier, 62800 Liévin)* a pour but de préserver, d'aménager et d'exploiter les terrils. Elle propose des visites guidées de certains sites : le terril 11-19 de Loos-en-Gohelle, le plus haut de la région, le Pinchonvalles à Avion, ainsi que des sorties sur le thème de la faune et de la flore.

Abbaye de VALLOIRES★

Cartes Michelin nos 51 pli 12 ou 236 pli 12 – Schéma p. 66.

Entourée de bois et de vergers, dans un site solitaire du val d'Authie, l'ancienne abbaye cistercienne de Valloires offre un rare et bel exemple de l'architecture du 18e s.

Guerre et paix – L'abbaye, fondée au 12e s. par un comte de Ponthieu, devint le lieu de sépulture de cette famille. En 1346, les corps des chevaliers tués à Crécy y furent transportés.
Au 17e s., plusieurs incendies ravagent l'abbaye, mais les moines sont riches et, en 1730, l'abbé, un Broglie, ordonne une importante coupe de bois, en vue d'une reconstruction. Celle-ci est effectuée de 1741 à 1756, sur les plans de Coignard. La décoration est l'œuvre du baron **Pfaff de Pfaffenhoffen** (1715-1784), Viennois fixé à St-Riquier en 1750 à la suite d'un duel qui lui avait fait quitter Vienne.
A Valloires vivent, de 1817 à 1880, les **Basiliens**, membres d'une sorte de congrégation laïque fondée à Mons en 1800. Dans cette communauté, chacun exerce son métier, remplit scrupuleusement ses devoirs religieux et porte une tenue uniforme bleue : bonnet de coton, blouse, jambières.
Aujourd'hui, le monastère abrite une maison d'enfants.

L'ABBAYE ⊙

On aperçoit d'abord le colombier du 16e s. et en face un long bâtiment que prolonge, à gauche et en retrait, le **logis abbatial** (façade Est) encadré de pavillons. La salle capitulaire n'est plus près de l'église comme au Moyen Âge mais au sein du logis ; décorée d'élégantes boiseries par Pfaffenhoffen, elle a l'aspect d'un salon.

La galerie du cloître, très simple, est voûtée d'arêtes. Au rez-de-chaussée de l'aile Est se trouve le réfectoire ; à l'étage se répartissent les appartements de l'abbé et les cellules monacales. La sacristie s'orne de boiseries de Pfaffenhoffen et de peintures de Parrocel.

★ **Église** – « Elle ferait les délices de Mme de Pompadour mais saint Bernard n'y trouverait rien à redire » : cette appréciation d'un voyageur anglais illustre l'accord entre la sobriété architecturale de l'édifice et l'élégante finesse ornementale de son décor.

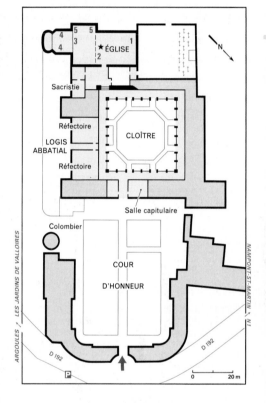

A l'intérieur, les **orgues** (1) sont supportées par une tribune sculptée par Pfaffenhoffen de chutes d'instruments musicaux ; de chaque côté, les statues symbolisent la religion ; la balustrade et le petit buffet sont ornés de « putti » et d'angelots musiciens. Des cariatides soutiennent le grand buffet couronné par une statue du roi David qu'accompagnent des anges musiciens.

Les **grilles★** (2) sont d'un beau dessin souple et léger. La partie centrale est surmontée par les armes de Valloires et le serpent d'airain de Moïse (préfiguration de la Crucifixion) qu'encadrent des corbeilles de fleurs. L'auteur en est Jean Veyren, qui exécuta les grilles de la cathédrale d'Amiens.

Deux anges adorateurs en plomb doré, par Pfaffenhoffen, sont placés de part et d'autre du maître-autel (3) que domine un curieux et rare « suspense » eucharistique, en forme de crosse abbatiale, chef-d'œuvre de ferronnerie de Jean Veyren. Deux anges blancs en papier mâché semblent planer au-dessus de l'autel. Les stalles (4) sont sculptées de trophées religieux ; deux d'entre elles, réservées à l'abbé et au prieur, encadrent l'entrée de la chapelle absidale, ornée de boiseries, toujours par Pfaff. Dans le croisillon droit, gisants d'un comte et d'une comtesse de Ponthieu (5) ; dans le croisillon gauche, on voit la baie par laquelle les moines malades suivaient l'office.

LES JARDINS DE VALLOIRES ⊙

Ce parc paysager de 7 ha, aménagé au pied de l'abbaye, rassemble environ 4 000 variétés de plantes et d'arbustes. Une promenade le long des allées fait découvrir plusieurs centaines de roses et différents jardins à thèmes ; Jardin Blanc, Ile d'Or, Chambre des Cerisiers, Jardin aux Iles, Jardin de Marais...

ENVIRONS

Buire-le-Sec – *5 km au Nord par la D 139.*
Situé entre les vallées de la Canche et de l'Authie, ce charmant village possède de belles fermes basses aux murs blancs se cachant derrière de grands portails. Dans l'une d'elles est installé un **centre d'Art et d'Artisanat** ⊙ présentant une grande variété des produits d'artisans de la région.

Abbaye de VAUCELLES

Cartes Michelin nᵒˢ 53 plis 13, 14 ou 236 pli 27 (12 km au sud de Cambrai).

L'abbaye cistercienne Notre-Dame de Vaucelles fut fondée dans les solitudes alors marécageuses de la vallée de l'Escaut, sur le domaine de Ligescourt offert en 1131 par Hugues d'Oisy ; saint Bernard en posa la première pierre le 1er août 1132. L'abbaye prospéra rapidement et, au 13e s., elle compta jusqu'à 300 moines de chœur, plus les novices et les frères convers. Cette somptueuse abbatiale, construite entre 1190 et 1235, s'avéra, avec ses 137 m de long, la plus grande des églises après Cluny. **Villard de Honnécourt** *(voir p. 26)* a donné un relevé du chœur et du déambulatoire dans son carnet. Elle fut démolie à la fin du 18e s. Des fouilles entreprises en 1988 ont mis au jour des fondations et un carrelage au niveau du déambulatoire.

Le **bâtiment claustral** ⊙, seul vestige, comporte quatre salles : la salle des moines ou scriptorium ; le parloir ou auditorium ; l'immense salle capitulaire à voûtes d'ogives où ont lieu des concerts de musique ; le passage sacré ainsi appelé car y reposent les corps des trois premiers abbés, canonisés en 1179 par le pape Alexandre III.

Il subsiste également des éléments du palais abbatial du 18e s. et des restes du mur d'enceinte qui se développait sur 7 km de longueur.

Les amateurs de sites agréables gagneront le pont sur l'Escaut et le canal de St-Quentin (écluse double) fréquentés par les pêcheurs.

ENVIRONS

Les-Rues-des-Vignes : l'**Archéo'site** ⊙ – *4 km au Nord par la D 103.*
Dans ce village ont été reconstitués des habitats de l'époque gallo-romaine, mérovingienne et carolingienne.

VERCHIN

220 habitants
Cartes Michelin nᵒˢ 51 pli 13 ou 236 pli 13 (20 km au Nord-Ouest de St-Pol).

Situé dans les paysages vallonnés de l'Artois, ce village se signale d'abord par la flèche tordue de son église, torsion due à l'utilisation d'un bois trop vert.

Église St-Omer ⊙ – Bien que construite au début du 17e s., cette église a encore toutes les caractéristiques du style gothique flamboyant avec ses voûtes à liernes et tiercerons et ses clefs pendantes. Dans un enfeu une mise au tombeau du 17e s. présente les personnages à mi-corps.

Château – *Sur la route de Lisbourg (D 93).*
Le corps principal du 18e s. en briques et pierres, couvert d'un toit à la Mansart, a été nanti au 19e s. d'un pavillon couvert d'un haut toit à la française. L'ensemble se mire dans une pièce d'eau alimentée par la Lys.

VERVINS

2 663 habitants (les Vervinois)
Cartes Michelin nᵒˢ 53 pli 16 ou 236 pli 29 – Schéma p. 226.

Capitale de la Thiérache *(p. 224)*, Vervins ne manque pas d'un certain cachet, marqué par les vestiges de ses remparts, ses rues montueuses et pavées, ses places irrégulières que bordent des maisons à toits aigus et cheminées de briques sur champ d'ardoises. De la route de Reims (N 966) : vue sur le **site** de la ville, accrochée à la colline.

Église Notre-Dame – Elle comprend un chœur du 13e s., une nef du 16e s. et une imposante tour de la même époque, haute de 34 m, en briques à chaînages de pierre (remarquer les doubles contreforts d'angle).
A l'intérieur, peintures murales du 16e s. sur les piliers et une immense composition, colorée et animée, représentant le Repas chez Simon, œuvre de Jouvenet (1699) ; buffet d'orgues et belle chaire du 18e s.

VEZ★

266 habitants

Cartes Michelin n°s 56 pli 3 ou 237 pli 8 (7 km à l'ouest de Villers-Cotterêts).

Pittoresquement bâti à flanc de coteau, ce village de la vallée de l'Automne a donné son nom au Valois, dont il fut le premier centre. Vez viendait du latin Vadum : le gué.

★ **Château** ⊙ – Il se dresse au sommet d'une colline boisée qui domine la vallée. Pour l'atteindre, en arrivant de Villers-Cotterêts, prendre à droite une route qui s'élève en lacet. 50 m après avoir dépassé une tour bordant la route, garer la voiture à l'entrée du parc qui précède le château.

D'origine très ancienne, la château fut reconstruit au 14e s. L'enceinte carrée est dominée à gauche par un beau donjon.

Au milieu de la cour, la chapelle contient des collections archéologiques. On y voit des antiquités gallo-romaines et des objets préhistoriques provenant en grande partie de Champlieu (p. 102). Du haut de la chapelle, belle vue sur la vallée de l'Automne.

A l'angle droit de la courtine, une tourelle porte une plaque rappelant que Jeanne d'Arc est passée dans ce château en 1430, au cours de son voyage vers Compiègne. Derrière la chapelle, se trouvent les ruines de l'ancien logis du châtelain (13e s.). En 1918, Vez abrita le général Mangin et son état-major, avant l'offensive de l'armée française qui, en juillet, assura la victoire des Alliés.

Église – La façade et le clocher sont du 12e s. et le chœur du 13e s. La nef est couverte en charpente (16e s.). Les boiseries du chœur sont du 17e s.

VILLENEUVE-D'ASCQ

65 320 habitants

Cartes Michelin n°s 51 pli 16 ou 236 pli 16 (8 km à l'Est de Lille)
ou 111 pli 23 (Grand Lille).

Groupant depuis 1970 les communes d'**Annappes**, **Flers** et **Ascq** dont les centres anciens ont été conservés comme noyaux d'activité, la ville nouvelle de Villeneuve-d'Ascq est l'un des 9 projets de ce type en France.

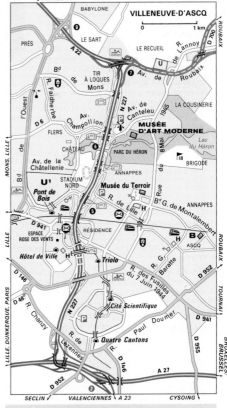

B Monument et Musée commémoratifs
U¹ Faculté de lettres et de droit

Dès les années 60, les universités sont venues s'implanter sur le territoire d'Annappes. Autour de la cité scientifique se sont alors construits les quartiers résidentiels et commerciaux du Triolo, de la Cousinerie, de Brigode, du Pont de Bois. Puis des industries, des centres de recherche ont suivi. Aujourd'hui Villeneuve-d'Ascq regroupe la plupart des universités de la région.

Une promenade dans Villeneuve-d'Ascq permet de découvrir de nouvelles conceptions d'urbanisme : circuits piétons surplombant les axes routiers, quartiers résidentiels s'imbriquant dans des centres commerciaux, équipements collectifs importants : un stade de 35 000 places, un centre culturel avec l'Espace Rose des Vents, des musées, etc. Elle est reliée au reste de l'agglomération lilloise par un réseau d'autoroutes et par le métro automatique : le Val (voir p. 160).

Ascq a été conservé dans le nom de la ville nouvelle en souvenir du tragique massacre de 86 patriotes le 2 avril 1944, commémoré par un monument et un musée (**B**).

★★ MUSÉE D'ART MODERNE ⊙

Sortir de la N 227 à « Château de Flers ».

S'allongeant sur une pelouse au-dessus du lac du Héron, le vaste bâtiment conçu par l'architecte Rolland Simounet évoque un jeu de cubes en brique et verre. On y pénètre par un hall donnant accès à droite aux salles d'expositions permanentes et temporaires, et à gauche à l'accueil et aux services : bibliothèque, cafétéria, salles de cours pour l'initiation aux arts plastiques.

La collection - Provenant de la donation Geneviève et Jean Masurel dont la collection avait été commencée par Roger Dutilleul, oncle de Jean Masurel, elle comprend plus de 230 œuvres, notamment des peintures, de la première moitié du 20e s. Roger Dutilleul fit ses premières acquisitions en 1907 ; dès cette époque il reconnaissait le talent d'artistes alors incompris. C'est ainsi que l'une des premières toiles qu'il acheta fut « Maisons et arbre » de Braque qui venait d'être refusée au Salon d'Automne.

Musée d'Art Moderne –
« Maternité » par Modigliani.

La collection est riche en tableaux fauves, cubistes, naïfs et abstraits. Rouault, Derain, Van Dongen (Femme lippue - 1909) illustrent le fauvisme. Le cubisme est représenté par Braque « Maisons et arbre », « Les usines du Rio Tinto » et par Picasso « Homme nu assis », « Bock », « la Nature morte espagnole » ; cette période est prolongée par celle des papiers collés : « Tête d'Homme » de Picasso et « le Petit éclaireur » de Braque. Plusieurs œuvres de **Fernand Léger** permettent de constater son évolution depuis le Paysage de 1914 à sa maquette pour une peinture murale (1938) en passant par ses études de volume et des œuvres telles que le Mécanicien (1918) et « Nature morte au comptoir ». Une salle est consacrée à **Modigliani** dont la collection possède sept peintures et cinq dessins. Ses portraits séduisent par le jeu subtil des lignes et des couleurs, tout particulièrement « Maternité » (1919), « Nu assis à la chemise » (1917) et « Petit garçon roux » (1919).

Parmi les peintres abstraits citons Kandinsky, Mirò, Klee et Nicolas de Staël. Ce dernier connut bien Roger Dutilleul par l'intermédiaire du peintre Lanskoy, protégé du collectionneur, dont on voit ici de nombreuses œuvres.

En sortant du musée, une agréable promenade à pied dans le **parc du Héron**, le long du lac, mène aux moulins et au musée qui leur est adjoint.

ACTIVITÉS TRADITIONNELLES

Les moulins ⊙ - A côté du **moulin à farine** (1776) traditionnel, se trouve le **moulin des Olieux** (1743) qui servait à la fabrication de l'huile de lin. C'est le dernier de ces « tordoirs » qui étaient au nombre de 200 dans la région de Lille au 19e s.

En complément de la visite des moulins, le **musée** ⊙ géré par l'Association régionale des Amis des Moulins, permet de découvrir le mécanisme de différents moulins, les outils (18e et 19e s.) du charpentier, du meunier, du bûcheron... ainsi que de nombreuses meules, depuis la meule à main préhistorique jusqu'aux meules actionnées par un moteur électrique.

Musée du Terroir ⊙ - Dans le centre ancien d'Annappes, la ferme Delporte, typique cense *(voir p. 15)* de la région lilloise construite en brique et pierre de Lezennes, abrite le musée du Terroir. A l'intérieur et dans la cour : collection d'outillage agricole, production de l'artisanat traditionnel : forge, serrurerie, menuiserie, sellerie, laiterie...

Chaque année, le 3e dimanche de juin, a lieu la fête nationale des moulins.

VILLERS-COTTERÊTS

8 402 habitants (les Cotteréziens)
Cartes Michelin nᵒˢ 56 Nord du pli 13 ou 237 pli 8 – Schéma p. 193.

Presque entièrement entourée par la forêt de Retz, Villers-Cotterêts, patrimoine de la famille d'Orléans jusqu'à la Révolution, est une tranquille petite ville, née de la royale passion de la chasse. Alexandre Dumas y naquit en 1802.

Naissance de l'état civil - François Iᵉʳ remplace le premier château royal du 12ᵉ s. par une demeure de style Renaissance achevée en 1535 et multiplie les dépendances affectées à toutes les formes de la vénerie.

C'est là qu'il promulgue la célèbre « ordonnance de Villers-Cotterêts » (1539) prescrivant la substitution du français au latin dans les actes publics et notariés. Parmi les 192 articles figure, d'autre part, l'obligation, faite aux curés, d'inscrire sur un registre les dates de la naissance et de la mort de chaque paroissien : c'est là les premiers fondements de l'état civil. Auparavant, sauf dans les familles nobles où se tenait un « chartrier », il fallait dans le peuple recourir à la mémoire de témoins pour justifier son état civil. C'est seulement en 1792 que le soin de tenir les registres de l'état civil a été confié aux municipalités.

Un enfant des Isles - Le premier des « Trois Dumas » était le fils d'un colon de St-Domingue, le marquis Davy de la Pailleterie, et d'une fille de couleur, Marie-Cessette Dumas. Entré dans la carrière des armes sous le nom de Dumas, emprunté à sa mère, il devient général. Ses opinions républicaines le font disgracier par Napoléon Iᵉʳ. Il se retire à Villers-Cotterêts, pays de sa femme, et y vit modestement. Sa mort survient quatre ans après la naissance d'Alexandre, le futur romancier.

La jeunesse d'Alexandre Dumas - Les années passent, très dures pour la veuve et son fils. Alexandre entre à l'étude d'un notaire de la ville et y recopie des actes jusqu'à 20 ans. Sa mère lui annonce un jour qu'elle ne dispose plus que de 253 francs. Dumas prélève 53 francs, laisse le reste à sa mère et part pour Paris. Il joue au billard le prix de sa place dans la diligence et gagne la partie, ce qui lui permet de débarquer dans la capitale avec un pécule intact. Sa belle écriture le fait entrer au secrétariat du duc d'Orléans, futur Louis-Philippe. Sa prodigieuse carrière littéraire va s'ouvrir.

Caricature d'Alexandre Dumas, père.

ROGER-VIOLLET

Château François Iᵉʳ ⓥ - En 1806, Napoléon affecte le château abandonné au dépôt de mendicité organisé pour le département de la Seine. C'est aujourd'hui une maison de retraite.

Pénétrer dans la cour d'honneur ; des bâtiments encore marqués par le goût de la Renaissance - hautes lucarnes en brique flanquées de piliers couronnés d'urnes - l'encadrent à l'Est et à l'Ouest. Au fond se rapproche la façade d'honneur dont l'étage s'évide d'une loggia peu profonde. Le **grand escalier**★, à double volée, est un chef-d'œuvre de la Renaissance, à l'époque de François Iᵉʳ (1535). Les sculptures des caissons de la voûte - F couronnés, salamandres, fleurs de lys – sont de l'École de Jean Goujon. Les mêmes motifs se déploient dans la salle des États, ancienne chapelle, dont les voûtes sont masquées par un faux plafond. A l'extrémité de la galerie, l'**escalier du Roi**, contemporain du grand escalier, a gardé de son décor d'origine quelques scènes sculptées.

Parc - De l'œuvre de Le Nôtre, il ne subsiste plus que les lignes d'ensemble du parterre et la perspective de l'Allée Royale, aboutissant à une tour de télécommunications.

Musée Alexandre-Dumas ⓥ - Trois petites salles y sont consacrées au souvenir des « Trois Dumas ».

La maison natale de Dumas père se trouve au 46, rue Alexandre-Dumas.

ENVIRONS

Montgobert – *10 km au Nord-Est par la N 2 et la D 2 à gauche. Tourner ensuite dans une petite route vers Montgobert.*

Musée du Bois et de l'Outil ⊘ – Il est installé dans le **château de Montgobert**, situé à la lisière de la forêt de Retz. Ce bâtiment du 18e s. fut la propriété de Pauline Bonaparte et de son mari le général Leclerc qui est enterré dans le parc.

Au rez-de-chaussée ont été rassemblés les outils traditionnels du bois utilisés par le charron, le scieur de long, le tonnelier, le charpentier, le rabotier, etc.

Le premier étage est consacré à la vie de la forêt et sa gestion. Exposition sur le rôle de l'Office National des Forêts.

Le deuxième étage évoque les métiers du bois en forêt (charbonnier, bûcheron) et présente des ateliers reconstitués (menuiserie, filature, laiterie...).

Le VIMEU

Cartes Michelin nᵒˢ 52 pli 6 ou 236 plis 21, 22.

« Pays » picard entre Somme et Bresle, le Vimeu qui doit son nom à un affluent de la Bresle, la Vimeuse, apparaît comme un plateau dégagé offrant de larges horizons mais coupé de verts vallons aux prairies encloses de haies et plantées de pommiers. Cette région de culture et d'élevage, riche en châteaux, présente ses « villages-bosquets » à habitat dispersé, enfouis dans les arbres.

La serrurerie et la ferronnerie formèrent, dès le 17e s., l'industrie traditionnelle du Vimeu. De nos jours, la région produit la majeure partie de la serrurerie et de la robinetterie sanitaire.

Friville-Escarbotin – *15 km à l'Ouest de St-Valery-sur-Somme.* Le **musée des Industries du Vimeu** ⊘ retrace l'histoire de la petite métallurgie : serrurerie, robinetterie, quincaillerie, accastillage. Au rez-de-chaussée sont exposées des machines datant du 19e s. (perceuse à pédale). D'anciens ateliers d'artisans ont été reconstitués : boutique de serrurier, atelier d'un cleftier de Dargnies, atelier de fonderie de Friville-Escarbotin. Parmi les collections de serrures, verrous et targettes, remarquer une vitrine de 135 cadenas dont le plus petit a été fabriqué dans un louis d'or.

Le 1er étage est consacré à la production actuelle du Vimeu (diaporama).

Huppy – *10 km au Sud d'Abbeville.* Patrie du sculpteur J.-B. Poultrier (17e s.). L'**église** ⊘ des 15e et 16e s. (vitraux Renaissance) et le **château** du 17e s. composent un tableau agréable. C'est dans le château que le colonel de Gaulle établit son PC le 29 mai 1940 (plaque) ; il fut promu général le 1er juin.

Moulin de St-Maxent – *13 km au sud d'Abbeville.* Il a fonctionné jusqu'en 1941. Tout en bois, il a conservé son pivot dit « pioche », sa « queue » servant de contrepoids, son toit d'écailles de châtaignier, ses trois étages pour la bluterie, les meules et le mécanisme.

Mémorial canadien de VIMY★

Cartes Michelin nᵒˢ 51 pli 15 ou 236 pli 15.

Dominant le pays minier, la crête de Vimy fut enlevée en avril 1917 par le corps expéditionnaire canadien faisant partie de la 3e Armée britannique du général Allenby. Malgré ce succès, le front allemand ne put être percé.

Un sobre et imposant monument, élevé en 1936 et œuvre du sculpteur canadien Walter S. Allward, rappelle les faits d'armes canadiens et le sacrifice des 66 600 soldats du Canada tués ou disparus en France.

Du pied du mémorial, vue sur le bassin minier ; à l'Ouest, on distingue l'ossuaire de N.-D.-de-Lorette.

Au Sud, sur la pente de la colline, un réseau de tranchées canadiennes et allemandes a été restauré ainsi qu'une partie du **tunnel Grange** ⊘ qui mesurait à l'origine 750 m. Le terrain est encore semé de trous d'obus et de cratères de mines.

Plus au Sud, **Neuville-St-Vaast** fut, en juin 1915, arraché aux Allemands par la 5e D.I. du général Mangin, après huit jours de combats acharnés.

Mémorial canadien.

Beaune/RAPHO

Mont de WATTEN

Cartes Michelin n°s 51 pli 3 ou 236 plis 3 et 4.

Le mont de Watten, qui termine la chaîne des monts de Flandre à l'Ouest, domine la vallée de l'Aa et la plaine de Flandre, constituant un excellent observatoire qu'utilisèrent Turenne avant la bataille des Dunes et Guderian en 1940.

Il porte un moulin et les vestiges d'une abbaye *(propriété privée)* dont l'élément majeur est une tour carrée gothique ayant appartenu à l'église abbatiale.

De l'esplanade qui fait face à l'entrée de l'abbaye, se révèle une **vue** sur la coupure formée par l'Aa (canal, voie ferrée) et au-delà sur la **forêt d'Éperlecques** à l'abri de laquelle, en mai 1940, les chars allemands se mirent à couvert : chaque nuit un hydravion à long rayon d'action, le Jules-Verne, venait lâcher sur la forêt une bombe de 1 000 kg – fort calibre pour l'époque – puis regagnait la base aéronavale de Rochefort (Charente-Maritime) ; c'est ce même appareil qui, en juin, bombarda Berlin. En 1943, les Allemands y construisirent un énorme blockhaus *(voir p. 134)*.

Point de vue de Merckeghem – *8 km par la D 226.*

Route de crête, la D 226 offre des vues, à droite sur les monts de Flandre et à gauche sur la Flandre maritime, puis franchit un vallon verdoyant au sein duquel se cache la charmante **chapelle Ste-Mildrède** ⊙ située sur la commune de **Millam**. A l'intérieur six grands tableaux du peintre dunkerquois Pieters, datés de 1780, racontent la vie de sainte Mildrède. Sous chaque tableau, une légende en flamand relate la vie de cette sainte anglaise qui fut abbesse d'un monastère dans le Kent. Peu avant d'arriver à Merckeghem, on découvre un **beau point de vue** sur une vaste portion de la plaine flamande jusqu'à la mer : on distingue Dunkerque à l'horizon.

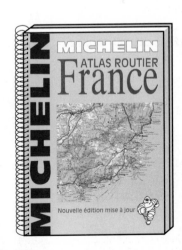

Renseignements
pratiques

Avant le départ

La plupart des renseignements concernant l'hébergement, les loisirs sportifs, la location de gîtes ruraux, la découverte de la région, les stages chez les artisans peuvent être donnés par les Comités de tourisme départementaux ou régionaux, la Maison du Nord-Pas de Calais installée à Paris ou les services de Loisirs Accueil.

Comités régionaux du tourisme

Nord-Pas de Calais : 6, place Mendès-France, 59800 Lille, ☎ 20 14 57 57.
Auprès de cet organisme, on peut se procurer notamment le **Guide du Savoir Plaire** qui regroupe des professionnels (hébergement, loisirs culturels...).

Picardie : 11, mail Albert-1er, BP 2616, 80026 Amiens Cedex, ☎ 22 91 10 15.

Comités départementaux du tourisme

Nord : 15-17, rue du Nouveau-Siècle, BP 135, 59027 Lille Cedex, ☎ 20 57 00 61.

Pas-de-Calais : 24, rue Desille, BP 279, 62204 Boulogne-sur-Mer Cedex, ☎ 21 83 32 59.

Aisne : 1, rue St-Martin, BP 116, 02005 Laon Cedex, ☎ 23 26 70 00.

Oise : 19, rue Pierre-Jacoby, BP 822, 60008 Beauvais Cedex, ☎ 44 45 82 12.

Somme : 21, rue Ernest-Cauvin, 80000 Amiens, ☎ 22 92 26 39.

Maison de province

La **Maison du Nord-Pas de Calais**, 25, rue Bleue, 75009 Paris, ☎ 48 00 59 62, regroupe la documentation de la région Nord-Pas de Calais, propose la découverte du patrimoine (librairie, produits régionaux) et organise des conférences culturelles.

Loisirs Accueil

La Fédération nationale des services de réservation Loisirs Accueil (F.N.S.R.L.A.), 280, boulevard St-Germain, 75007 Paris, ☎ 44 11 10 44, propose des hébergements et des forfaits de loisirs. Elle édite un guide national annuel et, pour certains départements, une brochure détaillée. En s'adressant au service de réservation de ces départements, on peut obtenir une réservation rapide. Sur minitel : 3615 code SLA.

Aisne : 1, rue St-Martin, BP 116, 02005 Laon Cedex, ☎ 23 26 70 00.

Nord : 15-17, rue du Nouveau-Siècle, 59027 Lille Cedex, ☎ 20 57 00 61.

Oise : 19, rue Pierre-Jacoby, 60000 Beauvais, ☎ 44 45 82 12.

Pas-de-Calais : Antenne départementale, rue Désille, 62200 Boulogne-sur-Mer, ☎ 21 83 32 59.

Somme : 21, rue Ernest-Cauvin, 80000 Amiens, ☎ 22 92 44 44.

Offices de tourisme et syndicats d'initiative

La dernière partie de ce chapitre intitulée « conditions de visite » donne l'adresse des principaux offices de tourisme et syndicats d'initiative de la région. On s'adressera de préférence à eux pour obtenir des renseignements plus précis sur une ville, une région, des manifestations touristiques ou des possibilités d'hébergement.

Liaisons aériennes

L'aéroport de Lille-Lesquin est relié par vols directs à de nombreuses métropoles françaises (Bordeaux, Dijon, Lyon, Strasbourg, Nice...) et étrangères. Une navette directe assure la liaison avec le centre de la ville en quinze minutes. Pour tous renseignements, s'adresser au comptoir Information de l'aéroport, ☎ 20 49 68 68. Il existe des vols réguliers entre l'aéroport du Touquet et celui de Biggin-Hill au Sud de Londres en Angleterre. Renseignements et réservations ☎ 21 05 03 99.

Liaisons autoroutières

Lille, métropole du Nord est au centre d'un réseau d'autoroutes qui dessert toute la région du Nord de la France. Depuis l'ouverture du tunnel sous la manche en 1994, la région est désormais en liaison directe avec la Grande-Bretagne.

Quel temps fera-t-il ?

Pour les promenades comme pour les activités de plein air, il est utile d'avoir des information-météorologiques.

Météo-France a mis en service un système de répondeur téléphonique pour les 5 jours à venir :
– pour le bord de mer, faire le 36 68 08 suivi du numéro du département, quel que soit l'endroit où l'on se trouve (par exemple 36 68 08 80 pour la Somme).
– pour les prévisions départementales, faire le 36 68 02 suivi du numéro du département (par exemple 36 68 02 59 pour le Nord).
– pour la France, faire le 36 68 01 01.

3615 METEO : prévisions du temps à 5 jours sur une ville, un département ou une région de France.

Informations sur Minitel

3614 ETOILE : tourisme dans la région Nord-Pas de Calais.
3615 MICHELIN : ce service vous aide à préparer ou décider du meilleur itinéraire à emprunter en vous communiquant d'utiles informations routières.

Nouvelle numérotation téléphonique

Attention ! au cours de l'automne 1996, tous les numéros de téléphone en France passeront à 10 chiffres, quel que soit l'endroit d'où l'on téléphonera. Le 16 disparaîtra. Le numéro à 10 chiffres de chaque abonné sera obtenu en ajoutant deux chiffres en tête du numéro à 8 chiffres : le 01 pour l'Ile-de-France, le 02 pour le Nord-Ouest, le 03 pour le Nord-Est, le 04 pour le Sud-Est et le 05 pour le Sud-Ouest.

Hébergement

Guide Rouge Michelin France

Mis à jour chaque année, il recommande un large choix d'hôtels établis après visite et enquête sur place. Le guide signale pour chaque établissement les éléments de confort proposés, les prix de l'année en cours, les cartes de crédit acceptées et les numéros de téléphone et de fax pour réserver.
Sur la côte ou dans la campagne, le symbole 🏖 attire votre attention sur les hôtels tranquilles.

Guide Michelin Camping Caravaning France

Comme son homologue pour les hôtels, le guide Camping présente une sélection de terrains, et pour chacun d'eux il indique l'équipement, les prix et les autres agréments de leur situation.

Vacances familiales

Pour préparer des vacances en famille dans les meilleures conditions, consulter le guide « Partir en famille » qui recense les possibilités de vacances familiales (villages de vacances privés et associatifs, locations, campings, hôtels, restaurants) et mentionne les stations qui ont reçu le label « Kid » réservant le meilleur accueil aux enfants.

Auberges de Jeunesse

Il existe deux associations d'auberges de jeunesse :
– Fédération Unie des Auberges de Jeunesse, 27, rue Pajol, 75018 Paris, ☎ 44 89 87 27, fax 44 89 87 10, Minitel : 3615 code FUA.
– Ligue Française pour les Auberges de la Jeunesse, 38, boulevard Raspail, 75007 Paris, ☎ 45 48 69 84, fax 45 44 57 47, Minitel : 3615 code L.F.A.J.
La carte annuelle d'adhésion est de 70 F pour les moins de 26 ans et de 100 F au-delà de cet âge.

Hébergement rural

Le Nord-Pas de Calais et la Picardie offrent également différentes formules d'hébergement en milieu rural : chambres et tables d'hôte, fermes-auberges, etc. La Fédération des **gîtes de France**, 35, rue Godot-de-Mauroy, 75009 Paris, ☎ 49 70 75 75, donne les adresses des comités locaux et publie des guides sur les différentes possibilités d'hébergement rural : chambres d'hôte, gîtes d'étapes, gîtes ruraux. Sur Minitel : 3615 code GITES DE FRANCE.

La Fédération française **des Stations Vertes de Vacances** édite annuellement un répertoire de localités rurales sélectionnées pour leur tranquillité et les distractions de plein air qu'elles proposent. Renseignements auprès de la fédération, 16, rue Nodot, 21000 Dijon, ☎ 80 43 49 47. Parmi les localités de la région, citons **Bergues** dans le Nord, **Montreuil-sur-Mer** dans le Pas-de-Calais et **Poix-de-Picardie** dans la Somme.

Les randonneurs peuvent consulter le guide *Gîtes et refuges France et Frontières*, par A. et S. Mouraret (Éditions La Cadole, 74, rue Albert-Perdreaux, 78140 Vélizy, ☎ 34 65 10 40, service télématique 3615 CADOLE).

Cet ouvrage est principalement destiné aux amateurs de randonnées pédestres, équestres et de cyclotourisme.

Le guide national *Bienvenue à la ferme* (éditions Solar) regroupe les adresses des agriculteurs ayant adhéré à la charte mise en place par les chambres d'agriculture. Celles-ci gèrent la marque « Bienvenue à la ferme » symbolisée par la petite fleur jaune.

Pour certains départements, il existe une brochure :
- *Bienvenue à la ferme dans l'Aisne*, Agriculture et tourisme 02, maison de l'Agriculture, 38, boulevard de Lyon, 02007 Laon Cedex, ☎ 23 22 50 94.
- *Bienvenue dans les fermes du Pas-de-Calais*, relais départemental agriculture et tourisme, 56, avenue Roger-Salengro, BP 39, 62051 St-Laurent Blangy Cedex, ☎ 21 24 07 07.
- *Bienvenue dans les fermes de l'Oise*, chambre d'agriculture, service tourisme, rue Frère-Gagne, 60021 Beauvais Cedex, ☎ 44 11 44 50.

Le guide *Vacances et week-ends à la ferme* (éditions Balland) donne également des adresses d'hébergement.

Tourisme et handicapés

Un certain nombre de curiosités décrites dans ce guide sont accessibles aux handicapés. Elles sont signalés par le symbole ♿ dans le chapitre des Conditions de Visite. Pour de plus amples renseignements au sujet de l'accessibilité des musées aux personnes atteintes de handicaps moteurs ou sensoriels, contacter la Direction des Musées de France, service Accueil des Publics Spécifiques, 6, rue des Pyramides, 75041 Paris Cedex 01, ☎ 40 15 35 88.

Les **Guides Michelin France** et **Camping Caravaning France**, révisés chaque année, indiquent respectivement les chambres accessibles aux handicapés physiques et les installations sanitaires aménagées.

3614 Handitel, service télématique du Comité National Français de Liaison pour la Réadaptation des Handicapés (236 bis, rue de Tolbiac, 75013 Paris, ☎ 53 80 66 66) assure un programme d'information au sujet des transports et des vacances.

Le **Guide Rousseau H... comme Handicaps** (Association France Handicaps, 9, rue Luce de Lancival, 77340 Pontault-Combault, ☎ 60 28 50 12) donne de précieux renseignements sur la pratique du tourisme et des loisirs.

Restauration

Guide Rouge Michelin France

Il propose une très large sélection de restaurants qui permettront de découvrir et de savourer les meilleures spécialités des Flandres et de la Picardie.

Dans le guide, lorsque le mot repas figure en rouge, il signale à l'attention du gastronome un repas de qualité à prix modéré. Faites confiance au guide.

Fermes-auberges

Elles proposent, avec ou sans hébergement, des produits de la ferme et des spécialités régionales. Elles sont ouvertes le week-end sur réservation. S'adresser à l'Association des fermiers aubergistes de France, « **Ferm'Auberge** », Les Perriaux, 89350 Champignelles, ☎ 85 45 13 22.

Les brasseries du Nord

C'est en s'arrêtant dans l'une des nombreuses brasseries qui généralement sont installées autour des grand'places au pied du beffroi, que l'on pourra le mieux apprécier la convivialité des gens du Nord. C'est bien là le meilleur endroit pour déguster les traditionnelles moules frites, la tarte à la cassonade, le tout accompagné d'une bière pression *(voir le chapitre gastronomie dans l'introduction)*. L'ambiance est assurée jusqu'à une heure avancée de la nuit.

Les brasseries traditionnelles – Dans le Nord-Pas de Calais, un certain nombre de brasseries fabriquent encore de la bière d'une façon artisanale même si elles emploient parfois un matériel plus moderne. Il est possible d'en visiter quelques-unes :
- **Brasserie d'Annoeullin**, 4, Grand'Place, 59112 Annoeullin, ☎ 20 86 83 60.

Fromages.

- **Brasserie Castelain**, 13, rue Pasteur, 62410 Bénifontaine, ☎ 21 40 38 38 (visite accompagnée - 1 h - sur rendez-vous).
- **Brasserie La Choulette**, 16, rue des Écoles, 59111 Hordain, ☎ 27 35 72 44.
- **Brasserie Steinbeer**, 20, rue Basly, 62141 Évin-Malmaison, ☎ 21 77 92 12.
- **Beck**, ferme-brasserie, Eckelstraete, 59270 Bailleul, ☎ 28 49 03 90.
- **Au Baron**, micro-brasserie, place du Fond-des-Rocs, 59570 Gussignies, ☎ 27 66 88 61.
- **Les Brasseurs**, micro-brasserie, 22, place de la Gare, 59800 Lille, ☎ 20 06 46 25.

> *Un litre de bière correspond à :*
> *– 200 g de céréales (essentiellement de l'orge)*
> *– 2 g de houblon*
> *– 1 cl de levure*
> *– et le reste en eau pure.*

Les estaminets

On peut aussi se restaurer dans les estaminets, cafés typiques à l'atmosphère chaleureuse où l'on boit une bonne bière locale :
- **De Vierpot**, 125, rue du Moulin, 59299 Boeschèpe.
- **De Blauwershof**, 9, rue d'Eecke, 59270 Godewaersvelde.
- **T Kasteel Hof**, au pied du moulin, 59670 Cassel.
- **Les Trois Rois**, route de Méteren, 59270 Bailleul.

La côte

Les amateurs de poissons n'oublieront pas que Boulogne est le premier port de pêche fraîche. A côté des étapes gastronomiques où l'on dégustera la soupe de poissons, le turbot à la crème, la sole meunière, « la gainée » (trois sortes de poissons accommodés à la sauce de crevettes grises), on trouvera également aux étals de Boulogne, d'Étaples... du cabillaud, du hareng, mais aussi de l'anguille fraîche.

En Picardie

Les potages sont à l'honneur, comme la fameuse « soupe des hortillons », composée de petits légumes. Le gibier d'eau permet de nombreuses préparations dont les pâtés de canard ou de bécassine. La ficelle picarde *(voir la recette à Roye)*, la flamiche aux poireaux, accompagnent les repas simples mais succulents.
Vous pouvez vous procurer le *guide des produits et de la gastronomie* pour le Nord-Pas de Calais et pour la Picardie en s'adressant à :
- chambre d'agriculture régionale Nord-Pas de Calais, 140, boulevard de la Liberté, BP 1177, 59013 Lille Cedex, ☎ 20 52 22 22.
- terroirs de Picardie, comité de promotion, B.P. 2626, 80026 Amiens Cedex, ☎ 22 97 39 49.

Une association, « **Les excellences** », a pour but de promouvoir les produits régionaux et artisanaux. Elle publie une carte-dépliant Nord-Pas de Calais disponible à la maison du Nord-Pas de Calais à Paris, au Comité régional du tourisme ou encore à la boutique « Les Excellences » à Lille, 7, rue des Manneliers (Vieille Bourse), près de la Grand'Place (☎ 20 13 00 61).

Vous découvrirez les spécialités de Picardie dans la brochure *Picardie, Les Séjours Saveur* (disponible au Comité régional du tourisme). A Cassel, la **Maison du Pays**, face au moulin, propose des produits artisanaux et gastronomiques de la Flandre, du Hainaut et de l'Artois *(ouverte de 10 h à 19 h tous les jours sauf le lundi, fermée le mardi également de septembre à juin, ☎ 28 40 59 29).*

Moules à beurre de l'Avesnois.

Sites remarquables du goût

Quelques sites de la région dont la richesse gastronomique s'appuie sur des produits de qualité liés à un environnement touristique intéressant ont reçu le label « site remarquable du goût ». Il s'agit du pays du genièvre fabriqué à Houlle, Loos et Wanbrechies ; du port de Boulogne-sur-Mer pour les poissons ; du marais audomarois à St-Omer pour son activité maraîchère ; du marché sur l'eau à Amiens pour les légumes *(septembre).*

Loisirs sportifs

Char à voile

Curieux engin *(voir illustration p. 115)* que cet hybride du kart (à trois roues) et du voilier qui, mû par la seule force du vent, peut atteindre plus de 100 km/h sur les vastes étendues de sable fin et dur qu'offrent les plages du Nord et de Picardie à marée basse. A côté des chars à voile apparaissent les « **speed-sail** », planches à voile sur roulettes.

Pour tout renseignement, s'adresser à la Fédération française de char à voile, zone industrielle de la Vigogne, BP 165, 62605 Berck-sur-Mer Cedex, ☎ 21 84 27 69.

Voile et planche à voile

Des écoles de voile s'échelonnent le long de la côte, de Bray-Dunes à Ault-Onival. A l'intérieur des terres quelques plans d'eau se prêtent aussi à la pratique de ce sport comme la base de Val-Joly dans l'Avesnois, les étangs de la Sensée, l'Escaut, et le lac de Monampteuil près de Soissons.

Renseignements auprès de la Fédération française de voile, 55, avenue Kléber, 75784 Paris Cedex 16, ☎ 45 53 68 00.

Randonnées pédestres

Des sentiers de Grande Randonnée parcourent les Flandres, l'Artois, la Picardie et l'Avesnois. Le **GR 121**, long de 250 km, relie Bon-Secours au Nord de Valenciennes à la côte d'Opale près de Boulogne, en suivant les vallées de la Scarpe et de la Canche. Le **GR 120** propose une promenade dans le Boulonnais, tandis que le **GR 127** traverse les collines de l'Artois, reliant la région d'Arras au Boulonnais. Le **GR 128** (130 km) parcourt la Flandre en passant aux abords de Ardres, St-Omer et Cassel. Le **GR 122** fait découvrir la Thiérache et ses églises fortifiées.

Le **GR de Pays**, balisé de traits jaunes et rouges, suit le **littoral Nord-Pas-de-Calais** de Bray-Dunes à l'estuaire de l'Authie, tandis que celui de l'**Avesnois Thiérache** (130 km) s'aventure dans la Flandre avant de rejoindre les Ardennes. Le **PR** Pas-de-Calais, Côte d'Opale, propose 30 promenades à travers le Boulonnais et l'Audomarois, à pied ou à VTT. Il existe également le **PR** « Le Pas-de-Calais et le Comté du Kent ».

Les **GR 123, 124** et **225** font découvrir les abbayes, vallées et forêts de Picardie. Le **GR 125** relie le Vexin à la baie de Somme à travers le Pays de Bray et le Vimeu. Le **GR 12A** traverse les forêts de Compiègne, de Laigue, puis, passant par Blérancourt, gagne la forêt de St-Gobain et la région du Laonnois.

Des topo-guides édités par la Fédération française de randonnée pédestre sont vendus au Centre d'Information de la randonnée pédestre, 64, rue de Gergovie, 75014 Paris, ☎ 45 45 31 02.

Le Conseil général du Nord publie, avec le concours de l'Association départementale de la randonnée (AD Rando), des fiches itinéraires de longueur variable avec schéma et informations. S'adresser au Comité départemental du tourisme du Nord.

Randonnées équestres

La région dispose de centaines de kilomètres d'itinéraires équestres à travers les forêts, le long des côtes.

La Délégation Nationale au Tourisme Équestre (30, avenue d'Iéna, 75116 Paris, ☎ 53 67 44 22) édite une revue annuelle *Tourisme et loisirs équestres en France*, répertoriant par région et par département les possibilités de pratiquer l'équitation. Minitel : 3615 FFE.

Les adresses des centres équestres et les informations sur les circuits aménagés sont disponibles à :

- Association régionale de tourisme équestre Nord-Pas de Calais, Le paddock, 62223 St-Laurent-Blangy, ☎ 21 55 40 81.
- Association régionale de tourisme équestre Picardie, 8, rue Gournier-Salovèze, B.P. 354, 60203 Compiègne Cedex, ☎ 44 40 19 54.

Cyclotourisme

Le réseau des petites routes de campagne se prête aux promenades à bicyclette. Les listes de loueurs de cycles sont généralement fournies par les Syndicats d'initiative et les Offices de tourisme.

Il est possible de transporter gratuitement son vélo dans de nombreux trains régionaux ainsi que sur la ligne Paris-Amiens-Boulogne.

La Fédération Française de Cyclotourisme, 8, rue Jean-Marie-Jégo, 75013 Paris, ☎ 44 16 88 88, diffuse une brochure *Cyclotourisme en France* et dispose de fiches-itinéraires pour toute la France.

Des itinéraires sont également disponibles au comité départemental du tourisme du Nord. **V.T.T.** – La pratique du vélo tout terrain, a pris un essor important depuis son apparition en 1983. La région ne manque pas de circuits balisés afin de permettre aux débutants de s'entraîner et aux cyclistes confirmés de foncer !

Pour la Somme, un topo-guide édité par le Comité départemental du tourisme à Amiens réunit une dizaine d'itinéraires de longueur et de difficulté variables. D'autres circuits sont disponibles auprès du Pays d'Accueil Ponthieu-Marquenterre (3, rue de l'École-des-Filles, 80135 St-Riquier).

Pêche

Ce pays traversé de rivières s'épandant en étangs est le royaume des pêcheurs surtout le long de la Somme, la Course, la Lys, de l'Aisne, l'Oise, l'Aa, ainsi que dans la région des 7 vallées (la Canche, l'Authie, la Ternoise...).

Généralement le cours supérieur des rivières est classé en 1re catégorie tandis que les cours moyen et inférieur le sont en 2e. Pour la pêche dans les lacs et les rivières, il convient d'observer la réglementation nationale et locale, de s'affilier pour l'année en cours dans le département de son choix à une association de pêche et de pisciculture agréée, d'acquitter les taxes afférentes au mode de pêche pratiqué ou éventuellement d'acheter une carte journalière.

La carte-dépliant commentée *Pêche en France* (prix : 15 F) est disponible auprès du Conseil Supérieur de la pêche, 134, avenue de Malakoff, 75116 Paris, ☎ 45 02 20 20 et auprès des Fédérations de pêche de chaque département.

Des sorties de **pêche en mer** sont organisées à Berck (Les Sternes, ☎ 21 84 43 48), à Boulogne (Les Arsouins, ☎ 21 87 55 99 et à Étaples (de mai à septembre, Office de tourisme, ☎ 21 09 56 94 ou Pavillon de la mer, ☎ 21 94 17 51, possibilité également de promenade en mer).

Navigation de plaisance

Autrefois réservés au transport et à la batellerie, les rivières et canaux offrent aujourd'hui environ 1 900 km de voies navigables aux plaisanciers désireux de parcourir la région soit en participant à une croisière soit en louant un bateau.

Le **Tourisme fluvial Nord-Pas de Calais**, 7, avenue Marc-Sangnier, BP 46, 59426 Armentières Cedex, ☎ 20 35 29 07, publie une brochure du réseau fluvial de la région.

Pour louer un bateau, contacter Croisière Plus, rue d'Ossu, BP 19, 59266 Honnecourt-sur-Escaut, ☎ 27 74 31 99.

La **Maison du tourisme fluvial**, 31, rue Bélu, 80000 Amiens, ☎ 22 97 88 55 donne également des informations.

Depuis 1992, un péage est perçu sur les rivières et canaux gérés par les Voies Navigables de France en fonction de la surface du bateau et de la durée d'utilisation. Trois formules sont possibles : forfait « vacances », valable 15 jours consécutifs, forfait « loisirs » valable 30 jours non consécutifs et forfait annuel.

Pour tout renseignement et pour se procurer les ouvrages, s'adresser à la librairie Voies Navigables de France (VNF), 18, quai d'Austerlitz, 75013 Paris, ☎ 44 24 57 94. Points d'accueil à : Béthune, Calais, Douai, Dunkerque, Lille, Margny-lès-Compiègne, St-Quentin, Valenciennes.

Le Guide-Annuaire du Tourisme Fluvial, coédité avec les éditions Danaë, donne toutes les informations pratiques et techniques.

Canal de l'Aisne.

Deux guides de navigation fluviale concernant la région :
– n° 14 Nord-Pas de Calais
– n° 24 Picardie
sont édités par Grafocarte, 125, rue Jean-Jacques-Rousseau, BP 40, 92132 Issy-les-Moulineaux Cedex, ☎ 41 09 19 00.
Des promenades en bateau sont organisées dans l'Audomarois et dans les hortillonnages à Amiens (se reporter aux rubriques St-Omer et Amiens dans le chapitre des Conditions de visite).

Golf

Les amateurs de golf, qu'ils soient débutants ou chevronnés, pourront s'adonner à ce sport de détente ou même participer à des compétitions. Nombreux dans la région Nord-Pas de Calais, les golfs sont situés dans un agréable cadre de verdure, au relief vallonné, entourés de forêts ou bien ouverts sur le littoral. Se procurer la brochure « golfs Nord-Pas de Calais », au Comité régional de tourisme. En Picardie, golfs à Fort-Mahon, Quend-Plage, Grand-Laviers, Nampont-Saint-Martin, Salouel (3 km d'Amiens), Querrien (7 km d'Amiens).

Découverte de la région

En week-end dans le Nord

Sur la carte p. 8 ont été sélectionnées plusieurs villes méritant que l'on y passe un ou deux jours pour découvrir leurs richesses artistiques.
Pendant la saison culturelle (*en général de septembre à juin*), les « **Fins de Semaines** » associent culture et tourisme le temps d'un week-end, en comprenant hébergement en hôtel de charme, repas gastronomique en option, visite de ville et spectacles, dans la région Nord-Pas de Calais.
Pour tout renseignement, s'adresser à la Maison du Nord-Pas de Calais à Paris ou à l'Office du tourisme de Lille.
Les villes de Dunkerque, Lille, Arras, St-Quentin et Laon, situées à proximité de l'autoroute du Nord, et faisant partie de l'association « Autoroutes en liberté, destinations villes » vous proposent pendant la saison estivale différentes possibilités de visites. S'adresser aux Offices de tourisme respectifs ou à Autoroutes en liberté, Office du tourisme de Dijon, BP 1309, 21022 Dijon Cedex, ☎ 80 45 15 84.

Routes touristiques

Routes historiques – Ce sont des itinéraires de visite axés sur le patrimoine architectural présenté dans son contexte historique.
Plusieurs Routes historiques parcourent la région couverte par ce guide ainsi qu'une partie du Guide Ile-de-France :
– route du Camp du Drap d'Or, de Calais à Arras,
– route du Roman au Gothique par les forêts royales de l'Oise,
– route des Valois,

- route des Abbayes Renaissantes,
- route du Lys de France et de la Rose de Picardie,
- route de la vallée de l'Oise de Conflans-Ste-Honorine à Chimay en Belgique.

S'adresser la Caisse nationale des Monuments historiques et des Sites (CNMHS), 62, rue St-Antoine, 75004 Paris, ☎ 44 61 20 00.

La C.N.M.H.S. délivre, par ailleurs, un laissez-passer, permettant d'accéder librement à plus de 100 monuments gérés par elle en France et de bénéficier de la gratuité aux expositions organisées dans les monuments concernés. Ce laissez-passer est valable 1 an sur tout le territoire, à compter de la date d'achat. On peut l'obtenir sur place dans certains monuments ou par correspondance en accompagnant la demande d'un chèque de 250 F libellé à l'ordre de l'Agent comptable de la C.N.M.H.S.

Par ailleurs, la C.N.M.H.S. édite une collection de brochures concernant la région et intitulée « **itinéraires du patrimoine** » :
- n° 45 églises et retables de Flandres
- n° 74 l'œuvre de Lurçat à Maubeuge (Nord)
- n° 75 le quartier Excentric à Dunkerque-Rosendaël (Nord)
- n° 76 brasseries en Cambrésis (Nord)

Route des villes fortifiées – Créée par l'Association pour la mise en valeur des espaces fortifiés de la région Nord-Pas de Calais, la route des villes fortifiées regroupe 13 places fortes importantes de la région : Arras, Avesnes-sur-Helpe, Bergues, Boulogne-sur-Mer, Calais, Cambrai, Condé-sur-l'Escaut, Gravelines, Lille, Maubeuge, Montreuil-sur-Mer, Le Quesnoy, St-Omer. D'une longueur de 500 km, elle se divise en petits circuits offrant de multiples possibilités. Chaque ville est signalée par un panneau « Route des villes fortifiées », accompagné d'un logo. Une carte et un dépliant relatant l'histoire de chaque ville sont disponibles dans les offices de tourisme ou syndicats d'initiative et au Comité régional de tourisme du Nord-Pas de Calais.

Circuits chemins et mémoires – Pour faire connaître toute la richesse du patrimoine, des circuits « **chemins et mémoires** » ont été créés :
- les chemins des retables
- à la découverte des trésors de Flandre.

Pour tout renseignement, s'adresser à l'association des retables de Flandre, BP 6535, 59140 Dunkerque ou au Comité régional du tourisme Nord-Pas de Calais, 6, place Mendès-France, 59800 Lille, ☎ 20 14 57 57.

Paysage sur le circuit Bernanos.

D'autres routes sont décrites dans ce guide :
- Circuit Bernanos aux environs d'Hesdin.
- Les églises fortifiées de la Thiérache.

Cathédrales gothiques

Deux itinéraires en Picardie *(voir cartes d'introduction)* permettent d'admirer de belles cathédrales gothiques dont les hauteurs sous voûte sont de 23 m à Noyon, 24 m à Laon, 30 m à Soissons et atteignent, avec une incroyable hardiesse, 42 m à Amiens, 48 m à Beauvais.

Souvenirs de la Grande Guerre

La Grande Guerre qui a si profondément marqué la région du Nord de la France peut encore être prétexte à une découverte de la région. Le guide décrit les principaux sites et en fonction de ses attirances, le lecteur pourra composer l'itinéraire de son choix englobant le mémorial de Vimy, celui de Bellicourt, la colline de Notre-Dame de Lorette, le Chemin des Dames, l'Historial de Péronne, les champs de bataille près d'Albert.

En Belgique, près de la frontière, Ypres et Dixmude compléteront de façon très instructive ces itinéraires *(description dans le Guide Vert Belgique Luxembourg)*.

A travers la Flandre et l'Artois et jusqu'en Belgique, plusieurs circuits permettent de découvrir les lieux stratégiques (dépliant disponible aux Offices de tourisme de Bailleul et de Cassel ou à la Maison du Nord-Pas de Calais à Paris).

Le **Centre européen de la Paix**, à Souchez (☎ 21 72 66 55) près de N.-D.-de-Lorette, est un lieu de mémoire et un centre de rencontre où l'on s'attache aussi à présenter le monde contemporain (bornes audiovisuelles et vidéorama).

Dans la Somme, un **circuit du souvenir**, fléché de Péronne à Albert, traverse les villages meurtris par les combats (pour toute information, s'adresser au Comité départemental du tourisme de la Somme).

Trains touristiques

Le p'tit train de la Haute-Somme – Au Sud d'Albert, à 3 km de Bray-sur-Somme, un petit train de faible gabarit (14 km AR, durée : 1 h 30 environ) mène de Froissy à Dompierre en passant par le tunnel de Cappy (300 m). Au retour, visite du musée des chemins de fer.

Départ de mai à septembre les dimanches et jours fériés de 14 h 15 à 18 h, en outre du 15 juillet au 5 septembre les mercredis et samedis à 14 h 30 et 16 h, et en août les jeudis à 14 h 30 et 16 h. Adultes : 40 F, enfants : 28 F.

Renseignements et réservations : A.P.P.E.V.A., BP 106, 80001 Amiens Cedex 1, ☎ 22 44 55 40.

Le p'tit train de la Haute-Somme.

Le chemin de fer de la baie de Somme – Un train composé de vieilles voitures à plate-forme circule entre Le Crotoy, Noyelles, St-Valery-sur-Mer et Cayeux-sur-Mer à travers champs et mollières *(voir les conditions de visite à la baie de Somme)*.

Chemin touristique du Vermandois – De St-Quentin à Origny-Ste-Benoîte (44 km AR), un train à vapeur ou autorail ancien descend dans la vallée de l'Oise qu'elle longe à partir de Mézières-sur-Oise.

Renseignements : Office du tourisme de St-Quentin, ☎ 23 67 05 00 ou à C.F.T.V., BP 152, 02104 St-Quentin Cedex, réservations : ☎ 23 07 88 02.

Il fonctionne de début juin à fin septembre les dimanches et jours fériés.

Si vous voulez découvrir la collection complète des
Cartes et Guides Michelin,
la Boutique Michelin, 32, avenue de l'Opéra, 75002 Paris (métro Opéra),
☎ 42 68 05 20, est ouverte le lundi de 12 h à 19 h et du mardi au samedi de 10 h à 19 h.

Parcs d'attractions et de loisirs

Disséminés dans la région, les parcs offrent la possibilité de se détendre et de pratiquer certaines activités sportives.

Bagatelle, 62155 Merlimont, ☎ 21 94 60 33 *(voir à ce nom)*.

Bal Parc, rue de la Leulenne, 62890 Tournehem, ☎ 21 35 61 00.

Le Fleury, 5, rue de Bouchain, 59111 Wavrechain-sous-Faulx, ☎ 27 35 71 16.

Moulin de la Tour, 62560 Dennebrœucq, ☎ 21 95 11 39.

Olhain, 62150 Houdain, ☎ 21 27 91 79 *(voir à ce nom)*.

Prés du Hem, 5-7, avenue Marc-Sangnier, 59280 Armentières, ☎ 20 44 04 60.

Saint-Paul, 60650 St-Paul, ☎ 44 82 20 16.

Val Joly, 59132 Eppe-Sauvage, ☎ 27 61 84 16 *(voir p. 53)*.

Loisinord, 62290 Nœux-les-Mines, ☎ 21 66 64 79, possédant un téléski nautique.

Nature et tradition

Espace naturel régional

Cet organisme *(17, rue Jean-Roisin, 59800 Lille, ☎ 20 60 69 34)* a pour but la protection et la mise en valeur du patrimoine naturel sur le territoire délimité comme **Parc naturel régional Nord-Pas de Calais** qui est réparti en plusieurs secteurs. Il propose des circuits pédestres, des itinéraires équestres et des randonnées à vélo ou en V.T.T., des sorties à thème, des documents…

Les **Dunes de Flandre**, de Dunkerque à Bray-Dunes, proposent une animation Éole, passeport privilégié pour accéder à de nombreuses activités sportives, culturelles et de nature (Point Éole : Dunkerque, Office de tourisme Plage, 48 bis, digue de Mer, ☎ 28 26 28 88 ; Bray-Dunes, 248, rue de l'Ancienne-Gare, ☎ 28 26 83 36).

Parc naturel régional

Audomarois : Maison du Parc « Le Grand Vannage », Les Quatre Faces, 62510 Arques, ☎ 21 98 62 98.

Boulonnais : Maison du Parc « Maison du Huibois », Le Waast, 62142 Colembert, ☎ 21 83 38 79.

Plaine de la Scarpe et de l'Escaut : Maison du Parc « le luron », 357, rue Notre-Dame-d'Amour, 59230 St-Amand-les-Eaux, ☎ 27 27 88 27.

Ce secteur du Parc naturel régional forme avec le Parc naturel du Hainaut occidental en Belgique *(en cours de reconnaissance juridique)* le **Parc naturel transfrontalier**.

Deux secteurs du Parc naturel régional en préfiguration :

Avesnois : château Marguerite de Bourgogne, 59530 Le Quesnoy, ☎ 27 49 06 61.

Monts de Flandre : 17, rue Jean-Roisin, 59800 Lille, ☎ 20 30 63 01.

Littoral Nord – Il dépend également de l'Espace naturel régional. « Casteel Houck », rue du Lac, 59380 Ambouts-Cappel, ☎ 28 60 06 94.

Indépendant de l'Espace naturel régional, une association, **Éden 62**, s'est donné pour but de faire découvrir les espaces naturels protégés du Pas-de-Calais (dunes, forêts, baies, marais…) par l'aménagement de sentiers de randonnées *(fiches gratuites sur demande)* : 3, square Bernard-Shaw, BP 65, 62930 Wimereux, ☎ 21 32 13 74.

Le Conservatoire du Littoral

Créé en 1975, le Conservatoire a pour but de sauvegarder l'espace littoral et de maintenir l'équilibre écologique. Aujourd'hui, 339 sites sont protégés, dont les dunes de Garennes-de-Lornel dans le Pas de Calais, le premier espace à bénéficier de son intervention.

Dans la région, on en compte 4 dans le Nord, 14 dans le Pas de Calais et 9 dans la Somme.

Conservatoire du Littoral : Corderie Royale, BP 137, 17300 Rochefort, ☎ 46 84 72 50.

Délégation régionale : Le Riverside, quai Giard, 62930 Wimereux, ☎ 21 32 69 00.

Les carillons

Le carillon rythme la vie de nombreuses villes des Flandres. Il comprend plusieurs cloches installées dans un clocher ou dans un beffroi. Selon qu'il annonce l'heure, le quart, la demie ou le trois quart, il égrène différentes ritournelles.

Le mot viendrait de quadrillon, jeu de quatre cloches disposées en harmonie. Au Moyen Âge, les horloges mécaniques étaient munies des petites cloches appelées

« appiaulx » qu'un bateleur frappait à l'aide d'un maillet ou d'un marteau. A la suite de l'augmentation progressive du nombre de cloches, le maillet fut remplacé par un clavier. Le système automatique à cylindre utilisé dans certains lieux tend à être remplacé par un système électrique plus facile à entretenir.

Voici les principaux carillons situés dans le Nord-Pas de Calais :

Tourcoing – église St-Christophe : 61 cloches

Douai – hôtel de ville : 62 cloches

Bergues – beffroi : 50 cloches

Avesnes-sur-Helpe – collégiale St-Nicolas : 48 cloches

Capelle-la-Grande – beffroi : 48 cloches

Dunkerque – tour St-Éloi : 48 cloches

Le Quesnoy – hôtel de ville : 48 cloches

St-Amand-les-Eaux – tour abbatiale : 48 cloches

Seclin – collégiale St-Piat : 42 cloches

Des concerts ont lieu régulièrement dans certaines villes (se renseigner à l'Office de tourisme).

Les moulins

Dominant les paysages du Nord, les moulins à vent étaient autrefois nombreux dans la région. Abandonnés pour la plupart, il n'en reste que quelques dizaines aujourd'hui.

Il existe également des moulins à eau installés sur les charmantes rivières de l'Artois et de la Thiérache.

L'Association Régionale des Amis des Moulins du Nord-Pas de Calais (ARAM) s'est donné pour but de les sauvegarder, de les rénover et de les animer.

Des dépliants sur les moulins sont disponibles au siège de cette association qui édite aussi des brochures, des cartes et des livres.

Centre régional de molinogie, 59650 Villeneuve-d'Ascq, ☎ 20 05 49 34.

Écomusée de la région Fourmies Trélon

Créé en 1980, l'écomusée a pour but de faire découvrir le patrimoine rural et industriel ainsi que les milieux naturels. Il propose des espaces d'animation, des documents, des circuits, des expositions à thème... Il comprend 9 sites et quelques musées qui lui sont associés.

Centre permanent : place Maria-Blondeau, BP 65, 59612 Fourmies Cedex, ☎ 27 60 66 11.

Fourmies : musée du textile et de la vie sociale

Trélon : atelier-musée du verre

Wallers-Trélon : maison de la Fagne (extraction et travail de la pierre bleue)

Baives : site naturel des monts de Baives

Sains-du-Nord : maison du bocage

Liessies : conservatoire du patrimoine religieux

Wignehies : les sentiers d'observation

Musées associés :

Felleries : moulin des bois-jolis

Sars-Poteries : moulin à eau

Fourmies - Pelotonneuse.

Transmanche

Des liaisons pour voitures et passagers sont assurées quotidiennement entre le Nord de la France et l'Angleterre.

Une brochure « Région Transmanche », éditée par le Comité régional du tourisme Nord–Pas de Calais et par le Kent County Council, présente des itinéraires pour des courts séjours dans le Kent ou dans la région Nord-Pas de Calais. Une brochure « Festivals ! Festivals ! » indique les principales manifestations annuelles de part et d'autre de la Manche.

Un topo-guide (PR) propose une quarantaine de promenades à travers le Pas-de-Calais et le comté du Kent (voir à randonnées pédestres).

Hover Speed

– de Calais à Douvres en aéroglisseur, durée : 35 mn (Calais ☎ 21 46 14 14).
– de Boulogne à Folkestone par catamaran, durée : 55 mn (Boulogne ☎ 21 30 27 26).

Sealink

– de Calais à Douvres en ferry, durée : 1 h 30. Informations et réservations : 23, rue Louis-Legrand, 75002 Paris, ☎ 44 94 40 40 ; 2, place d'Armes, 62100 Calais, ☎ 21 34 55 00 ; 11, place du Théâtre, 59800 Lille, ☎ 20 06 29 44. Informations 3615 SEALINK.

P & O European Ferries

– de Calais à Douvres en ferry, durée : 1 h 15.
Informations et réservations : Maison de Grande-Bretagne, 19, rue des Mathurins, 75009 Paris, ☎ 44 51 00 51 ; 41, place d'Armes, 62226 Calais Cedex, ☎ 21 46 04 40.

Sally Ferries

– de Dunkerque à Ramsgate, durée : 2 h 30.
Informations et réservations : Sally Line Limited, Dunkerque Port Ouest, 59279 Loon-Plage, ☎ 28 26 70 70 ou minitel 3615 SALLY FERRIES.

Tunnel sous la Manche

Depuis l'ouverture du tunnel sous la Manche en 1994, la région est désormais en liaison directe avec la Grande-Bretagne par **Eurostar** et **le Shuttle** (navette embarquant automobiles et autocars avec leurs passagers) (1 h de trajet environ de la gare de Lille-Europe à la gare de Londres-Waterloo). Se renseigner dans les gares de Paris-Nord, de Lille, de Calais-Fréthun, et dans les principales gares et les agences de voyages.

*Le plan-guide Le Tunnel sous la Manche décrit les curiosités
en Angleterre (version en français) ou sur le continent (version en anglais).
Il contient une carte des axes routiers de part et d'autre du tunnel,
des plans des terminaux de Calais et Folkestone
et des renseignements sur le tunnel et les navettes qui l'empruntent.*

*Traversez la Manche avec votre **plan-guide** Michelin.*

Manifestations touristiques

CARNAVALS, SORTIE DES GÉANTS

Dimanche précédant le Mardi gras et Mardi gras

Dunkerque . . . . Carnaval *(voir illustration p. 269)*

Bailleul . . . . Carnaval avec le géant Gargantua

Dimanche suivant le Mardi gras

Malo-les-Bains . . . . Carnaval

Dimanche de la mi-carême

Hazebrouck . . . . Grand cortège en costumes anciens, défilé de géants. Carnaval le dimanche suivant.

Lundi de Pâques

Cassel . . . . Sortie des géants Reuze-Papa et Reuze-Maman

Denain . . . . Carnaval

Fin mai ou début juin

Hazebrouck . . . . Carnaval d'été : défilé des Géants Roland, Tisje, Tasje, Toria et Babe Tisje

---

Appelés gayant en picard ou reuze en flamand, les géants *(voir p. 29)* forment une famille nombreuse et prolifique (environ 200). Ils sortent à l'occasion de kermesses, ducasses, carnavals et sont un peu l'âme de la fête. Ceux d'Hazebrouck sont exposés en permanence au musée.
Les premiers apparaissent au Portugal au 13e s., et dans le département du Nord, à partir du 16e s. : en 1530 à Douai, 1556 à Maubeuge, 1559 à Cambrai. Depuis le début du siècle, ils se multiplient.
Depuis quelques années, ils voyagent et se rencontrent à l'occasion de Rondes de Géants (en 1992 à Barcelone, en 1993 à Steenvoorde, en 1994 à Maatricht et à Folkestone).
Une association, « **La ronde des géants** », 7, rue St-Bernard, 59000 Lille, ☎ 20 93 94 67, se charge de promouvoir et de sauvegarder les géants.

Un dimanche en juin

Bourbourg 51 pli 3 *(1)* . . . . Sortie des géants « Gédéon, Arthurine et Florentine »

3e dimanche après la Pentecôte

Lille . . . . Fêtes de Lille avec la sortie des géants Lydéric et Phinaert.

Dimanche qui suit le 5 juillet

Douai . . . . Sortie de la famille Gayant (géants), grand cortège

15 août

Cambrai . . . . Cortège avec les géants Martin et Martine

2e dimanche d'octobre

Comines . . . . Fête des Louches avec les géants Grande Gueuloutte et P'tite Chorchine

FESTIVALS

Mars ou avril

Beauvais . . . . Festival du cinéma « cinémalia »

Avril

Abbeville et baie de Somme . . . . Festival du film de l'oiseau, ☎ 22 24 02 02 (projections, expositions, balades-découvertes, conférences).

Valenciennes . . . . Festival du film d'action et d'aventure

Juin

Boulogne-sur-Mer . . . . Music & Remparts

Juin-juillet

Maubeuge . . . . Les Inattendus

Juillet
Côte d'Opale . . . .   Festival International de musique (☎ 21 30 40 33)
St-Riquier . . . .   Festival de musique classique

Juillet-août
Hardelot . . . .   Festival de musique

Août
Le Touquet . . . .   Festival International de musique

Septembre-octobre
En Picardie . . . .   Festival des cathédrales (☎ 22 97 37 49)

FOIRES, PRODUITS DU TERROIR

Le dimanche après le 14 juillet
Loisy-sur-Créquoise . . . .   Fête de la groseille

2e dimanche de juillet
Noyon . . . .   Marché aux fruits rouges

1er dimanche de septembre
Arleux . . . .   Foire à l'ail
Aire-sur-la-Lys . . . .   Fête de l'andouille

1er week-end d'octobre
Steenvoorde . . . .   Fête du houblon

4e dimanche d'octobre
Sains-du-Nord . . . .   Fête du cidre

3e week-end de décembre
Licques . . . .   Fête de la dinde

Berck-sur-Mer – Rencontres internationales de cerf-volant.

AUTRES MANIFESTATIONS

Mi-février
Le Touquet . . . .   Enduro des sables

1er week-end d'avril
Berck . . . .   Rencontres internationales de cerfs-volants

Un dimanche en avril
Roubaix . . . .   Course cycliste « Paris-Roubaix »

Dernier dimanche d'avril
Villes fortifiées du Nord-Pas-de-Calais . . . .   Fête régionale (☎ 20 57 40 04)

Dimanche après le jeudi de l'Ascension
Maubeuge . . . .   Fête de Jean Mabuse

257

Mai

Amiens . . . . Carnaval

Dunkerque . . . . Course cycliste

Dimanche et lundi de Pentecôte

Arras . . . . Fête des Rats

Arras – Fête des rats.

Week-end de Pentecôte

St-Quentin . . . . Fêtes du Bouffon

Lundi de Pentecôte

Liesse . . . . Pèlerinage

Début juin

Boeschèpe . . . . Fête du moulin

3ᵉ dimanche de juin

Gerberoy . . . . Fête des roses

Différents moulins . . . . Fête nationale des Moulins (renseignements : ARAM ☎ 20 05 49 34)

3ᵉ dimanche après la Pentecôte

Lille . . . . Fêtes de Lille

23 juin

Long . . . . Feu de la Saint-Jean

Dernier week-end de juin

Beauvais . . . . Fêtes de Jeanne Hachette

Début juillet

Bailleul . . . . Bruegel en Flandre

3ᵉ dimanche de juillet

Buire-le-Sec . . . . Fête des métiers

Fin juillet

Boulogne-sur-Mer . . . . Fêtes napoléoniennes

St-Omer . . . . Cortège nautique

Calais, Boulogne et Dunkerque . . . . Bénédiction de la mer (☎ 28 26 26 26)

Dimanche après-midi qui suit le 15 août

Aire-sur-la-Lys . . . . Grande processsion à N.-D.-Panetière

Dernier week-end d'août

Boulogne-sur-Mer . . . . Pèlerinage à N.-D.-de-Boulogne ; grande procession

Fin août à fin septembre

Ailly-sur-Noye 52 pli 18 *(1)* . Spectacle Son et Lumière (☎ 22 41 06 90)

1re quinzaine de septembre
Albert . . . .   Pèlerinage à N.-D.-de-Brébières

1er week-end de septembre et le lundi
Lille . . . .   Grande braderie

2e dimanche de septembre
Valenciennes . . . .   Procession à N.-D.-du-Cordon
Armentières . . . .   Fête des Nieulles

Le dimanche qui suit la St-Matthieu
Béthune . . . .   Fête des Charitables

3e dimanche d'octobre
Mont des Cats . . . .   Fête de la St-Hubert

Fin octobre début novembre
Berck-sur-Mer . . . .   Les 6 heures de char à voile

Mi-novembre à fin décembre
St-Quentin . . . .   Biennale internationale du pastel

1er samedi de décembre
Boulogne et Bergues . . . . . .   Fête de Saint-Nicolas

24 décembre
Boulogne . . . .   Fête des Guénels (betteraves sculptées)

---

(1) Pour les localités non décrites dans le guide, nous indiquons le numéro de la carte Michelin au 1/200 000 et le numéro du pli.

Lille – Grande braderie, place du Lion d'Or.

F. Balloy/DIAPHOR

Quelques livres, quelques films

OUVRAGES GÉNÉRAUX – TOURISME

Histoire du Nord : Flandre, Artois, Hainaut, Picardie, par P. Pierrard *(Hachette).*

Les gens du Nord, par P. Pierrard *(Arthaud, coll. Pays).*

Le guide du Boulonnais et de la Côte d'Opale, par Dominique Arnaud *(La Manufacture, Lyon).*

Nord-Pas-de-Calais, Picardie : Guide du tourisme industriel et technique *(Solar, coll. EDF, La France contemporaine).*

Le Nord de la France, par M. Barker et P. Atterbury *(Nordéal, Lambersart).*

Histoire de Lille *(Privat).*

Les grandes heures de Lille, par Alain Gérard *(Pevrin).*

Le Nord, Flandres, Artois, Picardie, par Alain Davesnes *(Solar).*

La Picardie *(Larousse, coll. Beautés de la France).*

Pas-de-Calais ; les Pays du Nord ; Picardie ; Amiens *(Bonneton, coll. Encyclopédies régionales).*

La Picardie, verdeur dans l'âme *(éd. Autrement, coll. France).*

Le Nord roman : Flandre, Artois, Picardie, Laonnois *(éd. Zodiaque, diff. Desclée de Brouwer).*

Nord, Picardie, Flandre *(Solar).*

Châteaux de la Somme ; Églises de la Somme ; Abbayes de la Somme, par P. Seydoux *(Nouvelles Éditions Latines).*

Châteaux de Flandre et du Hainaut-Cambrésis ; Châteaux d'Artois et du Boulonnais ; Églises et abbayes de Flandre ; Églises et abbayes d'Artois et du Boulonnais, par P. Seydoux *(Éditions de la Morande).*

Dictionnaire du français régional du Nord-Pas-de-Calais *(Bonneton).*

Dictionnaire de la cuisine du Nord-Pas-de-Calais *(Bonneton).*

Gastronomie des Flandres et d'Artois, Gastronomie picarde *(Ingersheim, SAEP, coll. Delta 2000).*

LITTÉRATURE

Ces dames aux chapeaux verts (Saint-Omer), par G. Acremant *(Miroirs, Lille).*

Journal d'un curé de campagne (Artois), par G. Bernanos *(Plon).*

Les peupliers de la Prétrantaine (Picardie-Thiérache), par M. Blancpain *(Denoël).*

Les croix de bois (guerre 1914-1918), par R. Dorgelès *(Albin Michel).*

Œuvre romanesque (nombreux titres) (Flandre) de M. Van der Meersch *(Albin Michel).*

Germinal (bassin houiller) par E. Zola *(Livre de Poche).*

Mineur de fond (fosses de Lens), par Augustin Viseux *(Plon, collection Terre humaine).*

Maria Vandamme ; Catherine Courage : la fille de Maria Vandamme, par Jacques Duquesne *(Grasset).*

La poussière des corons par Marie-Paul Armand *(Presses de la Cité).*

Archives du Nord (Flandre), par M. Yourcenar *(Folio-Gallimard).*

Caporal supérieur, par Daniel Boulanger *(Gallimard).*

Du livre à l'écran

Germinal : si l'on excepte les ouvrages documentaires de Marie-Paule Armand (**La poussière des corons**) et d'Augustin Viseux (**Mineur de fond**), cités ci-dessus, le célèbre roman de Zola est le plus important témoignage littéraire concernant le monde disparu des mineurs.

Zola s'était documenté en visitant les mines d'Anzin près de Valenciennes. Le film a été tourné dans les environs de cette ville par Claude Berri. A Arenberg se situe le puits du 19e s. (appelé « Jean Bart » dans le film) ; à Paillencourt, près du canal de la Sensée, fut reconstituée la fosse du Voreux avec son puits.

Marie Vandamme et **Catherine Courage,** romans de Jacques Duquesne, dont l'action se déroule dans le Nord de la France, ont été également portés à l'écran sous forme de téléfilms (1989 et 1993). C'est au cours de la manifestation de Fourmies (voir à ce nom) que Catherine Courage, fille de Marie Vandamme, découvre sa vocation de médecin.

Enfin, la Picardie a servi de cadre au film **Sous le soleil de Satan** (1986) tourné par Maurice Pialat à partir du roman de Georges Bernanos. Une autre œuvre de Bernanos, **Le Journal d'un curé de campagne,** a été adaptée au cinéma par Robert Bresson en 1950 et se déroule à Ambricourt (Pas-de-Calais).

Bien d'autres films ont été tournés dans la région. Pour n'en citer que quelques-uns :

La Communion solennelle (1977) et **Le Baptême** (1989) par René Féret (chronique familiale dans le Nord).

Muriel (1963) par Alain Resnais (Boulogne-sur-Mer).

La vie est un long fleuve tranquille (1987) par Étienne Chatilliez.

Camille Claudel (1988) par Bruno Nuytten (Villeneuve-sur-Fère).

Peaux de vaches (1989) par Patricia Mazuy (le Santerre et place de la gare d'Amiens).

Henri V (1991) par Kenneth Branagh sur la bataille d'Azincout.

Nord (1991) par X. Beauvois (Blériot, Aire-sur-la-Lys, Calais).

Faut-il aimer Mathilde ? (1993) par Edwin Bailey.

La Reine Margot (1994) par Patrice Chéreau (forêt de Compiègne, St-Quentin).

Le Cirque d'Amiens *(voir à ce nom)* a inspiré plusieurs metteurs en scène : Federico Fellini (Les clowns en 1970), Jean-Jacques Beineix (Roselyne et les lions en 1989), Papatakis (Les équilibristes en 1991).

Vous avez apprécié votre séjour dans la région.
Retrouvez le charme de celle-ci, son atmosphère,
ses couleurs, en feuilletant l'album « France »,
ouvrage abondamment illustré, édité par les Services de Tourisme Michelin.

Conditions de visite

Les renseignements énoncés ci-dessous s'appliquent à des touristes voyageant isolément et ne bénéficiant pas de réduction. Pour les groupes constitués, il est généralement possible d'obtenir des conditions particulières concernant les horaires ou les tarifs. Ces données ne peuvent être fournies qu'à titre indicatif en raison de l'évolution du coût de la vie et de modifications fréquentes dans les horaires d'ouverture de nombreuses curiosités. Lorsqu'il nous a été impossible d'obtenir des informations à jour, les éléments figurant dans l'édition précédente ont été reconduits. Dans ce cas ils apparaissent en italique.
Les édifices religieux ne se visitent pas pendant les offices. Certaines églises et la plupart des chapelles sont souvent fermées. Les conditions de visite en sont précisées si l'intérieur présente un intérêt particulier.
Dans certaines villes, des visites guidées de la localité dans son ensemble ou limitées aux quartiers historiques sont régulièrement organisées en saison touristique. Cette possibilité est mentionnée en tête des conditions de visite, pour chaque ville concernée. Dans les Villes et Pays d'Art et d'Histoire et les Villes d'Art A*, les visites sont conduites par des guides-conférenciers agréés par la Caisse Nationale des Monuments Historiques et des Sites.*
Lorsque les curiosités décrites bénéficient de facilités concernant l'accès pour les handicapés, le symbole ♿ figure à la suite de leur nom.
☎ **Attention ! La numérotation téléphonique** *en France passera, au cours de l'automne 1996, de 8 à 10 chiffres. A la date d'application de cette modification, il suffira pour la région décrite dans ce guide, de faire précéder les numéros de téléphone indiqués ci-dessous du nombre 03.*

A

ABBEVILLE

i 11, place Amiral-Courbet - 80100 - ☎ 22 24 27 92

Musée Boucher de Perthes - Visite tous les jours (sauf le mardi) de 14 h à 18 h. Fermé les 1er janvier, 1er mai, 14 juillet, 1er novembre, 25 décembre. Entrée gratuite. ☎ 22 24 08 49.

Château de Bagatelle - Visite accompagnée (1/2 h) tous les jours (sauf le mardi) du 1er week-end de juillet au 1er week-end de septembre de 14 h à 18 h ; le reste de l'année sur rendez-vous. 32 F ; avec le musée 47 F. ☎ 22 24 02 69.

Musée d'Histoire de France 1940 - Visite du 1er week-end de juillet au 1er week-end de septembre de 14 h à 18 h. Fermé le mardi. 25 F. ☎ 22 24 02 69.

AGNETZ

Église - S'adresser à M. le curé, 14, ruelle du Presbytère, ☎ 44 78 17 55.

AIRAINES

Église Notre-Dame et Prieuré - Visite tous les jours du 1er juillet au 31 août de 14 h 30 à 18 h ; en mai, juin et septembre aux mêmes heures, le samedi, le dimanche et les jours fériés. 20 F. ☎ 22 29 45 05.

Église Saint-Denis - Pour visiter, s'adresser au presbytère, 5, rue des Fossés.

AIRE-SUR-LA-LYS

Église St-Jacques - En cours de réfection. Pour visiter, s'adresser au comité de sauvegarde de la chapelle St-Jacques, 32, rue de St-Omer, ☎ 21 39 03 39.

AMBLETEUSE

Fort d'Ambleteuse - Visite de Pâques au 11 novembre le dimanche et les jours fériés de 15 h à 18 h, en outre en juillet et août le lundi et le samedi. 15 F. ☎ 20 54 61 54.

Musée Historique de la Deuxième Guerre mondiale - ♿. Visite de 9 h 30 à 19 h tous les jours du 1er avril au 15 octobre ; de 10 h à 18 h le dimanche et les jours fériés le reste de l'année. 25 F. ☎ 21 87 33 01.

AMIENS

i 12, rue du Chapeau-de-Violettes - 80000 - ☎ 22 91 79 28

Visite guidée de la ville A - S'adresser à l'Office de tourisme.

Cathédrale - Pour les visites guidées, s'adresser à l'Office de tourisme.

Spectacle son et lumière - De mi-avril à mi-octobre le mardi, le jeudi, le vendredi et le samedi sauf jours réservés. Séances supplémentaires le mercredi et le dimanche en juillet et août sauf jours réservés. Durée : 45 mn. 55 F, enfants de moins de 12 ans : 25 F. Réservation obligatoire et renseignements, ☎ 22 91 83 83 et 22 91 89 02.

Stalles – Visite accompagnée (30 mn) du 1er au 15 avril en semaine de 8 h 30 à 12 h et de 14 h à 19 h, le dimanche de 15 h à 19 h ; du 16 avril au 30 septembre en semaine de 8 h 30 à 19 h, le dimanche de 15 h à 19 h ; du 1er octobre au 31 mars en semaine de 8 h 30 à 12 h et de 14 h à 17 h (18 h le samedi), le dimanche de 15 h à 17 h. Fermé les jours de fêtes religieuses. ☎ 22 91 27 31.

Trésor – Fermé provisoirement. Pour tout renseignement, s'adresser à l'Office de tourisme.

Musée de Picardie – Visite tous les jours (sauf le lundi) de 10 h à 12 h 30 et de 14 h à 18 h. Fermé les 1er janvier, 1er et 8 mai, 14 juillet, 1er et 11 novembre et 25 décembre. 20 F. ☎ 22 91 36 44.

Musée d'Art local et d'Histoire régionale – Visite des vacances de Pâques au 30 septembre du jeudi au dimanche de 13 h à 18 h ; le reste de l'année le dimanche de 10 h à 12 h 30 et de 14 h à 18 h. Fermé les 1er janvier, 1er et 8 mai, 14 juillet, 1er et 11 novembre et 25 décembre. 10 F. ☎ 22 91 36 44.

Hortillonnages – Visite en barque (1 h) du 1er avril au 31 octobre tous les jours à partir de 14 h. Se présenter à la Maison des hortillonnages, 54, boulevard Beauvillé. 28 F. ☎ 22 92 12 18.

Centre de documentation Jules-Verne – Visite de 9 h 30 à 12 h et de 14 h à 18 h. Fermé le lundi et le dimanche. 15 F. ☎ 22 45 37 84.

Amiens – Musée de Picardie
Wall-Drawing n° 711 (1992).
Lavis d'encres de Chine par Sol Lewitt.

Collection musée de Picardie. Ville d'Amiens et ministère de la Culture et de la Francophonie

Galerie du Vitrail – Visite accompagnée (45 mn) tous les jours à 15 h sauf le dimanche et les jours fériés. ☎ 22 91 81 18.

Maison de la Culture – Visite tous les jours (sauf le lundi) de 12 h (14 h le dimanche) à 19 h. Fermé les jours fériés et du 15 juillet au 1er septembre. ☎ 22 97 79 79.

Parc zoologique – &. Visite tous les jours (sauf le lundi) du 1er avril au 30 septembre de 10 h à 18 h (17 h en semaine) ; en octobre de 10 h à 12 h et de 14 h à 16 h. 18 F, gratuit le 8 mai et le 14 juillet. ☎ 22 43 06 95.

ARQUES

Ascenseur à bateaux des Fontinettes – Visite accompagnée (1 h) de 15 h à 18 h 30 tous les jours de mi-juin à mi-septembre, le samedi, le dimanche et les jours fériés le reste de l'année.
Fermé de novembre à mars. 20 F. ☎ 21 98 43 01.

ARRAS
🛈 7, place du Maréchal-Foch – 62000 – ☎ 21 51 26 95

Visite guidée de la ville 🅰 – S'adresser à l'Office de tourisme.

Hôtel de ville – &. Visite (ascenseur) en semaine de 10 h à 12 h et de 14 h à 18 h ; le dimanche et les jours fériés de 10 h à 12 h et de 15 h à 18 h (de 10 h à 18 h en juillet et août). Fermé les 1er janvier et 25 décembre. ☎ 21 51 26 95.

Beffroi – Visite en semaine de 10 h à 12 h et de 14 h à 18 h ; le dimanche et les jours fériés de 10 h à 12 h et de 15 h (14 h 30 en juillet et août) à 18 h 30. Fermé les 1er janvier et 25 décembre. 13 F. ☎ 21 51 26 95.

Circuit des souterrains – Visite accompagnée (35 mn) du lundi au samedi de 10 h à 12 h et de 14 h à 18 h, les dimanches et jours fériés de 10 h à 12 h et de 15 h (14 h 30 en juillet et août) à 18 h 30. Fermé les 1er janvier et 25 décembre. 15 F. ☎ 21 51 26 95.

Musée des Beaux-Arts – Visite en semaine (sauf le mardi) de 10 h à 12 h et de 14 h à 18 h (17 h du 15 octobre au 31 mars) ; le samedi de 10 h à 12 h et de 14 h à 18 h ; le dimanche de 10 h à 12 h et de 15 h à 18 h. Fermé le 1er mai. 14 F, gratuit le 1er mercredi et le 1er dimanche de chaque mois. ☎ 21 71 26 43.

Cathédrale St-Vaast – Visite de 14 h 15 à 18 h.

Citadelle – Visite accompagnée (1 h) de début mai à fin septembre le dimanche à 15 h et 16 h. 15 F. Se munir d'une pièce d'identité. ☎ 21 51 26 95.

Église St-Nicolas-en-Cité – Visite le vendredi de 14 h à 16 h, le samedi de 10 h à 11 h 30 et de 17 h 30 à 19 h, le dimanche de 11 h à 12 h 30.

AUCHY-LA-MONTAGNE

Maison des Savoir-Faire – Visites suspendues. ☎ 44 46 97 73.

AUCHY-LÈS-HESDIN

Abbatiale St-Georges – Fermé le lundi.

Parc naturel régional de l'AUDOMAROIS

Maison du Parc – La maison du Parc est ouverte tous les jours de 9 h à 12 h et de 14 h à 18 h sauf le samedi, dimanche et les jours fériés. « Le Grand Vannage », 62510 Arques. ☎ 21 98 62 98.

La Grange Nature – La Grange Nature est ouverte durant les vacances scolaires de Pâques et d'été tous les jours de 9 h 30 à 12 h 30 et de 14 h 30 à 18 h 30 ; en avril, mai, juin, septembre et octobre le samedi de 14 h 30 à 18 h 30 et le dimanche et les jours fériés de 9 h 30 à 12 h 30 et de 14 h 30 à 18 h 30 ; de novembre à mars le samedi et le dimanche de 14 h 30 à 17 h 30. Rue du Romelaere, 62500 Clairmarais. ☎ 21 38 52 95.

AZINCOURT

Musée de Traditions populaires et d'histoire locale – &. Visite du 1er avril au 31 octobre de 9 h à 18 h ; le reste de l'année de 10 h à 17 h. 10 F. ☎ 21 04 41 12.

Centre Médiéval – Visite d'avril à septembre de 9 h 30 (10 h le dimanche) à 19 h ; le reste de l'année tous les jours (sauf le mardi) de 10 h (11 h le dimanche) à 17 h. Fermé les 24, 25 et 26 décembre. ☎ 21 04 42 90.

B

Parc d'attractions de BAGATELLE

Visite de mi-avril à fin septembre de 10 h à 19 h, attractions de 10 h 30 à 18 h 30. Adultes : 85 F, enfants : 55 F. ☎ 21 89 09 91.

BAILLEUL

Beffroi – Visite accompagnée (50 mn) de juin à septembre le samedi à 15 h et le dimanche à 11 h, en outre en juillet et août du lundi au vendredi à 16 h 30. Fermé les jours fériés. 10 F. ☎ 28 49 18 17.

Musée Benoît De Puydt – Visite tous les jours (sauf le mardi) de 14 h à 17 h 30. Fermé les 1er janvier, dimanche, lundi et Mardi gras, 1er mai et 25 décembre. 10 F. ☎ 28 49 18 17.

École dentellière – &. Visite de 14 h à 17 h. Fermé le dimanche et les jours fériés, une semaine avant Noël et une semaine après la nouvelle année. 10 F. ☎ 28 41 25 72.

BAVAY

Musée archéologique – Visite en semaine (sauf le mardi) de 9 h à 12 h et de 14 h à 17 h, en juillet et août de 10 h à 12 h et de 14 h à 18 h ; le dimanche de 9 h 30 à 12 h et de 14 h à 17 h (19 h du 1er avril au 31 octobre). Fermé les 1er mai, 1er et 11 novembre et du 24 décembre au 2 janvier. 12 F. ☎ 27 63 13 95.

BEAUVAIS   🛈 1, rue Beauregard - 60000 - ☎ 44 45 08 18

Visite guidée de la ville 🅰 – S'adresser à l'Office de tourisme.

Cathédrale St-Pierre : Horloge astronomique – Visite accompagnée (25 mn) à 10 h 40 (sauf le dimanche du 11 mai au 1er novembre), 14 h 40, 15 h 40 et 16 h 40. 22 F. ☎ 44 48 11 60.

Musée départemental de l'Oise – Visite tous les jours (sauf le mardi) de 10 h à 12 h et de 14 h à 18 h. Fermé les 1er janvier, lundis de Pâques et de Pentecôte, 1er mai et 25 décembre. 16 F, gratuit le mercredi. ☎ 44 48 48 88.

Galerie nationale de la tapisserie – Visite du 1er avril au 30 septembre de 9 h 30 à 12 h et de 14 h à 18 h 30 ; le reste de l'année de 10 h à 12 h et de 14 h à 17 h. Fermé le lundi et les jours fériés. 21 F. ☎ 44 05 14 28.

Manufacture nationale de tapisserie – Visite accompagnée (1 h) le mardi, le mercredi et le jeudi de 14 h à 16 h. 18 F. ☎ 44 05 14 28.

Église de Marissel – Visite le samedi de 9 h 30 à 11 h 30 et le dimanche matin à partir de 10 h, sinon s'adresser à Mme Cozette, ☎ 44 05 46 43 ou à Mme Fangeat ☎ 44 05 42 01.

BELLIGNIES

Musée du Marbre et de la Pierre bleue – Visite de 14 h à 18 h. 12 F. ☎ 27 66 89 90.

BERCK-SUR-MER
🖪 place de l'Entonnoir - 62600 - ☎ 21 09 50 00

Phare – Visite accompagnée (20 mn) du 1er mai au 31 août de 15 h à 18 h. ☎ 21 09 07 03.

Musée – Visite tous les jours (sauf le mardi) de 15 h à 18 h. Fermé les 1er janvier et 1er mai. Entrée gratuite. ☎ 21 84 07 80.

BERGUES
🖪 place de la République - 59380 - ☎ 28 68 60 44

Beffroi – Visite de 9 h à 12 h et de 14 h à 18 h tous les jours du 1er mai au 3 septembre, le dimanche et les jours fériés des Rameaux au 1er mai. 191 marches. 4 F. ☎ 28 68 60 44.

Concerts de carillon – à 11 h le lundi et à 17 h les veilles de fêtes.

Musée municipal – Visite de 10 h à 12 h et de 14 h à 17 h. Fermé le mardi et en janvier. 8 F adultes, 4 F enfants. ☎ 28 68 13 30.

Château de BERTANGLES

Visite libre du 20 au 28 mai de 14 h à 19 h ; visite accompagnée (3/4 h) du 30 juillet au 3 septembre tous les jours à 17 h 30. 20 F. ☎ 22 93 68 36.

BLÉRANCOURT

Musée de la coopération franco-américaine – Visite tous les jours (sauf le mardi) de 10 h à 12 h 30 et de 14 h à 17 h. Fermé les 1er janvier, 1er mai et 25 décembre. 15 F. ☎ 23 39 60 16.

BOESCHEPE

Moulin – Visite accompagnée (1/2 h) de Pâques à fin septembre le dimanche et les jours fériés (tous les jours en juillet et août) de 14 h 30 à 18 h. 5 F. Demande préalable ☎ 28 42 50 70.

BOULOGNE-SUR-MER
🖪 quai de la Poste - 62200 - ☎ 21 31 68 38

Visite guidée de la ville 🗺 – S'adresser à Mme Soubité au château-musée.

Nausicaa – ♿. Visite du 1er juin au 14 septembre de 10 h à 20 h ; le reste de l'année de 10 h à 18 h en semaine, 19 h le samedi, le dimanche et les jours fériés et pendant les vacances scolaires de la zone B. 50 F adultes, 35 F enfants. ☎ 21 30 98 98.

Beffroi – Accès par le hall de la mairie. Visite du lundi au vendredi de 8 h à 18 h, le samedi de 8 h à 12 h. Fermé le dimanche et les jours fériés. Entrée gratuite. ☎ 21 80 56 78.

Basilique Notre-Dame : crypte et trésor – Visite tous les jours (sauf le lundi) de 14 h à 17 h. 10 F. ☎ 21 92 43 54.

Château-Musée – Visite du 15 mai au 15 septembre de 9 h 30 à 12 h 30 et de 13 h 30 à 18 h 15 (le dimanche de 9 h 30 à 12 h 30 et de 14 h 30 à 18 h 15) ; le reste de l'année de 10 h à 12 h 30 et de 14 h à 17 h (le dimanche de 10 h à 12 h 30 et de 14 h 30 à 17 h 30). Fermé le mardi et les 1er janvier, 1er mai et 25 décembre. 20 F. ☎ 21 10 02 20.

Musée d'Histoire naturelle – Visite sur rendez-vous, ☎ 21 80 09 80.

Casa San Martin – Visite tous les jours (sauf le mardi et le mercredi) de 10 h à 11 h 45 et de 14 h à 17 h 45. Fermé les jours fériés. Entrée gratuite. ☎ 21 31 54 65.

Colonne de la Grande-Armée – Visite d'avril à septembre de 9 h à 12 h et de 14 h à 19 h (18 h le lundi) ; le reste de l'année de 9 h à 12 h et de 14 h à 17 h. Fermé le mardi et le mercredi. 20 F. ☎ 21 80 43 69.

BOURS

Donjon – Visite le mercredi de 9 h à 12 h, le mardi et le jeudi de 17 h 30 à 18 h 30, le samedi de 14 h à 17 h. Fermé en août. Entrée gratuite. ☎ 21 04 76 76.

BOUVIGNIES

Colombier – Visite uniquement le dimanche d'avril à septembre de 16 h 30 à 19 h. 15 F. ☎ 27 91 20 13 mairie.

BRUAY-SUR-L'ESCAUT

Église – Pour visiter, s'adresser à la paroisse Ste-Pharaïlde, ☎ 27 47 60 89.

BUIRE-LE-SEC

Centre d'Art et d'Artisanat – Visite en juillet et août tous les jours de 10 h à 12 h 30 et de 14 h 30 à 20 h ; en juin, septembre et décembre tous les jours de 14 h 30 à 19 h ; de janvier à mai, octobre et novembre, les week-ends et jours fériés ainsi que pendant les vacances scolaires de 14 h 30 à 19 h. ☎ 21 90 33 70.

BURELLES

Église – Visite de mai à septembre de 9 h à 18 h ; le reste de l'année s'adresser à l'Office de tourisme de Vervins, ☎ 23 98 11 98.

C

CALAIS
🛈 12, boulevard Clemenceau - 65100 - ☎ 21 96 62 40

Musée des Beaux-Arts et de la Dentelle – ♿. Visite tous les jours (sauf le mardi) de 10 h à 12 h et de 14 h à 17 h 30. Fermé les 1er janvier, 1er mai, 14 juillet, 15 août, 1er novembre et 25 décembre. 15 F, gratuit le mercredi. ☎ 21 46 62 00, poste 6317.

Musée de la Guerre – ♿. Visite de 10 h à 17 h (18 h de juin à décembre) ; admission jusqu'à 16 h 15 et 17 h 15. Fermé du 17 décembre au 20 janvier. 15 F. ☎ 21 34 21 57.

Église Notre-Dame – Fermé pour travaux.

CAMBRAI
🛈 48, rue de Noyon - 59400 - ☎ 27 78 36 15

Visite guidée de la ville 🅰 – S'adresser à l'Office de tourisme.

Église St-Géry – Visite en semaine et le dimanche après-midi en juillet et août. ☎ 27 81 30 47.

Musée municipal – ♿. Visite tous les jours (sauf le lundi et le mardi) de 10 h à 12 h et de 14 h à 18 h. Fermé les 1er janvier, 1er mai, 15 août et 25 décembre. 20 F. ☎ 27 82 27 90.

Château de Selles – Visite accompagnée (1 h) certains dimanches de l'année. S'informer auprès de l'Office de tourisme, la maison espagnole, 48, rue de Noyon. 25 F. ☎ 27 78 36 15.

CAP BLANC-NEZ

Musée du Transmanche : La folle aventure du détroit – Visite du 1er avril au 30 septembre de 10 h à 18 h. 20 F. ☎ 21 85 57 42.

CAP GRIS-NEZ

Musée du mur de l'Atlantique – Visite de 9 h à 18 h. Fermé de début janvier à début février. ☎ 21 32 97 33.

CASSEL
🛈 Grand-Place - 59670 - ☎ 28 40 52 55

Moulin du château – Visite le dimanche de 11 h à 18 h ; pour les autres jours, se renseigner à l'Office de tourisme. 12 F. ☎ 28 40 52 55.

Musée municipal – Visite en juillet, août et septembre de 10 h à 12 h et de 14 h à 18 h 30 ; en avril, mai, juin, octobre et novembre de 14 h à 18 h. 12 F. ☎ 28 40 52 55.

Le CATEAU-CAMBRÉSIS

Musée Matisse – Visite en semaine (sauf le mardi) de 10 h à 12 h et de 14 h à 18 h, le dimanche et les jours fériés de 10 h à 12 h 30 et de 14 h 30 à 18 h. Fermé les 1er janvier, 1er novembre et 25 décembre. 16 F. ☎ 27 84 13 15.

Le CHEMIN DES DAMES

Caverne du Dragon : musée – Visite accompagnée (1 h) de 10 h 30 à 11 h 30 et de 14 h 30 à 17 h 30 (18 h 30 le dimanche). Fermé le mardi et pendant les vacances scolaires en hiver (zone Picardie). 15 F. ☎ 23 22 44 90.

COMPIÈGNE

🛈 place de l'Hôtel-de-Ville - 60200 - ☎ 44 40 01 00

Visite guidée de la ville 🅰 - S'adresser à l'Office de tourisme.

Palais :

Les appartements historiques - Visite accompagnée avec un agent de surveillance (45 mn) ou avec un conférencier (1 h 30) tous les jours (sauf le mardi) du 1er avril au 30 septembre de 9 h 15 à 18 h 15 (fermeture des caisses à 17 h 30) ; le reste de l'année de 9 h 15 à 16 h 30 (fermeture des caisses à 15 h 15). Fermé les 1er janvier, 1er mai et 25 décembre. 31 F. ☎ 44 38 47 02.

Musée du Second Empire - Mêmes heures d'ouverture que les appartements historiques. 31 F. Possibilité de visite avec un conférencier (1 h 30). ☎ 44 38 47 02.

Musée de la Voiture - Mêmes heures d'ouverture que les appartements historiques. Visite accompagnée avec un agent de surveillance (45 mn) ou avec un conférencier (1 h 30). 22 F. ☎ 44 38 47 02.

Musée de la Figurine Historique - Visite de 9 h à 12 h et de 14 h à 18 h (17 h de novembre à février). Fermé le dimanche matin, le lundi et les 1er janvier, 1er mai, 14 juillet, 1er novembre et 25 décembre. 12 F. ☎ 44 40 72 55.

Musée Vivenel - Visite tous les jours (sauf le lundi toute la journée et le dimanche matin) de 9 h à 12 h et de 14 h à 18 h (17 h de novembre à

Compiègne - Les Picantins à l'hôtel de ville.

février). Fermé les 1er janvier, 1er mai, 14 juillet, 1er novembre et 25 décembre. 12 F. ☎ 44 20 26 04.

Forêt de COMPIÈGNE

Wagon du maréchal Foch - Visite tous les jours (sauf le mardi) du 1er avril au 14 octobre de 9 h à 12 h 15 et de 14 h à 18 h 15 ; du 15 octobre au 31 mars de 9 h à 11 h 45 et de 14 h à 17 h 15. Fermé le 1er janvier et le 25 décembre. 10 F. ☎ 44 85 14 18.

CONDÉ-SUR-L'ESCAUT

Château de l'Hermitage - Visite uniquement sur rendez-vous. ☎ 27 40 21 89.

CONTY

Église St-Antoine - *S'adresser au presbytère, 4, rue Guy-de-Segonzac.*

CORBIE

Église St-Pierre - Visite libre ou payante (10 F) de 10 h à 12 h 30 et de 15 h à 18 h sauf le dimanche matin et le lundi matin. S'adresser à l'Office de tourisme, 30, place de la République. ☎ 22 96 95 76.

Chapelle Ste-Colette - Visite en semaine de 9 h 30 à 17 h.

La CÔTE D'OPALE

Site des deux caps - Visite guidée en juillet et août sur plusieurs sites naturels (Platier d'Oye, Cap Blanc-Nez, Cap Gris-Nez, Dunes et estuaire de la Slack, Baie de Canche, dunes de l'Authie). Pour tout renseignement et document, contacter Éden 62, 3, square Bernard-Shaw, 62930 Wimereux. ☎ 21 32 13 74.

COUCY-LE-CHÂTEAU-AUFFRIQUE

Château - Visite en mai, juin, juillet et août en semaine de 10 h à 12 h et de 14 h à 18 h (18 h 30 le samedi), le dimanche de 10 h à 18 h 30 ; en mars, avril septembre et octobre en semaine de 10 h à 12 h et de 14 h à 17 h 30 (18 h le samedi), le dimanche de 10 h à 18 h ; le reste de l'année en semaine de 10 h à 12 h et de 14 h à 16 h (16 h 30 le samedi), le dimanche de 10 h à 16 h 30. Fermé les 1er janvier, 1er mai, 1er et 11 novembre et 25 décembre. 21 F. ☎ 23 52 71 28.

Musée historique - Visite du 1er avril au 30 septembre en semaine de 10 h 15 à 12 h et de 14 h 15 à 18 h 15, le dimanche et les jours fériés de 15 h à 18 h 30 ; le reste de l'année de 14 h 15 à 18 h 15. ☎ 23 52 44 55.

Église St-Sauveur - Visite accompagnée en s'adressant à l'Office de tourisme, 8, rue des Vivants, ☎ 23 52 44 55.

D

Bois de DELVILLE

Mémorial Sud-Africain et musée commémoratif – Visite tous les jours (sauf le lundi) de 10 h à 17 h 45 (15 h 45 du 16 octobre au 31 mars). Fermé les jours fériés et du 23 décembre au 31 janvier. Entrée gratuite. ☎ 22 85 02 17.

DESVRES

Maison de la Faïence – Visite du 1er avril au 31 octobre de 10 h à 13 h et de 14 h à 18 h 30 ; le reste de l'année de 14 h à 18 h 30. Dernière visite 3/4 h avant l'heure de fermeture. Fermé le lundi sauf en juillet et août, 1er janvier et 25 décembre. 25 F. ☎ 21 83 23 23.

DOUAI
🛈 70, place d'Armes - 59500 - ☎ 27 88 26 79

Visite guidée de la ville 🅰 – S'adresser à l'Office de tourisme.

Beffroi – Visite accompagnée (1 h) en juillet et août tous les jours à 10 h, 11 h, 14 h (sauf le dimanche), 15 h, 16 h et 17 h ; le reste de l'année le dimanche et les jours fériés à 10 h, 11 h, 15 h, 16 h et 17 h. Fermé les 1er janvier et 25 décembre. 10 F. ☎ 27 88 26 79.

Concerts de carillon – Toute l'année le samedi et les jours fériés de 10 h 45 à 11 h 45 et en outre en juillet et août le lundi à 21 h. ☎ 27 88 26 79.

Musée de la Chartreuse – Visite tous les jours (sauf le mardi) de 10 h à 12 h et de 14 h à 17 h (15 h à 18 h le dimanche et les jours fériés). Fermé les 1er janvier, 1er mai, Ascension, 14 juillet, 15 août, 1er et 11 novembre, 25 décembre. 12 F. ☎ 27 87 17 82.

Église St-Pierre – Visite le matin seulement. ☎ 27 88 26 79.

Palais de Justice – Visite possible de mai à octobre dans le cadre des visites guidées de la ville. Prendre rendez-vous à l'Office de tourisme, 70, place d'Armes. ☎ 27 88 26 79.

Quai de la Scarpe : promenades en barque – En juillet et août du jeudi au dimanche de 14 h à 20 h. Rendez-vous à l'embarcadère du Palais de Justice. Durée : 30 mn. 20 F adultes, 10 F enfants.

Église Notre-Dame – Pour visiter, s'adresser au Syndicat d'initiative.

DOULLENS
🛈 hôtel de ville - 80600 - ☎ 22 32 54 52

Hôtel de ville – Visite du lundi au vendredi et le samedi matin de 8 h à 12 h et de 14 h à 18 h ; Les autres jours sur rendez-vous. ☎ 22 77 00 07.

Église Notre-Dame – Visite en juillet et août de 14 h 30 à 18 h ; le reste de l'année s'adresser à l'Office de tourisme. ☎ 22 32 42 15, presbytère.

Musée Lombart – Visite le mercredi, le samedi, le dimanche du 1er avril au 30 septembre de 15 h à 17 h 30, le reste de l'année de 14 h 30 à 17 h. Entrée gratuite. ☎ 22 77 00 07.

Citadelle – Visite accompagnée (1 h 30) du 1er mai au 30 septembre le samedi, le dimanche et les jours fériés à 15 h et 16 h 30 ou sur rendez-vous (par écrit ou par téléphone) auprès de M. Delvallez, 25, rue André-Tempez, 80600 Doullens. ☎ 22 77 34 93. 10 F.

DUNKERQUE
🛈 beffroi, rue de l'Amiral-Ronarc'h - 59240 - ☎ 28 66 79 21

Visite du port en bateau – Départs place du Minck, bassin du Commerce, en mai et juin le dimanche et les jours Fériés à 15 h et 16 h 30 ; de juillet à la rentrée scolaire en semaine à 10 h 30, 15 h et 16 h 30, le dimanche et les jours fériés à 11 h, 15 h, 16 h 30 et 17 h 30. 38 F. ☎ 28 63 47 14.

Musée portuaire – ♿. Visite tous les jours (sauf le mardi) de 10 h à 12 h 15 et de 13 h à 18 h (sans interruption en juillet et août). Fermé les 1er janvier, veille de Mardi gras, 1er mai et 25 décembre. 25 F. ☎ 28 63 33 39.

Musée d'Art contemporain – Visite tous les jours (sauf le mardi) de 10 h à 12 h et de 14 h à 18 h. Fermé les jours fériés. 20 F (billet valable pour le musée des Beaux-Arts), gratuit le dimanche. ☎ 28 59 21 65.

Beffroi – Visite accompagnée (20 mn) en juillet et août à 9 h 30, 10 h 30, 11 h 30, 14 h 30, 15 h 30, 16 h 30 et 17 h 30. Fermé le dimanche et les jours fériés. 12 F. ☎ 28 66 79 21. Accès par ascenseur jusqu'au 5e étage puis 60 marches.

Église St-Éloi – Fermé le dimanche.

Musée des Beaux-Arts – Visite tous les jours (sauf le mardi) de 10 h à 12 h et de 14 h à 18 h. Fermé les jours fériés. 20 F (billet valable pour le musée d'Art contemporain), gratuit le dimanche. ☎ 28 59 21 65.

Dunkerque – Carnaval « Charivari ».

Église St-Jean-Baptiste – Fermé durant les vacances scolaires tous les après-midi à partir de 12 h.

Musée aquariophile – Visite tous les jours (sauf le mardi) de 10 h à 12 h et de 14 h à 18 h. Fermé les 1er janvier, 1er mai et 25 décembre. 12 F. ☎ 28 59 19 18.

E

Blockhaus d'ÉPERLECQUES

Visite en juillet et août de 10 h à 19 h ; en avril, octobre et novembre de 14 h 15 à 18 h ; en juin et septembre de 10 h à 12 h et de 14 h à 19 h (sans interruption le dimanche) ; en mai de 14 h 15 à 18 h en semaine, de 10 h à 19 h le dimanche ; en mars le dimanche de 14 h 30 à 18 h. Dernière entrée possible 1 h avant l'heure de fermeture. Fermé du 1er décembre au 28 Février. Adultes : 35 F, enfants : 23 F. ☎ 21 88 44 22.

ESQUELBECQ

Château – Visites suspendues. Fermé pour travaux.

Église – Fermé le dimanche après-midi.

ESQUERDES

Maison du Papier – Visite de 10 h à 18 h 30 tous les jours (sauf le lundi toute la journée et le samedi matin) du 1er avril 30 octobre ; le reste de l'année le week-end seulement. Fermé du 24 décembre au 31 janvier. ☎ 21 95 45 25.

ÉTAPLES

Musée Quentovic – Visite tous les jours (sauf le lundi et le mardi) de 10 h à 12 h et de 14 h à 18 h ; le dimanche de 10 h à 12 h et de 14 h 30 à 18 h. Fermé les jours fériés ainsi que du 8 au 23 juin et du 10 au 30 septembre. 10 F. ☎ 21 94 02 47.

Musée de la Marine – Visite de 10 h à 12 h et de 15 h à 19 h. Fermé le dimanche matin et le lundi toute la journée. 10 F. ☎ 21 09 77 21.

F

FELLERIES

Musée des Bois-Jolis – &. Visite du 1er avril au 31 décembre tous les jours de 15 h à 18 h. 15 F. ☎ 27 59 00 64.

La FÈRE

Musée Jeanne-d'Aboville – Visite du 1er avril au 31 octobre tous les jours sauf le mardi de 14 h à 18 h ; le reste de l'année le mercredi, le samedi et le dimanche de 14 h à 17 h. Fermé les 1er janvier, 1er mai, 14 juillet, 1er novembre et 25 décembre. 8,50 F. ☎ 23 56 71 91.

La FERTÉ-MILON

Musée Jean-Racine – &. Visite du 1er avril au 15 novembre le samedi, le dimanche et les jours fériés de 10 h à 12 h 30 et de 15 h à 17 h 30. 25 F. ☎ 23 96 77 77.

FOLLEVILLE

Église – Visite accompagnée tous les jours sauf le mardi. Prendre rendez-vous à l'avance auprès de Mme Rabourdin, 51, Grande Rue, ☎ 22 41 43 38 (en saison), ou à Franconville ☎ 16 1 34 13 36 62 (hors saison).

FORT-MAHON-PLAGE

Aquaclub - Côte picarde – Visite de mi-avril à début septembre. Pour les horaires et tarifs, se renseigner au ☎ 22 23 73 00.

FOURMIES

Musée du Textile et de la Vie sociale – Visite du 1er mars au 30 novembre en semaine de 9 h à 12 h et de 14 h à 18 h (sans interruption à midi du 1er juillet au 30 septembre) ; le samedi, le dimanche et les jours fériés de 14 h 30 à 18 h 30. Fermé du 1er décembre au 28 février. 30 F adultes, 15 F enfants de 13 à 18 ans. ☎ 27 60 66 11.

Écomusée, Fourmies/C. Manquillet

FRÉVENT

Église St-Hilaire – Visite le samedi et le dimanche de 9 h à 18 h.

Fourmies – Façade de l'Écomusée.

FRIVILLE-ESCARBOTIN

Musée des Industries du Vimeu – Visite accompagnée (1 h) tous les jours (sauf le lundi) de Pâques au 31 octobre de 14 h à 17 h ; le samedi, le dimanche et les jours fériés de 14 h 30 à 18 h. 15 F. ☎ 22 26 42 37.

FROISSY

Chemin de fer touristique – Le p'tit train de la Haute-Somme circule du 1er mai au 30 septembre le dimanche et les jours fériés toutes les heures de 14 h 15 à 18 h 15 ; du 15 juillet au 31 août départ également le mercredi, le jeudi et le samedi à 14 h 30 et 16 h. Durée : 1 h 30. 42 F adultes, 29 F enfants, y compris la visite du musée des Chemins de fer militaires. ☎ 22 44 55 40.

G

GERBEROY

Musée – Visite en été tous les jours (sauf le mardi) de 15 h à 18 h. ☎ 44 82 33 63, mairie.

GRAVELINES

Musée du Dessin et de l'Estampe originale – Visite en semaine (sauf le mardi) de 14 h à 17 h ; le samedi, le dimanche et les jours fériés de 15 h à 18 h. Fermé les 1er mai, 1er novembre et 3 semaines autour de Noël et du Nouvel an. Entrée gratuite. ☎ 28 23 15 89.

Centrale nucléaire – Visite accompagnée et films de présentation (3 h) du lundi au samedi le matin à 9 h, l'après-midi à 14 h. Prendre rendez-vous (15 jours minimum) auprès du service des relations publiques, BP 149, 59820 Gravelines, ☎ 28 68 42 36. Age minimum : 10 ans. Pièce d'identité obligatoire.

GUÎNES

Musée municipal E.-Villez – Visite le dimanche de mars à novembre de 15 h à 18 h ; en outre en juillet et août le mercredi de 14 h à 17 h. 10 F. ☎ 21 85 53 70, mairie.

GUISE

Château – Visite accompagnée (1 h) de 9 h à 12 h et de 14 h à 18 h (17 h en hiver). Fermé du 20 décembre au 6 janvier. 25 F. ☎ 23 61 11 76.

Familistère Godin : musée – Visite accompagnée (1 h) tous les jours (sauf le lundi) du 29 avril au 1er octobre de 14 h à 18 h ; le reste de l'année du lundi au vendredi de 13 h 30 à 18 h 30, le samedi de 10 h à 12 h et de 13 h 30 à 18 h 30. 20 F. ☎ 23 60 45 71, Office de tourisme.

H

HAM

Église Notre-Dame – Visite accompagnée de 9 h à 12 h et de 14 h à 18 h. S'adresser à l'Office de tourisme du Pays Hamois, rue André-Audinot, ☎ 23 81 30 00.

HANGEST-SUR-SOMME

Église – S'adresser à la mairie ouverte le lundi, le mardi, le jeudi et le vendredi de 16 h à 18 h, le samedi de 9 h à 12 h. ☎ 22 51 12 37.

HARDELOT-PLAGE

Château – Visite libre autour du château. Pour tous renseignements sur les animations et les spectacles, s'adresser au manoir du Huisbois, 62142 Le Wast, ☎ 21 83 38 79.

HAZEBROUCK Grand-Place - 59190 - ☎ 28 49 59 89

Musée – Visite le mercredi, le jeudi et le samedi de 10 h à 12 h et de 14 h à 17 h, le dimanche et les jours fériés de 10 h à 12 h et de 15 h à 18 h. Fermé le lundi, le mardi, le vendredi et les jours fériés. 10 F. ☎ 28 43 44 46.

HESDIGNEUL-LÈS-BÉTHUNE

Église – S'adresser à la mairie, ☎ 21 53 62 82.

HESDIN

Hôtel de ville – Visite accompagnée (1/2 h) de Pâques à fin juin à 15 h ; de août à septembre à 14 h 30, 15 h 30 et 16 h 30. Fermé le samedi, le dimanche et les jours fériés. 10 F. ☎ 21 86 84 76.

HÉTOMESNIL

Conservatoire de la Vie agricole et rurale – Visite du 1er mai au 31 août tous les jours (sauf le mardi) de 14 h à 17 h 30 (18 h 30 le samedi et le dimanche) ; en avril, septembre et octobre le samedi, le dimanche et les jours fériés de 14 h à 18 h 30. 20 F. ☎ 44 46 32 20.

HONDSCHOOTE

Hôtel de ville – Visite accompagnée (1/2 h) de 9 h à 12 h et de 14 h à 17 h. Fermé le samedi, le dimanche et les jours fériés. ☎ 28 62 53 00.

Moulin Noord-Meulen – Visite accompagnée (20 mn) de 9 h à 12 h et de 14 h à 18 h (19 h en été). 8 F. ☎ 28 68 37 97. Prévenir de préférence.

HUPPY

Église – Visite de mars à septembre de 14 h à 17 h.

HYDREQUENT

Maison du Marbre et de la Géologie – &. Visite en juillet et août tous les jours de 10 h à 19 h ; en juin et septembre tous les jours de 14 h 30 à 18 h 30 ; en avril, mai et octobre le dimanche et les jours fériés de 14 h 30 à 18 h 30 ; visite accompagnée en juillet et août le mardi et le jeudi à 16 h. 20 F. ☎ 21 83 19 10.

I

ISBERGUES

Église – Fermé le dimanche après-midi.

LACHAPELLE-AUX-POTS

Musée de la Poterie – Visite tous les jours (sauf le lundi) d'avril à octobre de 14 h à 18 h. ☎ 44 80 21 02.

LAON

🛈 place du Parvis-de-la-Cathédrale - 02000 - ☎ 23 20 28 62

Visite guidée de la ville – S'adresser à l'Office de tourisme.

Maison des Arts – Visite tous les jours (sauf le lundi) de 12 h (15 h le dimanche) à 19 h. Fermé pendant les vacances de Noël. ☎ 23 20 28 48.

Musée – Visite tous les jours (sauf le mardi) de 10 h à 12 h et de 14 h à 18 h (17 h d'octobre à mars). Fermé les 1er janvier, 1er mai, 14 juillet et 25 décembre. 11 F, gratuit le dimanche en hiver. ☎ 23 20 19 87.

Chapelle des Templiers – Visite tous les jours (sauf le mardi) de 8 h à 18 h (17 h du 1er octobre au 31 mars). Fermé les 1er janvier, 1er mai, 14 juillet et 25 décembre. Entrée gratuite.

Église St-Martin – Visite accompagnée du 1er mai au 30 septembre le week-end, en juillet et août tous les jours. S'adresser à l'Office de tourisme.

Centre historique minier de LEWARDE

Visite en partie accompagnée (circuit minier : 2 h) de 10 h à 17 h (16 h du 1er novembre au 31 mars). Fermé les 1er janvier, 1er mai, 1er novembre et 25 décembre et du 15 au 31 janvier. En haute saison : adultes 60 F, enfants de 7 à 17 ans 30 F ; en basse saison : adultes 52 F, enfants 26 F. ☎ 27 98 03 89.

H. Gyssels/DIAF

Musée de Laon-Œnochoe.

LIESSIES

Conservatoire du Patrimoine Religieux de l'Avesnois – Visite du 1er juin au 30 septembre en semaine de 14 h à 18 h, le samedi, le dimanche et les jours fériés de 14 h 30 à 18 h 30. 15 F adultes, 10 F enfants. ☎ 27 60 66 11.

Abbaye de LIEU-RESTAURÉ

♿. Visite le samedi, le dimanche et le lundi de 10 h à 12 h et de 14 h 30 à 19 h (16 h en hiver). Fermé les 1er janvier et 25 décembre. 10 F. ☎ 44 88 55 31.

LILLE

🛈 Palais Rihour - 59000 - ☎ 20 30 81 00

Visite guidée de la ville – S'adresser à l'Office de tourisme.

Palais Rihour – Visite en semaine de 9 h à 19 h, le dimanche et les jours fériés de 10 h à 12 h et de 14 h à 17 h. Fermé les 1er janvier, 1er mai et 25 décembre. ☎ 20 30 81 00.

Hospice Comtesse – Visite tous les jours (sauf le mardi) de 10 h à 11 h 45 et de 14 h à 17 h 15. Fermé les 1er janvier, 1er mai, 14 juillet, 1er novembre, 25 décembre et les lundis des fêtes de Lille et dimanche et lundi de la Grande Braderie. 15 F. ☎ 20 49 50 90.

Musée des Beaux-Arts – Réouverture prévue au printemps 1997. Pour tout renseignement, ☎ 20 57 01 84.

Citadelle – Visite accompagnée (1 h) d'avril à octobre le dimanche à 15 h et 16 h 30. Rendez-vous à la citadelle, en saison il est préférable de réserver à l'Office de tourisme. 35 F. ☎ 20 30 81 00.

Hôtel de ville : beffroi – Visite accompagnée (1/2 h) de début avril à fin septembre en semaine de 9 h à 11 h 30 et de 14 h à 16 h ; le dimanche et les jours fériés de 9 h 30 à 12 h. Fermé le samedi. 3 F. ☎ 20 49 50 00.

Maison natale du Général de Gaulle – Visite de 10 h à 12 h et de 14 h à 17 h. Fermé le lundi, le mardi et les jours fériés. 7 F. ☎ 20 31 96 03.

Musée d'Histoire naturelle – Visite de 9 h à 12 h et de 14 h à 17 h, le dimanche de 10 h à 17 h. Fermé le mardi, le samedi et certains jours fériés. Entrée gratuite en semaine, 15 F le dimanche. ☎ 20 53 38 46.

Jardin des plantes – Visite de mai à septembre de 7 h 30 à 21 h ; le reste de l'année de 8 h (7 h 30 en avril) à 18 h. La serre équatoriale est ouverte de 8 h 30 (7 h 30 en été) à 11 h 30 et de 13 h à 16 h. Entrée gratuite. ☎ 20 49 52 49.

LILLERS

Collégiale St-Omer – Visite 1/2 h avant les offices ; sinon s'adresser au presbytère, au moins la veille pour prendre rendez-vous ☎ 21 02 27 76.

LONG

Château – Visite accompagnée (1 h) du 20 août au 30 septembre de 10 h à 12 h et de 14 h à 17 h. 30 F. ☎ 22 31 84 99.

LONGPONT

Abbaye – Visite accompagnée (1/2 h) de 10 h 30 à 12 h et de 14 h 30 à 18 h 30 le samedi, les dimanche et les jours fériés du 15 mars au 15 novembre. 28 F. ☎ 23 72 68 58.

LONGPRÉ-LES-CORPS-SAINTS

Église – Visite accompagnée en s'adressant au Syndicat d'initiative, ☎ 22 31 72 02 ou au presbytère.

LUCHEUX

Château – Visite de 9 h à 19 h. Il est prudent de se renseigner pour les dimanches, jours fériés et vacances scolaires. Entrée gratuite. ☎ 22 77 07 11.

Église – S'adresser à la mairie de Lucheux, ☎ 22 77 07 03 ou à M. Guy Hemery, maire de Lucheux, ☎ 22 77 15 83.

M

MAILLY-MAILLET

Église St-Pierre – S'adresser à la mairie ☎ 22 76 21 32 ou au presbytère ☎ 22 76 20 20.

MARCHIENNES

Musée – Visite de mars à octobre le dimanche de 10 h 30 à 13 h ; en semaine sur rendez-vous. 10 F. ☎ 27 90 44 00 au Syndicat d'initiative.

MARCQ-EN-BARŒUL

Fondation Prouvost-Septentrion – Visite tous les jours (sauf le mardi) de 14 h à 18 h. Fermé en août. 20 F. ☎ 20 46 26 37.

MARLE

Église – Fermé le dimanche après-midi.

Domaine du MARQUENTERRE

Parc ornithologique – Visite du 1er avril au 11 novembre tous les jours de 9 h 30 à 19 h (fermeture du guichet à 17 h 30) ; du 12 novembre au 31 mars tous les jours pendant les vacances scolaires ainsi que le samedi et dimanche de 10 h à 17 h (fermeture du guichet à 15 h 30). 45 F adultes, 37 F enfants. Sur place : bar et brasserie. ☎ 22 25 03 06.

MAUBEUGE

Parc zoologique – Visite du 1er mai au 31 août de 10 h à 19 h ; du 15 février au 30 novembre de 13 h 30 à 17 h 30. 40 F adultes, 20 F enfants. ☎ 27 65 15 73.

Musée Henri-Boëz – Fermé pour travaux. Pour tout renseignement, ☎ 27 64 97 99.

Église St-Pierre-St-Paul – Fermé le dimanche après-midi.

MILLAM

Chapelle Ste-Mildrède – Visite accompagnée de 8 h à 12 h et de 14 h à 18 h. S'adresser aux gardiens, maison attenante à la chapelle. Prévenir si possible ☎ 28 68 01 39.

MIMOYECQUES

Forteresse – &. Visite en juillet et août tous les jours de 10 h à 19 h ; le reste de l'année de 14 h à 18 h, le dimanche 10 h à 19 h. Fermé du 12 novembre au 31 mars. 25 F. ☎ 21 87 10 34. Prévoir un vêtement chaud.

MONS-EN-LAONNOIS

Église – Pour visiter, s'adresser à M. Laviolle, 40, rue de la Moncelle, ☎ 23 24 13 78 ou à M. Lecocq, 4, rue du presbytère, ☎ 23 24 16 60.

MONTCAVREL

Église – Pour visiter, s'adresser à Mme Vandjour, ☎ 21 06 14 85.

MONTGOBERT

Musée du Bois et de l'Outil – Visite du 1er avril au 31 octobre le samedi, le dimanche et les jours fériés de 14 h à 18 h. Sur rendez-vous du lundi au vendredi. 20 F. ☎ 23 96 36 69.

MONT-NOTRE-DAME

Église – *Ouverte le dimanche de 11 h à 12 h. S'adresser à la mairie de Mont-Notre-Dame.*

MONTREUIL
🛈 place Darnétal – 62170 – ☎ 21 06 04 27

Citadelle – Visite tous les jours (sauf le mardi) de 9 h à 12 h et de 14 h à 18 h (17 h de novembre à février). Fermé le 1er janvier, le 25 décembre, en janvier et octobre. 10 F. ☎ 21 06 10 83.

Chapelle de l'Hôtel-Dieu – *La chapelle est parfois ouverte certains samedis et dimanches de l'année.*

N

NAOURS

Grottes – Visite accompagnée (1 h) du 15 février au 15 novembre de 9 h à 12 h 30 et de 13 h 30 à 18 h ; le dimanche en hiver de 14 h à 17 h. Adultes : 42 F ; enfants : 33 F. ☎ 22 93 71 78.

NOTRE-DAME-DE-LORETTE

Musée du Souvenir – Visite du 1er mars au 30 novembre de 9 h à 20 h. 20 F. fermé en semaine en janvier, février et décembre. ☎ 21 45 15 80.

NOYON
🛈 place de l'Hôtel-de-Ville – 60400 – ☎ 44 44 21 88

Visite guidée de la ville – S'adresser à l'Office de tourisme.

Musée du Noyonnais – Visite tous les jours (sauf le mardi) de 10 h à 12 h et de 14 h à 18 h (17 h du 1er novembre au 31 mars). Fermé les 1er janvier, 11 novembre et 25 décembre. 10 F. ☎ 44 44 03 59.

Musée Jean-Calvin – Visite tous les jours (sauf le mardi) de 10 h à 12 h et de 14 h à 18 h (17 h du 1er novembre au 31 mars). Fermé les 1er janvier, 11 novembre et 25 décembre. 10 F. ☎ 44 44 03 59. Programme audiovisuel : 10 mn.

Musée du Noyonnais – Coffre en chêne (13e s.).

Musées de Noyon

Sur les cartes routières Michelin au 1/200 000, le nom des localités dotées d'un hôtel ou d'un restaurant sélectionné dans le guide Rouge Michelin France est souligné en rouge.

Château d'OLHAIN

Visite de 15 h à 18 h 30 le dimanche et les jours fériés du 1er avril au 1er novembre et les samedis après-midi durant les vacances scolaires d'été. 25 F. ☎ 21 27 94 76.

Abbaye d'OURSCAMP

&. Visite du lundi au samedi de 9 h à 12 h et de 13 h 30 à 19 h (17 h du 1er novembre au 31 mars) ; le dimanche de 11 h à 12 h et de 13 h 30 à 19 h (17 h de novembre à mars). 15 F. ☎ 44 75 72 10.

P

PECQUENCOURT

Église – Visite en semaine de 9 h à 16 h ; le dimanche de 9 h à 12 h 15.

PÉRONNE   🗗 31, rue St-Fursy - 80200 - ☎ 22 84 42 38

Historial de la Grande Guerre – &. Visite du 1er mai au 30 septembre tous les jours de 10 h à 18 h ; le reste de l'année tous les jours sauf le lundi de 10 h à 17 h 30. Fermé du 18 décembre au 16 janvier. 39 F. ☎ 22 83 14 18.

Musée Danicourt – Visite sur rendez-vous à la mairie, ☎ 22 84 01 16 poste 350.

PICQUIGNY

Château – Visite accompagnée (1 h 15 y compris la collégiale) en juillet, août et 1re semaine de septembre tous les jours (sauf le mardi) à 10 h, 11 h 30, 14 h, 15 h 30 et 17 h ; de Pâques au 30 juin et les trois dernières semaines de septembre à 14 h, 15 h 30 et 17 h le samedi, dimanche et les jours fériés. 25 F. ☎ 22 51 46 85.

Collégiale St-Martin – Mêmes conditions de visite que le château.

PIERREFONDS

Train touristique – Promenade de 4 km (durée : 1/2 h) à 14 h 30 tous les jours du 10 juillet au 15 septembre, les week-ends du 1er mars au 31 octobre. 25 F adultes, 15 F enfants de 2 à 10 ans ; promenade de 8 km (durée : 1 heure) à 14 h 30 le mardi et jeudi du 18 juillet au 15 septembre, 35 F adultes, 25 F enfants de moins de 10 ans. Gare du train touristique, parc des Thermes, entrée Chaussée Deflubée. Pour tous renseignements, ☎ 44 42 08 79.

Château – Visite (accompagnée le dimanche : 1 h) du 1er mai au 31 août de 10 h à 18 h (19 h le dimanche) ; en mars, avril, septembre et octobre en semaine de 10 h à 12 h 30 et de 14 h à 18 h, le dimanche de 10 h à 18,h ; du 1er novembre au 28 février en semaine de 10 h à 12 h et de 14 h à 17 h, le dimanche de 10 h à 17 h 30. Fermeture de la caisse 3/4 h avant celle du château. Fermé les 1er janvier, 1er mai, 1er et 11 novembre et 25 décembre. 27 F. ☎ 44 42 80 77.

PITGAM

Moulin « Den Leew » – Visite accompagnée (20 mn) le 3e dimanche du mois, d'avril à septembre de 15 h à 19 h ; les autres jours prévenir deux semaines à l'avance, M. Vermersch, ☎ 28 62 12 23. 5 F. ☎ 28 62 10 90, mairie.

POIX-DE-PICARDIE

Église St-Denis – Visite accompagnée en juillet et août tous les jours de 15 h à 18 h ; le reste de l'année, s'adresser à Mlle Denier, 10, rue de l'Église, ☎ 22 90 09 98.

Abbaye de PRÉMONTRÉ

Visite extérieure seulement de 9 h à 18 h.

PRISCES

Église – Fermeture pour travaux.

Q – R

QUAËDYPRE

Église – S'adresser à la mairie, ☎ 28 68 66 03.

Château fort de RAMBURES

Visite accompagnée (45 mn) du 1er mars au 1er novembre de 10 h à 12 h et de 14 h à 18 h ; le reste de l'année le dimanche et les jours fériés de 14 h à 16 h 30 ou en semaine sur rendez-vous. Fermé le mercredi. 25 F. ☎ 22 25 10 93.

RAMOUSIES

Église – S'adresser à M. Francis Navet, ferme en face de l'église.

RETY

Église – Visite le dimanche aux heures des offices, sinon ☎ 21 92 94 76.

RIQUEVAL

Entrée du souterrain – Le touage des péniches a lieu tous les jours de 14 h à 16 h sauf les 1er janvier, 1er mai, Pâques, 14 juillet, 11 novembre et 25 décembre.

Maison de Pays du Vermandois – Visite de 8 h 30 à 12 h 30 et de 13 h 30 à 17 h 30 du lundi au vendredi toute l'année ; de 14 h 30 à 18 h 30 le samedi et le dimanche de juin à août et le dimanche en mai et septembre ☎ 23 09 50 51.

Musée de la batellerie – Mêmes horaires que la maison de Pays. 20 F ; enfant : 10 F.

ROUBAIX

Hôtel de ville : Préfiguration du musée d'Art et d'Industrie – Visite tous les jours (sauf le lundi) de 13 h à 18 h. ☎ 20 66 46 91.

RUE

Chapelle du St-Esprit – Visite (limitée au narthex) du 1er avril au 31 octobre de 9 h 30 à 17 h 30. Visite guidée tous les jours en juillet et août des chapelles du St-Esprit et de l'Hospice. Départ de la visite à la chapelle du St-Esprit à 10 h, 11 h, 15 h, 16 h et 17 h. S'adresser à l'Office de tourisme. ☎ 22 25 69 94.

Beffroi : musée – Visite d'avril à octobre, du lundi au samedi de 10 h à 12 h et de 15 h à 18 h, le dimanche et les jours fériés de 10 h à 13 h. Entrée gratuite. ☎ 22 25 69 94.

Chapelle de l'Hospice – Pour visiter, s'adresser à l'Office du tourisme, 54, rue Porte-de-Bécray, 80120 Rue, ☎ 22 25 69 94. Visite guidée jumelée avec celle de la chapelle du Saint-Esprit en juillet et août.

Les RUES-DES-VIGNES

L'Archéo'site – Visite tous les jours (sauf le mardi) du 1er mars au 15 novembre de 14 h à 18 h. 20 F. ☎ 27 78 99 42.

S

SAINS-DU-NORD

Maison du Bocage – Visite du 1er mars au 30 novembre en semaine de 14 h à 18 h, le samedi, le dimanche et les jours fériés de 15 h à 19 h. 20 F adultes, 10 F enfants. ☎ 27 60 66 11.

ST-AMAND

Chapelle du cimetière – En cas de fermeture, s'adresser à la mairie. ☎ 21 48 25 66.

ST-AMAND-LES-EAUX

Tour abbatiale-Musée – Visite tous les jours (sauf le mardi) de 10 h à 12 h 30 et de 14 h à 17 h (de 15 h à 18 h le samedi, le dimanche et les jours fériés du 1er avril au 30 septembre). Fermé les 1er janvier, 1er mai, 14 juillet, 1er novembre et 25 décembre. 10 F. ☎ 27 22 24 55.

Échevinage – Visite accompagnée tous les jours (sauf le mardi) de 10 h à 12 h et de 15 h à 18 h. Fermé le dimanche après-midi et les jours fériés. 1 F. Visite sous réserve les samedis et dimanches. ☎ 27 22 24 55.

ST-MARTIN-AUX-BOIS

Église – S'adresser à la mairie le lundi et le vendredi de 14 h à 18 h, le jeudi de 9 h à 12 h ou au café du village (sauf le lundi).

ST-MICHEL

Abbaye – Visite de mai à fin octobre en semaine de 14 h à 18 h, les samedis, dimanches et jours fériés de 14 h 30 à 18 h 30. 10 F. ☎ 23 98 79 10.

ST-OMER
☒ boulevard Pierre-Guillain - 62500 - ☎ 21 98 08 51

Hôtel Sandelin et musée – Visite de 10 h à 12 h et de 14 h à 18 h (17 h le jeudi et le vendredi). Fermé le lundi, le mardi et certains jours fériés. 15 F (billet jumelé avec le musée Henri-Dupuis 20 F). ☎ 21 38 00 94.

Bibliothèque – Visite le mardi, le jeudi et le vendredi de 13 h à 17 h 30 ; le mercredi et le samedi de 10 h à 12 h et de 13 h à 17 h 30. Fermé le dimanche, le lundi et les jours fériés. Entrée gratuite. ☎ 21 38 35 08.

Musée Henri-Dupuis – Visite de 10 h à 12 h et de 14 h à 18 h (17 h le jeudi et le vendredi). Fermé le lundi, mardi et les jours fériés. 15 F (billet jumelé avec le musée de l'hôtel-Sandelin 20 F). ☎ 21 38 00 94.

Marais audomarois – Le bateau l'Émeraude propose des croisières commentées de 1 h 40 dans le marais chaque après-midi en juillet et août ; en avril, mai, juin et septembre selon ses disponibilités. Embarquement à St-Omer sur le canal de Neuffossé en bordure de la D 209 qui relie St-Omer et Clairmarais. Téléphoner au préalable au 21 98 66 74 ou aux heures de service au 07 63 49 86. Pour une promenade en bacôve, s'adresser à Mme Lalart, Pont de la Guillotine, Rivage de Tiques, 62500 St-Omer. ☎ 21 95 10 19.

ST-QUENTIN
☒ 14, rue de la Sellerie - 02100 - ☎ 23 67 05 00

Visite guidée de la ville △ – S'adresser à l'Office de tourisme.

Musée Antoine Lécuyer – Visite tous les jours (sauf le mardi toute la journée et le dimanche matin) de 10 h à 12 h et de 14 h à 17 h (18 h le samedi et le dimanche). Fermé les 1er janvier, 1er mai, 14 juillet, 1er novembre, 25 décembre. 8,60 F. ☎ 23 64 06 66.

Basilique – En été visite des parties hautes et spectacle son et lumière. S'adresser à l'Office de tourisme.

Hôtel de ville – Visite accompagnée (1 h) sur rendez-vous à l'Office de tourisme. 30 F. ☎ 23 67 05 00.

Musée entomologique – ఈ. Visite tous les jours (sauf le mardi) de 14 h à 18 h. 8,40 F, gratuit le mercredi. ☎ 23 06 30 92.

Marais d'Isle – Visite de 10 h à 18 h (16 h en hiver). Visite accompagnée (2 h) sur demande auprès de la mairie 15 jours à l'avance. ☎ 23 62 31 37.

ST-RIQUIER

Église et trésorerie – Visite de mi-février à fin novembre du mercredi au dimanche de 14 h à 18 h ; le reste de l'année sur rendez-vous. 5 F.

Musée départemental – Visite du 1er mai au 30 septembre tous les jours de 9 h 30 à 12 h et de 14 h à 18 h ; du 11 février au 30 avril et du 1er octobre au 30 novembre tous les jours de 14 h à 18 h et également le samedi et le dimanche de 9 h 30 à 12 h. Entrée gratuite. ☎ 22 28 20 20.

Hôtel-Dieu – Visite accompagnée (1/4 h) sur demande préalable du lundi au samedi de 9 h à 11 h 30 et de 14 h à 16 h 30. ☎ 22 28 92 92.

ST-VALERY-SUR-SOMME

Écomusée Picarvie – Visite de 14 h à 19 h. Fermé le mardi sauf de mai à août, et en janvier. 20 F. ☎ 22 26 94 90.

Prieuré de STE-CROIX D'OFFÉMONT

ఈ Visite le dimanche et les jours fériés de 14 h à 17 h 30. Fermé le dimanche qui suit le 20 janvier et le 11 novembre. ☎ 44 85 64 12.

SAMARA

Parc – Visite (accompagnée pour le pavillon des expositions : 1 h) de 9 h 30 à 20 h (fermeture de la caisse à 18 h). Durée : 4 h.
Fermé 15 jours entre Noël et jour de l'an. Adultes : 60 F ; enfants : 47 F. ☎ 22 51 82 83.

SARS-POTERIES

Musée-atelier du Verre – Visite tous les jours (sauf le mardi) de 15 h à 18 h (19 h le samedi, le dimanche et les jours fériés). 16 F. ☎ 27 61 61 44.

Moulin à eau – Visite tous les jours (sauf le mardi) du 1er juillet au 30 octobre de 15 h à 18 h 30 ; le dimanche et les jours fériés de Pâques à fin octobre de 15 h à 18 h 30. 15 F. ☎ 27 61 60 01.

SECLIN

Collégiale St-Piat – S'adresser au Syndicat d'initiative, 9, boulevard Hentgès, 59113 Seclin, ☎ 20 90 00 02.

Étangs de la SENSÉE

Plaquettes des promenades disponibles auprès des mairies ou au Syndicat intercommunal de la région d'Arleux, 34, rue du Bias 59151 Arleux, ☎ 27 89 51 74. A Aubigny-au-Bac, parc de loisirs ouvert de Pâques à septembre (baignade, pêche, location de pédalos).

SEPTMONTS

Église – Visite de 10 h à 17 h de juin à septembre ; hors saison le dimanche seulement. S'adresser à M. Denis, 16, place de la Mairie, ☎ 23 74 91 28.

Château – Visite du 1er mars au 30 septembre de 10 h (9 h le samedi, le dimanche et les jours fériés) à 19 h ; le reste de l'année du lundi au vendredi de 14 h à 16 h 30, le samedi, le dimanche et les jours fériés de 10 h à 17 h. Entrée gratuite. Mairie ☎ 23 74 91 36.

SOISSONS 🛈 cour St-Jean-des-Vignes - 02200 - ☎ 23 53 17 37

Visite guidée de la ville 🔼 – S'adresser à l'Office de tourisme.

Ancienne abbaye de St-Jean-des-Vignes – Visite de 9 h (10 h le dimanche) à 12 h et de 14 h à 18 h. Fermé le 1er janvier et le 25 décembre. 10 F. ☎ 23 53 17 37.

Musée municipal de l'ancienne abbaye de St-Léger – Visite tous les jours (sauf le mardi) en juillet et août de 10 h à 18 h ; le reste de l'année de 10 h à 12 h et de 14 h à 17 h. Fermé les 1er janvier, 1er mai, 25 décembre et autres dates variables selon les années. Entrée gratuite. ☎ 23 59 15 90.

Abbaye de St-Médard : crypte – Visite sur demande à l'Office municipal de tourisme, abbaye St-Jean-des-Vignes, ☎ 23 53 17 37.

La baie de SOMME

Chemin de fer de la Baie de Somme – Départ du Crotoy et de St-Valery à 15 h 30 le dimanche et les jours fériés de Pâques à fin septembre, tous les jours sauf le lundi pendant les vacances scolaires d'été. Départ de Cayeux à 15 h 30 le samedi, le dimanche et les jours fériés pendant les vacances scolaires d'été. Prix AR variant de 33 F à 61 F selon la longueur du trajet et l'âge. Train diesel à Cayeux, train à vapeur à St-Valery et au Crotoy. Transport des vélos gratuit. ☎ 22 26 96 96.

Maison de l'Oiseau – ♿. Visite de 10 h à 18 h (19 h en juillet et août). Fermé de mi-novembre à mi-février. 32 F adultes, 26 F enfants. ☎ 22 26 93 93.

Phare de Brighton – Visite accompagnée (1/2 h) du 10 mai au 31 août de 15 h à 18 h 30, le matin sur rendez-vous, ☎ 22 26 60 52. Fermé en septembre.

STEENVOORDE

Steenmeulen – Prendre rendez-vous, ☎ 28 48 16 10.

Drievenmeulen – En cours de restauration. Visites suspendues.

Noordmeulen – Visite sur rendez-vous à la mairie ☎ 28 49 77 77.

La carte Michelin au 1/200 000 (1 cm pour 2 km)
permet de bien suivre la route choisie.

La couverture de la France est disponible sous plusieurs présentations :
– série de base en 37 feuilles nos 51 à 90 ;
– série de 17 cartes régionales nos 230 à 246 ;
– atlas routier (édition reliée, couverture bleue) avec index des communes et plans des centres de villes ;
– atlas routier (édition à spirale, couverture jaune) avec plans d'agglomérations.

T

TEMPLEUVE

Moulin de Vertain - Visite accompagnée (1/2 h) du 1er mai au 30 septembre le dimanche et les jours fériés de 15 h à 19 h. Hors des heures d'ouverture, s'adresser à la mairie de Templeuve, ☎ 20 64 65 66. 5 F.

Le TOUQUET

Aqualud - Ouvert certains jours de 10 h à 18 h des vacances de février aux vacances de la Toussaint ainsi que fin décembre ; tous les jours de 10 h à 19 h en juillet et août (nocturne le vendredi et le samedi de 20 h à minuit du 14 juillet au 19 août, 55 F). ☎ 21 05 63 59. Journée complète : 69 F, 5 h : 62 F, 4 h : 55 F, 3 h : 48 F.

Le phare - Visites suspendues, ☎ 21 05 05 41.

Musée - Visite du mercredi au dimanche de 10 h à 12 h et de 14 h à 18 h. Fermé les jours fériés ainsi que du 8 au 23 juin et du 10 au 30 septembre. 5 F. ☎ 21 05 62 62.

TOURCOING

🄳 parvis St-Christophe - 59300 - ☎ 20 26 89 03

Église St-Christophe - Visite le lundi et le jeudi de 8 h à 19 h, le mardi et le mercredi de 8 h à 12 h et de 14 h à 19 h, le vendredi et le samedi de 8 h à 12 h. ☎ 20 26 70 67.

Musée des Beaux-Arts - Visite tous les jours (sauf le mardi) de 12 h à 19 h. Fermé les jours fériés. Entrée gratuite. ☎ 20 25 38 92.

Hospice - Visite sur demande, ☎ 20 76 42 75.

TRÉLON

Atelier-musée du verre - Visite du 1er avril au 31 octobre en semaine de 14 h à 18 h, le samedi, le dimanche et les jours fériés de 14 h 30 à 18 h 30. 26 F adultes, 13 F enfants. ☎ 27 60 66 11.

TUNNEL SOUS LA MANCHE

Centre d'information - Visite d'avril à septembre de 9 h à 18 h ; le reste de l'année de 10 h à 17 h. Fermé le 1er janvier et le 25 décembre. 32 F. ☎ 21 00 69 13. Renseignements et pré-achat pour le Shuttle : ☎ 21 00 61 00 ou par minitel 3615 ou 3616, code LE SHUTTLE.

V

VALENCIENNES

🄳 1, rue Askievre - 59300 - ☎ 27 46 22 99

Musée des Beaux-Arts - . Visite tous les jours (sauf le mardi) de 10 h à 18 h. Fermé les 1er janvier, 1er mai et 25 décembre. 20 F. ☎ 27 22 57 20.

Église St-Géry - Visite aux heures de messes le samedi soir et le dimanche ; les autres jours prendre rendez-vous au presbytère, 8, rue St-Jean, ☎ 27 46 22 04.

Bibliothèque des Jésuites - Visite le mardi et le jeudi de 14 h à 18 h 30, le mercredi et le samedi de 10 h à 12 h et de 14 h à 18 h 30, le vendredi de 10 h à 20 h. Possibilité de visite guidée le samedi à 11 h et sur rendez-vous. ☎ 27 22 57 00.

Abbaye de VALLOIRES

. Visite accompagnée (3/4 h) du 1er avril au 11 novembre toutes les heures de 10 h à 12 h et de 14 h à 18 h. 28 F. ☎ 22 29 62 33.

Les jardins de Valloires - Visite de mai à septembre de 10 h à 19 h, le reste de l'année de 10 h à 17 h. En saison : 35 F adultes, 15 F enfants ; hors saison : 25 F adultes, 12 F enfants ; billet commun avec l'abbaye, adultes : 57 F, enfants : 28 F. ☎ 22 23 53 55.

Abbaye de VAUCELLES

Visite de 10 h à 12 h et de 14 h à 17 h 30, le dimanche et les jours Fériés de 15 h à 18 h 30 sauf en cas de manifestations ou d'expositions. S'informer au préalable au ☎ 27 78 50 65. Fermé le mardi sauf en juillet et août, en janvier, février et décembre. 30 F.

Abbaye de VAUCLAIR

Visite toute l'année de 8 h à 21 h ; possibilité de visite commentée (1 h) en s'adressant au Révérend Père Courtois, abbaye de Vauclair, 02860 Vauclair, ☎ 23 26 70 00.

VERCHIN

Église St-Omer – Visite le samedi et le dimanche, tous les jours en période de vacances.

Château du VERT-BOIS

Fermé pour travaux de rénovation. ☏ 20 46 26 37.

VEZ

Château – Visite de 14 h 30 à 18 h 30 tous les jours en juillet et août ; le samedi, le dimanche et les jours fériés le reste de l'année. Fermé de novembre à mars. 25 F. ☏ 44 88 55 18.

VILLENEUVE-D'ASCQ

Musée d'Art moderne – ♿. Visite tous les jours (sauf le mardi) de 10 h à 18 h. Fermé les 1er janvier, 1er mai et 25 décembre. 25 F. ☏ 20 05 42 46.

Musée et moulins – Visite le mercredi, le jeudi, le vendredi et le dimanche de 14 h à 18 h toute l'année pour le musée, d'avril à octobre pour les moulins. Fermé les jours fériés et en août. 20 F. ☏ 20 05 49 34.

Musée du Terroir – Visite de 9 h 30 à 12 h 30 et de 14 h 30 à 17 h 30 les 2e et 4e dimanches de chaque mois et les jours fériés. Entrée gratuite. ☏ 20 91 87 57.

VILLERS-COTTERÊTS

Château – Visite accompagnée (1 h) tous les jours (sauf le mardi) de 9 h à 13 h (11 h le samedi) et de 14 h à 17 h, le dimanche et les jours fériés de 10 h à 11 h et de 15 h à 17 h. 15 F. ☏ 23 96 55 10

Musée Alexandre-Dumas – Visite de 14 h 30 à 17 h. Fermé le mardi, les jours fériés et le dernier dimanche de chaque mois. 15 F. ☏ 23 96 23 30.

VIMY

Mémorial canadien – Visite accompagnée du tunnel (30 mn) du 1er avril au 30 novembre de 10 h à 17 h 30, visite libre toute l'année du mémorial et des tranchées. Entrée gratuite. ☏ 21 48 72 29.

W

WALLERS-TRÉLON

Maison de la Fagne – Visite du 1er avril au 1er novembre le samedi, le dimanche et les jours fériés de 14 h 30 à 18 h 30 ; du 15 juin au 15 septembre visite également en semaine de 14 h à 18 h. 12 F adultes, 6 F enfants. ☏ 27 60 66 11.

Le WAST

Église – Pour visiter, s'adresser au presbytère de Colembert, ☏ 21 33 30 96 ou chez Mme Bourdon, rue de la Vallée, ☏ 21 33 32 05.

Manoir du Huisbois – Visite toute l'année du lundi au vendredi de 8 h à 12 h et de 14 h à 18 h ; le dimanche et les jours fériés du 1er avril au 15 septembre de 15 h à 19 h. ☏ 21 83 38 79.

WEST-CAPPEL

Église St-Sylvestre – Visite accompagnée en semaine de 9 h à 12 h et de 14 h à 18 h. ☏ 28 68 38 46.

WIGNEHIES

Sentiers d'observation – Circuits balisés au départ de la place de l'Église. Dépliant disponible à l'écomusée, ☏ 27 60 66 11.

WISSANT

Musée du Moulin – Visite de 14 h à 18 h. 14 F. ☏ 21 35 91 87.

WORMHOUT

Moulin de la Briarde – Pour visiter, prendre rendez-vous, une semaine à l'avance, à l'Office municipal de tourisme, 45, place du Général-de-Gaulle, 59470 Wormhout. 7 F. ☏ 28 62 81 23.

Musée du foklore Jeanne-Devos – Visite en semaine (sauf le mercredi) de 9 h 30 à 12 h et de 14 h à 17 h 30 ; les 1er et 2e dimanches de chaque mois de 15 h à 18 h. Fermé les jours fériés. 12 F. ☏ 28 65 62 57.

Index

282

W – Y – Z

MANUFACTURE FRANÇAISE DES PNEUMATIQUES MICHELIN
Société en commandite par actions au capital de 2 000 000 000 de francs
Place des Carmes-Déchaux – 63 Clermont-Ferrand (France)
R.C.S. Clermont-Fd B 855 200 507

© Michelin et Cie, Propriétaires-Éditeurs 1996
Dépôt légal Mars 1996 – ISBN 2-06-033804-2– ISSN 0293-9436

Printed in the EU 4-96
Composition : MAURY, Malesherbes – Impression : ISTRA B.L., Schiltigheim
Brochage : S.I.R.C., Marigny-le-Châtel

illustration de la couverture par Cécile IMBERT

Pour
mieux
voyager

les guides verts touristiques
et les cartes détaillées
sont complémentaires

MICHELIN®

La Boutique
MICHELIN ®
32, av. de l'Opéra 75002 Paris

Ouverte
le Lundi de 12 h à 19 h
et du Mardi au Samedi
de 10 h à 19 h

Bibendum by Michelin
Tél. : 42 68 05 00

Cartes et Guides
Tél. : 42 68 05 20

Fax : 47 42 10 50

Métro Opéra